U0135349

国家社科基金
GUOJIA SHEKE JIJIN HOUQI ZIZHU XIANGMU
后期资助项目

官文書與唐代政務運行研究

Official Documents and the Operation of
Government Affairs in Tang China

雷　聞　著

上海古籍出版社

國家社會科學基金後期資助項目（項目編號：17FZS014）

圖1 S.11287《景雲二年（711）七月九日賜沙州刺史能昌仁敕》

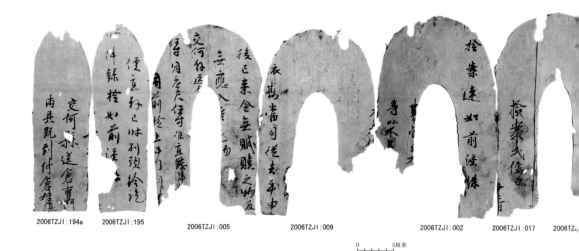

2006TZJI：194a　2006TZJI：195　　2006TZJI：005　　2006TZJI：009　　2006TZJI：002　2006TZJI：017　2006TZJ

0　　　　5厘米

圖2《永徽五年至六年（654–655）安西都護府案卷爲安門等事》殘卷（拼合圖）

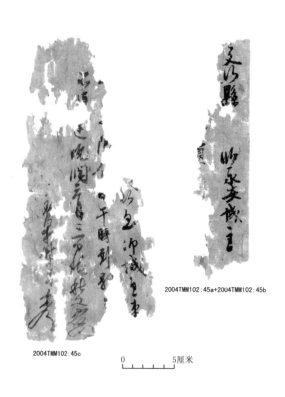

2004TMM102：45a+2004TMM102：45b

2004TMM102：45c

0　　　　5厘米

圖3 《唐麟德二年（665）閏三月三日西州交
河縣張秋文帖永安城主爲限時到縣司事》

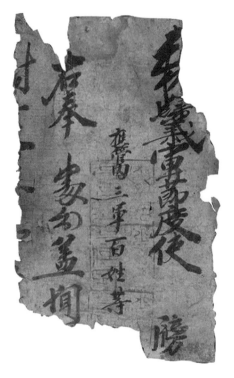

圖4 S.8516《廣順三年（953）十二月十九日
歸義軍節度使曹元忠牓》（卷首）

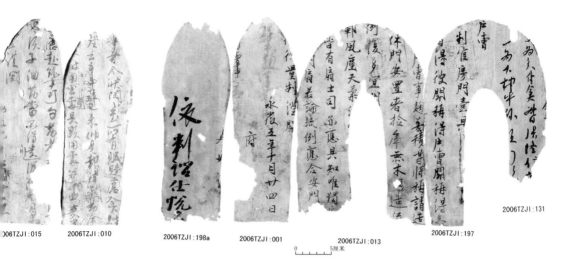

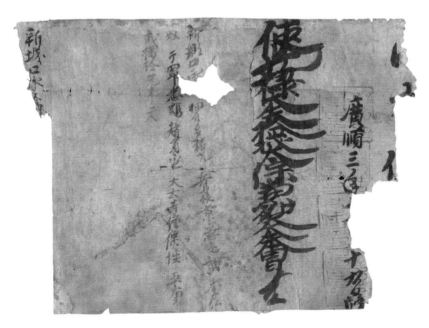

圖5　S.8516《廣順三年（953）十二月十九日歸義軍節度使曹元忠牓》（卷尾）

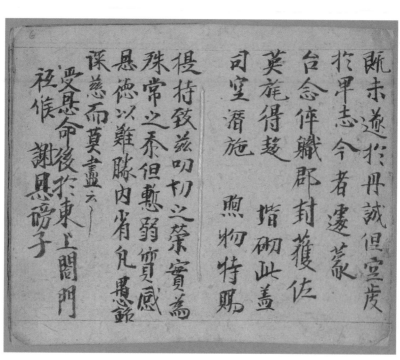

圖6 P.3449+P.3864《刺史書儀》中的牓子（局部一）

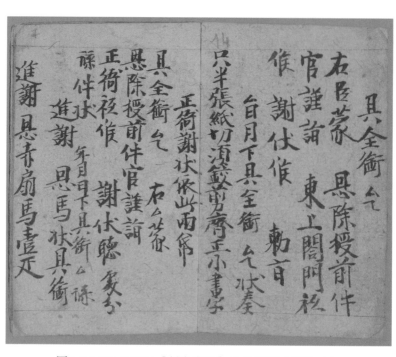

圖6 P.3449+P.3864《刺史書儀》中的牓子（局部二）

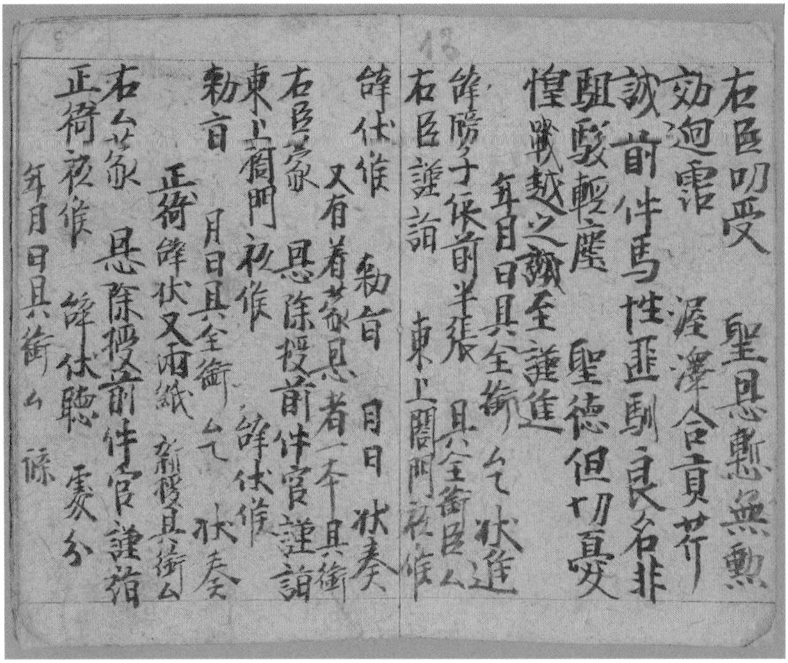

圖6 P.3449+P.3864《刺史書儀》中的牓子（局部三）

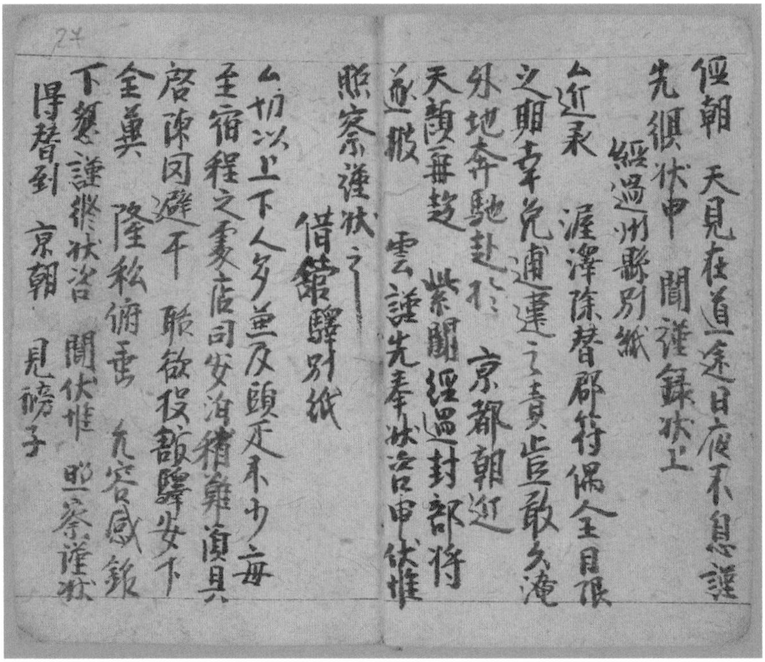

圖6 P.3449+P.3864《刺史書儀》中的牓子（局部四）

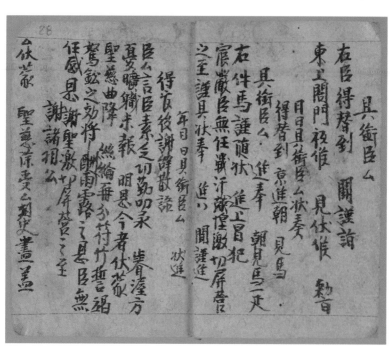

圖6 P.3449+P.3864《刺史書儀》中的牓子（局部五）

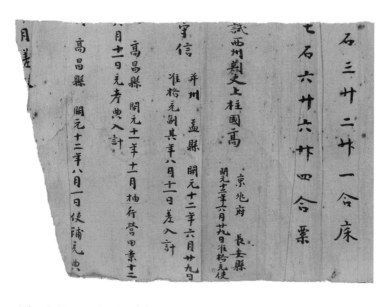

圖7 大谷3786（三）《唐開元十二年（724）西州官人差使録》

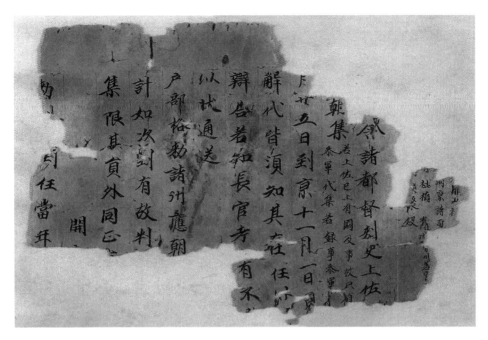

圖8 俄藏Дx.06521《格式律令事類》殘卷

圖9 吐魯番阿斯塔納201號墓出土的
唐彩繪書吏泥俑

圖10 大谷4026《唐西州老人、鄉官名簿》

圖11 唐開元二十五年（737）《禮部式》殘卷〔a正面（上圖），b背面（下圖）〕

國家社科基金後期資助項目
出版説明

後期資助項目是國家社科基金設立的一類重要項目,旨在鼓勵廣大社科研究者潛心治學,支持基礎研究多出優秀成果。它是經過嚴格評審,從接近完成的科研成果中遴選立項的。爲擴大後期資助項目的影響,更好地推動學術發展,促進成果轉化,全國哲學社會科學工作辦公室按照"統一設計、統一標識、統一版式、形成系列"的總體要求,組織出版國家社科基金後期資助項目成果。

全國哲學社會科學工作辦公室

序　一

吴麗娱

　　去年雷聞離開社科院調去北京師範大學，前不久通訊，請我和黄正建爲他的新書《官文書與唐代政務運行研究》作序。説是爲了紀念他在社科院的生涯，感謝我們長期以來的關心和愛護，其情懇摯，竟讓我這個從來很少爲人寫序的人説不出拒絶的話來。

　　不知不覺，與雷聞共事已近二十年之久。記得最初他從文化部來歷史所，正是不少人紛紛"逃離"社科院之際。雖然在常人看來，他是放棄了可以平流進取、坐致升遷的坦途，到我們這個没有多少名利可求的地方來坐冷板凳，但對他的選擇我一點也不覺得奇怪。因爲對於一個傾心學問和有事業追求的人來説，不能想象會甘心將鮮活的生命消耗在種種繁瑣事務之中。而事實也説明，若不是他當初來到歷史所（今古代史所），我們就會少了一位卓有建樹的唐史學者，也是學界勇於开拓進取和獨當一面的人才。

　　雷聞進所時，正當隋唐室缺兵少將之際，能幹的年輕人尤其少，所以他一入室就被我們當作生力軍，心裏也由於他的到來感到安慰。雷聞性格熱情開朗，很快就融入室裏，加之他經常愛談的都是學界的信息和見聞，原先沉悶的空氣也因此活躍多了。後來大家一起合作了不少項目，如天一閣藏明鈔本《天聖令》的校勘，《大唐西市墓誌》的整理研究，以及我和他都參加的鄧小南老師主持的《文書·政令·信息溝通》課題，乃至近幾年他所領銜的《中華思想通史·隋唐五代卷》等。由於大家都是側重制度史的，路數比較接近，能够相互理解，共同語言較多，平時説話百無禁忌，學術批評尤其直截了當，不感覺有何代溝，反而認爲年輕人在學術上的訓練及知識都比我們全面，寫作及對專業的理解甚至比我們成熟，令人羨慕。他任室主任後，凡事很能爲室裏着想，且對人對事，大體都能裁奪輕重而平和處之。在我們退休前後，也始終予以關照，並邀請我們參加課題和室内工作,令人絲毫没有被排除在外的感覺。所以與其説是他從我們獲得關心和愛護,不如説他給了我們一貫的幫助與支持。而由於他和其他年輕人不斷注入新鮮血液,也帶給已退休的"老人家們"希望和信心。隨着人才的引進,室裏的人氣越來越旺,我想如果歷史所的隋唐史能在學界多少有所影響的話,那麼口碑的建立一定是得益於這種新老結合、寬鬆和諧的氣氛。

不過我對雷聞個人學術的深入瞭解,還是從爲他的《郊廟之外——隋唐國家祭祀與宗教》作書評開始。這部論著是在他博士論文基礎上修改而成的。其書打破了以往研究大多集中在將國家廟堂之禮和皇帝祭祀作爲主要對象的"郊廟之内"的做法,選擇了從禮制規定的中祀与小祀等入手,重點討論國家祭祀中等級較低而能與地方基層社會接軌的内容,並關照儒家祭禮之外影響國家祭祀的佛教與道教等因素,將國家祭祀與宗教信仰作爲交互影響的兩條主綫。這樣便將國家祭祀與民間信仰、宗教崇拜動態地、有機地結合在一起,而如此獨特的視角與多層次的融合不但打開了新的視野,總體上也體現了一個"活"字,令人驚艷。記得閱讀時,其書的内容指向、論説方式及其學術見解,也給了我這個搞禮制史的人以極大的啓發。書出版後獲得了廣泛的傳播和影響,有日本學者甚至評價它是"唐朝王權禮儀史上的劃時代性成果"(妹尾達彦語)。我知道在那以後雷聞更將主要精力用於道教研究,他不遺餘力地搜集、校録道教碑誌石刻作爲依據和輔助,已經大大拓寬了研究的路徑與資料來源、解讀方式,並取得豐碩成果。

雷聞的研究面向是比較寬泛的,"官文書"也是他長期用力的一個課題。官文書是屬於典章制度的基礎性研究,一直以來爲學界所關注。本書《導言》部分提綱挈領,在指出典章制度作爲中古國家體制的核心,以及官文書對於官僚制運行的意義後,首先就前人對官文書概念與内涵的看法進行討論。認爲包括制敕等各類"王言"和"與官府相關,在國家日常行政中使用的各種文書",廣義上都應在官文書範疇之内。其次,是中國古代的文書行政研究,分別梳理了秦漢、魏晉南北朝和宋代三個時期的官文書研究成果,以説明不同時期通過簡牘或紙質官文書對文書行政運作的考察。其三總結唐代官文書的歷史與現狀,其中將官文書分爲下行、上行和平行三類,將相關成果加以簡要介紹,從而對唐代官文書研究的總體脈絡作了解説。最後則是對本書各章内容的簡要概括。使人從中不但可以增進對從簡牘到紙質官文書行政運用和發展軌迹的瞭解,更可以得知官文書領域研究的全面狀況。

　　正文部分分上、下二編,共計九章,内容十分豐富。從雷聞20世紀90
年代發表的成名之作"唐論事敕書的成立"到近期官文書研究,全部收集
在内,且大部分發表於在歷史所工作期間,因此説本書是他在社科院的紀
念並不爲過。而就目録而言,也可以看出他在不同時期的學術積累和官
文書研討方面不斷深入的足跡。其中既有"王言",更有不同形式和層次
的實用官文書,内含論事敕書、關文、帖文、牒文、牒子等。此外還有屬於
法典類的《禮部式》和《律令格式事類》,公文用紙制度以及自中央到地方
官僚機構的行政方式,包括尚書省機構和行政方式的變化、朝集使及相關
制度等。

　　而正如《導言》所説,藉助正史形成的官制研究,可以據之瞭解古代國家
政治制度的基本結構,卻無法認識這一結構是如何運行的。因此以出土文
書爲基礎的文書行政研究,就成爲這一模式的有力補充。從秦漢三國的簡
牘到此後的紙質官文書,無不如此,而唐宋官文書的研究尤其與出土文書有
直接關係,縱觀雷聞本書也是如此。可以説,以上正文所討論的文書名目以
及相關發現,幾乎無一不是來自敦煌吐魯番文書。可以認爲,正是對文書和
新材料的重視、發現成就了本書,這可以説是本書的特點之一。瀏覽本書可
以知道,如同《郊廟之外》一樣,雷聞的關注重點在於基層社會,也即對於一
般官府行用文書的研究更超過"王言"。例如關文、帖文、牒文、牒子等,不少
是藉助新獲吐魯番文書有所創獲。因爲祇有文書纔能提供這些官文書的具
體形式以及行政運作的程序、用途、特色,以爲傳世文獻提供補充,否則無以
注意到它們的存在,更遑論它們在州府縣鄉機構的運行及和基層社會、一般
民衆生活的關係。

　　本書的第二個特點仍然是他在研究中體現的"活"。《導言》中對鄧小
南老師倡導的從信息傳遞與文書運行入手研究"'活'的制度史"的理念十
分推崇,而其書自然也是"'活'的制度史"的實踐。竊以爲所謂"活"的基礎
應該包括發現問題的敏感度和對於新材料的細緻研讀、爬梳、匯集與整理;
也包括對相關史料和知識的融會貫通、對細節和程序的發掘,由此從不同的
角度和層次提供理解。本書中的各章雖然針對不同,但是以上特點突出,且
特別注重考察細節和其中的關鍵特點、實際操作的運作過程,使問題的探索
始終處於動態之中。當然,這裏出土文書本身具有的實用性也仍然是制度
鮮活的保證。

　　總而言之,從静態的制度史到動態的制度史是學術研究進步的要求和
體現,也是當今時代學者對於史學研究的貢獻之一。動態的研究要求很高,
而大力吸收新材料、發現新問題是研究取得進展的前提,這裏出土文書的作

用十分關鍵。本書對於官文書和制度史的研究提供了很好的範例，我想用一句雷聞自己的話作爲總結："在具體文書形態與處理環節研究的基礎上，將其與國家政治體制的變遷、中央與地方關係、國家統治與基層治理等聯繫起來，是官文書研究的生命力所在。"希望今後的文書研究能够保持活力，而雷聞本人也能繼續爲我們貢獻更多富有進取和創意的新作。

2022 年 10 月 5 日

序　二

黄正建

雷聞這本早就該出的書終於出了。他請我作序，我自覺没有資格，他來信説：也是爲了"紀念一下我的社科院生涯"。想想也是，我和雷聞前後作了近 20 年的同事，當年他入所的一幕就又浮現在眼前。

初知雷聞，自然是他讀碩士一年級時發表的那篇成名文章《從 S.11287 看唐代論事敕書的成立過程》（文章已收入本書），十分佩服。2000 年在南開大學參加唐史學會會議，雷聞作爲博士生也參加了，會上對我的文章提出了商榷，讓人感覺到他眼光的敏鋭犀利。2002 年 6 月 11 日，到北大參加他的博士論文答辯，論文得到答辯委員一致好評（後來成了他的成名著作《郊廟之外——隋唐國家祭祀與宗教》，曾獲第六届"胡繩青年學術獎"）。

博士畢業，雷聞仍然在文化部上班。雖然文化部的物質條件很好，但他還是願意回到隋唐史研究領域，繼續他的研究事業，因此與我聯繫，想調到歷史所。當時歷史所隋唐室的情況是：自從 1993 年調李錦繡入所後，10 年間没有進人，面臨人才青黄不接的危險。雷聞如果能來正好可以填補我們學術梯隊的空缺。於是我答應了。2003 年 4 月 19 日我到他在健翔橋的住所詳細瞭解他的情況後，隨即向所裏提出口頭申請。我對所裏説：雷聞無論年齡還是專業都很合適，正是我們需要的人才，而且人品很好，正直且合羣。所裏表示可以考慮。於是 5 月 20 日約雷聞到所裏，與人事處長及黨委書記見面。書記對他説：我們歡迎你來，但歷史所資源有限，不能爲你提供任何條件，是否來，由你決定。

這確是實話。當時歷史所工資水準很低，與雷聞在文化部的工資相比，至少要少一千元左右，而且文化部的出國機會也大大多於歷史所。儘管如此，雷聞仍然堅持要來。這種獻身學術的精神讓我感動。於是 5 月 27 日我把申請調動雷聞的正式表格遞交到人事處；6 月 10 日把推薦雷聞的報告交到所裏。我在報告中説：雷聞是"近年來活躍在隋唐史研究領域的比較出色的青年學者",他的治學特點第一是"對唐代政治制度有比較深入的研究","這種對政治制度的研究是研究唐史的很重要的基礎";第二是"對敦煌資料比較關心","這種重視敦煌資料的研究方法,符合歷史所唐史研究的特色";第三是"注重理論"。"既學習馬克思主義的史學理論,也廣泛吸收西方現代史學理論","爲在國際史學界與同行對話奠定了一定的基礎";第四是"尊重前人的學術成果";第五是"勤於思考,敢於批評","具有比較良好的學風"。報告特別指出:"雷聞是一個剛剛三十出頭的年青人。他能夠放棄優厚待遇到歷史所來坐'冷板凳',説明他具有濃厚的史學研究興趣,願意爲學術研究奉獻自己的力量。""這是難能可貴的。"

或許是我們室要引進人才的强烈願望,又或許是雷聞投身學術研究的執著感動了所裏,總之調動進行得很順利。6月30日,雷聞打電話告訴我,手續辦好,已正式報到了。我高興之餘,在筆記中寫道:"他能放棄好的物質生活來所裏,應該歡迎並不讓他感覺失望。"

這以後不知我們是否讓他失望,但他卻確實沒有讓我們失望。雷聞來所後不久,就參加了我主持的整理《天聖令》殘卷的集體項目,承擔其中最長一篇令《獄官令》的點校和復原唐令工作①,並出色完成了任務。後來還參加了好幾個集體項目,爲所裏、室裏工作貢獻了才智。與此同時,他自己在制度史、禮制史、法制史、宗教史等各個領域也都取得了很大成績,後來出任隋唐室主任和社科院敦煌學研究中心主任,成了所裏隋唐史研究的頂樑柱和帶頭人。

回到這本書。正如上面所説,雷聞的研究領域很廣,"官文書與唐代政務運行"祇是他研究領域的一小部分,但就是這一小部分,他也做出了突出貢獻。

關於本書內容,雷聞在"導言"中有很好介紹。作者的介紹自然比外人更詳細更準確,讀者自可參看。

總體説來,雷聞從研究"論事敕書"開始,就一直對官文書感興趣並持續進行研究。他對官文書的系列研究似乎有這樣幾個特點:第一,致力於前人較少研究的文書類型,比如帖、關、牒等,即使前人討論過的,也能貢獻新的看法。比如在探討"論事敕書"的文章中涉及"發日敕",意見與李錦繡不同,而能爲後者所接受②。這些討論文書類型的文章都是後來者繞不過去

---

① 《獄官令》有宋令59條、唐令12條共71條令文,而最短的《捕亡令》宋令9條、唐令7條,祇有16條令文。

② 李錦繡後來在涉及"發日敕"的文章中專門寫了個注:"筆者曾論發日敕爲御畫奏抄,顯然有誤,特爲更正,並參見雷聞《從S.11287看唐代論事敕書的成立過程》。"見張弓主編《敦煌典籍與唐五代歷史文化》上卷《史地章》,北京:中國社會科學出版社,2006年,458頁。

的研究成果。第二,比較注意在長時段中研究文書或制度的緣起發展變化,例如關於尚書省制度,上溯到北朝;朝集使、鄉官涉及隋朝和唐朝;牒文敍述到五代;牒子下探到宋代等。第三,將官文書的研究與政務運作緊密結合。他在導言中説將官文書"與國家政治體制的變遷、中央與地方關係、國家統治與基層治理等聯繫起來,是官文書研究的生命力所在。"他的這一理念,貫穿於本書的全部文章中。

　　本書基本是從"制度史"的角度來研究官文書的,因爲"文書行政是一切官僚制運行的基礎"(本書導言)。這當然不錯。不過同時,若從豐富的歷史活動的角度出發,文書樣式、文書運行也與歷史事件、歷史人物息息相關。例如唐德宗時的"四王之亂",《資治通鑑》記載説叛亂者"(朱)滔爲盟主,稱孤;(王)武俊、(田)悦、(李)納稱寡人。所居堂曰殿,處分曰令,羣下上書曰牋"①。在四王境内,臣僚上書不稱"表"不稱"狀"而稱"牋",這意味著什麼? 反映出四王對自己地位什麼樣的自我認定? 又如《舊唐書》記載:"初,詔遣崔漢衡使於吐蕃,出兵佐收京城,蕃相尚結贊曰:'蕃法,進軍以統兵大臣爲信。今奉制書,無(李)懷光名署,故不敢前。'上聞之,遣翰林學士陸贄詣懷光議用蕃軍,懷光堅執言不可者三,不肯署制,詞慢,且謂贄曰:'爾何所能?'"李懷光時爲朔方節度使,"加同平章事",不肯在制書上署名,不僅涉及文書制度②,也可見他的"粗厲疏愎"③。官文書與歷史事件、歷史人物於是產生了有血有肉的聯繫。這或者也是官文書研究的一個路徑吧④。

　　雷聞在"導言"最後提出了對官文書研究今後展望的四點意見,都是經驗之談,值得重視。最後他還特別提出了"中國'古文書學'的理論與實踐,一定會對唐代官文書研究起到重要的推動作用。"中國過去雖然没有"古文書學"學科,但學者的研究往往暗合古文書學的視角與方法。雷聞的研究就是如此。而且他也是"中國古文書學"學科創建的參與者和熱情支持者。日本著名古文書學學者佐藤進一在《古文書學入門》中曾説,在對古文書學目的的認識中,存在兩大誤區。其中一個誤區就是認爲古文書學祇是歷史學的輔助方法,祇是一種史料批判方法。他説這是不對的。他認爲古文書學

---

① 《資治通鑑》卷二二七"德宗建中三年十一月"條,北京:中華書局,1976年,7336頁。
② 即李懷光應該作爲統兵大臣(節度使)署名呢,還是應該作爲宰相(平章事)署名? 又,制書的署名看來並非固定而是可以變化(增加)的。
③ 引文具見《舊唐書》卷一二一《李懷光傳》,北京:中華書局,1975年,3492—3493頁。
④ 最近侯旭東對制度史研究有所反思,比如説提倡"從制度史的孤立分析中解放出來";重視"使用"和"關係","而非通常所説的制度史";"跳出官職、秩級與職掌等制度史的通常關切";等等,總之是既要在制度史的框架中進行研究,又要跳出制度史的束縛。參見所著《漢家的日常》序論,北京師範大學出版社,2022年,2、4頁。

是一門獨立的學問，是一種以文書的機能（職能、作用）爲主軸，探討各時代的文書體系，及其歷史地發展演變的學問①。這種意見值得考慮。換句話說，我們除了把官文書作爲史料來研究歷史之外，是否也需要把官文書本身看作一個相對獨立的事物和材料，要研究官文書的體系（而非個別的互不關聯的官文書）以及這個體系的演變發展史。例如或者可以從官文書的體系入手，探討爲何"牒"變得泛化，"帖"越來越多，"題本"産生於明代，"奏摺"興盛於清朝？以及官文書是否存在著一個體系上由繁而簡不斷揚棄、不斷推陳出新的過程？凡此種種，都有在"古文書學"的視角下繼續研究的必要。

以上寫得拉拉雜雜，似乎不大像序。最後説句老生常談的話：這本書的原型完成時雷聞還在歷史所②，出版時則已經到了新的崗位。希望雷聞能沿著在歷史所走過的近 20 年的足迹繼續前進，取得更大更多更豐富的研究成果！

2022 年 6 月 24 日

---

① 佐藤進一《古文書學入門》，東京：法政大學出版局，1997 年，283—284 頁。
② 原是歷史所"創新工程"項目的結項成果。

目　録

序　一 ·· 吴麗娛　1

序　二 ·· 黄正建　1

導　言 ·· 1

　一、"官文書"的概念與内涵 ······································ 1

　二、中國古代的文書行政研究 ·································· 5

　三、唐代官文書研究的歷史與現狀 ······················ 13

　　（一）下行文書 ··· 14

　　（二）上行文書 ··· 17

　　（三）平行文書 ··· 21

　　（四）唐代官文書研究的特點 ···························· 23

　四、本書的結構 ·· 24

上　編

第一章　唐代論事敕書的成立過程 ·························· 29

　第一節　英藏敦煌 S.11287 文書中相關人物考訂 ·········· 30

　第二節　論事敕書的成立過程 ······························ 32

　　一、起草 ··· 33

　　二、中書覆奏、進畫 ·· 34

　　三、宣奉行 ·· 35

　　四、過門下 ·· 36

　　五、行下 ··· 37

　第三節　相關的幾個問題 ······································ 37

　　一、論事敕書的書式 ·· 37

　　二、論事敕書與制書成立過程的異同 ················· 38

　　　三、發日敕 ·· 39
　　小結 ··· 39

第二章　關文與唐代地方政府內部的行政運作 ·············· 41
　　第一節　吐魯番新出《安門案卷》的拼接與復原 ········ 42
　　第二節　殘卷內容的解說 ·································· 45
　　第三節　敦煌吐魯番文書中的關文 ···················· 52
　　第四節　唐代地方政府內部關文的運行 ················ 57
　　　一、用印與關文的成立 ································· 57
　　　二、關文反映的錄事司與諸曹關係 ·················· 60
　　　三、縣衙諸司之間關文的行用 ······················· 61
　　小結 ··· 63

第三章　唐代帖文的形態與運作 ···························· 64
　　第一節　堂帖 ··· 66
　　第二節　使帖 ··· 70
　　第三節　州帖 ··· 75
　　第四節　縣帖 ··· 79
　　第五節　軍帖 ··· 85
　　第六節　帖文的行用範圍、格式與特點 ················ 88
　　　一、"帖"的適用範圍 ································· 88
　　　二、"帖"文格式 ······································· 89
　　　三、"帖"的特點 ······································· 91
　　　四、"帖"與"符"、"牒"的關係 ·················· 93
　　小結 ··· 95

第四章　牓文與唐代政令的傳布 ···························· 96
　　第一節　唐代牓文的類型與層級 ······················· 97
　　　一、敕牓 ·· 97
　　　二、使牓與符牓、牓帖 ······························· 102
　　　三、軍牓 ·· 103
　　第二節　唐代牓文的物質形態 ·························· 105
　　第三節　唐代牓文的主要內容 ·························· 107
　　　一、慰諭軍民 ··· 107

二、政令法規 …………………………………………………… 109

三、租稅課役 …………………………………………………… 111

四、選舉與考課的内容 ………………………………………… 113

五、醫方 ………………………………………………………… 115

六、其他内容 …………………………………………………… 116

第四節 唐代牓文的發布空間 ………………………………… 117

一、諸門(包括宫門、衙門、城門和坊市門) ………………… 117

二、要路 ………………………………………………………… 119

三、村坊 ………………………………………………………… 120

四、其他地方 …………………………………………………… 120

第五節 敦煌吐魯番文書中的牓文 …………………………… 120

一、唐寶應元年(762)五月節度使衙牓西州文 ……………… 120

二、廣順三年(953)十二月十九日歸義軍節度使曹元忠牓 …… 125

小結 ……………………………………………………………… 128

第五章 唐宋牓子的類型及其功能 …………………………… 131

第一節 P.3449+P.3864《刺史書儀》中的"牓子"及其奏狀性質 …… 131

第二節 陸贄文集中的《奏草》與"牓子" ……………………… 135

第三節 唐代"牓子"的使用者及其内容 ……………………… 138

第四節 晚唐文獻中的"内牓子" ……………………………… 140

第五節 五代"牓子"使用範圍的擴大及其功能的程式化 …… 142

第六節 宋代政務運行中的牓子 ……………………………… 145

一、宋代牓子的使用者 ………………………………………… 146

二、宋代牓子的類型與功能 …………………………………… 147

小結 ……………………………………………………………… 150

下　編

第六章 隋與唐前期的尚書省 ………………………………… 155

第一節 隋代尚書省的制度建設與調整 ……………………… 156

一、尚書都省的職能轉化：政務化 …………………………… 156

二、二十四司的最終定型 ……………………………………… 158

三、六部的凸顯 ………………………………………………… 161

四、北周官制對隋代尚書省建設的影響 ……………………… 164

第二節　唐初尚書省性質之變化：從宰相機構到最高行政機構 ······ 165
　　一、僕射加同中書門下三品的出現與尚書令的廢置 ·········· 165
　　二、八座議事之終結 ································· 167
　　三、左右丞地位的提高 ······························· 169
第三節　唐代前期尚書省的機構設置及其特色 ············· 171
　　一、六部與都省 ··································· 171
　　二、六部內部的關係 ································· 180
　　三、六部與寺監 ··································· 187
第四節　六部的獨立化與使職化趨勢 ·················· 190
小結 ·· 197

第七章　隋唐朝集制度研究 ························· 200
第一節　朝集制的建立 ······························· 200
第二節　唐代朝集制的諸方面 ······················· 202
　　一、朝集使團的構成 ································· 202
　　二、律令制下的唐代朝集制 ························· 205
　　三、朝集使的駐地：州邸 ························· 206
　　四、朝集使的主要功能 ····························· 208
第三節　朝集制的消亡及其原因 ······················· 213
第四節　從上計到朝集 ······························· 216
小結 ·· 220

第八章　吐魯番出土文書與唐代的公文用紙 ············· 222
第一節　《唐開元十六年西州都督府請紙案卷》的錄文與綴合 ······· 223
第二節　文書所見西州行政運作的特點 ··············· 233
第三節　唐代公文用紙的種類 ······················· 236
第四節　唐代公文用紙的使用 ······················· 243
小結 ·· 246

第九章　隋唐的鄉官與老人 ························· 248
第一節　隋代"鄉官"的兩重含義 ···················· 249
　　一、隋文帝"罷州縣鄉官"再討論 ················ 249
　　二、隋代的鄉正與鄉長 ····························· 252
第二節　唐代"鄉官"及其內涵 ···················· 258

一、貞觀十五年之後的"鄉長"與"鄉録事" …………………… 258

二、吐魯番文書中的"鄉司" …………………………………… 260

三、吐魯番文書中的"鄉官" …………………………………… 261

第三節　唐代吐魯番文書中的"老人" ………………………… 266

小結 ……………………………………………………………… 270

附録一　俄藏 Дх.06521《格式律令事類》殘卷考釋 …………… 272

附録二　吐魯番新出土唐開元《禮部式》殘卷考釋 ……………… 289

參考文獻 ………………………………………………………… 297

索　引 …………………………………………………………… 328

後　記 …………………………………………………………… 333

圖表目録

彩版：

圖 1　S.11287《景雲二年(711)七月九日賜沙州刺史能昌仁敕》

圖 2　《永徽五年至六年(654—655)安西都護府案卷爲安門等事》殘卷
　　　（拼合圖）

圖 3　《唐麟德二年(665)閏三月三日西州交河縣張秋文帖永安城主爲限
　　　時到縣司事》

圖 4　S.8516《廣順三年(953)十二月十九日歸義軍節度使曹元忠牓》
　　　（卷首）

圖 5　S.8516《廣順三年(953)十二月十九日歸義軍節度使曹元忠牓》
　　　（卷尾）

圖 6　P.3449+P.3864《刺史書儀》中的牓子（局部一至五）

圖 7　大谷 3786(三)《唐開元十二年(724)西州官人差使録》

圖 8　俄藏 Дx.06521《格式律令事類》殘卷

圖 9　吐魯番阿斯塔納 201 號墓出土的唐彩繪書吏泥俑

圖 10　大谷 4026《唐西州老人、鄉官名簿》

圖 11　唐開元二十五年(737)《禮部式》殘卷(a 正面,b 背面)

第一章

圖 1-1　唐代論事敕書書式復原圖 ················· 38

表 1-1　唐代論事敕書和制書的成立過程比較表 ········· 38

第二章

圖 2-1　《永徽五年至六年(654—655)安西都護府案卷爲安門等
　　　事》殘卷(局部) ·························· 49

圖 2-2　《唐永徽四年(653)八月安西都護府史孟貞等牒爲勘印事》
　　　······································· 58

表 2-1　敦煌吐魯番文書中的關文表 ··············· 54

第三章

圖 3－1　P.4044《乾寧六年(899)某甲差充右一將第一隊副隊帖
　　　　等稿》 ……………………………………………………………… 72

圖 3－2　《唐天寶三載(744)前後交河郡蒲昌縣帖爲雇真容寺車
　　　　牛入山取公廨糧事》 ……………………………………………… 84

圖 3－3　《武周天山府下張父師團帖爲勘問左右果毅闕職地子事》
　　　　 ……………………………………………………………………… 86

圖 3－4　唐代前半期帖文行用示意圖 …………………………………… 88
圖 3－5　唐代後半期帖文行用示意圖 …………………………………… 89
圖 3－6　唐代帖式復原圖 ………………………………………………… 90
圖 3－7　唐代堂帖書式復原圖 …………………………………………… 91
表 3－1　大谷《唐開元十九年(731)正月西州岸頭府到來符帖目》
　　　　中的州帖表 ………………………………………………………… 75
表 3－2　大谷《唐開元十九年(731)正月至三月西州天山縣到來符
　　　　帖目》的州帖表 …………………………………………………… 76

第四章

圖 4－1　《唐寶應元年(762)五月節度使銜牓西州文》 ……………… 121

第五章

圖 5－1　唐代牓子書式復原圖 …………………………………………… 133
圖 5－2　《司馬氏書儀》所載"奏狀式" ………………………………… 134

第六章

表 6－1　魏－隋郎曹變化表 ……………………………………………… 159
表 6－2　北齊左右丞業務分工表 ………………………………………… 162
表 6－3　唐代八座集議表 ………………………………………………… 168
表 6－4　六部各司機構與人員設置表 …………………………………… 180
表 6－5　寺監與二十四司對口關係表 …………………………………… 190
表 6－6　唐代前期六部職官變動表 ……………………………………… 194

第八章

圖 8－1　《請紙案卷》中的行政流程圖 ………………………………… 231
圖 8－2　大谷 4918(a)、(b),與大谷 5735 文書的相對位置圖 …… 232
圖 8－3　《請紙案卷》中的領紙簽字(黃文弼文書 35) ……………… 236
圖 8－4　《請紙案卷》中的領紙簽字(大谷 5840) …………………… 236
表 8－1　開元十六年(728)二月至八月間西州都督府諸曹人員構
　　　　成表 ………………………………………………………………… 233

表 8-2　《請紙案卷》中的請紙統計表　…………………………… 237

表 8-3　唐代諸州貢紙一覽表　…………………………………… 240

表 8-4　P.3841 背《唐開元二三年？（735?）沙州會計歷》的納紙
　　　　情況表　………………………………………………… 244

第九章

圖 9-1　《唐西州道俗合作梯蹬及鐘記》　……………………… 262

表 9-1　唐初墓誌中的隋代鄉長表　……………………………… 255

附錄一

附表 1　敦煌吐魯番本唐格殘卷表　……………………………… 280

附表 2　唐玄宗時期格的編纂活動表　…………………………… 282

導　言

　　典章制度是中國古代國家體制的核心,而制度史也始終是中國傳統史學研究的中心,積累豐富,成就斐然。自 20 世紀 90 年代以來,學界又先後出現一些中國古代政治制度研究的新理路,孫正軍將其歸結爲三種,即:鄧小南倡導的"'活'的制度史"、閻步克主張的制度史觀以及侯旭東提倡的日常統治研究①。這三種研究理路既有差異,但也有共性,從不同層面揭示了制度史研究進一步發展的可能方向。在某種意義上,無論是"'活'的制度史",還是日常統治研究,都需要從一些具體的可操作的角度入手,而文書行政的研究則爲此提供了一個絕佳途徑。

一、"官文書"的概念與内涵

　　文書行政是一切官僚制運行的基礎,對於幅員遼闊的中央集權制國家來説更是如此,東漢的王充就明白指出:"漢所以能制九州者,文書之力也。以文書御天下。"②正是最爲直觀的説法。這裏的文書指的就是官文書,通過各種不同類型、不同層級的文書及其運行,國家的日常行政纔得以展開。

　　在不同的時代,伴隨著國家形態與政治制度的演進,官文書的類型也隨之變化發展,但也有一些公文具有非常强的延續性。一個關鍵問題是,"王言"即皇帝發布的命令文書,是否屬於官文書? 早年中村裕一認爲官府間及官員間行用的文書稱爲"官文書",它們與以皇帝名義發布的制敕等,總稱爲"公文書"。他還以文書學的定義,把没有"發信者"與"受信者"的户籍、計帳等排除在"官文書"概念之外③。最近,黄正建對此提出質疑,他從法律意義上立論,故强調唐代的"官文書"不包含制敕,而案卷、户籍、手實等,則應

---

①　孫正軍《何爲制度——中國古代政治制度研究的三種理路》,《中國社會科學評價》2019 年第 4 期,54—67 頁。
②　《論衡校釋》卷一三《别通篇》,北京:中華書局,1990 年,591 頁。
③　中村裕一《唐代官文書研究》,京都:中文出版社,1991 年,5—6 頁。

包括在官文書範圍之内①。黄先生的論證非常嚴謹，他是純粹從法律規定來分析的。

的確，在《唐律疏議》中，多次出現"制敕"與"官文書"並列的例子，如該書卷一〇《職制律》："諸制書有誤，不即奏聞，輒改定者，杖八十；官文書誤，不請官司而改定者，笞四十。知誤，不奏請而行者，亦如之。輒飾文者，各加二等。"②又如，同書卷一九《賊盜律》："諸盜制書者，徒二年。官文書，杖一百。"③然則在同等罪名下，與制敕和官文書相關的量刑定罪大不相同，這也意味著在法律意義上，二者是並列關係，制敕不在"官文書"概念之内。

不過，正如黄先生所言："制敕是另一問題。它在法律上不屬於官文書，那是因爲量刑的需要，而從性質上看，它自然應該屬於廣義的官文書了。"④這的確是平實之論。對此，我們還可舉出《唐律疏議》的另外兩個例子來做進一步思考。其一，卷九《職制律》"稽緩制書官文書"條曰：

> 諸稽緩制書者，一日笞五十，（謄制、敕、符、移之類皆是。）一日加一等，十日徒一年。【疏】議曰：制書，在令無有程限，成案皆云"即日行下"……注云"謄制、敕、符、移之類"，謂奉正制、敕，更謄已出，符、移、關、解、刺、牒皆是，故言"之類"。⑤

從疏議的解釋不難看出，謄寫了"正制、敕"的那些符移關牒等官文書，是與制敕同等對待的。其二，卷二七《雜律》"棄毀亡失官私器物"條曰：

> 諸棄毀、亡失及誤毀官私器物者，各備償。（謂非在倉庫而別持守者。）若被強盜者，各不坐、不償。即雖在倉庫，故棄毀者，徵償如法。其非可償者，坐而不備。（謂符、印、門鑰、官文書之類。）【疏】議曰：官私器物，其有故棄、毀，或亡失及誤毀者，各備償。注云"謂非在倉庫而別持守者"，謂倉庫之外，別處持守，而有棄毀、亡失及誤毀官私器物，始合備償。若被強盜，各不坐、不償。雖在倉庫之内，若有故棄毀，徵償如法。其非可償者，止坐其罪，不合徵償。故注云"謂符、印、門鑰、官文書"，稱"之

---

① 黄正建《唐代"官文書"辨析——以〈唐律疏議〉爲基礎》，武漢大學中國三至九世紀研究所編《魏晉南北朝隋唐史資料》第三十三輯，上海古籍出版社，2016 年，31—39 頁。
② 《唐律疏議》卷一〇《職制律》"制書官文書誤輒改定"條，北京：中華書局，1983 年，200 頁。
③ 《唐律疏議》卷一九《賊盜律》"盜制書及官文書"條，350 頁。
④ 黄正建《唐代"官文書"辨析——以〈唐律疏議〉爲基礎》，39 頁。
⑤ 《唐律疏議》卷九《職制律》"稽緩制書官文書"條，196—197 頁。

類"者,寶、節、木契、制敕並是。①

顯然,《唐律疏議》解釋律文中的"官文書"時,特意强調"制敕並是",即雖然量刑定罪有高下之分,但二者性質並無不同。

在我看來,"官文書"更多是一個與"私文書"相對的概念,衹要是與官府相關,在國家日常行政中使用的各種文書,都可以視作"官文書"。制、敕等"王言"同樣是由中書、門下、尚書等官司來製作與發布的,從性質上説,它們自應屬於"官文書"的範疇。而且,符移關牒等下行、平行文書,往往是承制敕而爲,前面通常謄寫王言,我們很難説符移關牒屬於官文書,而其前連寫的制敕就不是,因爲如上所言,謄寫了"正制、敕"的那些符移關牒等文書,在司法量刑時是要與制敕同等對待的。要言之,本書所謂的"官文書",是一個包括制敕在內的廣義概念②。

那麼,唐代的官文書具體有哪些呢?《唐六典》卷一《尚書都省》記載:

> 凡都省掌舉諸司之綱紀與其百僚之程式,以正邦理,以宣邦教。凡上之所以逮下,其制有六,曰:制、敕、册、令、教、符。(天子曰制,曰敕,曰册。皇太子曰令。親王、公主曰教。尚書省下於州,州下於縣,縣下於鄉,皆曰符。)凡下之所以達上,其制亦有六,曰:表、狀、牋、啓、牒、辭。(表上於天子,其近臣亦爲狀。牋、啓於皇太子,然於其長亦爲之,非公文所施。九品已上公文皆曰牒。庶人言曰辭。)諸司自相質問,其義有三,曰:關、刺、移。(關謂關通其事,刺謂刺舉之,移謂移其事於他司。移則通判之官皆連署。)③

因爲唐代前期"都省掌舉諸司之綱紀與其百僚之程式",號稱"元閣會府"④,往來文書都要經過都省,故在此規定了上行、下行、平行三類官文書及其具體行用範圍,成爲我們理解唐代官文書最基本的核心史料。當然這並非唐代官文書的全部,因爲即便是"王言",此處也僅列出了制、敕、册三種,而在同書卷九《中書省》下,就對此加以細化:

---

① 《唐律疏議》卷二七《雜律》"棄毀亡失官私器物"條,519頁。
② 在汪桂海先生對漢代官文書的四種分類中,第一類就是詔令文書,見氏著《漢代官文書制度》,南寧:廣西教育出版社,1999年,25—37頁。劉後濱先生近年來倡導使用"政務文書"這樣一個包容性更大的概念,其所指爲"皇帝和各級官府處理各種事務的文書以及圍繞官府事務的處理而產生的百姓呈於官府的文書",見氏著《漢唐政治制度史中政務運行機制研究述評》,《史學月刊》2012年第8期,99頁。
③ 《唐六典》卷一《尚書都省》"左右司郎中員外郎"條,北京:中華書局,1992年,10—11頁。
④ 《唐會要》卷五八《尚書省諸司》中,上海古籍出版社,1991年,1169頁。

　　　　凡王言之制有七：一曰册書，（立后建嫡，封樹藩屏，寵命尊賢，臨軒備禮則用之。）二曰制書，（行大賞罰，授大官爵，釐年舊政，赦宥降慮則用之。）三曰慰勞制書，（褒贊賢能，勸勉勤勞則用之。）四曰發日敕，（謂御畫發日敕也。增減官員，廢置州縣，徵發兵馬，除免官爵，授六品已下官，處流已上罪，用庫物五百段、錢二百千、倉糧五百石、奴婢二十人、馬五十疋、牛五十頭、羊五百口已上則用之。）五曰敕旨，（謂百司承旨而爲程式，奏請施行者。）六曰論事敕書，（慰諭公卿，誡約臣下則用之。）七曰敕牒。（隨事承旨，不易舊典則用之。）皆宣署申覆而施行焉。①

顯然，這裏是將制書一分爲二：制書與慰勞制書；敕書則一分爲四：發日敕、敕旨、論事敕書、敕牒，其具體的行用場合與功能則各不相同。

　　至於上行文書，《唐六典》卷八《門下省》也有細化：

　　　　凡下之通於上，其制有六：一曰奏抄，（謂祭祀，支度國用，授六品已下官，斷流已上罪及除、免、官當者，並爲奏抄。）二曰奏彈，（謂御史糺劾百司不法之事。）三曰露布，（謂諸軍破賊，申尚書兵部而聞奏焉。）四曰議，（謂朝之疑事，下公卿議，理有異同，奏而裁之。）五曰表，六曰狀；皆審署申覆而施行焉。②

這六種上行文書中，祇有表、狀與前引"左右司郎中員外郎"條所載的上行文書重合。顯然，祇有將《唐六典》這三處記載合而觀之，纔能基本把握唐代日常行用的官文書的總體構成。

　　必須提到的是，在法藏敦煌文書 P.2819《唐開元公式令》殘卷中，幸運保留了移式（前殘）、關式、牒式、符式、制授告身式、奏授告身式（後殘）③，它不僅使我們能直觀瞭解開元時期這些官文書的基本格式，而且也爲復原或認識其他種類的官文書提供了參考。

　　爲了分析的方便，中村裕一曾將唐代官文書總體分爲兩大類：一是包括在《公式令》範圍之内者，如令書、令旨、教書、表、狀、議、牋、啓、辭、奏彈、露布、解、刺、移、關、牒、符、制授告身、奏授告身、判授告身、計會、諸州計會、諸司計會。二是《公式令》規定之外者，如敕授告身、帖、牓、公驗、節度使牒、

_____

　① 《唐六典》卷九《中書省》"中書令"條，273—274頁。
　② 《唐六典》卷八《門下省》"侍中"條，241—242頁。
　③ 錄文見劉俊文《敦煌吐魯番唐代法制文書考釋》，北京：中華書局，1989年，221—228頁。參看樓勁《伯2819號殘卷所載公式令對於研究唐代政制的價值》，《敦煌學輯刊》1987年第2期，79—85頁。

度牒、疏、進奏院狀、行狀①。雖然在一些具體分類方面還有待進一步討論，而且在唐代日常政務運行中還不斷出現新的文書種類，如中晚唐出現的"牓子"與"内牓子"等，但這畢竟爲我們理解唐代官文書的總體情形，提供了一個方便的分類框架。

二、中國古代的文書行政研究

對於中國傳統的典章制度研究來說，正史中的"百官志""職官志"，政書如《會要》《通典》《通考》等系列，都是最基本的史料。在這些資料的基礎上形成的官制研究，無疑是理解中國古代國家機構設置與人員配置的前提，無論是嚴耕望的《中國地方行政制度史》②，還是張國剛的《唐代官制》③，都是這一脈絡下的成果。不過，這樣的研究大多屬於靜態研究模式，我們可以據之瞭解古代國家政治制度的基本結構，卻無法認識這一結構是如何運行的。那麼，以出土文書爲基礎的文書行政研究，就成爲這一模式的有力補充。

簡牘材料的大量出土，爲我們理解秦漢帝國"以文書御天下"的行政運作提供了寶貴資料，學界對此已有了很好的學術史梳理④，在此僅提示一些有代表性的成果。早在 20 世紀 80 年代，薛英羣就撰寫了《漢簡官文書考略》一文，後來安忠義又作了進一步的申論，考察了爰書、舉書、刺書、變事書、敕書、府書/莫書、別書、報書、牒書等日常行用的官文書的類型與功能⑤。1997 年，卜憲羣考察了官文書與秦漢官僚行政管理的問題⑥。更系統更全面的研究，當屬 1999 年汪桂海在博士論文基礎上修訂出版的《漢代官文書制度》⑦，此書充分利用了傳世史料與大量出土簡牘、封泥、碑刻等文物考古資料，對漢代官文書的種類、程式及其製作、運行、管理等都有深入討

---

① 中村裕一《唐代官文書一覽表》，氏著《唐代官文書研究》，17 頁。
② 嚴耕望《中國地方行政制度史》上卷《秦漢地方行政制度》，史語所專刊之四十五，1961 年；1974 年再版。
③ 張國剛《唐代官制》，西安：三秦出版社，1987 年。
④ 關於 20 世紀秦漢官文書的研究史，參看劉釗《漢簡所見官文書研究》，吉林大學博士學位論文，2015 年，37—102 頁。日本方面的成果，還可參考籾山明《日本居延漢簡研究的回顧與展望——以古文書學研究爲中心》，顧其莎譯，《中國古代法律文獻研究》第 9 輯，北京：社會科學文獻出版社，2015 年，156—172 頁。
⑤ 薛英羣《漢簡官文書考略》，收入甘肅省文物工作隊、甘肅省博物館編《漢簡研究文集》，蘭州：甘肅人民出版社，1984 年，258—297 頁。安忠義《漢簡中的官文書補考》，《簡牘學研究》第四輯，蘭州：甘肅人民出版社，2004 年，171—181 頁。
⑥ 卜憲羣《秦漢公文文書與官僚行政管理》，《歷史研究》1997 年第 4 期，36—52 頁。
⑦ 汪桂海《漢代官文書制度》，南寧：廣西教育出版社，1999 年。

論,成爲中國史學界比較早的系統研究公文制度的重要成果。李均明也出版了《簡牘文書學》《秦漢簡牘文書分類輯解》二書①,更是從文書學角度對簡牘文書的系統解讀。值得一提的是,傳世文獻特別是東漢末蔡邕的《獨斷》提供了各種公文形態的具體記載,極有價值,不過對其解讀頗有爭議,劉後濱就曾結合兩漢中央官制(特別是尚書臺)的演進,指出《獨斷》衹能反映蔡邕所處時代的文書制度,用它的記載來概括整個漢朝的情況是非常危險的②。

隨著更多簡牘的出土,秦漢官文書相關的研究更加深入。下行文書方面,首先是詔書,孫梓辛詳盡梳理了漢代詔書的種類、運行、用語、與律令的關係等方面的研究史,並總結了文體學、文書學、歷史學及法制史四種不同的研究取向③。馬怡通過額濟納漢簡中的“始建國二年詔書”册,復原了它在西北邊地逐級頒行的過程④,葉秋菊則通過詔書討論了秦漢的中央集權問題⑤。對於朝廷來説,如何將各種律令、政策信息傳遞到基層百姓,無疑是一件非常重要的大事,秦漢時期承擔這樣功能的是“扁書”,吳旺宗、馬怡、徐燕斌等對此已有細緻研究⑥。上行文書方面,陳松長最近分析了岳麓秦簡中一條令文關於上對、上請、上奏三種呈給皇帝批閲的治獄文書的規範,深化了我們對秦代官府文書的簡牘形制特徵的認識,令人印象深刻⑦。司法文書可以説是簡牘官文書的大宗,蘇俊林、劉慶等對居延漢簡、岳麓秦簡中的“狀”類文書有深入討論,認爲它作爲一種文書形式,已經廣泛應用於秦漢的行政、司法領域,以向上級陳述事實經過與狀況,但其格式尚未如隋唐之後的“狀”那麼固定⑧。鍾文榮通過張家山漢簡特別是《二年律令》中的記

---

① 李均明、劉軍《簡牘文書學》,南寧:廣西教育出版社,1999 年。李均明《秦漢簡牘文書分類輯解》,北京:文物出版社,2009 年。

② 劉後濱《從蔡邕〈獨斷〉看漢代公文形態與政治體制的變遷》,《廣東社會科學》2002 年第 4 期,103—108 頁。另參氏著《唐代中書門下體制研究——公文形態、政務運行與制度變遷》,濟南:齊魯書社,2004 年,63—80 頁。

③ 孫梓辛《漢代詔書研究述評》,《中國中古史研究》第六卷,上海:中西書局,2018 年,262—306 頁。另參楊耀文《漢代詔令研究述評》,《重慶三峽學院學報》2018 年第 3 期,81—88 頁。

④ 馬怡《“始建國二年詔書”册所見詔書之下行》,《歷史研究》2006 年第 5 期,166—171 頁。

⑤ 葉秋菊《秦漢詔書與中央集權研究》,北京:中國社會科學出版社,2016 年。

⑥ 吳旺宗《漢簡所見“扁書”探析》,《蘭州學刊》2006 年第 7 期,27—28 頁。馬怡《扁書試探》,《簡帛》第一輯,上海古籍出版社,2006 年,415—428 頁;收入孫家洲主編《額濟納漢簡釋文校本》,北京:文物出版社,2007 年,170—183 頁。徐燕斌《漢代扁書輯考——兼論漢代法律傳播的路徑》,《華東政法大學學報》2013 年第 2 期,50—62 頁。

⑦ 陳松長《岳麓秦簡中的對、請、奏文書及相關問題探論》,《文物》2020 年第 3 期,69—73 頁。

⑧ 蘇俊林《秦漢時期的“狀”類司法文書》,武漢大學簡帛研究中心編《簡帛》第九輯,上海古籍出版社,2014 年,301—310 頁。劉慶《也論司法中的“狀”文書》,《國學學刊》2015 年第 4 期,114—121 頁。

載,討論了官文書在製作、傳遞及管理等環節中的違法行爲(如僞造、更改文書,毀壞封印,文書丟失、盜竊等)及其懲罰措施①。最新關於漢簡官文書研究的系統成果,當屬劉釗 2015 年的博士論文《漢簡所見官文書研究》②。日本學者對於秦漢簡牘文書的研究也有悠久的傳統,從永田英正《居延漢簡研究》、大庭脩《漢簡研究》,到富谷至《文書行政的漢帝國》③、籾山明《秦漢出土文字史料研究:形態、制度、社會》(2015),再到鷹取祐司的近著《秦漢官文書的基礎研究》④,都顯示了日本學者在簡牘文書的方法論與獨特視角。

魏晉南北朝時期的官文書研究,目前也積累了不少重要成果,韓旭已有系統梳理⑤。最成體系者,當屬中村圭爾的專著《魏晉南北朝公文書與文書行政研究》⑥,該書將這一時期的公文分爲下行(詔、令、符),上行(表、奏、啓、版),平行(關、刺、解、牒、狀、列、辭)三類,分析這些文書的基本形態與使用,進而討論其反映的官僚制運作。出土文書對於官文書研究的推動作用依舊明顯,長沙出土的走馬樓三國吳簡中,就包括了大量臨湘侯國的行政文書⑦,特別是已被學者從中發掘出幾個重要案例的司法案卷,如"朱表割米自首案"與"許迪割米案",這些卷宗由諸多散簡構成,學者已開始在拼合散簡的基礎上復原其中的司法審判程序⑧。王素則對長沙出土漢簡、吳簡中長官批字畫諾的問題有精彩研究⑨。最近,徐暢將其關於三國吳簡官文

---

① 鍾文榮《張家山漢簡所見對官文書違法行爲的處罰研究》,《福建師範大學學報》2011 年第 3 期,123—128 頁。
② 劉釗《漢簡所見官文書研究》,吉林大學古籍研究所博士論文,2015 年。
③ 富谷至《文書行政的漢帝國》,劉恒武、孔李波譯,南京:江蘇人民出版社,2013 年。
④ 鷹取祐司《秦漢官文書的基礎研究》,東京:汲古書院,2015 年。關於此書,石洋有精當評介,《鷹取祐司〈《秦漢官文書的基礎研究》介評〉》,《中國古代法律文獻研究》第十輯,北京:社會科學文獻出版社,2016 年,421—435 頁。
⑤ 韓旭《魏晉南北朝公文與文書行政研究述評》,收入《中國魏晉南北朝史學會會刊》第二卷,桂林:廣西師範大學出版社,2021 年,77—102 頁。
⑥ 中村圭爾《魏晉南北朝における公文書と文書行政の研究》(研究成果報告書),大阪:共榮印刷所,2001 年。
⑦ 參看徐暢《走馬樓吳簡竹木牘的刊布及相關研究述評》,武漢大學中國三至九世紀研究所編《魏晉南北朝隋唐史資料》第三十一輯,上海古籍出版社,2015 年,25—74 頁。
⑧ 參看陳榮傑《走馬樓吳簡"朱表割米自首案"整理與研究》,《中華文史論叢》2017 年第 1 期,219—260 頁;王彬《吳簡許迪割米案相關文書所見孫吳臨湘侯國的司法運作》,《文史》2014 年第 2 輯,73—91 頁;同氏《長沙走馬樓吳簡"許迪割米案"相關文書的集成研究:三國時期基層司法制度管窺之一》,收入《姜伯勤教授八秩華誕頌壽史學論文集》,廣州:廣東人民出版社,2019 年,63—83 頁。另參徐暢《新刊長沙走馬樓吳簡與許迪割米案司法程序的復原》,《文物》2015 年第 12 期,71—83 頁。
⑨ 王素《"畫諾"問題縱橫談——以長沙漢吳簡牘爲中心》,《中華文史論叢》2017 年第 1 期,121—136 頁。

書研究的文章結集出版,爲我們理解三國時期的郡、縣行政運作提供了很大幫助,她所繪製的臨湘侯國官文書内部、外部運轉流程圖,令人印象深刻①。利用傳世文獻來考察魏晉南北朝時期的文書行政,目前也積累了一些重要成果,如王興振對北魏王言制度的研究②,趙立新對行狀、簿狀等官僚選用文書的探討③,張雨對劉宋太子監國儀注的文書學考察④,而周文俊也有一系列論文討論南朝公文的運作制度⑤,都顯示了這一研究進路的潛力。從物質形態來看,魏晉也是官文書由簡到紙的轉型時期,據王天泉研究,東漢末年書籍和書信最先使用紙張,官文書則晚至東晉纔完成⑥,而張榮强對紙簡交替對户籍文書乃至基層統治權力的轉移問題做了深入探討⑦。

在這一時期的官文書研究中,地處吐魯番的高昌國的文書行政受到較多關注,這當然是由於相關吐魯番文書比較豐富的緣故。與同時期的中原王朝相比,遠在西北邊陲的割據政權高昌國的官文書既有類似之處,也有不少獨特的地方。大體而言,其上行文書包括"奏"與"辭",下行文書則有"令"與"符"等。早期最具代表性的成果,當屬祝總斌那篇《高昌官府文書雜考》⑧,對高昌國官府行用的"列辭""辭""啓""敕"等都進行了具體討論,還結合南北朝史籍,對文書中出現的"記識奏諸奉行"做了分析。之後,白須淨真、關尾史郎、王素、劉洪亮、孟憲實、本間寬之等中日學者又從多方面進行了研究,積累的成果頗豐⑨,其中一些成果不僅關注各種官文書的形態與

① 徐暢《長沙走馬樓三國孫吳簡牘官文書整理與研究》,北京:中國社會科學出版社,2021年。兩幅官文書運轉流程圖,見184、192頁。
② 王興振《北魏王言制度研究》,蘭州:甘肅人民美術出版社,2018年。
③ 趙立新《漢魏兩晉南北朝官僚選用文書的演變及其意義——以狀、行狀、簿狀和簿閥爲主的考察》,《早期中國史研究》第10卷第2期,2018年,1—58頁。
④ 張雨《南朝宋皇太子監國有司儀注的文書學與制度史考察》,《中華文史論叢》2015年第2期,31—50頁。
⑤ 周文俊《〈文心雕龍〉"啓"體論的文體譜系考察——以公文制度爲中心》,《中山大學學報》2018年第4期,12—20頁。同氏《南朝官職除拜考述——以制度程序及過程爲中心》,武漢大學中國三至九世紀研究所編《魏晉南北朝隋唐史資料》第三十八輯,2018年,116—138頁。他主要是從文獻出發,來討論官文書在文書行政與官場儀式中的結合。
⑥ 王天泉《魏晉官文書以紙代簡及其啓示》,《檔案學研究》2009年第4期,18—20頁。
⑦ 張榮强《中國古代書寫載體變遷與户籍制度的演變》,《武漢大學學報》2019年第3期,92—106頁。同氏《簡紙更替與中國古代基層統治重心的上移》,《中國社會科學》2019年第9期,180—203頁。
⑧ 祝總斌《高昌官府文書雜考》,北京大學中國中古史研究中心編《敦煌吐魯番文獻研究論集》第二輯,北京大學出版社,1983年,465—501頁。
⑨ 白須淨真《麴氏高昌國における上奏文書試釋——民部・兵部・都官・屯田等諸官司上奏文書の檢討》,《東洋史苑》第23號,1984年,13—66頁。白須淨真《麴氏高昌國における王令とその傳達——下行文書"符"とその書式を中心として》,《東洋史研究》第56卷第3號,1997年,573—602頁。王素《麴氏高昌中央行政體制考論》,《文物》(轉下頁)

發展階段,更將其與高昌國的歷史發展進程聯繫起來,凸顯了官文書研究的重要價值。例如,對於下行文書"符",孟憲實指出,麴氏高昌時期的符有三種不同的體式,且在時間上相互銜接,其變化體現了高昌王麴文泰強化王權的努力①。至於高昌國兩種不同格式的上奏文書,經過學者多年的研究,也發現其變化與麴氏高昌國從"義和政變"到"延壽改制"的政治變動直接相關②。最近,王素以高昌王令形制爲切入點,結合吐魯番出土文獻和傳世文獻,依次對沮渠氏北涼流亡政權、闞氏王國、張氏王國、麴氏王國的高昌王令形制及相關公文書制度進行分析和解說。他將高昌王令分爲"下令"和"傳令"兩種形制,前者以高昌王名義直接頒下,均有完整文本;後者由王國中央出納審查機構官員直接宣傳,大致均爲口令,散見於公文書的辭、奏、符以及一些帳中,他進而對其與河西政權及中原王朝相關制度的繼承、差異、流變進行比較和探討③。除了高昌國之外,北涼的某些官文書也得到關注,如黄樓就在利用吐魯番文書復原北涼解文格式的基礎上,分析其中反映的郡府諸曹與縣、幢等基層組織的權力格局④。值得注意的是,有些研究如前引王素《"畫諾"問題縱横談》已開始將吐魯番文書與吴簡中的相關內容結合起來考慮,展示了中古時期官文書的延續性,而黄樓在討論北涼解文的來源時,也追溯到長沙東牌樓所出東漢簡《光和六年静田自相和從書》,展示了長時段研究官文書變遷的前景。

―――――――

(接上頁) 1989 年第 11 期,39—52 頁。本間寬之《麴氏高昌國の文書行政――主として辭をめぐって》,《史滴》第 19 號,1997 年,2—13 頁。同氏《麴氏高昌國の地方支配について――文書よりみた一試論》,《史滴》第 29 號,2007 年,44—63 頁。柳洪亮《高昌郡官府文書所見十六國時期郡府官僚機構的運行機制》,《文史》1997 年第 2 輯,73—104 頁;後改題《吐魯番文書中所見高昌郡官僚機構的運行機制――高昌郡府公文研究》,收入氏著《新出吐魯番文書及其研究》,烏魯木齊:新疆人民出版社,1997 年,267—329 頁。孟憲實《略論高昌上奏文書》,《西域研究》2003 年第 4 期,26—37 頁。同氏《論高昌國的下行文書――符》,《西域研究》2004 年第 2 期,17—26 頁。關尾史郎《高昌國上奏文書管窺》,《日中律令制の諸相》,東京:東方書店,2002 年,407—428 頁。關尾史郎《高昌郡時代の上行文書とその行方》,《古代東アジアの情報傳達》,東京:汲古書院,2008 年,75—89 頁。

① 孟憲實《論高昌國的下行文書――符》,17—26 頁。

② 孟憲實《略論高昌上奏文書》,26—37 頁。

③ 王素《高昌王令形式總論》,收入土肥義和、氣賀澤保規編《敦煌・吐魯番文書の世界とその時代》,東京:東洋文庫,2017 年,59—100 頁;中文本《高昌王令形制綜論》,《西域研究》2019 年第 1 期,68—97 頁。最後的增訂本,收入劉安志主編《吐魯番出土文書新探》,武漢大學出版社,2019 年,50—82 頁。

④ 黄樓《吐魯番文書所見北涼解文的復原及相關問題研究》,《敦煌研究》2016 年第 3 期,66—73 頁。作爲附錄一,收入氏著《吐魯番出土官府帳簿文書研究》,北京:社會科學文獻出版社,2020 年,234—251 頁。同時,還收入劉安志主編《吐魯番出土文書新探》,24—34 頁。

　　與秦漢、魏晉相比,宋代官文書研究在材料上有天然的限制,由於缺乏成規模的出土簡牘與文書等實物的支持,因此在很長一段時間裏進展不大。不過,最近二十年來,這種情形有了很大改觀,這主要得益於鄧小南倡導的"'活'的制度史"觀念及她與諸多弟子的研究實踐。2001 年,鄧先生在浙江大學主辦的"近百年宋史研究回顧與反思:制度篇"國際學術研討會上,提交了《走向"活"的制度史》一文,兩年後正式發表①。可能鄧先生最初也不會料到,她這篇大作會對之後二十年唐宋乃至中國古代政治制度史研究的風格轉型有如此巨大的影響,畢竟,在此前很長一段時間裏,静態的職官研究佔據了制度史的主流②。鄧先生呼籲從制度的運作"過程",在影響制度變遷的各種"關係"中,來考察政治制度的執行與實踐,而她所示範的切入點,正是文書制度與信息溝通③。可以説,正是在"'活'的制度史"理路的指引下,宋代官文書研究走向了繁榮④。

　　如所周知,唐宋之際國家制度的一個重要變化,就是皇帝直接走上前臺,力圖通過各種手段直接處理朝廷政務。這樣的努力,也直觀體現在公文制度中。張褘的博士論文《制詔敕劄與北宋的政令頒行》對各類詔令文書的體式與運行做了梳理⑤,周佳《北宋中央日常政務運行研究》則對内降、御批、御筆等在日常政務中的行用進行了細緻考察⑥。此外,丁義珏、方誠峰等也討論了北宋不同時期的内降、御筆手詔等的概念與特點⑦。李全德則討論了由中晚唐的"堂帖"發展而來的"省劄"在宋代宰相處理政務中的作用⑧,而

① 鄧小南《走向"活"的制度史——以宋代官僚政治制度史研究爲例的點滴思考》,《浙江學刊》2003 年第 3 期,99—103 頁;收入包偉民主編《宋代制度史研究百年(1900—2000)》,北京:商務印書館,2004 年,10—19 頁。最近,鄧先生對這一問題有了進一步思考,見氏著《再談走向"活"的制度史》,《史學月刊》2022 年第 1 期,103—111 頁。
② 白鋼《二十世紀的中國政治制度史研究》也對此有所批評,《歷史研究》1996 年第 6 期,168 頁。
③ 鄧小南先生先後主編了三部相關的論文集:《政績考察與信息渠道:以宋代爲重心》,北京大學出版社,2008 年。鄧小南、曹家齊、平田茂樹主編《文書·政令·信息溝通:以唐宋時期爲主》,北京大學出版社,2012 年。鄧小南主編《過程·空間——宋代政治史再探研》,北京大學出版社,2017 年。張褘《關於"'活'的制度史"》對鄧先生的研究理路有系統闡釋,見鄧小南主編、方誠峰執行主編《宋史研究諸層面》,北京大學出版社,2020 年,84—105 頁。
④ 參看李全德《宋代的信息溝通與文書行政研究述評》,收入鄧小南主編、方誠峰執行主編《宋史研究諸層面》,20—83 頁。
⑤ 張褘《制詔敕劄與北宋的政令頒行》,北京大學歷史系博士論文,2009 年。
⑥ 周佳《北宋中央日常政務運行研究》,北京:中華書局,2015 年。
⑦ 丁義珏《論北宋仁宗朝的"内降"——制度、政治與敍事》,《漢學研究》第 30 卷第 4 期,2012 年,65—92 頁。方誠峰《御筆、御筆手詔與北宋徽宗朝的統治方式》,《漢學研究》第 31 卷第 3 期,2013 年,31—67 頁。
⑧ 李全德《從堂帖到省劄——略論唐宋時期宰相處理政務的文書之演變》,《北京大學學報》2012 年第 2 期,106—116 頁。

張禕進一步在分析北宋前期的"中書省劄"與元豐改制之後的"尚書省劄"的公文體式基礎上,考察了其中反映的"權力收歸君主、責任委於宰輔"的模式,認爲:"(劄子制度)既爲君主更多地介入日常政務處理、加强對宰輔大臣的監督提供了制度保障,又將政令利弊得失的責任推諉於宰臣,對君主能起到很好的保護作用。在這種'委任責成'的模式下,皇權運作獲得了更爲寬裕的轉圜餘地。"①這是非常敏鋭的觀察。另一方面,皇帝與宰輔決策的依據,主要是百官的章奏與申狀,前者直接呈遞給皇帝,後者呈遞給宰輔等上級官員,王化雨對這兩類文書已有細緻研究②。此外,文書傳遞的空間也得到重視,閤門、通進銀臺司、内東門司等内廷機構在公文傳遞中的不同功能,也逐步被揭示出來③,鄧小南還專門研究了尚書内省的"直筆"宮官,認爲她們居於政務文書流轉的關鍵位置,代筆批書録黄文字,在日常政務活動中具有重要意義④。

在地方公文方面,平田茂樹以劄子、帖、牒、申狀四類文書爲中心,分析了兩宋地方政治形態的變化⑤。進一步的系統研究,是劉江的博士論文《北宋公文形態考述——以地方公文及其運作爲中心》⑥,他以狀、牒、符、帖四種公文爲中心,辨析其格式、特點、製作過程,以及其中反映的權力關係。如何將朝廷與上級官府的政策、恩德等傳遞到基層社會,也是朝廷始終關注的問題,而粉壁、榜諭在其中扮演了重要角色,高柯立對此有詳盡討論⑦。

---

① 張禕《中書、尚書省劄子與宋代皇權運作》,《歷史研究》2013 年第 5 期,50—66 頁。

② 王化雨《宋代君主與宰輔的政務信息處理過程:以章奏爲例》,收入鄧小南、曹家齊、平田茂樹主編《文書・政令・信息溝通:以唐宋時期爲主》,307—367 頁;王化雨《申狀與宋代中樞政務運行》,收入鄧小南主編、方誠峰執行主編《宋史研究諸層面》,271—302 頁。

③ 趙冬梅《試論通視角中的唐宋閤門司》,《歷史研究》2008 年第 3 期,128—131 頁。李全德《通進銀臺司與宋代的文書運行》,《中國史研究》2008 年第 2 期,119—134 頁。王化雨《北宋宮廷的建築佈局與君臣之間的溝通渠道:以内東門爲中心》,《國學研究》第二十一卷,北京大學出版社,2008 年,351—378 頁。

④ 鄧小南《掩映之間——宋代尚書内省管窺》,《漢學研究》第 27 卷第 2 期,2009 年,5—42 頁。收入羅家祥主編《華中國學》第二卷,武漢:華中科技大學,2015 年,71—100 頁。

⑤ 平田茂樹《宋代地方政治管見——以劄子、帖、牒、申狀爲綫索》,收入戴建國主編《唐宋法律史論集》,上海辭書出版社,2007 年,232—246 頁。

⑥ 劉江《北宋公文形態考述——以地方公文及其運作爲中心》,北京大學歷史系博士論文,2012 年。

⑦ 高柯立《宋代粉壁考述——以官府詔令的傳布爲中心》,《文史》2004 年第 1 輯,126—135 頁;同氏《宋代州縣官府的榜諭》,《國學研究》第十七卷,北京大學出版社,2006 年,77—108 頁;他後來將這兩篇論文修訂合併爲一篇《宋代的粉壁與榜諭:以州縣官府的政令傳布爲中心》,收入鄧小南主編《政績考察與信息渠道:以宋代爲中心》,北京大學出版社,2008 年,411—460 頁。關於宋代的地方治理與文書行政,還可參看高柯立《宋代地方的官民信息溝通與治理秩序》,北京:國家圖書館出版社,2021 年。

在材料方面,宋代官文書研究也有突破,特別是浙江武義縣出土的南宋徐謂禮文書,提供了鮮活的官僚制運行的具體案例①。徐謂禮文書共計 17 卷,分爲録白告身、録白敕黄、録白印紙三種類型。其中,告身 10 道,敕黄 11 道,印紙批書 80 則,比較完整地記録了一個南宋普通官員的仕宦履歷,也向我們全面展示了南宋官僚制度政務運作情況,鄧小南等對此已有深入討論②。當然,徐謂禮文書也有一定的局限性,一方面是内容比較窄,主要涉及的是基層官員遷轉仕宦過程中的那些文書形式,特別是告身③,與政務運行其他方面相關的内容不多。另一方面,徐謂禮文書主要反映的是南宋的情形,是否能藉以推論北宋的情形,尚待進一步驗證。

值得一提的是,雖然宋代的官文書實物留存很少,但還是有一些相關材料,特別是石刻文獻中保存著不少公文碑,如前引張禕文就主要利用了元豐二年(1079)八月《渾王廟牒》碑側之中書劄子及《六和塔尚書省牒碑》第三截隆興二年(1164)十二月的一件省劄。另一類材料則是傳世的法帖,一些此前爲書法界關注的法帖其實也是珍貴的官文書原件,如臺北"故宫博物院"所藏元祐元年(1086)《司馬光拜左僕射告身》、蘇州博物館所藏元祐三年(1088)《范純仁拜右相告身》等,鄧小南已經對此有初步探索④。可以想見,在出土官文書實物不足的宋代,這兩方面的材料還將發揮更重要的作用。

通過以上對漢魏、兩宋官文書與文書行政研究的粗略梳理,我們不難看出,相關研究日漸繁榮,這一方面直接得益於簡牘、文書等出土文獻的推動,但另一方面,也受益於研究視角的轉換,"'活'的制度史"就直接刺激了宋代制度史研究風格的轉型,官文書與信息渠道研究一時蔚爲潮流。

---

① 包偉民、鄭嘉勵編《武義南宋徐謂禮文書》,北京:中華書局,2012 年。

② 鄧小南《再談宋代的印紙歷子》,《國學研究》第三十二卷,北京大學出版社,2014 年,1—32 頁;同氏《宋代史料整理二題》,包偉民、劉後濱主編《唐宋歷史評論》第二輯,北京:社會科學文獻出版社,2016 年,14—23 頁。

③ 相關研究,參看周佳《南宋基層文官履歷文書考釋——以浙江武義縣南宋徐謂禮墓出土文書爲例》,《文史》2013 年第 4 輯,163—180 頁;王楊梅《徐謂禮告身的類型與文書形式——浙江武義新出土南宋文書研究》,《浙江社會科學》2013 年第 11 期,121—126 頁;胡坤《宋代基層文官的初仕履歷——以〈武義南宋徐謂禮文書〉爲中心》,《史學月刊》2014 年第 11 期,29—37 頁;李全德《從〈武義南宋徐謂禮文書〉看南宋時的給舍封駁——兼論録白告身第八道的復原》,《中國史研究》2015 年第 1 期,53—70 頁;張禕《徐謂禮〈淳祐七年轉朝請郎告〉釋讀》,《中國史研究》2015 年第 1 期,71—81 頁;王楊梅《南宋中後期告身文書形式再析》,包偉民、劉後濱主編《唐宋歷史評論》第二輯,178—211 頁。

④ 鄧小南、張禕《書法作品與政令文書:宋人傳世墨迹舉例》,《故宫學術季刊》2011 年第 1 期,81—100 頁。另參鄧小南《書畫材料與宋代政治史研究》,《美術研究》2012 年第 3 期,12—21 頁。

三、唐代官文書研究的歷史與現狀

　　與漢魏及宋代相比，唐代官文書研究起步更早，成果也更爲豐碩，這當然首先與新材料的發現與刊布直接相關。在敦煌文書及陸續出土的吐魯番與西域文書中，保存著大量官文書的原件或抄件，爲這方面的研究奠定了堅實的基礎。自從内藤乾吉於 1960 年發表長文《西域發見唐代官文書の研究》以來①，中日學界在這一領域已取得許多重要的成果。最成系統者，當屬中村裕一的幾部大著，即《唐代制敕研究》《唐代官文書研究》《唐代公文書研究》《隋唐王言の研究》等②，雖然在一些具體文書形式的研究上還有待深化，但這一系列的論著無疑具有開創之功，後來的學者大多是從他的研究出發，繼續前行。當然，隨著近年來研究範式的轉換，如今的官文書研究面貌已經發生了很大變化，不僅在各種具體類型官文書的研究方面持續深入，而且在將文書行政與政治體制的演進相結合方面，也取得重大推進③。在材料上，除了敦煌吐魯番文書之外，傳世文獻與金石材料的使用，也開闢了一個新的天地。目前，已經有好幾位學者對官文書的研究史做過綜述，其中既有總體概覽，如劉後濱、吳麗娛、黃正建等就分別從信息溝通與文書樣式的角度，對唐代官文書研究有系統總結④。也有對某一具體類型官文書的回顧，如徐暢、趙晶對中日學界成果豐碩的唐代告身研究做過系統梳理⑤。

---

① 内藤乾吉《西域發見唐代官文書の研究》，這篇長文主要利用的是大谷文書中的官文書案卷。《西域文化研究》第三《敦煌吐魯番社會經濟資料（下）》，京都：法藏館，1960 年，9—130 頁。
② 中村裕一《唐代制敕研究》，東京：汲古書院，1991 年；《唐代官文書研究》，京都：中文出版社，1991 年；《唐代公文書研究》，東京：汲古書院，1996 年；《隋唐王言の研究》，東京：汲古書院，2003 年。
③ 參看劉後濱《古文書學與唐宋政治史研究》，《歷史研究》2014 年第 6 期，56—59 頁。
④ 劉後濱《文書、信息與權力：唐代中樞政務運行機制研究反思》，收入包偉民、劉後濱主編《唐宋歷史評論》第三輯，北京：社會科學文獻出版社，2017 年，265—287 頁。吳麗娛《唐代信息研究的特色與展望——以信息傳遞的介質、功能爲重點》，收入包偉民、劉後濱主編《唐宋歷史評論》第四輯，北京：社會科學文獻出版社，2018 年，174—195 頁。黃正建《中國古文書中的公文書樣式研究綜述——以中國大陸研究成果爲中心》，《隋唐遼宋金元史論叢》第九輯，上海古籍出版社，2019 年，418—437 頁。黃氏的綜述不限於唐朝。此外，還可參看李方《新疆出土唐代官府文書整理與研究芻議》，收入《敦煌吐魯番文書與中古史研究：朱雷先生八秩榮誕祝壽集》，上海古籍出版社，2016 年，89—92 頁。
⑤ 徐暢《存世唐代告身及其相關研究述略》，《中國史研究動態》2012 年第 3 期，33—43 頁。趙晶《論日本中國古文書學研究之演進——以唐代告身研究爲例》，《早期中國史研究》第 6 卷第 1 期，2014 年，113—141 頁。丸山裕美子曾製作《唐告身一覽》表，可能是目前所見最全的一個統計，見氏著《唐代之告身與日本之位記——古文書學視角的比較研究》，黃正建主編《中國古文書學研究初編》，上海古籍出版社，2019 年，180—183 頁。最近還有一些關於告身的研究，如黃京《唐代的告身文書與敦煌的僧官授予——以〈洪䛒碑〉（轉下頁）

在此,我們先依《唐六典》的方式,分下行、上行、平行文書三類對這些成果作一簡要梳理,然後對唐代官文書研究的總體脈絡加以解說。

(一) 下行文書

1. 王言

作爲皇帝發布的命令文書,"王言"具有無可比擬的權威性。如前所述,唐代的王言之制有七:册書、制書、慰勞制書、發日敕、敕旨、論事敕書、敕牒。1991年,李錦繡發表《唐"王言之制"初探——讀〈唐六典〉札記之一》①,系統研究了《唐六典》所載的七種王言,頗具開創之功,當然在一些具體分析上還有繼續討論的空間。同年,中村裕一出版了《唐代制敕研究》,利用敦煌吐魯番文書和石刻材料,對於七種王言做了進一步研究,對相關的"璽書""手詔""墨詔""優詔"等概念也有初步分析。之後,對於具體的各類王言,研究也日漸增多。舉其要者,如孟憲實對於武則天改"詔"爲"制"及其在文書原件上的表現做了討論,指出在神龍政變之後,並未回歸舊制,而制書的使用,如同武周新字一樣,具有年代學意義②。他還根據敦煌吐魯番文書,對唐代王言的簽署、傳達做了討論,並對王言的内容在轉化爲"格後敕"時所做的文本改動,也有積極探索③。最近,孟氏又撰文討論了與册文相關的册禮④。敕文屬於制書性質,唐代的敕文不僅是一些固定的套語,且日益成爲發布政令的一個重要途徑,對此,有禹成旻、魏斌等的深入研究⑤,前者強調的是武則天以後敕文的立法功能,後者則更強調其在中晚唐的行政意義。敦煌文書中保留了睿宗時一道論事敕書的原件,我們有專文討論(詳見第一章)。最近,丁俊又分析了論事敕書在玄宗朝溝通地方與中央的

(接上頁)及 P.3720 文獻爲中心》,《敦煌研究》2019 年第 2 期,55—63 頁。另外,關於唐代墓葬中作爲隨葬品出土的紙質或石質告身抄本的考古學研究,見王靜、沈睿文《唐墓埋葬告身的等級問題》,《北京大學學報》2013 年第 4 期,35—41 頁。

① 李錦繡《唐"王言之制"初探——讀〈唐六典〉札記之一》,《季羨林教授八十華誕紀念論文集》,南昌:江西人民出版社,1991 年,273—290 頁。

② 孟憲實《從"詔書"到"制書"》,《文獻》2019 年第 5 期,106—119 頁。

③ 孟憲實《關於敦煌吐魯番出土的"王言"》,《敦煌吐魯番研究》第十八卷,上海古籍出版社,2018 年,135—152 頁。

④ 孟憲實《唐代册禮及其改革》,《歷史研究》2021 年第 3 期,195—203 頁。

⑤ 禹成旻《試論唐代敕文的變化及其意義》,《北京理工大學學報》2004 年第 3 期,83—87 頁;同氏《唐代敕文頒布的演變》,杜文玉主編《唐史論叢》第八輯,西安:三秦出版社,2006 年,114—132 頁。魏斌《"伏准敕文"與晚唐行政運作》,《中國史研究》2006 年第 1 期,95—106 頁;同氏《唐代敕書内容的擴展與大赦職能的變化》,《歷史研究》2006 年第 4 期,21—35 頁。

意義,但基本不涉及文書學的内容①。

在諸種王言中,除了制敕依託的告身之外,最受關注者可能是敕牒。劉後濱對於中書門下體制建立之後的制敕文書做了梳理,特別强調了敕牒的作用②。王孫盈政又對敕牒所奉之"敕"做了具體分析,認爲可以是敕旨,也可以是發日敕或論事敕書,還可以是直接發布皇命之敕牒③。郭桂坤則指出,下行文書在安史之亂後,由發日敕爲主體轉爲以敕牒爲中心④,他還討論了唐後期宦官直接宣皇帝口敕而形成的敕牒,認爲這是宦官侵奪中書門下頒行政令的一個途徑⑤。最近,精研宋代官文書制度的張禕也向上追溯,對唐代制書、發日敕之外的五種"王言"做了進一步討論⑥,他參照劉後濱的研究,認爲《唐六典》反映的是唐代中樞體制從三省制向中書門下體制轉型期的制度,這主要體現在敕牒這種新興的王言上,它的出現,實際上已經開始衝擊了敕旨、發日敕和御畫奏抄的使用。張禕還對中村裕一復原的册書體式做了修正,又將慰勞制書與論事敕書放在唐宋長時段考察其功能的變化。雖然這篇文章的諸多新説未必都有説服力,如對於册書末尾的簽署列銜,究竟祇需中書令一人,抑或需要中書省官員宣、奉、行的完整簽署,可能還需新材料的發現纔能落實。又如敕牒是否一定衝擊了敕旨的使用,可能亦需斟酌,畢竟中晚唐敕旨的應用依然普遍。但無論如何,這篇文章將《唐六典》"王言之制"的記載視作一個特殊時段的橫斷面來考察,無疑是極具啓發意義的。

墨詔、墨敕是唐代一種不經過正規頒詔程式、由禁中直接發出的詔令,玄宗以後,它逐漸成爲政務運行的一條途徑。到唐末五代,它們甚至取得"代天子立言"的地位,爲方鎮跋扈一方提供某種合法性,游自勇對此有細緻研究⑦。小野達哉則討論了中晚唐皇帝的"宣"與制敕的關係⑧。除了這些正式或非正式的王言之外,安史之亂後,皇帝還通過"批答"表奏的方式,與

① 丁俊《慰諭公卿與誡約臣下——以玄宗朝的論事敕書爲中心》,葉煒主編《唐研究》第二十五卷,北京大學出版社,2020年,361—379頁。
② 劉後濱《從敕牒的特性看唐代中書門下體制》,榮新江主編《唐研究》第六卷,北京大學出版社,2000年,221—232頁。另參氏著《唐代中書門下體制研究——公文形態、政務運行與制度變遷》,341—354頁。
③ 王孫盈政《唐代"敕牒"考》,《中國史研究》2013年第1期,89—110頁。
④ 郭桂坤《唐代前期的奏抄與發日敕書》,《文史》2018年第1期,133—158頁。
⑤ 郭桂坤《中晚唐宦官專權的文書學解讀》,《史林》2018年第3期,58—67頁。
⑥ 張禕《〈唐六典〉"王言之制"選釋》,包偉民、劉後濱主編《唐宋歷史評論》第五輯,北京:社會科學文獻出版社,2018年,161—186頁。
⑦ 游自勇《墨詔、墨敕與唐五代的政務運行》,《歷史研究》2005年第5期,32—46頁。
⑧ 小野達哉《唐代後半における宣と制勅の関係》,《史林》第90卷第4號,2007年,34—58頁。

藩鎮長官等建立個別聯繫,這類批答由翰林學士起草,不經中書、門下二省,由中使或奏事官直接送達藩鎮①,這也算是另一種類型的"王言"。

2."王言"之外的下行文書

除了王言之外,唐代最重要的下行文書當屬"符",尚書省下州,州下縣,縣下鄉,都使用符文。史睿考察了吐魯番所出《唐調露二年東都尚書吏部符》,並詳細討論了文書反映的唐前期銓選制度的演進②。最近,管俊瑋在研究俄藏敦煌文書《唐開元五年前後尚書户部下沙州符爲長流人事》的基礎上,又將符分爲"承制符"與"諸司符"兩類,前者連寫制敕,後者則由尚書二十四司主動發出指揮公事③,這種區分,也是研究細化的一個表現。當然,如果從内容來劃分,則省符又可以分爲蠲符、攢符、簽府等多種類型④。

在《公式令》之外,重要的日常行用官文書還包括牓文、帖文等。中村裕一已經有初步的梳理,隨著出土文書的不斷刊布,我們也能看到更多的材料。以帖文來説,出土於庫車、現藏旅順博物館的一件《孔目司帖》可能是學界最爲關注的一件帖文,已有許多不同角度的討論⑤。2007 年,樊文禮、史秀蓮發表《唐代公牘文"帖"研究》一文⑥,將堂帖與府帖、州帖、縣帖結合起來討論,頗具慧眼。後來,荒川正晴等又對出土文書中的帖文作了系統收集⑦。

---

① 葉煒《唐代"批答"述論——以地方官所獲"批答"爲中心》,《北京大學學報》2010 年第 2 期,87—95 頁。

② 史睿《唐調露二年東都尚書吏部符考釋》,《敦煌吐魯番研究》第十卷,上海古籍出版社,2007 年,115—130 頁。另參氏著《唐代前期銓選制度的演進》,《歷史研究》2007 年第 2 期,32—42 頁。

③ 管俊瑋《唐代尚書省"諸司符"初探——以俄藏 Дx02160Vb 文書爲綫索》,《史林》2021 年第 3 期,1—10 頁。

④ 參看劉後濱《唐代選官政務研究》,北京:社會科學文獻出版社,2016 年,118—133 頁。

⑤ 錢伯泉《〈唐建中伍年孔目司文書〉研究》,《新疆大學學報》1993 年第 3 期,44—50 頁。凍國棟《旅順博物館藏〈唐建中五年(784)〈孔目司帖〉管見》,武漢大學中國三至九世紀研究所編《魏晉南北朝隋唐史資料》第 14 輯,1996 年,120—139 頁。荒川正晴《クチャ出土〈孔目司文書〉考》,《古代文化》第 49 卷第 3 號,1997 年,145—162 頁。王珍仁《對旅順博物館藏〈唐建中五年孔目司公牘〉的再研究》,《敦煌學輯刊》1998 年第 1 期,39—46 頁。陳國燦《關於〈唐建中五年(784)安西大都護府孔目司帖〉釋讀中的幾個問題》,《敦煌學輯刊》1999 年第 2 期,6—13 頁。孟憲實《安史之亂後四鎮管理體制問題——從〈建中四年孔目司帖〉談起》,王振芬、榮新江主編《絲綢之路與新疆出土文獻:旅順博物館百年紀念學術研討會論文集》,北京:中華書局,2019 年,552—568 頁。最新的討論,是孟彦弘《旅順博物館所藏新疆出土孔目司帖及其所反映的唐代賦役制度》,雷聞、張國旺主編《隋唐遼宋金元史論叢》第九輯,上海古籍出版社,2019 年,109—121 頁。

⑥ 樊文禮、史秀蓮《唐代公牘文"帖"研究》,《中國典籍與文化》2007 年第 4 期,8—12 頁。

⑦ 荒川正晴《唐代中央アジアにおける帖式文書の性格をめぐって》,土肥義和編《敦煌·吐魯番出土漢文書の新研究》,東京:東洋文庫,2009 年,271—291 頁。關於敦煌吐魯番文書中的帖文,最近的研究是郭桂坤《唐代帖式文書的基本性質——以敦煌吐魯番出土文書爲中心》,朱玉麒主編《西域文史》第十三輯,北京:科學出版社,2019 年,153—166 頁。

在此之後,還陸續有新的帖文原件出土,如在中央民族大學新徵集的吐魯番文書中,就有一件《唐開元年間西州交河縣帖鹽城爲令入鄉巡貌事》,屬於罕見的與貌閱相關的有縣令簽署的帖式文書①。在中書門下體制下,宰相機構處理天下政務,大事用敕牒,小事用堂帖,這點已經很清楚了。最高等級的帖文,當屬中書門下的"堂帖",李全德就對唐宋時期宰相處理政務的文書由堂帖發展到省劄的演變做了細緻分析②。至於牓文,在敦煌吐魯番文書中都有發現,坂尻彰宏已有初步的研究③。

(二) 上行文書

在上行文書方面,目前的研究成果也相當豐厚。首先來看奏抄與奏狀。劉後濱指出,漢唐間向皇帝申報政務的文書中,有一類大致經歷了由"奏"到"奏案"再到"奏抄"的演變,從作爲動詞的奏到作爲文書專名的奏案、奏抄的變化,正是漢唐間國家政務申報和審批機制變遷的反映④。他還認爲,唐代前期中央政務運作中最核心的公文書是奏抄而非制敕,最初的表狀主要是賀表、謝狀等禮節性文書,基本無需皇帝批示,自高宗武后以來,由於國家統治形勢和任務的變化,表狀大量增加,安史之亂以後,政務申報的主體就由奏抄轉變爲奏狀⑤。郭桂坤、張雨等也進一步討論了這一演變過程⑥,但二者的理解頗有不同。

作爲唐代重要的上行文書之一,"狀"在唐代日常政務運行中扮演著重要角色。吳麗娛將其分爲"奏狀"與"申狀"兩類,在數篇長文中,她結合敦煌吐魯番文書,對各種狀文在中央及各級地方官府之間的行用做了

---

① 張榮强、張慧芬《新疆吐魯番新出唐代貌閱文書》,《文物》2016 年第 6 期,80—89 頁。張慧芬《唐代入鄉巡貌事文書的性質及貌閱百姓之族屬問題研究》,《中央民族大學學報》2018年第 2 期,101—105 頁。張慧芬《〈唐開元年間西州交河縣帖鹽城爲令入鄉巡貌事〉文書貌閱律令用語研究》,《西域研究》2020 年第 1 期,59—69 頁。

② 李全德《從堂帖到省劄——略論唐宋時期宰相處理政務的文書之演變》,《北京大學學報》2012 年第 2 期,106—116 頁。

③ 坂尻彰宏《敦煌牓文書考》,《東方學》第 102 輯,2001 年,49—62 頁。

④ 劉後濱《從奏案到奏抄——漢唐間奏事文書形態的演進與行政審批制度的變遷》,《北京理工大學學報》2002 年第 2 期,16—21 頁。另參氏著《唐代中書門下體制研究——公文形態、政務運行與制度變遷》,73—86 頁。

⑤ 劉後濱《唐代中書門下體制研究——公文形態、政務運行與制度變遷》,89—97、262—281 頁。

⑥ 郭桂坤《唐代前期的奏事文書與奏事制度》,榮新江主編《唐研究》第二十二卷,北京大學出版社,2016 年,157—179 頁。同氏《"五花判事"、"六押"與唐代的政務運作》,余欣主編《中古中國研究》第二卷,上海:中西書局,2018 年,123—145 頁。張雨《公文書與唐前期司法政務運行——以奏抄和發日敕爲中心》,包偉民、劉後濱主編《唐宋歷史評論》第七輯,北京:社會科學文獻出版社,2020 年,59—74 頁。

深入探討①,對於劉後濱、郭桂坤等主張的奏狀取代奏抄的説法,也提出質
疑②。在唐代中後期的中書門下體制下,"敕後起請"與"商量狀"都成爲
普遍應用的政務文書,許多重大政策如兩税法都是通過敕後起請的形式
來發布的,體現了政務部門制定實施細則的決策權力。至於商量狀,唐代
中後期的中書門下已經取代前期的尚書省,成爲商量狀使用的主體,劉後
濱、王孫盈政對此都有討論③。此外,葉煒關於宰相與翰林學士的奏議、集
議時的"議狀"的討論,大大深化了我們對中晚唐中央政務運行機制的理
解④;史睿則藉助吐魯番文書,具體考察了唐銓選中使用的"功狀"⑤;黃正
建則討論了作爲訴訟文書的"狀"的演變⑥;唐雯則考察了唐代官員故去之
後,由家人或故吏所寫,並上於尚書考功請謚的"行狀"⑦,可見狀的種類與
功能的多樣化。與狀相比,表雖然也有某些涉及政事處理的内容,但總體來
説禮儀性可能更强,如諸州在特殊時日或節慶日所上的賀表,以及地方長官
到任後的謝上表等。古瀨奈津子討論了敦煌書儀中的各種表文,並與日本
的表做了比較⑧;張達志也對謝上表有詳細討論⑨;郭桂坤則復原了"表"的

---

① 吳麗娛《試論"狀"在唐朝中央行政體系中的應用與傳遞》,《文史》2008 年第 1 期,119—
　148 頁。《下情上達:兩種"狀"的應用與唐朝的信息傳遞》,杜文玉主編《唐史論叢》第十
　一輯,2009 年,65—70 頁。《從敦煌吐魯番文書看唐代地方機構行用的狀》,《中華文史論
　叢》2010 年第 2 期,53—113 頁。
② 吳麗娛前引文《唐代信息研究的特色與展望——以信息傳遞的介質、功能爲重點》,176—
　178 頁。
③ 劉後濱《敕後起請的應用與唐代政務裁決機制》,《中國史研究》2001 年第 1 期,53—62 頁。
　參看氏著《唐代中書門下體制研究——公文形態、政務運行與制度變遷》,281—295 頁。王
　孫盈政《商量狀的應用與唐代行政運行體制的轉型》,《西南交通大學學報》2011 年第 6
　期,124—129 頁。
④ 葉煒《信息與權力:從〈陸宣公奏議〉看唐後期皇帝、宰相與翰林學士的政治角色》,《中國史
　研究》2014 年第 1 期,49—67 頁。《唐代集議述論》,收入王晴佳、李隆國主編《斷裂與轉型:
　帝國之後的歐亞歷史與史學》,上海古籍出版社,2017 年,166—190 頁。在《論唐代皇帝與
　高級官員政務溝通方式的制度性調整》一文中,他又對唐代前後期官員在御前面奏與進狀
　的變化進行了詳細討論,包偉民、劉後濱主編《宋史歷史評論》第三輯,49—72 頁。
⑤ 史睿《再論銓選中的功狀》,《中國古代法律文獻研究》第六輯,北京:社會科學文獻出版
　社,2013 年,238—250 頁。
⑥ 黃正建《唐代訴訟文書格式初探——以吐魯番文書爲中心》,《敦煌吐魯番研究》第十四卷,
　上海古籍出版社,2014 年,289—317 頁。修訂本收入劉安志主編《吐魯番出土文書新探》,
　200—224 頁。
⑦ 唐雯《蓋棺論未定:唐代官員身後的形象製作》,《復旦學報》2012 年第 1 期,85—94 頁。
⑧ 古瀨奈津子《敦煌書儀と"上表"文——日唐の表の比較をまじえて》,土肥義和編《敦
　煌·吐魯番出土漢文文書の新研究》,東京:東洋文庫,2009 年,67—82 頁。
⑨ 張達志《唐代後期藩鎮與州關係研究》第一章第四節《論謝上表》,北京:中國社會科學出
　版社,2011 年,83—95 頁。

樣式①。

　　P.2819《公式令》殘卷云:"凡應爲解向上者,上官向下皆爲符。"故"解"是與下行之"符"對應的上行文書,這一點經過劉安志的研究之後,纔得以明確揭示②。劉氏指出,唐代的"解"可以分爲縣申州、折衝府申州、州申省三類,之前一些被認爲是"申狀"的文書,實際上就是解文。劉氏還復原了縣申州解文的基本格式,指出在安史之亂後,有些解文如考解、舉解等依舊行用。最近,他又根據新刊《吐魯番出土文獻散録》中收録的美國舊金山市亞洲藝術博物館所藏《唐開元二十一年(733)九月某折衝府申西州都督府解》,復原了唐代折衝府申州的解式③。此後,也有學者在劉氏基礎上,重審之前發現的出土文書,從中辨析出解文④。當然,這些文書究竟是"申狀"還是"解文",討論仍在繼續⑤。

　　除了符與解之外,牒文可能是行用最普遍的一種上行文書了,《唐六典》稱其爲"凡下之所以達上"的六種文體之一,"九品已上公文皆曰牒"⑥。不過,正如盧向前所言,牒的應用範圍非常廣泛,不僅可以是上行文書,也可以是下行或平行文書,其區別在於文末"謹牒"與"故牒"之别⑦。顯然,在實際公文運作中,牒文的行用要遠遠超出《唐六典》的記載。特別重要的是,隨着使職的出現與普遍化,"牒"更成爲使職及諸軍與没有統屬關係的官府、官員聯絡的主要文書形式⑧,最近,包曉悦又專文討論

---

① 郭桂坤前引文《唐代前期的奏事文書與奏事制度》,169—171 頁。
② 劉安志《吐魯番出土唐代解文についての雜考》,收入荒川正晴、柴田幹夫編《シルクロードと近代日本の邂逅:西域古代資料と日本近代佛教》,東京:勉誠出版,2016 年,71—100頁;中文本《吐魯番出土文書所見唐代解文雜考》發表於《吐魯番學研究》2018 年第 1 期,1—14 頁。同氏《唐代解文初探——敦煌吐魯番文書を中心に》,收入土肥義和、氣賀澤保規編《敦煌·吐魯番文書の世界とその時代》,123—156 頁;中文本發表於《西域研究》2018 年第 4 期,51—79 頁。這兩篇文章最後的增訂本,收入劉安志主編《吐魯番出土文書新探》,155—199 頁。
③ 劉安志《唐代解文續探——以折衝府申州解爲中心》,《西域研究》2021 年第 4 期,40—45 頁。
④ 李兆宇《吐魯番所出〈唐開元二十一年(733)唐益謙、薛光泚、康大之請過所案卷〉殘文書考釋》,《吐魯番學研究》2019 年第 2 期,74—79 頁。
⑤ 吳麗娛前引文《唐代信息研究的特色與展望——以信息傳遞的介質、功能爲重點》,178—181 頁。
⑥ 《唐六典》卷一《尚書都省》,11 頁。
⑦ 盧向前《牒式及其處理程式的探討——唐公式文研究》,北京大學中國中古史研究中心編《敦煌吐魯番文獻研究論集》第三輯,北京大學出版社,1986 年,335—393 頁。
⑧ 赤木崇敏《唐代官文書体系とその變遷——牒·帖·狀を中心に》,收入平田茂樹、遠藤隆俊編《外交史料から十~十四世紀を探る》,東京:汲古書院,2013 年,31—75 頁。中文本《唐代官文書體系及其變遷——以牒、帖、狀爲中心》,周東平、王威駟譯,收入周東平、朱騰主編《法律史譯評(2014 年卷)》,北京:中國政法大學出版社,2015 年,176—206 頁。

了唐代的使牒問題①，並根據文書的鈐印狀況、後續處理流程等文書形態的不同，將牒式文書進一步區分爲四種不同的類型，顯示了研究的深化②。

對於由御史臺使用的上行文書奏彈，目前也有了一些研究，如張雨就復原了奏彈書式③，而吳曉豐則强調了奏彈無需門下省審核、直呈皇帝的特點，進而分析其行用範圍與運作過程④。隨著中書門下體制的出現，連露布的格式也發生了很大變化，露布呈報的對象，已經從尚書兵部變成了中書門下，吕博在比較李筌《神機制敵太白陰經》所載露布與三省制下露布的基礎上，對此做了充分討論⑤。葉煒聚焦於中晚唐出現的上行文書的兼申現象，即下級機構將同一事項分别上報兩個或兩個以上相關上級機構的現象，當然同時奏聞皇帝與申中書門下是最突出的一類。他指出，這是中晚唐時期皇帝與中央機構力求更及時準確地掌控重要、敏感政務信息的一種嘗試。通過報告性公文的兼申，皇帝或上級機構能夠與具體負責機構同步掌握信息，也有助於提高行政效率⑥。

在地方官府裏，還有一些内部行用的官文書，比如在吐魯番文書中有一批唐前期西州高昌縣里正、典獄等直更的更簿文書，張雨討論了唐代里正上直問題，包括白天在縣司各廳的上直和夜晚的值更，是從里正雜任的身分所衍生出來的一種役⑦。黄樓不同意這個觀點，認爲不存在一種常態性的里正上直，吐魯番發現的更簿本質是在造籍期間分派里正宿直更次時產生的直簿，屬於一種上行的官文書⑧。相對來説，後者的看法可能更符合唐朝的實際情況。

如前所述，庶民百姓與官府打交道的上行文書稱爲"辭"，在出土文書

① 包曉悦《唐代使牒考》，郝春文主編《敦煌吐魯番研究》第二十卷，上海古籍出版社，2021年，161—182頁。

② 包曉悦《唐代牒式再研究》，葉煒主編《唐研究》第二十七卷，北京大學出版社，2022年，299—333頁。

③ 張雨《御史臺、奏彈式與唐前期中央司法政務運行》，趙晶主編《中國古代法律文獻研究》第13輯，北京：社會科學文獻出版社，2019年，157—174頁。

④ 吳曉豐《唐代的奏彈及其運作》，《中華文史論叢》2020年第4期，175—218頁。

⑤ 吕博《唐代露布的兩期形態及其行政、禮儀運作——以〈太白陰經·露布篇〉爲中心》，武漢大學中國三至九世紀研究所編《魏晉南北朝隋唐史資料》第28輯，2012年，144—165頁。修訂本收入權家玉主編《中國中古史集刊》第一輯，北京：商務印書館，2015年，435—467頁。

⑥ 葉煒《唐後期同時上呈皇帝、宰相類文書考》，鄧小南主編《田餘慶先生九十華誕頌壽論文集》，北京大學中國古代研究中心編，北京：中華書局，2014年，533—544頁。同氏《釋唐後期上行公文中的兼申現象》，《史學月刊》2020年第5期，16—25頁。

⑦ 張雨《吐魯番文書所見唐代里正的上直》，朱玉麒主編《西域文史》第二輯，北京：科學出版社，2007年，75—88頁。

⑧ 黄樓《唐代的更簿與直簿———以吐魯番所出〈唐某年二月西州高昌縣更簿〉爲中心》，《吐魯番學研究》2015年第1期，46—64頁。收入氏著《吐魯番出土官府帳簿文書研究》第四章，114—145頁。

中,這種辭不少都應用在訴訟活動中,據黃正建考察,訴訟文書在唐代法典上的正式稱呼是"辭牒",庶人用辭,而有品級或一定身分的人則用牒。不過,在實際行用中,則多用"辭狀"或"詞狀"①。

(三) 平行文書

依前引《唐六典》的説法,平行文書主要包括關、刺、移三種。幸運的是,在法藏 P.2819《唐開元公式令》殘卷中,保留的第一種就是"移式",祇是開頭部分殘缺,需要推補纔能完整呈現。第二類是"關式",保存完整。可惜《公式令》殘卷中"刺式"未能保留下來。文書實物方面,從目前的情形來看,這三種文書的保存情況差異很大,關文在敦煌吐魯番文書中不僅保存著不少原件,在另外一些文書中也多有引述,本書在第二章會有專門討論。但其他兩類則尚未發現原件,劉安志曾研究了吐魯番出土的《唐顯慶元年 (656) 宋武歡移文》,指出文書中的"移文"是在喪葬禮儀中使用的文書,大約是四、五世紀之交在南方由衣物疏發展而來,但與官文書無涉②。渡邊寬則根據《養老公式令》及文書原件,對日本的"移"做過古文書學的研究③,爲我們理解唐代的移文提供了參照。而至於"刺",雖然在傳世文獻中依稀可見,但在出土文書中卻難覓真迹④,因此缺乏專門研究,王孫盈政發現史籍中的"刺"都是在中央諸司之間運行⑤,但其具體行用範圍和功能依然不是很清楚。

除了上述對具體文書形態的研究之外,其他成果還有不少。在出土文書的判署與處理方面,王永興通過對敦煌吐魯番文書的細緻考索,揭示了唐代一個非常重要的勾官系統⑥。向羣對敦煌吐魯番出土官文書的行判用語如"白""諮""示"等做了追根溯源的討論,其分析對於我們理解官文書的運轉流程有重要參考價值⑦。劉後濱、顧成瑞通過對開元二年 (714) 西州蒲昌

---

① 黃正建前引文《唐代訴訟文書格式初探——以吐魯番文書爲中心》,289—317 頁。
② 劉安志《跋吐魯番新出〈唐顯慶元年 (656) 西州宋武歡移文〉》,《魏晉南北朝隋唐史資料》第二十三輯,2006 年,198—208 頁。
③ 渡邊寬《"移"について——公式樣文書の一考察》,《皇學館論叢》第 21 卷第 3 號,1988年,1—26 頁。
④ 梁素文舊藏《唐垂拱二年 (686) 後西州差兵試判題》曰:"奉刺西州管内差兵一千二百人。准敕唯取白丁、雜任,不言當州三衞。"見榮新江、史睿主編《吐魯番出土文獻散録》,北京:中華書局,2021 年,407 頁。黃正建先生認爲,文書的"奉刺"當爲"奉判"之誤,其説可從。
⑤ 王孫盈政《官文書與唐代中書門下體制下的尚書省》,武漢大學中國三至九世紀研究所編《魏晉南北朝隋唐史資料》第三十九輯,2019 年,133—134 頁。
⑥ 王永興《唐勾檢制研究》,上海古籍出版社,1991 年。
⑦ 向羣《敦煌吐魯番文書中所見唐官文書"行判"的幾個問題》,《敦煌研究》1995 年第 3 期,137—146 頁。

府文書的分類排比,將唐代地方官府處理政務過程中産生的文書分爲案由文書、行判文書和送付文書三種環節性形態,試圖建立一個可供參照的坐標系,以便對大量已刊布的唐代政務文書進行環節上的定位①。方誠峰則對唐代地方官府公文運作的一個關鍵環節即編制事目的問題做了討論,他的研究體現了唐宋官文書在許多具體環節上的延續性②。此外,官文書的一個重要外在表現是鈐有官印,這是體現其權威性的證明,在這方面目前也積累了不少成果③,特別是對於唐代官文書運行中的"勘印"環節,近年也有了一些重要研究④。

可以看出,在對各種下行、上行、平行文書樣態的研究基礎上,研究唐代政治制度的變化與運行已經成爲官文書研究的主要方向。在中樞體制方面,劉後濱通過對文書形態與運作的變化,揭示了唐代中央政治體制由三省制到中書門下體制的變遷軌迹,近年來,他還發表了一系列評論,對這一方向進行了深刻反思⑤。王孫盈政對劉後濱的研究有所推進,特別是利用文書制度來分析在中書門下體制之下,尚書省的實際地位與功能,由於視角的轉變,其認識已大大超出早年嚴耕望關於尚書省的經典論述了⑥。

在地方政務層面,李方通過對吐魯番文書的細緻分析,對唐代西州的行政體制進行了探索⑦,而她通過對大量吐魯番文書的仔細爬梳,又完成了一

① 劉後濱、顧成瑞《政務文書的環節性形態與唐代地方官府政務運行——以開元二年西州蒲昌府文書爲中心》,包偉民、劉後濱主編《唐宋歷史評論》第二輯,北京:社會科學文獻出版社,2016 年,109—141 頁。

② 方誠峰《敦煌吐魯番所出事目文書再探》,《中國史研究》2018 年第 2 期,117—134 頁。

③ 參看羅慕鴻《談隋唐官印之鑒別》,《博物館研究》1984 年第 1 期,108—135 頁。程義《隋唐官印的初步研究》,《考古與文物》2003 年第 1 期,75—82 頁。程義《二十世紀隋唐官印研究的回顧與展望》,《中國歷史文物》2006 年第 3 期,73—80 頁。目前收集材料最多的,是孫慰祖、孔品屏《隋唐官印研究》,上海書畫出版社,2014 年。最新的研究是魏曉妍《隋唐官印發微》,主要是從官印的材質、引文的風格等美術史的角度入手的,中央美術學院博士學位論文,2021 年。

④ 如赤木崇敏《唐代敦煌縣勘印簿羽 061、BD11177、BD11178、BD11180 小考》,《敦煌寫本研究年報》第 5 號,2011 年,95—108 頁;管俊瑋《從國圖藏 BD11178 等文書看唐代公文鈐印流程》,《文獻》2022 年第 1 期,139—154 頁。

⑤ 劉後濱《唐宋間三省在政務運行中角色與地位的演變》,《中國人民大學學報》2011 年第 1 期,9—14 頁。《漢唐政治制度史中政務運行機制研究述評》,《史學月刊》2012 年第 8 期,97—107 頁;《古文書學與唐宋政治史研究》,《歷史研究》2014 年第 6 期,56—59 頁;《分化與重組:制度史視野下的唐宋單元》,包偉民、劉後濱主編《唐宋歷史評論》第一輯,北京:社會科學文獻出版社,2015 年,13—17 頁。

⑥ 王孫盈政《天下政本——從公文運行考察尚書省在唐代中書門下體制下的地位》,《歷史教學》2012 年第 24 期,35—39 頁。同氏《官文書與唐代中書門下體制下的尚書省》,武漢大學中國三至九世紀研究所編《魏晉南北朝隋唐史資料》第三十九輯,2019 年,130—145 頁。

⑦ 李方《唐西州行政體制考論》,哈爾濱:黑龍江教育出版社,2002 年。

部具有工具書性質的《唐西州官吏編年考證》①,可謂功德無量。赤木崇敏以吐魯番文書爲中心,對唐代地方的官文書體系與文書行政進行了系統研究②。趙璐璐討論了唐代縣司公文的判署特點,强調了縣令在縣級政務處理中的主導地位③。

(四) 唐代官文書研究的特點

作爲官僚制運作的基本工具,無論是政策法令的推行,還是民間政情的上達,都需要各種形態、層次、功能不同的官文書來協調運作,而官文書本身也是政治制度發展的晴雨表與重要載體。如上所述,數十年來,唐代官文書研究已經取得了非常豐碩的成果,也呈現出一些研究特點:

首先,我們目前已基本弄清了唐代日常行用的大多數文書的基本樣貌與適用範圍,其中既包括《公式令》明確規定的文種,也有一些不見於《公式令》但在日常行政中廣泛使用的公文種類。但是,在一些具體認識上,争論依然存在,例如奏狀替代奏抄的問題、申狀的有無問題、商量狀與起請的異同問題等,這些討論有助於深化我們對唐代官文書的整體理解。

其次,官文書的研究,是建立在敦煌吐魯番文書研究的基礎上的,出土文書中保存了大多數文書種類,如赦文、制書、敕書、符、移、關、牒、帖、牓、表、狀、啓等,出土文書中没有實物留存的(如牓子等),我們就祇能通過研究來推補。但另一方面,對於唐代傳世文獻中保存的豐富的文書行政材料,利用卻並不充分,而葉煒在仔細梳理傳世文獻如文集的基礎上,對批答、集議及中晚唐文書"兼申"現象的研究已經展示了這方面研究的潛力。今後的研究,可能需要更加重視傳世文獻在官文書研究中的作用。

再次,在文書樣式研究的基礎上,文書的運行環節受到越來越多的重視,無論是文書的判署、簽押、勾檢、行印還是成案、歸檔等環節,都有細緻的研究。這當然得益於實際行用的出土文書所提供的細節,而近年新刊布的寧波天一閣所藏明鈔本《天聖令》,則爲官文書的運行提供了法典上的規範,其揭示的許多細節已超出我們之前的認識,正如劉後濱所言,《天聖令》"實

① 李方《唐西州官吏編年考證》,北京: 中國人民大學出版社,2010 年。
② 赤木崇敏《唐代前半期的地方文書行政——トゥルファン文書の檢討を通じて》,《史學雜誌》第 117 編第 11 號,2008 年,75—102 頁。中文本《唐代前半期的地方公文體制——以吐魯番文書爲中心》,鄧小南、曹家齊、平田茂樹主編《文書·政令·信息溝通: 以唐宋時期爲主》,北京大學出版社,2012 年,119—165 頁。以及前引《唐代官文書體系及其變遷——以牒、帖、狀爲中心》。
③ 趙璐璐《縣司政務文書判署特點與唐前期縣級政務運行》,《國學學刊》2017 年第 2 期,57—64 頁。參看氏著《唐代縣級政務運行機制研究》,北京: 社會科學文獻出版社,2017 年。

際上就在傳世的編撰史料和敦煌、吐魯番出土的檔案文獻之間,架起了會通相關史料的津梁"①。

　　最後,唐代官文書的研究,也得益於一些新的研究觀念的推動。在具體文書形態與處理環節研究的基礎上,將其與國家政治體制的變遷、中央與地方關係、國家統治與基層治理等聯繫起來,是官文書研究的生命力所在,也是在中村裕一關於唐代官文書系列研究之後最重要的研究方向。吳宗國早在唐代前期制度史的研究中,就強調考察"實際運行的制度,而不是停留在有關制度記載的條文上"②,後來,劉後濱更強調了"政務運行"這個概念,他通過文書制度的演進來分析從三省制到中書門下體制的變化,也深得學界好評,而近年來關於中樞政務運行的官文書研究也大致是以此爲基礎展開的。事實上,這種動態的政務運行研究,也與後來鄧小南倡導的從信息傳遞與文書運行入手研究"'活'的制度史"的理念異曲同工,甚至可以無縫連接,因此也不難理解最近的官文書運行研究,基本上都是在唐宋這樣一個長時段内進行的,這既有唐宋歷史發展的延續性因素,也與研究觀念的契合密不可分。

　　近年來,黄正建倡導在簡帛學、敦煌學、徽學等基礎上建立中國的"古文書學"③,頗得學界矚目。事實上,古文書學在日本是一個積累多年的學問,有自己行之有效的一整套理論和方法。例如,小島浩之曾從古文書學的角度,將日本的唐代文書研究分爲四個路徑:樣式論(研究文書的格式與標記方式)、形態論(研究文書的用紙與紀録材料)、功能論(研究文書的發布、傳遞、受理及其機能與效力),以及傳世論(研究文書傳世的經過及保存的歷史意義)。藤枝晃、池田温、大庭脩、菊池英夫、礪波護、中村裕一、荒川正晴等先生的成果分别被歸納在這四個路徑中④。它山之石可以攻玉,中國"古文書學"的理論與實踐,一定會對唐代官文書研究起到重要的推動作用。

四、本書的結構

　　本書分爲上下兩編,共九章。上編五章,集中討論了唐代的一些官文書類型及其在唐代政務運行中的功能與特點。第一章,是從英藏敦煌文獻

① 劉後濱《古文書學與唐宋政治史研究》,《歷史研究》2014 年第 6 期,58 頁。
② 吳宗國《盛唐政治制度研究·緒論》,上海辭書出版社,2003 年,14 頁。
③ 黄正建《中國古文書學的歷史與現狀》,《史學理論研究》2015 年第 3 期,135—139 頁。黄正建主編《中國古文書學研究初編》,上海古籍出版社,2019 年。
④ 小島浩之《唐代公文書体系試論——中國古文書學に関する覚書(下)》,東京大學經濟學部資料室編《東アジア古文書學の構築:現狀と課題》,2018 年,37—62 頁。最近該文有了中譯本:《唐代公文書體系試論——中國古文書學研究札記(下)》,聞惟譯,張雨主編《中國古代法律文獻研究》第十五輯,上海:中西書局,2021 年,105—141 頁。

S.11287 文書的解讀出發,討論了唐代七種"王言"之一的論事敕書的成立過程,即從起草到覆奏、進畫,到中書省三官的宣奉行、鈐印,再過門下,最終由尚書省行下的全部環節。本章最後還在中村裕一的基礎上,重新復原了論事敕書的書式,並對發日敕即御畫奏抄的説法提出質疑。

　　第二章,通過對 2006 年吐魯番文物局徵集的一組唐初安西都護府的公文案卷的拼接與復原,討論了唐代地方官府内部的行政運作,其中特别分析了關文在録事司與諸曹間的行用,並對目前所見敦煌吐魯番文書中的各類關文做了梳理。

　　第三章,在前人研究的基礎上,分層討論了不在《公式令》中但又在唐朝日常政務中廣泛應用的各類帖文,其中既包括中書門下體制形成之後,宰相機構直接處分公事的堂帖,也包括節度使、觀察使所用的使帖,當然還有從唐初就有的州帖、縣帖及軍帖。本章還重新復原了唐代的帖式及堂帖式,並總結了各類帖文的共同特點,即"體既簡易,降給不難",其迅捷、便利的特點無疑是對符、牒等下行公文的重要補充。

　　第四章,首先對唐代牓文的種類、物質形態及主要内容進行系統梳理,指出其發布空間是城門、衙門及村坊要路等人員流動性比較大的公共空間,最後,又從文書學角度細緻分析了敦煌吐魯番所出的兩件牓文原件。無論是赦書、詔敕還是州縣官府的符、牒等,都可以牓文的形式發布,通過牓文,朝廷的恩典、各級官府的政令、民衆承擔的租賦等纔能直接傳遞到基層社會。

　　第五章,討論的對象是中晚唐時期從奏狀中分化出來的一種簡化形式——牓子,與奏狀相比,其格式簡易,且無需中書門下審核而直接呈遞給皇帝,主要由宰相、翰林學士在與皇帝的日常溝通中使用。後唐是牓子格式與功能發生變化的轉折時期,法藏敦煌文書 P.3449+P.3864《刺史書儀》所載牓子正是這一變化的真實反映。一方面使用者範圍有所擴大,刺史等地方官也加入到使用牓子的行列,另一方面,牓子本身卻變得更加禮儀化,並分化爲辭、見、謝三種類型。

　　下編四章,主要是利用敦煌吐魯番出土官文書,討論唐代政治制度與地方治理方面的一些重要問題。第六章主要從隋代尚書省的制度建設與調整、隋與唐前期尚書省地位與性質的變化、唐代尚書省内部的機構設置與特色,以及六部的獨立化與使職化四方面入手,探討了隋與唐代前期尚書省的結構與運作。在分析六部與都省、六部内部等各種關係時,P.2819《唐開元公式令》殘卷及告身、奏抄等敦煌吐魯番文書發揮了重要作用。

　　第七章,討論的是溝通中央與地方關係的朝集制度,在分析朝集使團的構成時,敦煌吐魯番文書提供了細節内容,而俄藏 Дх.06521《格式律令事類》殘卷,更爲我們提供了朝集使與外官考課的第一手材料。值得一提的是,《天聖令》中也保存著一些此前未知的與朝集制相關的重要内容。

第八章,轉向唐代的公文用紙制度的討論。在將 8 件大谷文書、1 件黄文弼文書及 1 件上博藏文書綴合爲一件《唐開元十六年西州都督府請紙案卷》之後,我們嘗試復原了一個完整的行政流程圖,進而分析了文書所見西州行政運作的一些特點。最後,我們從文書内容出發,討論了唐代公文用紙的種類與使用情況。

第九章,從大谷 4026 號《唐西州老人、鄉官名簿》文書出發,對唐代鄉村社會中的老人與鄉官的身分、職能等進行了詳細討論。結合石刻史料與諸多吐魯番文書,可以看出“鄉官”大多爲前資官及地方豪族,其内涵比較接近於文獻中的“鄉望”,且不包括里正、村正。至於“老人”,一般由“耆年平謹者”充任,但不屬於“鄉官”。二者都不直接參與造籍、徵税等實際行政事務,但對於鄉村社會的日常生活,卻有著深刻的影響。顯然,吐魯番文書對於考察縣以下的政務運行有著不可替代的作用。

附録有二,主要是對兩件敦煌吐魯番出土的法典殘片的研究。其一是俄藏 Дx.06521 殘卷,其中包含一道開元二十五年的《考課令》、一條同年的《户部格》以及一條可能是開元二十二年八月的敕,其内容是從不同方面對朝集制作出規定,我們推測它可能就是開元二十五年編纂的那部《格式律令事類》之斷簡。其二是 2002 年吐魯番交河故城大佛寺北側一處唐代寺院遺址出土的一件法典殘片,經過考察,可知它係開元二十五年删定的《禮部式》之殘卷。雖然嚴格説來,這種成文的法典不屬於官文書考察的範圍,不過,制度變化與律令條文之間有密切關係,而無論是《格式律令事類》還是《禮部式》,如今早已散逸,這兩件文書雖存字不多,但仍爲我們提供了許多重要的研究信息,吉光片羽,彌足珍貴,因此我們將其列爲附録,僅供參考。

需要指出的是,本書雖以唐代爲主要考察範圍,但爲究其流變,個別章節中的一些部分可能會上溯漢魏與隋代,下及兩宋,讀者諸君幸留意焉。總體來説,本書並不是一部面面俱到的關於唐代官文書與政務運行的系統性著作,而是一系列具體個案研究的集合。其中既有下行的論事敕書與帖文、牓文,也有上行的牒子,當然還有平行的關文,這些官文書都是我們認識唐代政治制度的鑰匙。我希望,這些個案研究有助於理解唐代皇帝的旨意、官府的政策如何下發,最終到達基層社會,而且也能深化我們對唐代各級地方官府乃至鄉村社會政務運行機制的理解。立足於敦煌吐魯番文書與傳世文獻,參照秦漢魏晉及兩宋官文書研究的豐厚成果,將不同類型的官文書的運行與唐代政治體制的演變結合起來考察,仍將是我們今後繼續努力的方向。

上　編

第一章　唐代論事敕書的成立過程

制敕研究是唐代官文書研究的重要組成部分,近年來成果漸多,但由於史料缺乏,某些領域進展緩慢,論事敕書即屬此類。《唐六典》卷九中書令條云:"凡王言之制有七……六曰論事敕書。"原注:"慰諭公卿,誡約臣下則用之。"以前人們祇能從張九齡《曲江集》、陸贄《陸宣公翰苑集》等一些唐人文集與部分石刻材料上看到論事敕書的文本,但由於它們均係鈔件,往往略去"指不多及"後格式化的文字,以致現代學者如中村裕一先生雖對論事敕書有詳細研究①,但仍未能復原出正確的書式。幸運的是,英國圖書館從敦煌發現的經帙中,剝出一件唐代論事敕書的原本,即 S.11287 號《景雲二年(711)七月九日賜沙州刺史能昌仁敕》(彩版圖 1),雖然後半部分殘缺,但仍對我們研究論事敕書提供了極大幫助。

榮新江先生對此文書已作了録文②,現轉録如下:

1　敕沙州刺史能昌仁:使人主父

2　童至,省表所奏額外支兵者,

3　別有處分,使人今還。指不多

4　及。

5　**敕**

6　景雲二年七月九(別筆)日開府儀同三司中書令兼太子左庶子監修
　　國史上柱國郇國 公 臣 韋 安 石 宣

7　正議大夫行中書侍郎上柱 國 臣 □□□ 奉

---

① 中村裕一《唐代制敕研究》第三章第五節,東京:汲古書院,1991 年,578—622 頁。

② 見榮新江《關於唐宋時期中原文化對于闐影響的幾個問題》,《國學研究》第一卷,北京大學出版社,1993 年,408—409 頁。丸山裕美子先生在其《慰勞詔書・論事敕書の受容について》(載《延喜式研究》第 10 號,1995 年,49—70 頁)一文中引用了這件文書,她已發現日期中的"九"字筆畫與其他字不同,故在録文時注爲"別筆",其説可從。

　　8　朝請大夫中書舍人內供奉上柱國臣□□□ 行

　　　　（後殘）

　　這件文書殘紙幅爲 29.8×42.3 釐米，第 8 行以後的部分殘失。第 5 行的"敕"字極大，上下頂天立地，寬也幾佔三四行之多，在第 6 行年月日上鈐有一方朱印，文曰："中書省之印。"①唐代論事敕書開首言"敕某……"結尾往往爲"時候。卿比平安好，遣書，指不多及"。如張九齡所撰《敕河西節度使牛仙客書》曰："敕河西節度使牛仙客：戎狄無義，禽獸不若……秋氣漸冷，卿及將士、百姓已下并平安好，遣書，指不多及。"②又如《敕隴右節度（使）陰承本書》文曰："敕隴右節度（使）陰承本：使人范正顏至，省表具之。朕於吐蕃，恩信不失。……秋初尚熱，卿及將士并平安好，遣書，指不多及。"③與這兩件論事敕書相比，S.11287 號文書在文末的套話上顯然簡單得多，但總體仍是"敕……指不多及"的結構，所以並不影響我們說它是論事敕書的結論。下面就對這件文書略加研究。

第一節　英藏敦煌 S.11287 文書中相關人物考訂

　　關於文書中的沙州刺史能昌仁，兩《唐書》和《元和姓纂》中均無記載。按郁賢皓《唐刺史考》卷四三隴右道沙州刺史條下云："《千唐誌·唐故朝散大夫試光祿寺丞譙郡能府君（政）墓誌銘并序》：'曾祖諱昌仁，皇正議大夫使持節沙州諸軍事守沙州刺史兼充豆盧軍使，上柱國，贈太保。'乃乾元間（758—759）齊州刺史能元皓父。"由於此人事迹無考，故該書初版將他任沙州刺史的時間繫於"約開元中"，有了這件文書，在修訂版中就更精確地將能昌仁刺沙的時間定爲景雲二年④。

　　第 6 行缺文部分係榮新江先生據《通鑑》卷二一〇景雲二年四月、八月條；《舊唐書》卷九二《韋安石傳》補。考《舊唐書·睿宗紀》，韋安石於景雲元年十一月由郇國公改封郇國公，他任中書令則在景雲二年四月甲申到八月己巳，而他加開府儀同三司則在同年五月庚申，可見，在時間、官爵上都與

---

①　參看榮新江《英國圖書館藏敦煌漢文非佛教文獻殘卷目録（S.6981—13624）》，臺北：新文豐出版公司，1994 年，183—184 頁。

②　《張九齡集校注》卷八，熊飛校注，北京：中華書局，2008 年，537—538 頁，標點略有改動。

③　《張九齡集校注》卷一〇，597 頁。

④　郁賢皓《唐刺史考全編》卷四三，合肥：安徽大學出版社，2000 年，501 頁。

本件文書相吻合。

第 7 行缺文部分,似應爲"國臣陸象先奉"六字。景雲二年間,在十月之前曾任中書侍郎者有張説和陸象先二人。《舊唐書》卷七《睿宗紀》載:張説於景雲二年正月以中書侍郎同平章事,四月轉爲兵部侍郎,同平章事依舊,十月改爲尚書左丞,罷知政事。然嚴耕望先生卻懷疑他有四月兵侍之遷,云:"新紀、新表、通鑑,是年正月,以中書侍郎拜相,與舊紀同;皆無四月兵侍一轉。按:兩傳亦皆以中書侍郎同平章事,無兵侍一轉;舊紀蓋誤。"①嚴先生考證向稱精審,但這條結論卻略嫌武斷,我們不能僅因《新紀》《新表》《通鑑》及兩傳不載就輕易否定《舊紀》的記載。其實,如果我們用兩《唐書》的某些傳(如《馬懷素傳》)與其人的墓誌進行一番對照,就會發現往往墓誌所記之歷官遷轉比兩《唐書》所載要詳細得多,兩《唐書》往往祇言歷官之大概。至於張説,考《册府元龜》卷三三三記載:"(景雲二年)十月,帝御承天樓,引尚書左僕射同中書門下三品韋安石、兵部尚書同中書門下三品郭元振、左御史大夫同中書門下三品竇懷貞、侍中李日知、兵部侍郎同中書門下三品平章事張説,制責之曰:……並停知政事。"②由此我們可以斷定《舊紀》所載張説四月轉兵侍是可信的③。這樣,文書中的中書侍郎就不應是張説。

至於陸象先,據《舊唐書·蕭嵩傳》記載:"景雲元年,(嵩)爲醴泉尉。時陸象先已爲中書侍郎,引爲監察御史。"④而《舊唐書·睿宗紀》景雲二年條云:"冬十月甲辰……中書侍郎陸象先同中書門下平章事。"由此可見,這件景雲二年七月九日的文書上之中書侍郎似應爲陸象先。

第 8 行的中書舍人名字亦殘。據孫國棟先生的《中書舍人遷官表》⑤,睿宗時任中書舍人者有劉幽求、崔沔、馬懷素三人。按《舊唐書·睿宗紀》,劉幽求擔任中書舍人在景雲元年六月辛丑到同月乙巳,前後不足一月,顯然,這件文書中的中書舍人不可能是他。崔沔,《新唐書》本傳云:"睿宗召授中書舍人,以母病東都不忍去,固辭求侍,更表陸渾尉郭隣、太樂丞封希顏、處士李喜以代己處。詔改虞部郎中。"⑥則崔沔似乎並未就任中書舍人

① 嚴耕望《唐僕尚丞郎表》卷七尚書左丞張説條,北京:中華書局,1986 年,418 頁。
② 《册府元龜》卷三三三《宰輔部·罷免》二,北京:中華書局,1960 年,3930 頁。
③ 陳祖言先生也對《舊紀》所載張説四月兵侍之遷信之不疑,但未對嚴耕望先生的懷疑予以解答和論證。見其《張説年譜》,香港中文大學出版社,1984 年,31 頁。
④ 《舊唐書》卷九九《蕭嵩傳》,北京:中華書局,1975 年,3094 頁。
⑤ 孫國棟《唐代中書舍人遷官途徑考釋》,收入氏著《唐宋史論叢》,香港:龍門書店,1980 年,54 頁。
⑥ 《新唐書》卷一二九《崔沔傳》,北京:中華書局,1975 年,4476 頁。

一職,但睿宗是否同意由郭隣等三人來接替他,已不得而知。馬懷素,《舊唐書》卷一〇二本傳云:"懷素累轉禮部員外郎,與源乾曜、盧懷慎、李傑等充十道黜陟使。……使還,遷考功員外郎。時貴戚縱恣,請託公行,懷素無所阿順,典舉平允,擢拜中書舍人。開元初,爲户部侍郎。"據《舊唐書》卷一〇〇《李傑傳》可知,馬懷素等充十道黜陟使在神龍初,其遷中書舍人的具體時間已不可考,但時間並不長,據《故銀青光禄大夫秘書監兼昭文館學士侍讀上柱國常山縣開國公贈潤州刺史馬公(懷素)墓誌銘并序》①,他任中書舍人不過"踰年"而已,且在中書舍人與開元初所任户部侍郎之間,還曾先後任過檢校吏部侍郎、大理少卿、虢州刺史、太子少詹事、判刑部侍郎等職,所以馬懷素任中書舍人大致在中宗、睿宗之時。除去孫先生表中所列三人外,據《唐會要》記載:"景雲元年,賈曾除中書舍人,固辭,以父名忠同音。議者以爲中書是曹司名,又與曾父音同字別,於禮無嫌,曾乃就職。"②則似乎睿宗時任中書舍人的還有賈曾,其實不然。《舊唐書·賈曾傳》云:"曾少知名。景雲中,爲吏部員外郎……俄特授曾中書舍人。曾以父名忠,固辭,乃拜諫議大夫、知制誥。……開元初,復拜中書舍人,曾又固辭,議者以爲中書是曹司名,又與曾父音同字別,於禮無嫌,曾乃就職。"③很明顯,《唐會要》把景雲和開元的兩次事件混爲一談了,賈曾並未在景雲年間任中書舍人。總之,文書第 8 行的中書舍人爲馬懷素的可能性更大。

第二節　論事敕書的成立過程

論事敕書的使用大致有兩種情況,一種是由皇帝單方面向臣下所發,另一種是作爲皇帝對大臣所上"表""狀"的一種回覆,這件敕書顯然屬於後者。文書謂:"使人主父童至,省表所奏額外支兵者,別有處分,使人今還,指不多及。"可見對於能昌仁所上表,皇帝有兩個答覆:一個就是這件論事敕書,對表中所請內容不作具體處理,僅表示皇帝已收到表文,專下此敕,是表示對大臣的尊重,"慰諭公卿"也。第二個答覆即所謂的"別有處分",按《唐六典》卷九中書令條注,徵發兵馬應使用"發日敕"。在此,我們將著重探討

---

① 周紹良主編《唐代墓誌彙編》開元 074 號,上海古籍出版社,1992 年,1205—1206 頁。

② 《唐會要》卷二三《諱》,上海古籍出版社,1991 年,528 頁。

③ 《舊唐書》卷一九〇中《文苑中·賈曾傳》,5028—5029 頁。

論事敕書的成立過程。

一、起草

唐代前期起草詔敕是中書舍人的基本職掌,即如《唐六典》所云:"凡詔旨、制敕及璽書、册命,皆按典故起草進畫。"①但中書舍人根據甚麽來起草?要明白這點,我們須先看看表、狀的運行程序。

唐代"表上於天子,其近臣亦爲狀"②。中央各司與地方州縣的上奏方式是不同的,除了"尚書省應奏之事,須緣門下者,以狀牒門下省"③外,中央各司官員的上奏或是在朝會時上達,或是把表、狀直接送往禁中各門。如景雲二年六月敕:"南衙、北門及諸門進狀,及封狀意見,及降墨敕,並於狀上畫題時刻,夜題更籌。"④開元二年(714)閏三月又敕:"諸司進狀奏事,並長官封題進,仍令本司牒所進門,並差一官送進。諸奏事亦准此。中書門下、御史臺,不須引牒。其有告謀大逆者,任自封進。除此之外,不得爲進。"⑤可見,中央各司的奏狀可直接上達皇帝,不須經過尚書都省和中書、門下的轉發。地方州縣表文的上奏與此不同,它們應先上尚書省,再轉由中書省上達。景龍三年(709)二月,有司奏:"皇帝踐阼及加元服,皇太后加號,皇后、皇太子立,及元日則例,諸州刺史、都督,若京官五品已上在外者,並奉表疏賀。……當州遣使,餘並附表,令禮部整比,送中書録帳總奏。……諸奏軍國事者,並須指陳實狀,不得漫引古今。凡須奏請者,皆爲表狀,不得輒牒中書省。"⑥可見,第一,各州賀表是先上尚書省的禮部,然後再交由中書省上達⑦。第二,在景龍三年以前一段時間裏,臣下有所奏請,是直接牒中書省的,此後則要恢復舊制,仍以表狀形式向皇帝請示。根據這件文書,景雲二年七月沙州刺史能昌仁請求額外支兵,即用"表",正是景龍三年有司奏請的結果。賀表先上禮部,那麽這件要求支兵的表文則應先上兵部,再通過都省轉發到中書省。《唐六典》規定了轉發的程限:"凡内外百司所受之事,皆印其發日,爲之程限:一日受,二日報。"⑧

---

① 《唐六典》卷九《中書省》中書舍人條,北京:中華書局,1992 年,276 頁。
② 《唐六典》卷一《尚書都省》條注,11 頁。
③ 《唐律疏議》卷五《名例律》"同職犯公坐"條,北京:中華書局,1993 年,113 頁。
④ 《唐會要》卷二六《牋表例》,588 頁。
⑤ 《唐會要》卷二六《牋表例》,588 頁。
⑥ 《唐會要》卷二六《牋表例》,588 頁。
⑦ 郭鋒先生曾認爲:表狀箋啓類文書不需經過尚書省,而直接交由中書省上達(見氏著《唐尚書都省簡論》,《中國史研究》1989 年第 3 期,35 頁)。此説值得商榷。
⑧ 《唐六典》卷一《尚書都省》條注,11 頁。

皇帝對表、狀内容作出決定後，就由中書舍人來起草詔敕①。有時他們被直接召入禁中起草，如"大足元年（701），則天常引中書舍人陸餘慶入令草詔"②。但更多的情況是，由皇帝派人將所要起草的詔旨宣付中書。玄宗以後，宣旨往往由宦官來擔任，如天寶十四載（755）五月，安禄山請以蕃將三十二人代漢將，玄宗"遣中使袁思藝宣付中書門下，即日進畫"③。故《唐六典》云："内侍之職，掌在内侍奉，出入宫掖，宣傳制令。"④需要注意的是，六位中書舍人中，衹有一人負責起草詔敕，即"知制誥"者⑤。

二、中書覆奏、進畫

中書舍人起草好敕書後，要有一個送呈皇帝即"進畫"的程序，這一過程就是所謂的"中書覆奏"問題。《唐律疏議》卷二五"詐爲制書及增減"條云："諸詐爲制書及增減者，絞；（原注：口詐傳及口增減，亦是。）未施行者，減一等。（原注：施行，謂中書覆奏及已入所司者。雖不關由所司，而詐傳增減，前人已承受者，亦爲施行。餘條施行準此。）"疏議曰："注云'施行，謂中書覆奏'，此謂詐爲敕語及雖奉制敕處分，就中增減，中書承受，已覆奏訖。"⑥這條律令所針對的實際上是負責向中書宣旨的人僞造或增減制敕内容，所謂"中書承受，已覆奏訖"即指中書舍人從他們那裏承受御旨，然後據以起草，再覆奏於皇帝，即"進"於皇帝來"畫"。

那麽，皇帝在中書舍人草好、覆奏上來的敕書上畫甚麽呢？從 S.11287 號文書可知，在論事敕書上所畫有二：一是"敕"字，二是發日。宋敏求《春明退朝録》載："然自隋、唐以來，除改百官，必有告敕，而從敕字。予家有景龍年敕……唐時，政事堂在門下省，而除擬百官，必中書令宣，侍郎奉，舍人行，進入畫敕字，此所以爲敕也。"⑦宋敏求對唐制的理解有含糊之處，但他所云"進入畫敕字，此所以爲敕也"則準確地道出了唐敕的特點，與本件文書正合。文書上日期中的"九"字筆畫顯然比其他字要粗，應是中書省官員在

---

① 在皇帝作決定之前，已有中書舍人"參議表章"，這是自高宗、武則天以後逐步形成的職掌，並逐步固定爲"六押"和"五花判事"制度。見李蓉《關於唐代前期中書舍人參議表章的問題》，北京大學歷史系碩士學位論文，1995 年 6 月。
② 《唐會要》卷五五《省號》下中書舍人條，1108 頁。
③ 姚汝能《安禄山事迹》卷中，曾貽芬點校，收入《開元天寶遺事 安禄山事迹》，北京：中華書局，2006 年，91 頁。
④ 《唐六典》卷一二《内侍省》，356 頁。
⑤ 《唐六典》卷九《中書省》中書舍人條下注："其中書舍人在省，以年深者爲閣老，兼判本省雜事；一人專掌畫，謂之知制誥，得食政事之食；餘但分署制敕。"276 頁。
⑥ 《唐律疏議》卷二五"詐爲制書及增減"條，457—458 頁。
⑦ 宋敏求《春明退朝録》卷下，誠剛點校，北京：中華書局，1980 年，47 頁。

更寫時照皇帝所畫描出的,由此可知,在中書覆奏上來的敕書上已預留下空白,由皇帝填寫日期。中村裕一先生在其復原的論事敕書書式上突出了"年月御畫日",是有道理的,但他卻忽略了畫"敕"字這一更重要的特徵①。

御畫之後,要將此敕發回中書省。

三、宣奉行

御畫後的論事敕書要經中書省官員令、侍郎、舍人依次宣、奉、行後發出。但在此之前,還有一個"更寫一通"的程序。

據《資治通鑑》卷二二一記載,肅宗時,李輔國專權,"常於銀臺門決天下事,事無大小,輔國口爲制敕,寫付外施行,事畢聞奏"。宰相李峴奏論制敕皆應從中書出,肅宗遂下詔曰:"比緣軍國務殷,或宣口敕處分。諸色取索及杖配囚徒,自今一切並停。如非正宣,並不得行。"對此,胡三省注云:"凡出宣命,有底在中書,可以檢覆,謂之正宣。"②可見由中書發出的正式制敕(正宣)都應有底在省,"底"即皇帝御畫的原件,它存放於中書省的"制敕甲庫"中③。日本承襲唐制,《令集解》卷三一養老令敕旨式云:"右受敕人,宣送中務省。中務覆奏訖,依式取署,留爲案,更寫一通,送太政官。"④可以參看。

由此可見,御畫後的論事敕書下到中書省後,要把原件留底爲檔案,更寫一通,並在更寫的敕書上照皇帝所畫描出一"敕"字和日期,然後由中書令、侍郎、舍人依次署名宣、奉、行,最後在年月日上加蓋"中書省之印",送往門下省。

S.11287 即是這樣一件由中書省更寫後加印的論事敕書。在文書的年月日上,鈐有"中書省之印",該印文爲正方形,邊長 5.8 釐米,字體爲篆書。值得一提的是,北京故宮博物院中藏有一方唐印,印文即爲"中書省之印",在《隋唐以來官印集存》及其他古印譜中均未曾著録,直到 1984 年纔由羅慕鴻先生予以公布和研究⑤。據羅先生介紹,這方唐"中書省之印"爲"正方形,邊長 5.8、印臺高 1.4、紐高 2.6、寬 2.3、厚 1、長孔高 1.4 釐米"。對比兩個

---

① 中村裕一《唐代制敕研究》第三章第五節,611 頁。李錦繡《唐"王言之制"初探》一文認爲"御畫發日者是制書類"(文載《季羨林教授八十華誕紀念論文集》上册,南昌:江西人民出版社,1991 年,273—290 頁),從 S.11287 來看,論事敕書上也有御畫發日。
② 《資治通鑑》卷二二一"肅宗乾元二年(759)四月"條,北京:中華書局,1956 年,7073—7074 頁。
③ 唐代中書、門下、尚書三省各有甲庫,參見《唐會要》卷八二《甲庫》。
④ 《令集解》卷三一《公式令》,東京:吉川弘文館,1981 年,784 頁。
⑤ 羅慕鴻《談隋唐官印之鑒別》,《博物館研究》1984 年第 1 期,108—135 頁。

印文,我們可以看出故宫藏"中書省之印"在印的大小、印文字體、結構、筆畫與 S.11287 號文書上所鈐朱印完全相同,恰可相互發明①。

四、過門下

S.11287 號論事敕書在中書省官員宣、奉、行之後的部分殘失,我們祇能主要根據文獻材料來看它經門下省的程序。

中村裕一先生認爲論事敕書是不須經過門下省的,但他所據爲元和十四年(819)李肇所撰《翰林志》,同時參考日本《延喜式》中的慰勞詔書式,這似嫌證據不足,因爲唐代制度是不斷變化的,尤其安史之亂以後,使職差遣制的流行極大破壞了前期的三省制,不能用後期的制度去比附前期。而日本雖仿唐制,但卻非完全照搬,學者已指出了參照日本令的局限性。我們認爲論事敕書還是要經過門下的,祇不過無需門下覆奏而已。《唐六典》卷八《門下省》"給事中"條云:"凡制敕宣行,大事則稱揚德澤,褒美功業,覆奏而請施行;小事則署而頒之。"②同書同卷"侍中"條下注云:"覆奏畫可訖,留門下省爲案。更寫一通,侍中注'制可',印縫,署送尚書省施行。"③很明顯,需門下覆奏、更寫的應是制書類④,敕書類是無此程序的,S.11287 號文書也可以説明這一問題。它是中央發往沙州的論事敕書原本,上面蓋有"中書省之印",如果在門下省更寫一通的話,文書上就不應有該印樣,因爲很難想象門下在覆奏、更寫之後還送回中書省蓋印⑤。所以像論事敕書這樣的小事類,門下省僅需"署而頒之",即侍中、黃門侍郎、給事中列銜,最後據《唐六典》卷八侍中條:"凡制敕慰問外方之臣及徵召者,則監其封題。"⑥即由侍中監

---

① 這方印已被收入陳松長《璽印鑒賞》,桂林:灕江出版社,1993 年,前附圖版二三〇。
② 《唐六典》卷八《門下省》,244 頁。
③ 《唐六典》卷八《門下省》,242 頁。
④ 《唐大詔令集》中有三道制書在正文之後保存著門下省大段"稱揚德澤、褒美功業"的覆奏文字,分別是卷五《武宗改名詔》(北京:商務印書館,1959 年,34 頁)、卷三〇《肅宗命皇太子監國制》(112—113 頁)、卷一二五《誅王涯鄭注後德音》(671 頁),可以參看。覆奏文末爲:"謹奉制書如右,請奉制付外施行,謹言。"這樣的套話與今所見制告身上所寫相同,告身上還有"制可"二字,應爲侍中所注。參見大庭修《唐告身の古文書學的研究》,《西域文化研究》第三,京都:法藏館,1960 年,279—373 頁。又可參看毛漢光《論唐代制書程式上的官職》,《第二屆國際華學研究會議論文集》,臺北:中國文化大學人文學院,1992 年。
⑤ 李錦繡先生曾推測論事敕書無門下覆奏(286 頁),今從 S.11287 可獲確證。
⑥ 《唐六典》卷八《門下省》,243 頁。最近,張褘推測論事敕書在門下省祇需"監其封題",而無需門下省官員的列銜簽署。見氏著《〈唐六典〉"王言之制"選釋》,包偉民、劉後濱主編《唐宋歷史評論》第五輯,北京:社會科學文獻出版社,2018 年,181—182 頁。由於 S.11287 文書後殘,故門下省官員是否要簽署,最終的解答還有待新材料的發現。

督,將此敕加以函封,封外蓋上"門下省之印"①,送往尚書省行下。

五、行下

《唐六典》卷一《尚書都省》規定:"凡制、敕施行,京城諸司有符、移、關、牒下諸州者,必由於都省以遣之。"原注曰:"若在京差使者,令使人於都省受道次符、牒,然後發遣。若諸方使人欲還,亦令所由司先報尚書省,所有符、牒,並令受送。"②可見敕書行下有兩條途徑,一種是在京遣發專使,另一種是由各地來京使者帶回,本件文書云"使人今還",則顯屬後者,即交由主父童帶回。他的"所由司"當爲兵部。也就是說,敕書從尚書省行下時,要由使者來京時所至的機關向都省申報,由他們領取使者回程所需之符、牒。當然,如果在京另派使者,則直接從都省受符、牒。尚書省行下制敕時也應有時間限制,即前所引之"一日受,二日報"。

簡言之,論事敕書的成立過程應是:由中書舍人按皇帝旨意起草詔書,再將草好的敕書覆奏於皇帝,由皇帝御畫發日及"敕"字,發回中書省;中書省將御畫的原件留爲底,更寫一通,在它上面描日、描"敕"字,中書令、侍郎、舍人依次署名宣、奉、行,加蓋"中書省之印"。然後送到門下省,侍中、黃門侍郎、給事中依次署名,函封,封外加蓋"門下省之印"。最後發往尚書省,在此遣發專使送走,或由各地到京的使者將這一論事敕書帶回。

第三節　相關的幾個問題

一、論事敕書的書式

日本學者中村裕一先生曾對論事敕書的書式進行了復原工作,但由於他没有看到原件,故其復原的書式有可以商榷之處,如:在論事敕書上應有皇帝御畫的一個特大的"敕"字;年月御畫日應在中書令宣的那一行,而不單列;論事敕書也應經門下省"署而頒之"。下面就在中村先生復原書式的基礎上,結合 S.11287 及上述分析,重新復原如下(圖 1-1):

---

① 《唐六典》卷八《門下省》"符寶郎"條注云:"應用魚符行下者,尚書省録敕牒,門下省奏請,仍預遣官典就門下對封,封内連寫敕符,與左魚同函封,上用門下省印。"253 頁。此言敕牒行下時的封題蓋印情況,論事敕書也應如此。

② 《唐六典》卷一《尚書都省》,11 頁。

```
敕某(姓名等)云云(想宜知悉。時候。卿比平安好。遣書。指不多及。)
    敕
            年月御畫日中書令具官封臣姓名        宣
            中書侍郎具官封臣姓名              奉
            中書舍人具官封臣姓名              行
年月日
侍中具官封名
黃門侍郎具官封名
給事中具官封名
```

圖1-1　唐代論事敕書書式復原圖

二、論事敕書與制書成立過程的異同

論事敕書和制書的成立過程有相同之處,但也有很大差別①,下面就根據前面的分析,以圖表的形式簡單比較二者的異同(表1-1)。

表1-1　唐代論事敕書和制書的成立過程比較表

	制　　書	論　事　敕　書
中書省	起草。	起草。
	覆奏、進畫、皇帝畫日。	覆奏、進畫、皇帝畫日,畫"敕"。
	更寫一通,描日,加印,宣、奉、行。	更寫一通,描日,描"敕",加印,宣、奉、行。
門下省	覆奏,畫可,門下更寫一通,侍中注"制可",印署,送尚書省。	署而頒之,並加以函封。
尚書省	在尚書省把制書變爲符、移、關、牒等各種公文,行下諸司或州縣②。	發遣使者,給其"道次符、牒"。

由於制書處理的通常是大事,而論事敕書處理的都是小事,所以二者在門下省的環節差異較大:制書需要門下省覆奏,皇帝畫可,然後還需更寫一通,而論事敕書則祇需署而頒之,基本上是走個形式。到了尚書省,制書需

---

①　制書的成立過程,參見前引李錦繡《唐"王言之制"初探——讀〈唐六典〉札記之一》。

②　《唐六典》卷一《尚書都省》記載:"凡尚書省施行制、敕,案成則給程以鈔之。"原注曰:"通計符、移、關、牒二百紙已下,限二日。"11頁。很明顯,這裏的"敕"不包括論事敕書,而是指發日敕、敕旨等。

在此製作成符移關牒等官文書,發往諸司或諸州,論事敕書則祇需發遣使者,直接送給本人即可。

三、發日敕

李錦繡先生在其《唐"王言之制"初探》一文中,提出發日敕就是御畫後的奏抄,使人耳目一新,但她對《唐六典》所載發日敕和奏抄不能重合部分的解釋卻難以令人信服。發日敕有"增減官員、廢置州縣、徵發兵馬",而奏抄中無,下面逐條予以分析。

先來看看"增減官員"。《唐大詔令集》卷一〇一有《復先減官員敕》,這顯然應屬發日敕,但也是以皇帝口氣寫成:"朕頃緣蕃戎棄信,深犯封疆……"顯然不是御畫後的奏抄。

再來看"廢置州縣"。《唐大詔令集》卷九九"建易州縣"條下,列有許多廢置州縣的制敕①,如《置乾封明堂縣制》《置宥州敕》等。這裏有用制書的情況,當反映了唐前期制度的一些變化。一般説來,用制(詔)書來置易州縣的多在武則天及以前,如《置乾封明堂縣制》爲高宗總章元年(668),《置鴻宜鼎稷等州制》爲則天天授二年(691),《卻置潼關制》爲則天聖曆元年(698),可見,直到武則天時,廢置州縣仍主要用制書。何時開始改用發日敕,史無明文,但最遲到修《唐六典》時(開元末)已改。《唐大詔令集》所載中唐以後廢置州縣除貞元九年(793)《城鹽州詔》用"詔"外,一概用"敕",(這一條用"詔"當反映了安史之亂後各種制度的紊亂)這些敕應是發日敕,但從其格式來看,開首言"敕……"絕非御畫後奏抄的口氣。

最後看"徵發兵馬",本件文書上云"省表所奏額外支兵者,別有處分"。能昌仁表中所奏內容顯屬"徵發兵馬"類,故"別有處分"即應用發日敕下達。那麼,這件發日敕就是對臣下表文的一個批答,而非御畫奏抄。

通過以上分析,不禁使人對發日敕即御畫奏抄的觀點有所懷疑。我們推測,發日敕也應由中書舍人起草,其根據不論是臣下表狀,還是百司奏抄,按其內容,應用發日敕下達者皆由之。

小 結

要言之,英藏敦煌文書 S.11287 是唐睿宗發給沙州刺史能昌仁的一份

---

① 《唐大詔令集》卷九九《建易州縣》,北京:商務印書館,1959 年,498—503 頁。

論事敕書,上面鈐有"中書省之印",因此是一件難得的敕書原件。經過考證,可知文書上列銜署名的中書令、中書侍郎、中書舍人分別爲韋安石、陸象先及馬懷素。論事敕書的成立,需要經歷三省流轉環節,首先中書舍人起草,在覆奏進畫之後,發回中書省更寫一通,中書三官宣奉行,蓋印後過門下;在門下省無需覆奏,由侍中、門下侍郎、給事中"署而頒之",函封加印之後,送往尚書省行下。與制書相比,論事敕書在門下省、尚書省的環節更爲簡易便捷。

第二章　關文與唐代地方政府内部的行政運作

　　文書行政是一切官僚制運行的基礎。最近二十多年的中國古代政治制度史研究,已經逐步擺脱了以往那些僅僅關注於具體機構設置與職掌的静態研究模式,而進入了一個關注於動態的政治體制與政務運作的階段①,公文運行則是其中一個非常重要的切入點。隨著敦煌吐魯番文書的不斷刊布,唐代公文運作的具體情況得到不少學者的重視,並已取得許多相當重要的成果。比較突出者,除了日本學者中村裕一先生的幾部大著外②,李方先生通過對吐魯番文書的細緻分析,對唐代西州的行政體制進行了探索③,劉後濱先生則通過對文書形態與運作的變化,揭示了唐代中央政治體制由三省制到中書門下體制的變遷軌迹④。當然,在唐代地方政府的層面上,特别是州府内部各曹之間的公文運作的許多細節還有待深入。在吐魯番文物局2006年新徵集的文書中,我們驚喜地發現了一批唐初安西都護府的公文書殘片,經過綴合,可知是永徽五年至六年(654—655)安西都護府關於户曹安門等事的案卷(下文簡稱《安門案卷》),其中包含了幾份涉及録事司、户曹、倉曹、士曹等的關文,對於我們理解唐代地方政府内部的行政運作具有相當重要的意義,下面就略做考釋。

---

① 參看鄧小南《走向"活"的制度史——以宋代官僚政治制度史研究爲例的點滴思考》,包偉民主編《宋代制度史研究百年(1900—2000)》,北京: 商務印書館,2004年,10—19頁。在此文中,鄧先生特别强調了作爲"過程"與"關係"的制度史研究取向的重要性。
② 中村裕一《唐代制敕研究》,東京: 汲古書院,1991年;《唐代官文書研究》,京都: 中文出版社,1991年;《唐代公文書研究》,東京: 汲古書院,1996年。
③ 李方《唐西州行政體制考論》,哈爾濱: 黑龍江教育出版社,2002年。
④ 劉後濱《唐代中書門下體制研究——公文形態、政務運行與制度變遷》,濟南: 齊魯書社,2004年。

第一節　吐魯番新出《安門案卷》的拼接與復原

本批文書殘片共 14 件,由於係徵集而來,原來的順序早已被打亂,經過"新獲吐魯番出土文獻整理小組"同仁的共同努力,它們被綴合復原爲一件比較完整的文書(彩版圖 2)。按照整理文書的規則,在整理的正式録文集《新獲吐魯番出土文獻》中①,文書殘缺的地方不能補字。在此我們則在保持原文書的行款、格式的前提下,根據研究結果,在缺文符號裏補足可以確定的文字,標點亦略有改動,第 14 行"録事麴仕達勘同"原爲朱書,録文用楷體以示區別。先將綴合補字後的殘卷録文如下:

(前缺)

1 　　　▭▭▭▭▭▭

2 　一爲分付倉督<u>張隆信</u>□▭▭▭

3 　一爲下柳中縣□□□▭▭▭

4 　戶曹

5 　　判官房門壹具━━━━━━━

6 　士曹 : 得彼關稱:"得戶曹關稱: 得參

7 　軍判 戶曹事<u>麴善積</u>等牒稱: 請造

8 　上 件門安置者,檢庫無木 可 造,流

9 　例復多,宜 關士曹 □▭▭▭

10 　鄣 風塵,天氣□□,□□□□□▭

11 　□皆有扇,士司亦應具知,唯獨戶

12 　曹無門 扇,若論流例,應合安門。"□

13 　□得彼 量判。謹關。

14 　録事<u>麴仕達</u>勘同。<u>永徽五年十月廿四日</u>

15 　　　　　　府

16 　參軍判戶 曹事 善積

17 　　　　　　史□□②▭▭▭

---

① 榮新江、李肖、孟憲實主編《新獲吐魯番出土文獻》,北京: 中華書局,2008 年,304—307 頁。

② 此字餘左半的"言"字邊,草體。

---（背押"悦"字）

18　　　　　　依判,諮。仕悦 示 。

　　　　（中缺）

19　　　　　　　□□□□

20　牒舉者,今以狀關,々至,所有贓贖應入官財

21　物從去年申後已來,仰具報,待至,勘會。

22　□□□破用之處,具顯用處,并本典賣來

23　月應赴錄事司勾勘者,檢□□□□□

24　必須子細勘當,不得遺漏。限今月末

25　□□,謹關。

26　　　　　　永徽六年正月十二日

27　　　　　　史 高惹

28　錄事 參軍事隆悦

29　　　　　　□□　　受

30　　　　　　□□　付

---（背押"俊"字）

31　　　　　檢案。武俊白

32　　　　　　　十三日

33　牒檢案連如前,謹牒。

34　　　□□

35　　　　勘 當 司 檢 □□□

36　　　　等以不符□□□□

37　　　　檢 武 俊 □□□

　　　　（中缺）

---（背押"俊"字）

38　　□依勘當司從去年申

39　　後已來,令(今)無贓贖之物及

40　　無應入官之物。

41　交何(河)縣送倉□□□□

42　伍寸,闊叁尺伍寸,准直錢肆拾□

43　　同前檢上件門到,其

44　　價直,縣已牒別頭給訖。

45　牒件錄檢如前,謹牒。

46　　　　　□□□□

47　　　交何(河)縣送倉曹門

48　　　兩具,既到,付倉督張

--(背押"俊"字)

　　(後缺)

　　本批的 14 件殘片原當出自同一雙鞋。依剪鞋樣時的摺疊關係,可分為兩組鞋面和兩組鞋底。第一組鞋面為:2006TZJI:196 + 2006TZJI:197、2006TZJI:009、2006TZJI:002;第二組鞋面為:2006TZJI:013、2006TZJI:005、2006TZJI:016 + 2006TZJI:017;第一組鞋底為:2006TZJI:015、2006TZJI:195、2006TZJI:001;第二組鞋底為:2006TZJI:010、2006TZJI:194a、2006TZJI:198a。

　　經過綴合,本批文書可以復原為兩組,從內容來看,兩組前後相接,但中有缺文。

　　第一組 5 件:2006TZJI:196、2006TZJI:197、2006TZJI:013、2006TZJI:001、2006TZJI:198a。本組共用紙 3 幅,A 紙前缺,B 紙完整,長 38cm,紙縫背押"悦"字。第 14 行的"錄事麴仕達勘同"為朱書。B 紙用印 7 方,6 方完整,1 方殘,印文為"安西都護府之印",規格為 5.3×5.3 cm。C 紙後缺,長 9.7 cm。

　　第二組 9 件:2006TZJI:010、2006TZJI:015、2006TZJI:016+2006TZJI:017、2006TZJI:002、2006TZJI:009、2006TZJI:005、2006TZJI:195、2006TZJI:194a。本組共用紙 3 幅,其中第一紙前缺,用印 5 方,3 方完整,印文亦為"安西都護府之印"。後兩紙完整,均長 38 cm。在 3 幅紙的紙縫處,均背押"俊"字。

　　另外還有一件文書,係由兩件殘片綴合而成,即 2006TZJI:008 + 2006TZJI:003,我們定名為《唐永徽五年(654)安西都護府符下交河縣為檢函邴等事》,與《安門案卷》作為一組鞋面剪出,背面全部塗黑,為鞋面的最外層。其文字如下①:

1　　□交何(河)縣件狀如前,今以狀牒,□□□□

2　　□准狀,符到□□□□

3　　　　　永徽五年□□□□

----

①　榮新江、李肖、孟憲實主編《新獲吐魯番出土文獻》,303 頁。

```
4              府張洛
5                廿五日
6    ☐☐三石函三具　一石函一具　斛(斗)兩具
7       右檢上件 ☐☐☐☐☐
8    牒件檢如前,☐☐☐☐☐
9          八月廿九日☐☐☐☐
10         更追☐☐☐☐
```

（後缺）

　　文書第 4 行的"張洛",又見阿斯塔納 221 號墓出土的《唐永徽元年
(650)安西都護府承敕下交河縣符》[1],時任"史"。而同墓出土《唐貞觀廿
二年(648)安西都護府承敕下交河縣符爲處分三衛犯私罪納課違番事》中
的"史張守洛"亦當爲同一人[2]。由於本件文書内容與《安門案卷》無關,故
僅録文如上,下文則不再涉及[3]。

第二節　殘卷内容的解説

　　《安門案卷》可以分爲三個部分進行解讀。
　　（一）第 1—3 行,前殘,從"一爲分付倉督張隆信☐☐☐☐☐""一爲下柳中
縣☐☐☐☐☐"來看,這顯然是上一個文案結尾部分的事目。類似的例子
我們可以在阿斯塔納 509 號墓所出《唐開元二十一年(733)西州都督府案卷
爲勘給過所事》中看到,那份案卷包含著孟懷福、麴嘉琰二人申請過所的兩
組文書,每組文書的結尾即第 49、68 兩行分別標出"給孟懷福坊州已來過所

---

① 《吐魯番出土文書》〔叁〕,中國文物研究所、新疆維吾爾自治區博物館、武漢大學歷史系編,
　唐長孺主編,北京:文物出版社,1996 年,311 頁。
② 《吐魯番出土文書》〔叁〕,305 頁。
③ 參看裴成國《從高昌國到唐西州量制的變遷》,《敦煌吐魯番研究》第十卷,上海古籍出版
　社,2007 年,95—114 頁。按,劉安志先生近刊《關於吐魯番新出唐永徽五、六年(654—
　655)安西都護府案卷整理研究的若干問題》,認爲這件文書的兩片不能直接綴合,且不是
　"符",而是安門案卷的組成部分。見《文史哲》2018 年第 3 期,89—105 頁;修訂本收入劉
　安志主編《吐魯番出土文書新探》,武漢大學出版社,2019 年,232—253 頁。不過,其説仍
　有問題,比如他在 241 頁復原的基本格式裏,將"某某日"放在"事由"之前的第一行,這是
　無法令人信服的,因爲他引以爲證的大谷 5839《唐開元十六年(728)西州都督府案卷爲請
　紙事》第 16 行的"一日",實際上應該上屬,即應爲録事參軍王沙安的簽署日期,與 17 行以
　下内容無關(詳見本書第八章)。

事”“給麴嘉琰爲往隴右過所事”等①,都表明上一組文書的結束。

（二）第4—18行,是安西都護府户曹的一份完整的正式關文,上有多處印文及勾官的朱筆簽署,最後一行則是上佐的批示。下面對此略作分析。

第4行的“户曹”,是這件關文的發文機關,第5行的“判官房門壹具”則是關文的主題,相當於關鍵字。第6—13行是關文的正文,第14行是關文發出的時間,第15—17行是户曹判官與府史的簽名。

從字體來看,第4—17行的主體文字出自一人之手,當係第17行的“史”所書,可惜其姓名已無法釋讀。第16行上缺,所存“户曹事”三字亦當爲此人所書,而“善積”二字字體不同,無疑是這位户曹判官的簽名。很明顯,此人就是關文所謂的“得參 軍判 户曹事麴善積”,我們可據以補出關字。另外,此人還見於吐魯番木納爾102號墓新出文書《唐永徽四年(653)八月安西都護府史孟貞等牒爲勘印事》的第四片②:

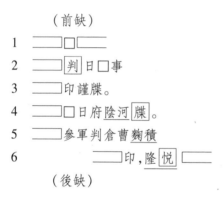

```
            （前缺）
1    ──────□──────
2    ──────判 日□事
3    ──────印 謹牒。
4    ──────□日府陰河 牒 。
5    ──────參軍判倉曹 麴積
6            ──────印,隆 悅 ──────
            （後缺）
```

這件文書第5行的“參軍判倉曹麴積”無疑就是安門文書中的“麴善積”之省稱,祇不過次年轉判户曹了。在唐代西州,由參軍攝判諸曹事非常普遍,李方先生對此已有細緻研究③,可以參看。

至於關文的收文單位,無疑是第6行起首的“□曹”,可惜這個關鍵的字被剪掉,我們祇能依據内容來推補。文書云:“□曹:得彼關稱:得户曹關稱:得參 軍判 户曹事麴善積等牒稱:請造 上 件門安置者,檢庫無木可造,流例復多,宜關──────”這段文字層次比較複雜,其關鍵在“得彼關稱”四字所指。我認爲“彼”當指安西都護府的倉曹,而關文的收文單位“□曹”則當爲

①　《吐魯番出土文書》〔肆〕,北京:文物出版社,1996年,285、288頁。
②　榮新江、李肖、孟憲實主編《新獲吐魯番出土文獻》,107頁。
③　李方《唐西州行政體制考論》,98—111頁。

“士曹”。下面略加論證：

按照王永興先生教示的由“者”字出發劃分唐代公文層次的方法①，我們可把這件關文的內容分爲三個環節：

A. 戶曹關“彼”（倉曹）。內容是：“得參 軍判 戶曹事麴善積等牒稱：請造 上 件門安置者”。案《唐六典》卷三〇載倉曹職掌云：“倉曹、司倉參軍掌公廨、度量、庖廚、倉庫、租賦、徵收、田園、市肆之事。”②安門首先需要木材，這些木材當儲存在倉庫中，由倉曹所掌管，因此戶曹需要安門，首先就關倉曹。

B. “彼”（倉曹）回關戶曹。從“檢庫無木可造，流例復多”一直到第 12 行的“若論流例，應合安門”，應該都是“彼”（倉曹）關戶曹的內容，其中則先引用了關文 A。顯然，倉曹經過檢查倉庫，發現“無木可造”，於是又回關戶曹，認爲“宜關▢▢▢”。下缺部分，根據第 11 行“士司亦應具知”一語，我推測當作“宜關士曹”，即建議戶曹直接與士曹商量此事，因爲“士曹、司士參軍掌津梁、舟車、舍宅、百工衆藝之事”③，屬於具體負責土木工程的部門。

C. 戶曹關□曹（士曹）。從“得彼關稱”一直到第 13 行的“得彼量判，謹關”，這是本件關文的主體，其中亦則引述了關文 B。有了倉曹的同意，戶曹遂再發關文給士曹，請求施工，這也就是“得彼（倉曹）量判”的涵義。顯然，本件關文的對象當爲“士曹”④。

上述三件關文環環相扣，但層次已比較清楚。需要說明的是，若據《唐六典》卷三〇關於大都護府機構設置的記載，安西都護府內唯有功、倉、戶、兵、法五曹，而不當有“士曹”之設⑤。那麼，本件關文中出現的“士司”或我們推補的“士曹”當如何解釋？其實，據吐魯番出土的唐顯慶三年（658）《張善和墓誌》，此人“未冠之歲，從父歸朝。遊歷二京，嘉聲早著。幸蒙恩詔，衣錦故閭。釋褐從官，補任安西都護府參軍事，乘傳赴任，旦夕恪勤。未經夕

---

① 王永興《論敦煌吐魯番出土唐代官府文書中“者”字的性質和作用》，收入氏著《唐代前期西北軍事研究》，北京：中國社會科學出版社，1994 年，423—442 頁。

② 《唐六典》卷三〇《三府督護州縣官吏》，北京：中華書局，1992 年，784 頁。

③ 《唐六典》卷三〇《三府督護州縣官吏》，785 頁。

④ 劉安志《關於吐魯番新出唐永徽五、六年（654—655）安西都護府案卷整理研究的若干問題》懷疑“士曹”不妥，其實分歧在於對文書中“得彼關稱”、“得彼量判”等語中“彼”的理解，他理解爲你我雙方，不應該出現第三方之義（248 頁），但實際上，“彼”在古漢語中常用來指代第三方：那個、他等，所以文書中出現士曹是完全可能的，而且文書中明確有“士司亦應具知”之語，劉先生對此完全沒有解釋。這件關文之所以比較複雜，是因爲有倉曹、戶曹與士曹參與其中，關文又相互引述，故需要抽絲剝繭，弄清其中的程序。劉氏之說，茲不取。

⑤ 《唐六典》卷三〇《三府督護州縣官吏》，754 頁。

年,轉遷士曹參軍"①。張善和應該是永徽二年(651)十一月隨安西都護兼西州刺史麴智湛一起返回西州的,他擔任"士曹參軍"當在永徽三年、四年間,這與《安門案卷》的時間相合。與此同時,在上引木納爾102號墓出土的《唐永徽四年(653)八月安西都護府史孟貞等牒爲勘印事》第七片第3行中,亦有"□□□壹│條爲關│倉│、土│、户│三曹給使□□□□"的記載②,可見,無論是文書還是墓誌都清楚表明,此時安西都護府"士曹"之設是確定無疑的,《唐六典》的記載或爲開元新制③。

第14行"録事麴仕達勘同"爲朱書,係勾官的押署。

依照唐代公文書的格式,第18行"依判,諾。仕悦│示│"當爲安西都護府通判官即上佐的判文。此前吐魯番文書中"仕悦"凡三見,其一爲麴仕悦,見阿斯塔納155號墓出土的《高昌延壽四年(627)閏四月威遠將軍麴仕悦奏記田畝作人文書》④。其二,《西域考古圖譜》下佛典附録4-2+旅順博物館藏LM20_1467_31_01綴合之《大智度論》卷二一尾題:"西州司馬麴仕悦供養。"⑤其三姓氏不詳,見大谷1378《役制(兵役)關係文書》背,僅餘"□□□□詔仕悦□□□□"等數字而已⑥。我認爲本件文書中在通判官(長史或司馬)位置上批示的"仕悦"與"西州司馬麴仕悦"當爲同一人,在17、18行紙縫背面押署的"悦"字,亦應出自其手。由於"西州司馬麴仕悦"題記的年代不詳,若同樣出自永徽時期,則或許可爲陳國燦先生關於此時安西都護府與西州合署辦公之説提供一新證⑦。值得指出的是,在吐魯番巴達木107號墓新出土的《唐牒殘片》中,亦有"仕悦示"這樣的判署文字⑧。

值得注意的是,這件關文所涉及的三個人即參│軍判│户曹事麴善積、録事麴仕達、上佐麴仕悦均爲高昌王姓,事實上,從永徽二年(651)十一月起,

① 侯燦、吳美琳《吐魯番出土磚誌集注》下册,成都:巴蜀書社,2003年,492頁。
② 榮新江、李肖、孟憲實主編《新獲吐魯番出土文獻》,109頁。
③ 李方先生指出:在安西都護府移置龜兹之後,西州都督府中則無"士曹"之設。參看氏著《關於唐西州都督府是否有"士曹"問題》,《敦煌吐魯番研究》第八卷,北京:中華書局,2005年,115—125頁。
④ 《吐魯番出土文書》〔壹〕,北京:文物出版社,1992年,425頁。
⑤ 《旅順博物館藏新疆出土漢文佛經選粹》,京都:法藏館,2006年,209頁。
⑥ 龍谷大學佛教文化研究所編《大谷文書集成》壹,小田義久責任編集,京都:法藏館,1985年,48頁。
⑦ 參看陳國燦《吐魯番出土漢文文書與唐史研究》,黃約瑟主編《隋唐史論集》,香港大學亞洲研究中心,1993年,295—296頁。此據氏著《論吐魯番學》,上海古籍出版社,2010年,104—112頁。另外,從本件安門案卷後半部分所載交河縣直接向安西都護府倉曹送門,而不經西州的事實亦可證明此説。
⑧ 榮新江、李肖、孟憲實主編《新獲吐魯番出土文獻》,56頁。

擔任安西都護兼西州刺史的正是原高昌王族麴智湛,即使顯慶三年安西都護府移置龜茲後,他仍然擔任西州都督,直到麟德元年(664)去世①。因此,衆多麴姓官員集中出現在這件永徽五年(654)安西都護府的公文中,並不是偶然的。

(三)第19—48行。這部分主要是在户曹安門之事完畢後的次年,由安西都護府的録事司關某曹,要求自檢去年申後以來的各種財物收入破除帳目,以備來月報録事司勾勘,以及此曹檢案的結果。具體分析如下:

第19—28行(圖2-1)。從格式來看,這也是一個關文,祇是由於前部殘缺,收文機關不明,而在第28行發文機構的判官落款處上殘,祇餘"參軍事隆悦"五字,致使發文機關也不清楚。這兩個問題需要認真考辨。

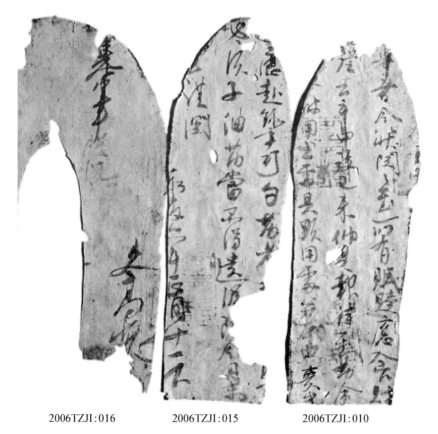

2006TZJI:016　　　　2006TZJI:015　　　　2006TZJI:010

圖2-1　《永徽五年至六年(654—655)安西都護府案卷爲安門等事》殘卷(局部)

① 郁賢皓《唐刺史考全編》卷四五,合肥:安徽大學出版社,2000年,512—513頁。

　　我們先來看發文機關。這件關文的主要内容是要求某曹將去年申後以來的各種財物收支情況進行自檢,以備來月報録事司勾勘。從語氣來看,這道關文應該是録事司發出,而落款的"參軍事隆悦"前面應該補"録事"二字,也就是説,隆悦就是安西都護府的録事參軍。另外,從第 28 行最上面的殘畫也隱約可辨"録事"的"事"字,當據補。

　　事實上,"隆悦"其人在前引木納爾 102 號墓新出土的一組《唐永徽四年(653)八月安西都護府史孟貞等牒爲勘印事》文書中多次出現,從字體來看,該組文書上"隆悦"的簽名與《安門案卷》完全相同,顯爲同一人所書。現僅將第三小片録文如下①:

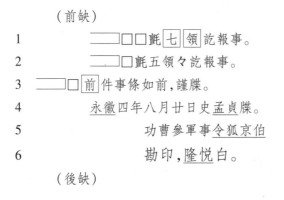

（前缺）

1 　　　　□□氈 七 領訖報事。

2 　　　　□氈五領々訖報事。

3 □□ 前 件事條如前,謹牒。

4 　　　　永徽四年八月廿日史孟貞牒。

5 　　　　功曹參軍事令狐京伯

6 　　　　勘印,隆悦白。

（後缺）

在這組文書上,多次出現隆悦"勘印"的判文,而勘印正是録事參軍的職掌。《唐六典》卷三〇云:"司録、録事參軍掌付事勾稽,省署抄目,糾正非違,監守符印。若列曹事有異同,得以聞奏。"②可見,從永徽四年到永徽六年初,這位"隆悦"正是安西都護府的録事參軍事③。

　　我們再來看這件關文的收文單位。這個問題與本案卷 29 行之後的内容緊密相關:第 29、30 兩行是録事司小吏的"受"、"付",第 31 行"檢案。武俊白"則顯然是某曹判官"武俊"次日的判文。不難看出,從本行開始直到卷末,都是在收到録事司關文之後,此曹檢案的内容。從三處紙縫均背押"俊"字可知,這幾幅紙的文書都是同一曹的文書,而"俊"正是文書中的"武

─────────────

① 榮新江、李肖、孟憲實主編《新獲吐魯番出土文獻》,107 頁。本件文書編號爲 2004TMM102:6 背。

② 《唐六典》卷三〇《三府督護州縣官吏》,748 頁。

③ "隆悦"還出現在阿斯塔納 338 號墓出土的《唐龍朔三年(663)西州范歡進等送右果毅仗身錢抄》上,編號爲:60TAM338:32/6、60TAM338:32/7,《吐魯番出土文書》〔貳〕,北京:文物出版社,1994 年,245 頁。

俊”。録事司關文的要求,以及此曹檢案的内容都涉及地方政府財物的收支情況,而這正是前述倉曹的職掌,事實上,案卷的最後兩行“交河縣送倉曹門兩具,既到,付倉督張”亦爲明證。因此,我認爲這個曹司正是安西都護府的倉曹,而“武俊”正是倉曹參軍或他官判倉曹事①。明乎此點,案卷的内容就一目瞭然了。

從第38—48行的一整幅紙都是倉曹檢案的結果,大意是説,當司從去年申後以來,没有贓贖之物及應入官之物,祇有交河縣送到兩具門,其價錢已由交河縣“牒别頭給訖”,即從其他帳目中支出。具體經辦此事收門的“倉督張”,當即案卷第2行的那位“倉督張隆信”。而交河縣所送到的這兩具門中,無疑應包含了户曹判官房門所需的那一具。

那麽,爲什麽録事司要求倉曹彙報“贓贖之物”和“應入官物”的情況呢? 這涉及地方政府日常開支的來源問題。日本《養老獄令》第55條云:“凡獄囚應給衣糧、薦席、醫藥,及修理獄舍之類,皆以贓贖等物充。無,則用官物。”②在63條《養老獄令》中,惟有此條在新發現的天一閣藏明鈔本《天聖令》中没有對應條文,我認爲其所依據的並非是唐《獄官令》,而是一條《刑部式》③。據《宋刑統》卷二九“囚應請給醫藥衣食”條云:“准《刑部式》:諸獄囚應給薦席、醫藥及湯沐,并須枷鏁鉗杻釘鏷等,皆以贓贖物充,不足者用官物。”④與之相比,《養老令》第55條雖文字略異(如在經費使用的範圍上,《養老令》多出了獄囚衣糧及修理獄舍等費用,少了唐式規定的湯沐和刑具的支出),但二者的主要内容則是一致的,即獄囚日常生活所需物品要從贓贖之物中支出,如果不足,則用官物⑤。

當然,這些“贓贖之物”的使用並不僅限於刑獄方面的支出,在阿斯塔納223號墓出土的《唐爲處分支女贓罪牒》中就有相關的記載⑥:

---

① 需要指出的是,在木納爾新出文書《唐永徽六年(655)某月西州諸府主帥牒爲請替番上事(二)》(《榮新江等主編《新獲吐魯番出土文獻》,118頁)中,有“□: □□ 身 當 今 月十六日番至,配在□ 平 倉職掌,種麥時忙,咨請雇左 右 辛武俊替上,謹以牒陳, 請 □□ ──── ”的文字,不過,這位“辛武俊”的身分是“左右”,還需替人當番,與本件安門案卷中作爲安西都護府倉曹判官的“武俊”恐非同一人。

② 《令義解》卷一○《獄令》,新訂增補國史大系本,東京: 吉川弘文館,1985年,329頁。

③ 參看拙撰《唐開元獄官令復原研究》,收入天一閣博物館、中國社會科學院歷史研究所天聖令整理課題組校證《天一閣藏明鈔本天聖令校證(附唐令復原研究)》,北京: 中華書局,2006年,642頁。

④ 《宋刑統》卷二九《斷獄律》“囚應請給醫藥衣食”條,北京: 中華書局,1984年,472頁。

⑤ 關於唐代地方官府贓贖錢的使用,參看牛來穎《唐宋的贓贖錢物與國家地方財政──〈天聖令〉爲中心に)》,《東方學》第125期,2013年,123—139頁。

⑥ 《吐魯番出土文書》〔肆〕,124頁。

（前缺）

1 　文肆尺伍寸，據 臟 不 滿 □□□□□□

2 　訖放。其粟既是彼此俱罪□□□□□□□准例合没官。別牒

3 　交河縣，即徵支女粟叁□□□□□□ 送 州，請 供 修甲

4 　仗，仍牒兵曹檢納處分。其 □□□□□□□所告支女剩取粟

5 　既是實，准鬭訟律，若告二罪，□□□□□□□重事實□數事等，但一

6 　事實除其罪，請從免者。□□□□□□ 准 狀，故牒。

（後缺）

　　從這件文書可以看出，支女因犯臟，遂由交河縣徵粟若干作爲臟贖之物送州兵曹，用作修理甲仗的經費。至於所謂"應入官財物"，當指那些没官之物，包括偽濫之物交易者、私度關之物、違式之物及家資没官者①。由於臟贖之物或應入官之物屬於地方政府計劃外的收入，在需要支出時，會首先使用這一部分財物。在安門文書案卷中，户曹要安門扇，也要先請倉曹檢庫有無臟贖之物或應入官之物，發現没有，所以纔在之後由交河縣進送門二具，其所需費用則由交河縣"牒別頭給訖"。

　　行文至此，我們已大致解讀了整個案卷的内容，現略作歸納。案卷第一部分即起首 3 行爲案卷中上一組文書的事目，第二部分 4—17 行是永徽五年（654）十月廿四日户曹發給士曹要求安門的關文，其中引述了此前户曹與倉曹的往來關文。第 18 行則是上佐的判文。第三部分第 19—28 行是永徽六年（655）正月十二日録事司發給倉曹的關文，要求將上次申報之後的財務收支情況進行自檢，以備録事司勾勘。第 29—48 行則是倉曹内部檢案的情況與結果。整體而言，案卷第二部分與第三部分之間有殘缺，我推測殘缺的内容正是具體安門實施的情況，即因倉曹檢庫無木可造，且無臟贖之物或應入官之物可用，遂下符令交河縣造作送到，然後由士曹負責安裝的過程。

第三節　敦煌吐魯番文書中的關文

　　關文是唐代平行文書的一種。據《唐六典》卷一記載："諸司自相質問，其義有三，曰：關、刺、移。（原注：關謂關通其事，刺謂刺舉之，移謂移其事於他

----

① 參看李錦繡《唐代財政史稿》上卷，北京大學出版社，1995 年，679—682 頁。

司。移則通判之官皆連署。)"①在法藏敦煌文獻P.2819《唐開元公式令》殘卷之中,保存著一份標準的關文格式,現轉録如下②:

11　關式

12　吏部　　　　爲某事

13　兵部云云。謹關。

14　　　　　　年月日

15

16　　　　　　　主事姓名

17　吏部郎中具官封名。　　令史姓名

18　　　　　　　　書令史姓名

19　　　右尚書省諸司相關式。其内外諸司,同長

20　　　官而别職局者,皆准此。判官署位准郎中。

這份關式是以尚書省内吏部關兵部爲例的,其應用範圍是在"同長官而别職局"的曹司之間。幸運的是,在吐魯番文書中保存著幾份關文原件,其格式基本與《公式令》所載關式相同,僅略有出入③。此外,還有一些與關文運行密切相關的文書,這都是我們深入瞭解唐代地方政府内各部門之間的關係及政務運行機制的絶佳材料。中村裕一先生就主要以《吐魯番出土文書》第九册所載的兩件文書,即《唐開元二十一年西州都督府案卷爲勘給過所事》《開元二十二年(734)西州都督府致遊弈首領骨邏拂斯關文爲計會定人行水澆溉事》爲例,對西州都督府内的關文使用進行了討論④。李方先生在研究後一件文書所反映的西州突厥部落問題時,亦涉及關文的相關内容⑤。事實上,在吐魯番文書中與關文有關的遠不止這兩件,而上述《安門案卷》中兩份關文的發現更可大大深化我們對這種文書形式與功能的認識。下面我們先將這些文書列表如下(表2-1):

---

① 《唐六典》卷一《尚書都省》"左右司郎中員外郎"條,11頁。

② 録文見劉俊文《敦煌吐魯番唐代法制文書考釋》,北京:中華書局,1989年,222頁。圖版見《法國國家圖書館藏敦煌西域文獻》第18册,上海古籍出版社,2001年,363頁。

③ 例如,目前吐魯番發現的關文,其主題詞一般單列一行,而不是如關式那樣置於收文單位的同一行下。

④ 中村裕一《唐代公文書研究》,208—218頁。

⑤ 李方《唐西州行政體制考論》,323—328頁。

表 2 - 1 敦煌吐魯番文書中的關文表

序號	文書名	編號	内容	出處
1	《唐安西都護府殘牒》貞觀十九年(645)①	73TAM210:136/3-1(a)	殘,餘"關吏部……關至准敕"等文字,當爲尚書兵部關吏部之文。	《吐魯番出土文書》(下同)錄文本6/78;圖録本3/42。
2	《唐貞觀二十三年(649)安西都護府户曹關爲車腳價練事》	73TAM210:136/5	殘,有"安西都護府之印"三處。	錄文本6/66;圖録本3/36。
3	《唐永徽四年(653)八月安西都護府史孟貞等牒爲勘印事》第7片	2004TMM102:41c + 2004TMM102:42b。	第3行有"□□壹條爲關倉、土、户三曹給使□□□",第6行有"一爲關……"係安西都護府内各曹關文印署的紀録。	《新獲吐魯番出土文獻》,109頁。
4	《唐永徽五年至六年(654—655)安西都護府案卷爲安門等事》	2006TZJI:196等	包含兩件較完整關文:户曹關士曹、録事司關倉曹。有"安西都護府之印"多處。	《新獲吐魯番出土文獻》,304—307頁。
5	《唐顯慶五年(660)殘關文》	64TAM19:40	極殘,僅存尾部"件狀如前,今以狀關"。	錄文本6/515;圖録本3/265。
6	《唐龍朔三年(663)西州高昌縣下寧戎鄉符爲當鄉次男侯子隆充侍及上烽事》	60TAM325:14/2	其中有"□式,關司兵任判者。今以狀下鄉,宜准狀,符到奉行"。有"高昌縣之印"三處。	錄文本6/195;圖録本3/102。
7	《唐儀鳳三年(678)度支奏抄》	多件大谷文書綴合而成	西州倉曹"准旨下五縣,關倉曹"。	大津透文②

---

① 本件文書原無紀年,據王永興先生研究,它與其他五件文書一樣,屬於貞觀十九年八月至二十年二月的兵賜文書,本件文書反映了其中的一個環節,即在安西都護府總計兵賜及官賜申報兵部之後,兵部就賜勳等事關吏部。見王永興《吐魯番出土唐西州某縣事目文書研究》,收入氏著《唐代前期西北軍事研究》,391—399頁。

② 參見大津透《唐律令國家の予算について:儀鳳三年度支奏抄・四年金部旨符試釋》,《史學雜誌》第95編第12號,1986年,1—50頁。宋金文、馬雷中譯本《唐律令制國家的預算——儀鳳三年度支奏抄、四年金部旨符試釋》,收入劉俊文主編《日本中青年學者論中國史・六朝隋唐卷》,上海古籍出版社,1995年,430—484頁。

續　表

序號	文書名	編號	內容	出處
8	《武周天册萬歲二年(696)一月四日關》	印度藝術博物館藏 MIK III 172	殘,僅存兩行,爲關尾部分"⋯⋯至準敕,謹關"。	榮新江文①
9	《武周長安四年(704)關爲法曹處分事》	66TAM360：3-1	殘,餘"⋯⋯|狀|關,關至準|狀|"等文字,有朱印一方,印文不清。	柳洪亮書②
10	《唐開元二十一年(733)西州都督府案卷爲勘給過所事》	73TAM509：8/8(a)之一	西州倉曹關户曹,爲安西放歸兵孟懷福申過所事。有"西州都督府之印"六處。	録文本 9/52;圖録本 4/281。
11	《唐開元二十一年(733)推勘天山縣車坊翟敏才死牛及孳生牛無印案卷》	73TAM509：8/24-1(a)	"關兵曹,爲天山坊死牛皮事。下天山縣,爲牛兩頭死,無印⋯⋯"	録文本 9/77;圖録本 4/301。
12	《開元二十二年(734)西州都督府致遊弈首領骨邏拂斯關文爲計會定人行水澆溉事》	73TAM509：23/2-1	其中有"關牒|所|由准狀者,關至准狀,謹關"。有"西州都督府之印"三處。	録文本 9/104;圖録本 4/315。
13	《唐開元某年西州蒲昌縣上西州户曹狀爲録申刘得首蓿秋茭數事》	73TAM509：23/8	"録申州户|曹|,仍關司兵准狀者,縣已關司兵訖。"有"蒲昌縣之印"二處。	録文本 9/116;圖録本 4/322。
14	《唐西州高昌縣牒爲鹽州和信鎮副孫承恩人馬到此給草蹛事》	72TAM230：95(a)	"柳中縣被州牒：得交河縣牒稱：得司兵關：得天山以西牒：遞⋯⋯"有"高昌縣之印"三處。	録文本 8/176;圖録本 4/82。
15	《唐西州事目》	64TKM2：18(a)	"高昌縣申⋯⋯法曹關爲囚|死|⋯⋯"	録文本 9/214;圖録本 4/374。

---

① 榮新江《柏林印度藝術博物館藏吐魯番漢文佛典札記》,《華學》第二輯,1996 年,314—317 頁。

② 柳洪亮《新出吐魯番文書及其研究》,烏魯木齊：新疆人民出版社,1997 年,95 頁。

序號	文 書 名	編　號	内　容	出　處
16	《唐官文尾習書》①	大谷 3003 號	"司户件狀如前。關至准狀，謹關。……件狀如前，以狀牒，牒至准狀，謹牒。"	《大谷文書集成》2/1。
17	《唐西州殘判文》②	大谷 3154 號	"白水鎮將王……各關牒下所由，准……"	《大谷文書集成》2/34。

上表所列的 17 件文書大致可以分爲四類：

第一，獨立的關文，包括了第 2、5、8、9、12 件，這五件文書都很殘，第 5、8、9 件甚至僅存關尾。不過，從殘餘文字和格式來看，它們都是關文無疑，而第 2、9、12 三件均有印。

第二，在一個大的案卷中包含的較爲完整的關文，如第 4、第 10 件。第 4 件爲本章討論的《安門案卷》，包含了兩道關文，其中户曹給士曹的關文首尾完整，衹是中間的文字下部略殘；録事司給倉曹的關文則前部殘缺，尾部完整。第 10 件則爲申請過所案卷，包含了一道西州倉曹給户曹的關文，這無疑是目前發現的最爲完整的一道關文，其格式與《安門案卷》上的關文完全一致。在這類關文中，均有多處印文。

第三，雖爲關文，但與其他文書合併發出者，如第 7 件云③：

C　1　高昌等[五]縣主者：件狀如前，今以狀

　　2　[下，縣]宜准[狀，符]到奉行。

　　3　户曹：件狀[如]前，關至准狀，謹關。

　　4　　　　[儀]鳳四年二月廿七日

　　5　　　　　　　　府田[德文]

　　6　[户曹判倉曹　　]

　　7　　　　　　　史

① 《大谷文書集成》第二卷原擬名作《官廳文書》，京都：法藏館，1990 年，1 頁。此據陳國燦、劉安志主編《吐魯番文書總目·日本收藏卷》改，武漢大學出版社，2005 年，124 頁。

② 《大谷文書集成》第二卷原擬名作《官廳文書（白水鎮關係）》，34 頁。此據《吐魯番文書總目·日本收藏卷》改，143 頁。

③ 録文據大津透《唐律令制國家的預算——儀鳳三年度支奏抄、四年金部旨符試釋》，448 頁。括號内文字係大津先生所補。

這是西州倉曹將尚書金部的旨符發給下屬高昌等五縣,同時關州戶曹,二者在這件文書上合一了,似乎是爲了提高效率。類似的文書還有第 16 件,爲關、牒並列。

第四,其他各類文書中稱引的關文,如第 1、6、14 等件爲符、牒等文書所引述,而第 11、15 兩件則似爲事目曆中的文字。

第四節　唐代地方政府內部關文的運行

一、用印與關文的成立

《安門案卷》中,一個非常引人注目的現象就是用印處極多。其中第一件關文,即永徽五年十月廿四日安西都護府戶曹給倉曹的關文中,短短 14 行文字,共用"安西都護府之印"七方;第二件關文,即永徽六年正月十二日錄事司給倉曹的關文亦鈐同樣印文五方。鈐印位置主要是涉及時間和數字之處,但並不絕對。

在上表第 2 件文書,即《唐貞觀二十三年(649)安西都護府戶曹關爲車腳價練事》殘卷上,同樣鈐有"安西都護府之印"三處。在上表第 10 件文書,即《唐開元二十一年西州都督府案卷爲勘給過所事》中收錄的那道關文上,則鈐有"西州都督府之印"六處。第 12 件文書,即《開元二十二年(734)西州都督府致遊弈首領骨邏拂斯關文爲計會定人行水澆溉事》上,亦有三處"西州都督府之印"。

從這些關文原件不難看出,祇有在鈐印之後,這些關文纔真正成立,否則祇是公文稿本。關文上所鈐的印文如"安西都護府之印""西州都督府之印",都是地方政府最高等級的正式官印。這也從另一個側面表明,關文的使用是非常嚴肅的,並不因爲它祇是在府衙或州衙內部各曹之間行用就可以隨意。如前所述,"監守符印"即這些官印的保管和使用,正是錄事參軍的重要職掌之一。也就是説,各曹擬定的關文必須到錄事司勾檢印署之後纔能正式發出。事實上,錄事司正是關文運轉的樞紐。

關於這一點,我們在其他新獲吐魯番文書中亦可得到印證。木納爾 102 號墓出土的《唐永徽四年(653)八月安西都護府史孟貞等牒爲勘印事》(圖 2-2)的第七片錄文如下[①]:

---

① 榮新江、李肖、孟憲實主編《新獲吐魯番出土文獻》,109 頁。

（前缺）

1 　　□

2 　　□

3 ＿＿＿壹條爲關倉士户三曹給使□＿＿

4 ＿＿牒肆條一爲沙州勘合馬事　二爲□＿＿
　　　　　　　一爲牒納團給使

5 　＿＿參條一爲牒柳中給使□事
　　　　　　一爲下高＿＿＿馳事

6 　　＿＿一爲關□＿＿

（後缺）

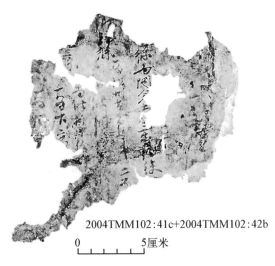

2004TMM102：41c+2004TMM102：42b

0 ⊢⊢⊢⊢⊢ 5厘米

圖 2-2　《唐永徽四年(653)八月安西都護府史孟貞等牒爲勘印事》

　　這組文書共 10 片,其中 5 片都是安西都護府録事司“勘印”的内容,4 片的結尾都是“勘印,隆悦示”的判署。如前所述,隆悦時任録事參軍,“勘印”正是其職掌所在。顯然,這組文書應該都是録事司的檔案,而上引第七片第 3、6 行正是録事司在各曹關文上勘印的紀録。

　　瞭解關文的鈐印制度對於我們正確認識關文的運轉具有很大的意義,而這一點在此前的研究中往往被忽視,在此試舉一例。上表所列第 12 件文書,即《開元二十二年(734)西州都督府致遊弈首領骨邏拂斯關文爲計會定人行水澆溉事》是一件涉及西州管内遊弈突厥部落的重要文書,但這件關文的發文、收文單位至今衆説紛紜,我們先將其録文如下①,再結合用

――――――――――

① 《吐魯番出土文書》〔肆〕,315 頁。

印制度來討論這一問題。

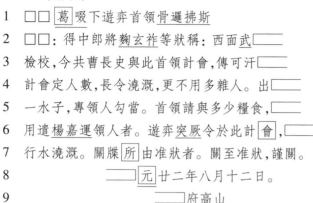

（前缺）

1 □□葛啜下遊弈首領骨邏拂斯

2 □□：得中郎將麴玄祚等狀稱：西面武□□

3 檢校，今共曹長史與此首領計會，傳可汗□□

4 計會定人數，長令澆漑，更不用多雜人。出□□

5 一水子，專領人勾當。首領請與多少糧食，□□

6 用遣楊嘉運領人者。遊弈突厥令於此計會，□□

7 行水澆漑。關牒所由准狀者。關至准狀，謹關。

8 　　　　　□元廿二年八月十二日。

9 　　　　　　　□府高山

（後缺）

　　劉安志先生認爲，本件關文的收文者爲西突厥的遊弈首領骨邏拂斯，使用關文表明西州都督府與其對等的身分①。其實，根據關文格式，文書第 1 行的"□□葛臘啜下遊弈首領骨邏拂斯"祇是這件關文的主題詞，而非發文的對象，故文書第 3 行提到他時纔會有"此首領"之語。中村裕一先生早就指出，這件文書的發文和收文單位應該都是西州都督府的"某曹"②，李方先生則進一步推斷此關文當是户曹發給倉曹的③。對此，我們還需再加思考。

　　李先生最重要的一個根據是，本件文書拆自男屍紙鞋，該紙鞋共拆出的 17 件文書，除殘缺太甚無法判斷的外，其他八九件均屬户曹文書，"這就表明，男屍紙鞋上拆出的這組文書大約都是户曹廢棄的公文書。本件文書亦拆自男屍紙鞋，內容亦爲差水子事，因此應該亦是户曹文書"④。不過，我們注意到在這件關文上有"西州都督府"朱印三處，這似乎表明：這是作爲一件經錄事司印署、正式行用的關文發至户曹的，户曹是收文單位，而非發文單位。因爲如果户曹爲發文單位，則不可能在錄事司印署之後又回到自己手中廢棄。從關文的內容來看，不僅涉及遣人行水問題，更涉及所謂"首領

---

① 劉安志《唐代西州的突厥人》，武漢大學中國三至九世紀研究所編《魏晉南北朝隋唐史資料》第十七輯，武漢大學出版社，2000 年，112—122 頁。

② 中村裕一《唐代公文書研究》，214—216 頁。

③ 李方《唐西州行政體制考論》，325—328 頁。

④ 李方《唐西州行政體制考論》，325—328 頁。

請與多少糧食"的問題,因此倉曹纔會關户曹商量此事。要言之,我認爲本件關文更有可能是倉曹發給户曹的,用印制度則是解讀此關文時一個不可忽視的因素。

二、關文反映的録事司與諸曹關係

與尚書都省在中央機構的核心地位一樣,作爲勾檢機構,府衙或州衙的録事司是各種公文運行的樞紐,關文也不例外。除了蓋印之外,其勾檢本身或許更爲重要。在《安門案卷》的第一件關文中,有朱書"録事麴仕達勘同"的勾檢文字,第二件關文無類似的勾檢文字,則是因爲本件關文正是由録事司自己發出的。在《唐開元二十一年西州都督府案卷爲勘給過所事》中收録的那道關文上,亦有"録事元□受""功曹攝録事參軍思付"的簽署。

那麽,録事司在與府内各曹行文時,究竟用何種公文形式? 這種公文是否和尚書都省與二十四司之間的行文相同? 在 P.2819 開元《公式令》殘卷之中,清楚記載了都省與省内諸司之間是用"牒式"①:

```
21    牒式
22    尚書都省      爲某事
23    某司云云。案主姓名,故牒。
24              年月日
25
26              主事姓名
27    左右司郎中一人具官封名。令史姓名
28                  書令史姓名
29      右尚書都省牒省内諸司式。其應受
30      剌之司,於管内行牒,皆准此。判官署位
31      皆准左右司郎中。
```

尚書都省給省内諸司行文用"牒"而不用"關",是因爲雖然左右司郎中員外郎的品階與諸司郎官相同(分别爲從五品上與從六品上),但都省的地位還是遠遠高於各司,在唐朝前期,它不僅僅是勾檢機構,更是各司的領導

---

① 録文見劉俊文《敦煌吐魯番唐代法制文書考釋》,222—223 頁。圖版見《法國國家圖書館藏敦煌西域文獻》第 18 册,363 頁。

機關①,《公式令》牒式所云"於管内行牒"即爲明證。

不過,在州府衙門内,録事司與各曹的關係卻有所不同。在品級上,安西都護府的録事參軍爲正七品上,而各曹參軍則爲正七品下;顯慶三年後,作爲中都督府的西州録事參軍爲正七品下,各曹參軍則爲從七品上。録事參軍的地位顯然要高於諸曹參軍,然而,作爲單純勾檢機構的録事司與諸曹之間卻没有都省與諸司那樣的統屬關係,因此,它們之間行文是用平行的"關文"。《安門案卷》的最重要價值之一就是證實了此點,因爲其中第二件關文正是由安西都護府的録事司發給倉曹的,而在判官位置上簽署的正是録事參軍事隆悦。

三、縣衙諸司之間關文的行用

由於材料的限制,我們此前對關文在縣級官衙内部的行用問題知之甚少。事實上,在吐魯番出土文書中有一些相關的記載可以幫助我們認識這一問題,這主要是上表所列的第6、第13、第14 三件文書。我們先將第6件文書《唐龍朔三年(663)西州高昌縣下寧戎鄉符爲當鄉次男侯子隆充侍及上烽事》摘録如下②:

　　　（前缺）

1　今見關侍人某,寧戎鄉侯子隆身充次男,□□□
2　□□□□□望 請 充 侍者。又聞懷相本以得 順
　　　（中略）
6　□□□者。前侍已親侍父,後請宜□□□
7　□式,關司兵任判者。今以狀下鄉,宜准狀,符
8　到奉行。准式□□□　　　　史 張□
　　　（下略）

這件文書是高昌縣下寧戎鄉的一份縣符,值得注意的是第7行的"□(准?)式,關司兵任判者"一句,根據《唐六典》卷三〇關於天下諸縣機構設置的記載,諸縣無論等級,都祗設置録事、司户、司法,而無"司兵"之設。高昌縣之所以設置有"司兵",或許正是邊州各縣的特色③。這件文書涉及

---

① 參看本書第六章《隋與唐前期的尚書省研究》。
② 《吐魯番出土文書》〔叁〕,102 頁。
③ 關於西州各屬縣中"司兵"的存在,李方先生有充分論證,見《唐西州行政體制考論》,39—50 頁。

中男侯子隆番上還是充侍丁的問題，所以高昌縣司户要關司兵。

　　類似的情況也出現在第 13 件文書《唐開元某年西州蒲昌縣上西州户曹狀爲録申刘得苜蓿秋茭數事》上①：

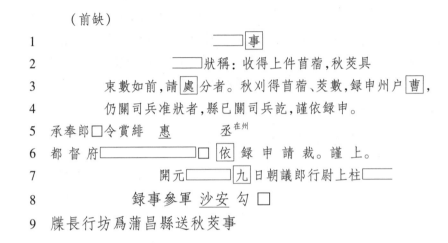

（前缺）
1　　　　　　　　　　　 ▢事
2　　　　　　　　▢狀稱：收得上件苜蓿，秋茭具
3　　　束數如前，請 處 分者。秋刘得苜蓿、茭數，録申州户 曹 ，
4　　　仍關司兵准狀者，縣已關司兵訖，謹依録申。
5　承奉郎▢令賞緋　惠　　　丞 在州
6　都　督　府▢▢▢▢▢▢▢ 依 録 申 請 裁。謹 上。
7　　　　　　　開元▢▢▢ 九 日朝議郎行尉上柱▢▢▢
8　　　　　録事參軍 沙安 勾 ▢
9　牒長行坊爲蒲昌縣送秋茭事

　　這件文書鈐有"蒲昌縣之印"兩處，是蒲昌縣關於送交苜蓿、秋茭之事申州户曹的狀文。李錦繡對這件文書涉及的"長行坊田"有所研究，她認爲："據上引文書，還可以知道，長行坊田的收入要由各縣録申州户曹，關司兵後送至長行坊支用，長行坊田收主要是供長行坊馬驢的食料。"②在蒲昌縣内部，刘苜蓿秋茭之事當由司户負責，不過涉及長行坊，而傳驛屬於司兵的業務範圍，因此，在這份由蒲昌縣司户擬定的申州户曹的狀文中，要特意説明"已關司兵訖"③。

　　最後，來看上表第 14 件《唐西州高昌縣牒爲鹽州和信鎮副孫承恩人馬到此給草踏事》④：

（前缺）
1　▢▢▢ 右 軍 子 將 瀘（鹽）州和信鎮副上柱國賞緋魚袋孫承恩
2　柳中縣被州牒：得交河縣牒稱：得司兵關：得天山已西牒："遞
3　▢▢件使人馬"者。"依檢到此，已准狀，牒至，給草踏"者。"依檢到此

①　《吐魯番出土文書》〔肆〕，322 頁。
②　李錦繡《唐代財政史稿》上卷，700—701 頁。
③　參看李方《唐西州行政體制考論》，42—43 頁。
④　《吐魯番出土文書》〔肆〕，82 頁。

4　□准式訖,牒上"者。"牒縣准式"者。縣已准式訖,牒至准式,
　　謹牒。

　　　　(後缺)

　　這件文書的結構相當複雜,王永興先生曾以它爲例,分析了吐魯番出土
文書中"者"字的性質與作用,頗具啓發性(上面録文的標點也據王氏意見
改定)①。如王先生所云,"遞□□件使人馬"是天山縣已西牒的内容,"依檢
到此,已准狀,牒至,給草踏"是交河縣司兵關的内容,"依檢到此,(已)准式
訖,牒上"是交河縣司倉牒的内容,"牒縣准式"則是西州牒的内容。也就是
説,交河縣司兵在得到天山已西牒文後,關本縣的司倉,然後交河縣再牒上
西州。

　　可以看出,上引三件文書分别涉及高昌、蒲昌、交河三縣内部司户、司
兵、司倉之間的公文運作,而"關文"在其中扮演了非常重要的角色,對於此
點,我們也需要給予足夠的重視。

小　　結

　　吐魯番新獲《唐永徽五年至六年(654—655)安西都護府案卷爲安門等
事》包含了户曹發給士曹、録事司發給倉曹的兩道關文,且均有録事司所鈐
"安西都護府之印"多處,對於我們深入理解唐代地方官府的行政運作具有
重要作用。通過與此前敦煌吐魯番文書中所見關文的綜合研究,我們可以
得出以下結論:

　　第一,録事司是州府内部公文運行的中樞,各種文書衹有在鈐印之後,
纔真正成立。

　　第二,即使是州府内部各曹之間的關文,也需要到録事司印署後發出,
並不因爲是内部行文而顯得隨便。

　　第三,録事司對各曹行文亦用"關",這與尚書都省與二十四司行文用
"牒"不同。這也提示我們,不能完全用都省與諸司的關係來比附地方政府
内録事司與各曹的關係。

　　第四,在縣衙各司之間的行政運作中,關文亦發揮著重要的作用。

---

① 王永興《論敦煌吐魯番出土唐代官府文書中"者"字的性質和作用》,428—431頁。

第三章　唐代帖文的形態與運作

　　熟悉唐代政治制度史的人對"堂帖"通常都不會陌生,因爲它是中書門下處理政務的主要公文之一。《唐國史補》卷下記載:"宰相判四方之事有堂案,處分百司有堂帖。"①而宋人沈括《夢溪筆談》卷一則云:"唐中書指揮事,謂之堂帖子。曾見唐人堂帖,宰相簽押,格如今之堂劄子也。"②由於"堂帖"的實物今已不存,今人對其形態和運行已經不甚瞭然,中村裕一曾據天寶元年頒布《新平關令》(P.2504)的敕牒認爲,這種場合的敕牒大概就是"堂帖"③。不過,此論已被劉後濱否定,他分析了唐代有關堂帖的一些記載,並指出其出現"反映了中書門下作爲政務裁決機關的性質及唐代宰相職權政務化的特徵"④。應該説,目前關於堂帖的研究仍過於簡單,對其格式、特點與行用等依然有許多不清楚之處。

　　事實上,堂帖祇是唐代衆多"帖"文中的一種,在唐代的政治生活中,除了中書門下的堂帖之外,節度使府、州縣乃至軍府、軍鎮等官署都曾廣泛使用"帖"這種下行文書來指揮公事⑤。早在 1960 年,内藤乾吉就注意到吐魯

---

① 李肇《唐國史補》卷下,見《唐國史補 因話録》,上海古籍出版社,1979 年,49 頁。

② 胡道靜《新校正夢溪筆談》卷一,北京:中華書局,1957 年,24 頁。

③ 中村裕一《唐代公文書研究》,東京:汲古書院,1996 年,93 頁。

④ 劉後濱《唐代中書門下體制研究——公文形態·政務運行與制度變遷》,濟南:齊魯書社,2004 年,300—305 頁。

⑤ 除了官府行用的"帖"之外,唐代民間也有許多其他種類的"帖",例如:

　　(1) 僧官帖。比較有代表性者,如 P.6005 背《釋門帖諸寺綱管令夏安居帖》、S.1604《天復二年(902)四月廿八日都僧統賢照帖諸僧尼寺綱管徒衆等》等(録文見郝春文《唐後期五代宋初敦煌僧尼的社會生活》,北京:中國社會科學出版社,1998 年,201—205 頁),格式雖與官府之"帖"相近,但功能卻似有不同,它們更類似於"牓",即告示一類的文書,其行帖的對象往往包括了管内諸寺所有的僧尼、綱管、徒衆等,目的是曉諭僧衆共同遵守。

　　(2) 晚唐五代在敦煌民間結社中盛行的"社司轉帖""渠人轉帖"等。在社司轉帖如 P.2738 背《秋座局席轉帖抄》中有如下文字:"其帖速遞相分付,不得停滯。如滯帖者,准條科罰。"見寧可、郝春文《敦煌社邑文書輯校》,南京:江蘇古籍出版社,1997 年,169 頁。

　　(3) 在吐蕃佔領敦煌時期,還有一些作爲契約的"帖",或被稱爲"私帖",如 S.5827《年代不詳令狐晟子帖》云:"如後使人日有官役,東西遠行,不及邊功,亦仰所由等及晟子陪(賠)功直。今恐前所由及晟子無信,故立私帖,用爲後憑。"見沙知《敦煌契約（轉下頁）

番文書中的幾件帖文殘片,如大谷 1038《唐西州天山府下校尉高堅隆團帖》等①。此後,唐長孺在解説《木蘭詩》中"昨夜見軍帖"一語時,追溯了"帖"字的本意,並指出:"帖作爲一種文書形式在南北朝時罕見,而在唐代卻普遍行用。"他還提示了吐魯番阿斯塔納出土的幾件初唐縣帖②。中村裕一也介紹了敦煌、吐魯番兩地出土的數件帖文,並簡要分析了兩地帖文在格式上的差異③。坂尻彰宏則討論了敦煌文書的牓文與"帖"的關係④。2007 年,樊文禮、史秀蓮發表《唐代公牘文"帖"研究》一文⑤,雖未能注意到前人的研究,且對出土文書注意不夠,但其將堂帖與府帖、州帖、縣帖結合起來討論,可謂頗具慧眼。最近,赤木崇敏利用敦煌吐魯番文書討論唐代前半期地方官府的文書行政時,對帖文也有所涉及⑥。荒川正晴又重點討論了新疆庫車、和田等地出土的唐代帖文原件,揭示羈縻制下帖文在物資徵發方面的功能⑦。本章試圖在前人研究的基礎上,結合文獻與出土文書,分類討論堂帖與其他各類帖文的形態、功能及其運行特點。我們相信,對帖文的研究不僅可以深化我們對唐代公文的認識,也有助於理解唐代的政治秩序及政務運行的複雜過程。

(接上頁)文書輯校》,南京:江蘇古籍出版社,1998 年,415 頁。

    (4)據日僧圓仁《入唐求法巡禮行記》記載,日本遣唐使、學問僧等曾多次行"帖"給唐代各級官府,如文宗開成三年(838)十二月二日,"本國留後官爲令惟正等受戒,更牒相公。雖先帖送所由,而勾當王友真路間失卻。仍今更帖送,其狀如別"。見白化文等修訂校注《入唐求法巡禮行記校注》卷一,石家莊:花山文藝出版社,1992 年,83 頁。另外,圓仁呈給左街功德使仇士良的狀文結尾部分曰:"牒件狀如前,謹牒。開成五年八月廿四日,日本國求法僧圓仁帖。"(345 頁)這些帖文的性質顯然與唐代官府行用的"帖"文不同。

    本章主要討論作爲政府下行公文的"帖",對於上述四類民間之"帖",概不涉及。

① 内藤乾吉《西域發見唐代官文書的研究》,《西域文化研究》三《敦煌吐魯番社會經濟資料(下)》,京都:法藏館,1960 年,27—29 頁。

② 唐長孺《〈木蘭詩〉補證》,見《唐長孺社會文化史論叢》,武漢大學出版社,2001 年,243—245 頁。

③ 中村裕一《唐代公文書研究》,143—145、262—265 頁。

④ 坂尻彰宏《敦煌牓文書考》,《東方學》第 102 輯,2001 年,49—62 頁。

⑤ 樊文禮、史秀蓮《唐代公牘文"帖"研究》,《中國典籍與文化》2007 年第 4 期,8—12 頁。

⑥ 赤木崇敏《歸義軍時代敦煌オアシスの税草徵發と文書行政》,《待兼山論叢》(史學篇)第 41 號,2007 年,27—53 頁;《唐代前半期の地方文書行政——トゥルファン文書の檢討を通じて》,《史學雜誌》第 117 編第 11 號,2008 年,75—102 頁。

⑦ 荒川正晴《唐代中央アジアにおける帖式文書の性格をめぐって》,土肥義和編《敦煌·吐魯番出土漢文文書の新研究》,東京:東洋文庫,2009 年,271—291 頁。此文附録有《帖式文書一覽表》,收入了庫車、和田、吐魯番出土的帖文,但未收録相關敦煌文書,而吐魯番文書亦有部分遺漏。另參氏著《クチャ出土〈孔目司文書〉考》,《古代文化》第 49 卷第 3 號,1997 年,1—18 頁。

第一節 堂　帖

"堂帖"，又稱"中書門下帖"或"中書帖"，也就是唐代中後期宰相機構所發之帖。"堂"指政事堂，據《通典·職官三》宰相條云："舊制：宰相常於門下省議事，謂之政事堂。至永淳二年(683)七月，中書令裴炎以中書執政事筆，其政事堂合在中書，遂移在中書省。開元十一年(723)，張説奏改政事堂爲中書門下，其政事印亦改爲中書門下之印。"①可見，在堂帖行用的中晚唐時期，早已没有"政事堂"之名。之所以稱爲"堂帖"，不過是沿襲舊名而已。

隨著中書門下體制的建立，宰相開始直接指揮公事，國家的公文運作也隨之發生了許多變化②，"堂帖"很有可能就是在此之後出現的。目前所見最早的記載在德宗、憲宗之際，據《劉賓客嘉話録》記載，德宗時，崔造被貶於洪州，一位趙山人不僅預言了他將被朝廷任命爲虔州刺史，"又謂崔曰：'到虔州後須大經一段驚懼，即必得入京也。'既而崔舅源休與朱泚爲宰相，崔憂間，堂帖追入，甚憂惕。時故人竇參作相，拜兵部郎中，俄遷給事中、平章事。"③案朱泚叛亂是在建中三、四年(782—783)間，這或許是目前所見最早的一條關於堂帖的史料。另一條較早的材料是在憲宗元和十二年(817)，時監察御史韋楚材被貶爲江陵兵曹參軍，以無公券，因宿於城東別墅，三日方達藍田縣，而"其所追堂帖先至商州，數日後楚材方到，帝皆知之"④。

我們來看堂帖的適用範圍。前引《唐國史補》所謂"宰相判四方之事有堂案，處分百司有堂帖"，似以二者的區分在於：堂案係宰相判全國政務所用，而堂帖則係處理京城諸司所用。不過，其對"堂案"的解釋卻頗爲可疑⑤。至於

---

① 《通典》卷二一《職官典》三，北京：中華書局，1988年，542頁。
② 參看劉後濱《唐代中書門下體制研究》第七、八章，262—354頁。
③ 韋絢《劉賓客嘉話録》"崔造"條，陶敏、陶紅雨校注，北京：中華書局，2019年，11—12頁。
④ 《册府元龜》卷五二二《憲官部·譴讓》，北京：中華書局，1960年，6235頁。
⑤ 與"堂帖"相比，目前所見關於"堂案"的材料更少，從極爲有限的幾條材料看，"堂案"更像是中書門下處理政務之後的檔案，與直接處理政事的"堂帖"不同。例如，文宗大和四年(830)十月，西川節度使李德裕上書論備南詔之策，建議："其朝臣建言者，蓋由禍不在身，望人責一狀，留入堂案，他日敗事，不可令臣獨當國憲。"事見《資治通鑑》卷二四四，北京：中華書局，1956年，7873頁。所謂"人責一狀，留入堂案"，似有作爲檔案以備後考之意。另如會昌元年(841)十二月，中書門下奏修實録體例："又宰臣與公卿論事，行與不行，須有明據。或奏請允愜，必見褒稱；或所論乖僻，因有懲責。在藩鎮上表，必有批答，居要官啓事者，自有著明，並須昭然在人耳目。或取捨存於堂案，或與奪形於詔敕，前代史（轉下頁）

堂帖,宋人徐度的説法亦有不同:"唐之政令,雖出於中書門下,然宰相治事之地,別號曰政事堂,猶今之都堂也。故號令四方,其所下書曰堂帖。"①那麽,堂帖究竟是中書門下"號令四方"所用,還是僅用以"處分百司"之事?對此,須結合具體事例來考察。

據《册府元龜》卷五〇記載:"(太和)八年七月,堂帖:中書、門下、御史臺、尚書省、諸道節度觀察使,置令各舉解《周易》一人。"②這裏的"中書門下"當指中書、門下兩省,因爲堂帖本身是由宰相機構"中書門下"發出,公文不會發給自己。這件堂帖的發送對象不僅包括了三省和御史臺這樣的中央機構,也有諸道節度、觀察使等。可見,它不僅被用來"處分百司",也用來"判四方之事",《唐國史補》的説法並不準確。我們還可各舉幾例。"處分百司"者,如穆宗長慶元年(821),御史臺曾"准中書門下帖",就錢重物輕的問題行牒各個部門徵求意見③。文宗開成三年(838)二月,中書門下發堂帖給太常寺,要求禮官詳議懷懿太子神主祔廟的問題④。同月,堂帖又對新授刺史於閣内及延英中謝之事作出規定⑤。天祐元年(904)八月,昭宗遇弑,哀帝即位,中書門下以堂帖來處分新帝即位後百官進名起居之事⑥。至於"判四方之事"者,如咸通十一年(870),中書門下曾下堂帖處分西川牙將授官後所輸堂例錢的數目⑦,又曾發堂帖給邕州、黔州兩地,令其分析彙報通往南詔的道路與地理人情⑧。

當然,堂帖常被用於追某人赴京。除前引崔造、韋楚材兩例外,文宗時寧州刺史馬紓因政績出衆,"堂帖赴闕,拜右領軍大將軍"⑨。武宗會昌二年

(接上頁)書所載奏議,罔不由此。"(見《舊唐書》卷一八上《武宗本紀》,北京:中華書局,1975年,588—589頁)無論是"堂案",還是"詔敕",都是"史書所載奏議"的資料來源,可見,這裏的堂案似乎也是宰相處理政務後所留檔案的性質。參看李全德《從堂帖到省劄——略論唐宋時期宰相處理政務的文書之演變》,《北京大學學報》2012年第2期,106—116頁。

① 徐度《卻掃編》卷上,收入朱易安、傅璇琮等主編《全宋筆記》第三編第十册,鄭州:大象出版社,2008年,130頁。

② 《册府元龜》卷五〇《崇儒術》二,564頁。

③ 韓愈《錢重物輕狀》,《韓昌黎文集校注》卷八,上海古籍出版社,1986年,595頁。此文繫年據屈守元、常思春主編《韓愈全集校注》,成都:四川大學出版社,1996年,2448—2451頁。

④ 《唐會要》卷一九《諸太子廟》,上海古籍出版社,1991年,447頁。

⑤ 《唐會要》卷二五《雜錄》,554—555頁。

⑥ 《舊唐書》卷二〇下《哀帝紀》,786頁。

⑦ 《資治通鑑》卷二五二"咸通十一年二月"條,8158頁。

⑧ 向達《蠻書校注》卷一,北京:中華書局,1962年,18頁。

⑨ 楊倞《唐故銀青光禄大夫使持節蔚州諸軍事行蔚州刺史兼御史中丞馬公墓誌銘》,見陶宗儀《古刻叢鈔》,《石刻史料新編》第1輯第10册,臺北:新文豐出版公司,1977年,7595頁。

（842）九月十三日，宰相李德裕建議“以中書門下帖追”大將何清朝返京①。
宣宗大中五年（851），宰相白敏中爲迎合上意，不顧鄭顥已去迎娶盧氏之女
的事實，以堂帖將其追回長安尚主，引起鄭顥極大不滿②。乾寧（894—897）
中，朝廷又曾發堂帖追楊貽德於江陵③。由一“追”字，我們也可以感受到堂
帖便捷、快速的特色。

　　作爲一種正式的公文，堂帖上還需鈐印。據《舊唐書·宣宗本紀》載：
大中九年（855）三月，“御史臺據正月八日禮部貢院捉到明經黃續之、趙弘
成、全質等三人僞造堂印、堂帖，兼黃續之僞著緋衫，將僞帖入貢院，令與舉
人虞蒸、胡簡、党贊等三人及第，許得錢一千六百貫文。據勘黃續之等罪款，
具招造僞，所許錢未曾入手，便事敗。奉敕並准法處死。主司以自獲姦人，
並放”④。劉後濱認爲黃續之等人所造的“堂印”即“中書門下之印”，其行
用的場合當是堂帖⑤。這個判斷應當是正確的，我們從地方官府各類帖文
的鈐印實例也可得到旁證（詳見下文）。

　　堂帖的出現對唐代政治體制與政務運行的發展具有重要意義，在此之
前，宰相機構本身並没有可以指揮政務的公文。開元四年（716），山東蝗災
大起，宰相姚崇分遣御史分道滅蝗，並下牒責讓不合作的汴州刺史倪若水，
他還對唐玄宗説：“陛下好生惡殺，此事請不煩出敕，乞容臣出牒處分。”⑥姚
崇以宰相身分直接出牒處分政事，説明宰相除了協助皇帝決策之外，也開始
兼管行政，而其使用的“牒”，實開後來“堂帖”的先聲。自開元十一年張説
奏改政事堂爲中書門下，後設五房，宰相機構需要經常處理日常政務，自然
需要有獨立的公文形式，堂帖的出現勢在必行。從此以後，中書門下大事需
出敕牒，小事則直接以堂帖處理。顯然，這也是唐代宰相制度與分層決策機
制發展的必然結果。

　　五代各朝基本上繼承了中晚唐以來的政治體制，因此堂帖仍被廣泛使
用。後梁乾化二年（912），中書門下給御史臺發出堂帖，令其處理在國家祭
祀禮儀中遲到的監察御史鄭觀⑦。後唐使用“堂帖”的例子更多，如中書門

①　李德裕《請契苾通等分領沙陀退渾馬軍共六千人狀》，傅璇琮、周建國《李德裕文集校箋》卷
　　一四，北京：中華書局，2018 年，314 頁。
②　事見《資治通鑑》卷二四九“大中五年四月”條，8046 頁。
③　《北夢瑣言》卷一二《鐵補闕貞瀆》條，賈二强點校，北京：中華書局，2002 年，258 頁。
④　《舊唐書》卷一八下《宣宗本紀》，633 頁。
⑤　劉後濱《唐代中書門下體制研究》，303 頁。
⑥　《舊唐書》卷九六《姚崇傳》，3024 頁。
⑦　《册府元龜》卷五二二《憲官部·譴讓》，6236 頁。

下曾下堂帖給四方館,令其擬定諸道節度使及兩班大僚中謝之制①。明宗天成三年(928)正月十七日,吏部格式司申:"當司先准敕及堂帖指揮,應焚毀告身勘同及墜失文書等,請重給告身。"②長興二年(931)二月,禮部貢院奉堂帖,責問"夜試進士,有何條格者"③。同年四月二十九日,中書門下又帖貢院,要求詳覆新及第進士所做的雜文④。長興三年(932),"中書帖太常禮院,檢討禮例",議定釋奠文宣王的具體儀節⑤。末帝清泰二年(935)三月,又有堂帖處分官員除授的闕員問題⑥。第二年,因御史臺擅自釋放要犯,"堂帖勘臺公文"⑦,加以嚴懲。後周顯德五年(958)閏七月,中書門下亦曾發堂帖給御史臺處分公事⑧。由於敕文散失,當時兵部在處理門蔭事務時,甚至祇能依據後晉時期的編敕和堂帖來進行⑨。

　　不難看出,堂帖不僅被中書門下用於處分百司及四方之事,也常被用作追某位官員個人赴京,其使用非常廣泛。需要特別強調的是,堂帖所處理的事情大多都是些日常細務,如果是軍國大事,則仍需以制敕或中書門下敕牒的形式來處理。正因如此,堂帖的原件纔難以留存至今,文獻中的相關記載也纔會如此有限。或許也因如此,在時人的心目中,堂帖的地位似乎並不太高。例如後晉天福十二年(947)六月甲寅朔,契丹貴族蕭翰至恒州,以鐵騎圍前宰相張礪之第,並數之曰:"汝何故言於先帝,云胡人不可以爲節度使?又吾爲宣武節度使,且國舅也,汝在中書乃帖我!……今我必殺汝。"⑩顯然,蕭翰認爲中書門下給他發堂帖是對他的輕視。

　　到了北宋,堂帖的部分功能被"劄子"所取代。徐度《卻掃編》卷上曰:

　　　　唐之政令,雖出於中書門下,然宰相治事之地,別號曰政事堂,猶今之都堂也。故號令四方,其所下書曰"堂帖"。國初猶因此制,趙韓王在

① 見劉贊《乞詔所司重定朝儀奏》,《全唐文》卷八四九,北京:中華書局,1983 年,8918—8919 頁。
② 《五代會要》卷二一《選事》下,上海古籍出版社,1978 年,337 頁。
③ 《册府元龜》卷六四二《貢舉部·條制》四,7696 頁。
④ 《詳覆進士雜文奏》,《唐文拾遺》卷五八,11027—11028 頁。
⑤ 《文獻通考》卷四三《學校考四·祠祭褒贈先聖先師》,上海師範大學古籍研究所、華東師範大學古籍研究所點校,北京:中華書局,2011 年,1265 頁。
⑥ 此據工部尚書判吏部尚書銓崔居儉的奏文,見《册府元龜》卷六三三《銓選部·條制》五,7595 頁。
⑦ 《册府元龜》卷五二二《憲官部·譴讓》,6237 頁。
⑧ 《五代會要》卷一七《推事》,290 頁。
⑨ 《舊五代史》卷一四九《職官志》,北京:中華書局,1976 年,2005—2006 頁。
⑩ 《資治通鑑》卷二八七"天福十二年(947)六月"條,9365 頁。

中書,權任頗專,故當時以謂堂帖勢力重於敕命,尋有詔禁止。其後中書指揮事,凡不降敕者曰"劄子",猶堂帖也。至道中,馮侍中拯以左正言與太常博士彭惟節並通判廣州。拯位本在惟節之上,及覃恩,遷員外郎。時寇萊公爲參知政事知印,以拯爲虞部,惟節爲屯田。其後廣州又奏,仍使馮公繫銜惟節之上,中書降劄子處分,升惟節於上,仍特免勘罪。至是,拯封中書劄子奏呈,且論除授不當,並訴免勘之事。太宗大怒曰:"拯既無過,非理遭降資免勘,雖萬里之外,爭肯不披訴也? 且前代中書有堂帖指揮公事,乃是權臣假此名以威福天下,太祖已令削去,因何却置劄子? 劄子與堂帖乃大同小異耳!"張洎對曰:"劄子是中書行遣小事文字,猶京百司有符、牒、關、刺,與此相似,別無公式文字可指揮常事。"帝曰:"自今但干近上公事,須降敕處分。其合用劄子,亦當奏裁,方可行遣。"至元豐官制行,始復詔尚書省已被旨事,許用劄子。自後相承不廢,至今用之。體既簡易,降給不難,每除一官,逮其受命,至有降四五劄子者。①

在宋太宗的眼中,宋初的"劄子"與"堂帖"一樣,都是權臣威福天下的工具,這自然是一種誤解。張洎就給他解釋説,劄子不過是中書門下"行遣小事文字",與其他機構的符、牒等相似,而且除此之外,中書門下没有其他文種來指揮日常公事②。事實上,劄子"體既簡易,降給不難"的特點正與唐代的堂帖一脈相承,而這也是"帖"類公文的共同特點。

第二節　使　　帖

樊文禮、史秀蓮前揭文没有涉及"使帖"的問題,赤木崇敏則利用敦煌文書討論了晚唐五代歸義軍節度使行下的使帖③。事實上,從中唐以來,節度使、觀察使等在唐代政治生活中佔據了舉足輕重的地位,而"帖"則是他們處理軍政事務的重要手段。我們先來看幾條文獻資料。

段成式《金剛經鳩異》記載了其父親身經歷的一則靈異故事:"貞元十

① 徐度《却掃編》卷上,收入朱易安、傅璇琮等主編《全宋筆記》第三編第十册,130—131 頁。此事最終導致寇準罷相,見《續資治通鑑長編》卷四○"太宗至道二年七月丙寅"條,北京:中華書局,2004 年,846—847 頁。
② 從唐代的堂帖到宋代劄子的演變,參看前引李全德《從堂帖到省劄》。
③ 赤木崇敏《歸義軍時代敦煌オアシスの税草徵發と文書行政》,34—38 頁。

七年,先君自荆入蜀,應韋南康辟命。洎韋之暮年,爲賊闒讒構,遂攝尉靈池縣。韋尋薨,賊闒知留後,先君舊與闒不合,聞之,連夜離縣。至城東門,闒尋有帖,不令諸縣官離縣。其夕陰風,及返,出郭二里,見火兩炬夾道,百步爲導。初意縣吏迎候,且怪其不前,高下遠近不差,欲及縣郭方滅。及問縣吏,尚未知府帖也。時先君念《金剛經》已五六年,數無虛日,信乎至誠必感,有感必應,向之導火,乃經所著迹也。"①案韋皋去世、劉闒自領西川節度留後是在憲宗剛剛即位的永貞元年(805)八月,這一故事當發生在此稍後。當時劉闒給西川管内諸縣發帖文,禁止諸縣官離職,所謂"府帖",其實應該是節度使府所發出的"使帖"。從這條材料來看,似乎使帖可以直接下縣。

憲宗元和十四年(819)二月,淄青都知兵馬使劉悟斬節度使李師道,降於朝廷。據《資治通鑑》卷二四一記載,當時劉悟領兵在外,李師道"潛遣二使,齎帖授行營兵馬副使張暹,令斬悟首獻之,勒暹權領行營"。豈料張暹素與劉悟相善,遂將李師道給自己的使帖拿給劉悟看,於是劉悟先執二使殺之,隨即勒兵向城中進發。"距城數里,天未明,悟駐軍,使聽城上柝聲絕,使十人前行,宣言:劉都頭奉帖追入城(胡注:主帥文書下諸將謂之帖)。門者請俟寫簡白使,十人拔刃擬之,皆竄匿。"②胡三省説的不錯,節度使的確可以行"帖"給屬下軍將。另據李商隱《爲濮陽公奏臨涇平涼等鎮准式十月一日起燒賊路野草狀》曰:"右臣當道,最近寇戎,實多蹊隧。每當寒凍,須有隄防。今纔畢秋收,未甚霜降,井泉不合,草木猶滋。雖已及時,未宜縱火。臣已散帖諸鎮訖,候皆黄落,即議焚除。"③此文作於文宗開成三年(838)九月,"濮陽公"即涇原節度使王茂元,李商隱時在其幕府,所謂"散帖諸鎮",係指節度使給管内各軍鎮發帖處分軍務者。

當然,節度使給管内諸州下帖處分軍務也很常見,如僖宗中和(881—884)初,朝廷下令"抽廬、壽、滁、和等州兵馬共二萬人,仍委監軍使押領赴軍前",淮南節度使高駢遂"各帖諸州,令排比點檢"④。此前,高駢還曾"各帖管内諸州",令其差精兵捕逐浙西道的叛軍⑤。

在敦煌文書中,保存著幾件晚唐五代歸義軍時期的使帖,如法藏 P.4044《乾寧六年(899)某甲差充右一將第一隊副隊帖等稿》,共有兩件,係歸義軍

---

①　段成式《酉陽雜俎》續集卷七,方南生點校,北京:中華書局,1981 年,265 頁。

②　《資治通鑑》卷二四一"元和十四年(819)二月"條,7762—7764 頁。

③　劉學鍇、余恕誠《李商隱文編年校注》,北京:中華書局,2002 年,265—266 頁。

④　崔致遠《奏論抽發兵士狀》,党銀平《桂苑筆耕集校注》卷五,北京:中華書局,2007 年,122 頁。

⑤　崔致遠《浙西周寶司空書》,《桂苑筆耕集校注》卷一一,354—355 頁。

節度使以"帖"任命管内軍將的公文,現將第一件録文(圖3-1)如下①:

（前缺）

1 使檢校吏部尚書兼御史大夫曹

2 使 帖

3 右某甲差充右一將第一隊副隊

4 右奉 處分,前件人仍以隊

5 頭同勾當一隊健卒,並須

6 在心鉗鍇,點檢主管一切軍

7 器,並須撳撳,緩急賊寇,

8 稍見功勞,當便給與隊頭

9 職牒,仍須准此指撝者。

10 乾寧六年十月廿日 帖

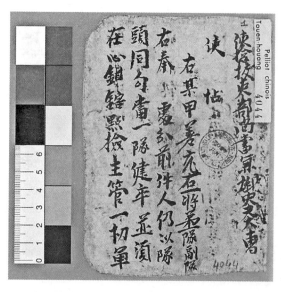

圖3-1　P.4044《乾寧六年(899)某甲差充右一將第一隊副隊帖等稿》

中村裕一先生曾以本件文書作爲敦煌帖文的範本來分析其格式②。學界一般認爲它是曹仁貴所下帖文,但榮新江先生在細檢原件後指出,它衹是個草

① 唐耕耦、陸宏基編《敦煌社會經濟文獻真蹟釋録》第四輯,北京:全國圖書館文獻縮微複製中心,1990年,289頁。

② 中村裕一《唐代公文書研究》第四章第三節,144—145頁。

稿,其年代不當爲乾寧六年,而是後人所抄①。在任命之後,往往還要以帖文行下各處,通知此事②。

使府所發的帖文需鈐印行下,大谷文書中有一件出自庫車的唐建中五年(784)的《孔目司帖》,其中第2—5行鈐有朱印三方,不過,它們究竟是"四鎮節度使府之印"還是"安西都護府之印",尚無定論③。另在英藏敦煌文書S.4453《宋淳化二年(991)十一月八日歸義軍節度使帖》上,鈐有"歸義軍節度使之印"④。雖説其年代已晚至北宋,但使帖鈐印無疑是歸義軍對唐制的沿襲。

"使帖"也被用來處理管内的僧道事務。前文曾提及文宗大和八年七月,堂帖令朝官與諸道節度、觀察使各舉解《周易》一人,而時任浙西觀察使的李德裕"以南朝舊寺多名僧,求知《易》者,因帖下諸寺,令擇送至府"⑤。可見,他接到堂帖之後,從觀察使衙直接下帖給諸寺,而未經過其他行政層級。另據日僧圓仁《入唐求法巡禮行記》卷一文宗開成三年(838)十一月條記載:"自去十月來,霖雨數度,相公帖七個寺,各令七僧念經乞晴,七日爲期。"⑥此處的"相公"亦爲李德裕,此時他已轉任淮南節度使。圓仁的記載表明,李德裕曾發使帖給揚州的七個寺院,令僧人轉經祈晴。這類使帖的格式,我們或可通過英藏敦煌文書S.1604《天復二年(902)四月廿八日沙州節度使帖都僧統等》略窺一二⑦。它是歸義軍節度使張承奉發給都僧統的帖文,格式與前引P.4044略異,如省略了第二行常見的事目,在最後一行則係張承奉本人的花押。我們推測,歸義軍行下都僧統的使帖當與李德裕在浙西、淮南兩道發給管内諸寺者相去不遠。

談到中晚唐的宗教事務,不能不涉及由左右神策軍護軍中尉等宦官擔任的長安左右街功德使。在《入唐求法巡禮行記》中,有不少會昌滅佛前後兩街功德使發帖給長安諸寺的相關記載,如會昌三年(843)正月十七日,"功德使帖諸寺:僧尼入條流内並令還俗。……廿七日,軍容有帖,喚當街

① 榮新江《歸義軍史研究——唐宋時代敦煌歷史考索》,上海古籍出版社,1996年,50—51頁。
② 如P.3016《天福十年(945)五月牒》(二)略云:"衙前兵馬使　牒奉處分……前件官……事須改補充節度押衙。准狀各帖所由,仍牒知者,故牒。"《敦煌社會經濟文獻真蹟釋録》第四輯,301頁。
③ 陳國燦《斯坦因所獲吐魯番文書研究》,武漢大學出版社,1995年,133頁。關於這件文書,參看荒川正晴前引文《クチャ出土〈孔目司文書〉考》。
④ 《敦煌社會經濟文獻真蹟釋録》第四輯,306頁。
⑤ 周勛初《唐語林校證》卷二《文學》,北京:中華書局,1987年,152頁。
⑥ 《入唐求法巡禮行記校注》卷一,72頁。
⑦ 《敦煌社會經濟文獻真蹟釋録》第四輯,125頁。

諸寺外國僧"①。會昌四年(844)七月條記載:"今年已來,每雨少時,功德使奉敕帖諸寺觀,令轉經祈雨。感得雨時,道士偏蒙恩賞,僧尼寂寥無事。城中人笑曰:'祈雨即惱亂師僧,賞物即偏與道士。'"②可見功德使也可給道觀發帖處分事務。如果涉及多個寺觀,功德使也可先發帖給屬下的巡院,再由巡院轉帖諸寺,如會昌三年六月十一日,"功德使帖巡院令簡擇大德,每街各七人,依舊例入内"③。而巡院在接到功德使帖後轉發給諸寺的帖文,亦可在圓仁的記載中看到④。

　　除了節度、觀察使外,一些財政使司也用帖文來指揮公事。宣宗《受尊號敕文》就要求:"度支、鹽鐵、户部三司茶綱,欠負多年,積弊斯久,家業蕩盡,無可徵索,虚繫簿籍,勞於囚繫者,復委本司各條流疏理聞奏。如先將茶賒賣與人,及借貸人錢物,若文帖分明,的知詣實,即與帖州縣徵理。如組織平人,妄有指射,推勘了後,重加決責。"⑤也就是説,朝廷要求財政三使司直接發帖給州縣,徵理積欠的茶綱。

　　使帖的行用若不加限制,有時會造成負面影響,這在節度使權力極大的五代時期尤爲明顯。後唐同光二年(924)冬十月辛未,"天平節度使李存霸、平盧節度使符習言:'屬州多稱直奉租庸使帖指揮公事,使司殊不知,有紊規程。'租庸使奏:近例皆直下(胡注:時租庸使帖下諸州調發,不關節度、觀察使,謂之直下)。敕:'朝廷故事,制敕不下支郡,牧守不專奏陳。今兩道所奏,乃本朝舊規;租庸所陳,是僞廷近事。自今支郡自非進奉,皆須本道騰奏,租庸徵催,亦須牒觀察使。'雖有此敕,竟不行"⑥。可見,租庸使直接給各州發帖,一度引起了所屬節度使的不滿。由於"帖"具有極大的靈活性,往往可以越過原有的行政序列,使行政效率得以提高,因此,雖然朝廷一度禁止,但"雖有此敕,竟不行"。在某種特殊情況下,"使帖"甚至取代了皇帝的敕文,如後周廣順三年(953)十二月,"鄴都留守天雄節度使兼侍衛親軍都指揮使同平章事王殷,恃功專横,凡河北鎮戍兵應用敕處分者,殷即以帖行之。又多搭斂民財,帝聞之不悦"⑦。顯然,使帖作爲"帖"的一種,所處理的本

① 《入唐求法巡禮行記校注》卷三,412—413頁。
② 《入唐求法巡禮行記校注》卷四,446頁。
③ 《入唐求法巡禮行記校注》卷四,419—420頁。
④ 例如,會昌二年三月十日巡院發給資聖寺的帖文如下:"右奉使帖,得狀,令發遣保外客僧出寺,其圓仁等未敢專擅發遣。奉軍容處分:不用發遣,依前收管者。准狀帖巡院者。帖寺,仰准使帖處分者。"《入唐求法巡禮行記校注》卷三,399頁。
⑤ 《全唐文》卷八二,862頁。
⑥ 《資治通鑑》卷二七三"同光二年十月"條,8925頁。
⑦ 《資治通鑑》卷二九一"廣順三年十二月"條,9497頁。

來祇是些日常細務,至於行軍戍兵之類的軍國大事,須朝廷以"敕"來處分。

第三節 州 帖

與堂帖和使帖相比,州帖的行用要早很多。我們可以吐魯番文書中保存的州帖原件及相關文書爲基礎,結合傳世文獻,對其類型與行用作進一步分析。1981 年,吐魯番的吐峪溝曾出土了一件《唐西州下寧戎、丁谷等寺帖爲供車牛事》,在文書第 4、5 行之間鈐有"西州之印"一方,柳洪亮據此考證其書寫年代在貞觀十四年至顯慶三年(640—658)之間①。這是目前所見最早的一件州帖原件,可惜殘缺過甚,無法看到州帖的全貌,不過其內容還是清楚的,即西州給寧戎、丁谷等佛寺下帖,徵發其車牛②。

唐代的州府由功曹、倉曹、户曹、兵曹、法曹、士曹構成,當然還有作爲各曹樞紐的錄事司。如同"州符"可依據行文機關分爲"倉曹符""法曹符"等一樣,"州帖"也常常具體到各曹,這一點在大谷文書《唐開元十九年(731)正月西州岸頭府到來符帖目》中得到充分體現。這件文書是由數件殘片構成,鈐有"右領軍衛岸頭府之印",池田溫先生將其綴合復原爲一件相對完整的文書③,即岸頭府收到西州都督府的公文(主要是各曹的符和帖)目錄,現僅將其中的"帖"列表如下(表 3-1):

表 3-1 大谷《唐開元十九年(731)正月西州岸頭府到來符帖目》中的州帖表

曹 司	事 目
錄事司帖	爲承符里正郭存信訴稱□□□
倉曹帖	爲納得天山、安昌、鹽城作粟數勘上事
倉曹帖	爲追車坊檢校人史璋并十八年冬季歷帳注,應□□□□內納足具上事
倉曹帖	爲追十二月宴設利錢九百五十五文事
都督衙帖	爲大税錢卅五貫六百卅五文,限月內送事

① 柳洪亮《"西州之印"印鑒的發現及相關問題》,原刊《考古與文物》1992 年第 2 期,收入氏著《新出吐魯番文書及其研究》,烏魯木齊:新疆人民出版社,1997 年,363—371 頁。

② 荒川正晴推測這件帖文具有通行證的作用,見《唐代中央アジアにおける帖式文書の性格をめぐって》,282—283 頁。

③ 錄文見池田溫《中國古代籍帳研究》第 152 號,龔澤銑譯,北京:中華書局,2007 年,213—214 頁。

續　表

曹　司	事　　　目
都督衙帖	爲史璋、李岌等,欠軍坊出舉麥,限月內送足事
都督衙帖	爲欠杜常侍下驢草錢三千文,限月內送納事
戶曹帖	爲追辛⬚頭⬚奴、潘⬚⬚爲配流人等,並諸縣流移人等,帖到當日申事
録事司帖	爲追紙匠,限三日內送事
倉曹帖	爲追應勾典,限當日差人領送州事
倉曹帖	爲追勾典氾通、倉督一人、前宋芝等,限廿三日到州事
録事司帖	爲追康嘉礼等推問事
録事司帖	爲追廉蘇々等送州事
録事司帖	爲正月承符里正郭存信,仰月參⬚⬚史宋芝,限二月一日到州事
戶曹帖	爲勘專知括遊客官事

　　上表 15 條帖目中,包括了 3 條"都督衙帖",5 條"録事司帖",5 條"倉曹帖",2 條"戶曹帖"。可見,西州都督府衙及其各曹均可發帖給岸頭府,之所以有"都督衙帖"與諸曹帖的區分,或因前者係西州都督本人直接簽署行下,而後者則由諸曹參軍簽署即可,二者並無級別上的高低之別,它們在性質上都屬於"州帖",因爲文書上所鈐均爲州印。至於州帖的內容,涉及經濟、軍事、司法等各個方面,當然,爲數最多的則是"追"某人赴州之事,且大多有時間限制,有些甚至要求"限當日差人領送州"。

　　大谷文書中還有一件同時的《唐開元十九年(731)正月至三月西州天山縣到來符帖目》,亦經池田先生綴合多件殘片而成①,文書鈐有"天山縣之印",可與岸頭府的到來符帖目一並討論(表 3 - 2):

表 3 - 2　大谷《唐開元十九年(731)正月至三月西州天山縣到來符帖目》的州帖表

曹　司	事　　　目	備　　注
□曹帖	爲追裴君子⬚⬚	
都督衙帖	諸司承帳應徵錢物,限來月衙⬚⬚	二月

①　録文見池田温《中國古代籍帳研究》第 153 號,215—218 頁。

續　表

曹　司	事　目	備　注
録事司帖	爲追□☐	二月
都督衙帖	爲徵承帳欠物,限來月衙日納足事	三月十一日到
兵曹帖	爲鸜鵒鎮典別將康☐	三月
長行坊帖	爲追前押官王智元赴州事	三月
戶曹帖	爲當☐更加兩日役事	三月
録事司帖	☐玄壽赴州事	三月廿四日到
兵曹帖	爲追別將康歡奴考功事	三月

　　上表共計 9 條帖目,其中包含了 2 條"都督衙帖",2 條"録事司帖",2 條"兵曹帖",1 條"戶曹帖",1 條"長行坊帖",以及一條曹屬不明的州帖。與上述西州都督府發給岸頭府的州帖相比,發給天山縣的州帖在內容範圍上並無不同。另外,在吐魯番阿斯塔納 518 號墓出土的《唐西州某縣事目》中,還有兩條相關的州帖記録①。在斯坦因所獲吐魯番文書《唐天寶二年(743)交河郡勘檢倉史氾忠敏侵佔倉物案卷》中,亦可看出郡府曾行帖追此人到案,推勘其侵佔倉物之事②。

　　赤木崇敏曾認爲西州都督府向管內折衝府行下文書時,衹用其所謂的"牒式 A",而不用符式和帖式③。從前引《唐開元十九年(731)正月西州岸頭府到來符帖目》來看,此論顯然不符合事實,而日比野丈夫新獲見吐魯番文書第 3 號《唐西州都督府陰達帖蒲昌府爲赴州番上人不到事》正是這樣一份州帖原件④:

　　　　(前缺)

　1　人]番當,今月一日上。依檢不到

---

① 分別見文書 43、100 行。《吐魯番出土文書》〔叁〕,北京:文物出版社,1996 年,459、462 頁。
② 陳國燦《斯坦因所獲吐魯番文書研究》,216 頁。
③ 赤木崇敏《唐代前半期の地方文書行政》,86 頁。在該文 95 頁的《西州唐代前半期地方文書行政流程圖》中,都督府與折衝府之間亦僅"牒式 A"一種公文形式。
④ 録文據日比野丈夫《新獲の唐代蒲昌府文書について》(《東方學報》第 45 卷,1973 年,365 頁),但斷句有所不同。文書擬題據陳國燦、劉安志主編《吐魯番文書總目·日本收藏卷》,武漢大學出版社,2005 年,483 頁。

2　　　人,每月二十五日縣府點檢粮

3　　　時發遣赴州,所由官典,衛日到州。[利

4　　　府陰達帖。　　　兵曹參軍王　寶。

5　**示**

6　　　　　五月三日申時録事[麴

7　　　　　司馬　闕

本件文書在第4行之前鈐有"西州都督府之印"三方。因未見圖版,故個別文字雖有疑問,但目前仍祇能依據日比野先生的録文。另據日比野氏研究,第5行的"示"字,據筆迹當爲時任蒲昌府果毅都尉賀方的批示①,然則第4行之前纔是西州都督府的帖文。這件州帖由西州兵曹參軍王寶簽署,此人多次見於日本奈良市寧樂美術館藏蒲昌府文書中,據李方先生研究,其任職時間在開元二年(714)②,本件帖文年代當大致相同。州帖之後緊接著就是蒲昌府官員的判文和簽署,也可證實西州都督府的帖文無需長官簽署,祇需兵曹參軍署名即可行下,具體來説,這件州帖正是所謂的"兵曹帖"。顯然,赤木崇敏繪製的《西州唐代前半期地方文書行政流程圖》中,都督府與折衝府之間的下行公文亦應補入帖式與符式③。

在傳世文獻中也有一些關於州帖的記載,除樊文禮所引韓愈、柳宗元兩例外,最有價值者莫過於白居易的《錢唐湖石記》:

錢唐湖事,刺史要知者四條,具列如左:錢唐湖一名上湖,周迴三十里,北有石函,南有筧。凡放水溉田,每減一寸,可溉十五餘頃。每一復時,可溉五十餘頃。先須別選公勤軍吏二人,〔一人〕立於田次,〔一人立於湖次,〕與本所由田户據頃畝,定日時,量尺寸,節限而放之。若歲旱,百姓請水,須令經州陳狀,刺史自便押帖,所由即日與水。若待狀入司,符下縣,縣帖鄉,鄉差所由,動經旬日,雖得水,而旱田苗無所及也。……予在郡三年,仍歲逢旱,湖之利害,盡究其由。恐來者要知,故書於石。欲讀者易曉,故不文其言。長慶四年(824)三月十日,杭州刺

---

①　日比野丈夫《新獲の唐代蒲昌府文書について》,366頁。

②　見李方《唐西州官吏編年考證》,北京:中國人民大學出版社,2010年,135—141頁。

③　在日本寧樂美術館藏吐魯番文書中,也有兩件西州發給蒲昌府的帖文,即第18號《唐西州都督府帖爲從春來番上守捉事》、第62號《唐西州帖蒲昌府爲今月番上欠兵事》。前者在3—4行且鈐有"西州都督府之印"。見陳國燦、劉永增《日本寧樂美術館藏吐魯番文書》,北京:文物出版社,1997年,57、115頁。

史白居易記。①

很明顯,白居易爲提高行政效率,建議歲旱時由刺史直接行帖用水。否則,按照正常程序,經過州、縣、鄉等一系列行政層級之後,"動經旬日,雖得水,而旱田苗無所及也"。如果依據白居易的設想,刺史直接"押帖"所由行水,就不需要經過這些複雜的程序,這也再次體現了"帖"的特點。

另外,宣宗《大中元年(847)正月十七日赦文》略云:"應天下百姓所出土貨,幸是官中每年收市之物,即所在州府具色目,先下文帖指揮,令據官中收市價輸納,不得一一徵納見錢,切不得令所由妄納耗剩。"②可見,朝廷要求州府下帖指揮購買土貢貨物,不得徵納現錢。事實上,地方官員行帖徵納租賦,往往不守規程,後唐明宗《禁州縣於限前徵科敕》就指出:"訪聞諸道州縣官,自銜虛名,不惜人户,皆於省限已前,行帖催驅,須令人户貴買充納。"③正是要禁止州府行帖催徵租賦。

要言之,州帖可分爲兩種,一種是"都督衙帖",即由都督(或刺史)直接發出者,另一種則是各曹發出者,如"倉曹帖""户曹貼"等。從發文對象來看,既有西州岸頭府、蒲昌府這樣的折衝府,也有天山縣這樣的屬縣,當然還有寧戍、丁谷這類寺院。從杭州刺史白居易押帖行水的例子來看,州帖也可直接發給具體的經辦人,而無需經過"狀入司,符下縣,縣帖鄉,鄉差所由"的程序。

第四節　縣　　帖

"帖"也是唐代縣司主要的下行文書之一。目前所知最早的縣帖原件,當係 2004 年在吐魯番木納爾新發現的《唐麟德二年(665)閏三月三日西州交河縣張秋文帖永安城主爲限時到縣司事》(彩版圖 3),現錄文如下④:

```
1   交河縣   帖永安城主
2      ▨□□——————
      (中缺)
```

① 《白居易集》卷六八,顧學頡校點,北京:中華書局,1979 年,1431—1433 頁。
② 《文苑英華》卷四三〇,北京:中華書局,1966 年,2180 頁。
③ 《全唐文》卷一一〇,1123 頁。
④ 榮新江、李肖、孟憲實主編《新獲吐魯番出土文獻》,北京:中華書局,2008 年,120 頁。

3　　■■■■■■□帖至,仰城主 速 □

4　　■■■,限 今 日 午時到縣 司 □

5　不 得 遲 晚。潤(閏)三月三日張秋文即日帖

6　　　　　　主簿判尉李秀

這是西州交河縣發給管内永安城主的帖文,雖然中間部分殘缺嚴重,但首尾完整,保存了帖文的基本格式。即首行爲發文和收文單位——某縣帖某人(或某司),倒數第二行爲發帖日期及擬帖縣史的簽名,最後一行則是判官的署名,在本件文書上就是交河縣主簿判尉李秀的署名。他限令永安城主當日午時趕到縣衙,再次體現了"帖"便捷簡易的特點。在中央民族大學近年入藏的一件吐魯番文書中,我們看到了另一件縣帖原件,即《唐開元年間西州交河縣帖鹽城爲令入鄉巡貌事》,這件縣帖是首次發現的與唐代貌閱制度相關的文書原件,彌足珍貴①。與前引《唐麟德二年(665)閏三月三日西州交河縣張秋文帖永安城主爲限時到縣司事》相比,兩件縣帖的基本格式是一致的,區別有二:其一,前者無印(可能因文書殘破造成),而後者正面鈐有四方"交河縣之印";其二,前者由"主簿判尉李秀"簽發,而後者則由縣令杜禮親自簽署。從兩件縣帖的首行來看,一爲"交河縣　帖永安城主",一爲"交河縣　帖鹽城",再次體現了唐代帖文既可發給下屬機構、也可發給個人的特點。

與州帖可分爲"都督衙帖"與各曹發出諸曹帖等一樣,有時候縣帖也以發文曹司爲名,比如日本杏雨書屋藏羽61號《唐某年敦煌縣勘印簿》第8行曰:" 司 法 帖主簿王等爲大使田内失□就勘當事。有印。典張欽。"②可能出自同一件文書的國家圖書館藏BD15406《唐敦煌縣印歷》第4行亦曰:"司倉帖莫高鄉爲科蔥子事。典吕俊。思。"③顯然,"司法帖"當爲敦煌縣司法佐簽署發出者,而司倉帖則由司倉佐簽發。這類表述,無疑豐富了我們對縣帖類型的認識。

① 張榮强、張慧芬《新疆吐魯番新出唐代貌閲文書》,《文物》2016年第6期,80—89頁。張慧芬《唐代〈入鄉巡貌事〉文書的性質及貌閲百姓之族屬問題研究》,《中央民族大學學報》2018年第2期,101—105頁。

② 錄文據赤木崇敏《唐代敦煌縣勘印簿羽061,BD11177,BD11178,BD11180小考》,《敦煌寫本研究年報》第5號,2011年,96—97頁。圖版見杏雨書屋編《敦煌秘笈·影片册》一,大阪:武田科學振興財團,2009年,381—383頁,原題爲《史索貞國牒勘印簿》。

③ 圖版見《中國國家圖書館藏敦煌遺書》第143册,北京圖書館出版社,2012年,342頁。錄文參看包曉悦《論唐代官文書鈐印制度——以敦煌西域出土印歷爲中心》,提交中國社會科學院古代史研究所、中國政法大學主辦的"敦煌文獻整理與研究的新視野"學術研討會,2021年10月16—17日。

接到縣帖之後,城主們通常會立即行動起來,如長安二年(702)八月,洿林城主王支行在接到高昌縣發來的帖文後,很快將 8 位僧尼"准帖追到",並"勒赴縣"①。大谷 3000 號《磧西逃兵樊游俊處置文書》是天寶二年(743)前後的逃兵文書之一,其中就有"被帖,令訪前件人"②之語。相關文書還有大谷 1024、大谷 3494 等多件,其大致情形是説:樊游俊來自在磧西駐防的河東郡行營,於交河郡逃走,於是河東行營先發狀給高昌縣,後者立即下帖、牒給管内各級機構,特別是武城、高寧、新興三城,令其捉訪逃兵。從大谷 3494 文書來看,此人最後似被新興城捉獲,並狀上西州發送③。

有時候,縣司也直接發帖給各鄉里正或坊正,如麟德二年(665)坊正傅某就曾遵照縣帖要求,追畦海員到縣問事④。劉俊文指出:"此所謂'被帖追送'者,即奉縣司公文追送之意,其'帖'猶今之傳票也。"⑤的確,有很多"帖"類似於傳票,如 S.2703《唐天寶、乾元年間殘牒》(二)就有"右奉帖令追前件人,今得□過,請處分"的文字⑥。天寶末,成都縣令楊翌懷疑高僧無相妖言惑衆,也曾發帖追之⑦。另如阿斯塔納 35 號墓出土的《唐西州高昌縣追人勘問帖》第 8—10 行云:"康海進、李才達。右今須上件人勘問。帖[　　　]仍限今日平旦將過。"⑧在這些事例中,縣帖的確與今天的傳票類似⑨。

不過,追人赴縣並非都與司法案件相關,阿斯塔納 35 號墓出土的《唐西州高昌縣下團頭帖爲追送銅匠造供客器事》的内容就是縣司急帖團頭傅某,

---

① 《武周長安二年(702)西州洿林城主王支行牒爲勒僧尼赴縣事》,《吐魯番出土文書》〔叁〕,450 頁。關於城主的研究頗多,較近的成果見徐暢《敦煌吐魯番出土文獻所見唐代城主新議》,《西域研究》2008 年第 1 期,84—98 頁。

② 《大谷文書集成》第一卷,小田義久責任編集,京都:法藏館,1984 年,151 頁。《吐魯番文書總目·日本收藏卷》定名爲《唐天寶二年(743)交河郡高昌縣訪捉磧西逃兵樊游俊案卷之一》,124 頁。

③ 在另一組逃兵文書中的大谷 3002 上,亦有"右[　　]□(奉?)帖令訪捉者"的記録。見《大谷文書集成》第二卷,小田義久責任編集,京都:法藏館,1990 年,1 頁。《吐魯番文書總目·日本收藏卷》定名爲《唐天寶二年(743)交河郡高昌縣訪捉逃兵劉德才、任順兒、梁日新案卷之一》,124 頁。關於這批逃兵文書的整體解説,參看劉安志《對吐魯番所出唐天寶間西北逃兵文書的探討》,《魏晉南北朝隋唐史資料》第十五輯,武漢大學出版社,1997 年,118—132 頁。

④ 《唐麟德二年(665)坊正傅某牒爲追送畦海員身到事》,《吐魯番出土文書》〔叁〕,236 頁。

⑤ 劉俊文《敦煌吐魯番唐代法制文書考釋》,北京:中華書局,1989 年,540 頁。

⑥ 《敦煌社會經濟文獻真蹟釋録》第四輯,468 頁。

⑦ 《宋高僧傳》卷一九《唐成都浄衆寺無相傳》,北京:中華書局,1987 年,487 頁。

⑧ 《吐魯番出土文書》〔叁〕,545 頁。

⑨ 在中晚唐的筆記小説中,太山府君或地獄冥府拘拿生人,亦使用了"帖",如《玄怪録》卷二"崔環"條曰:"安平崔環者,司戎郎宣之子。元和五年夏五月,遇疾於滎陽別業。忽見黄衫吏二人,執帖來追。"(北京:中華書局,1982 年,28 頁)同卷"董慎"條亦有太山府君"令帖召"秀才張審通的記載(54 頁),這顯然是對人間官府公文的模擬。

令其速送幾名銅匠赴縣,目的則是打造供客器①。如果縣司追人不出正帖,
有時竟會給縣令帶來意想不到的麻煩,如憲宗元和初,攝湖州烏程縣令孫澥
因"判狀追村正沈胐,不出正帖不用印",被浙西觀察使潤州刺史韓皋派使司
軍將決杖十下,四日後竟然因傷重死去。這當然是個極端的案例,因爲縣令
追村正赴縣不出正帖,原非大過,元稹爲此上《論浙西觀察使封杖決殺縣令
事》云:"孫澥官忝字人,一邑父母。白狀追攝,過犯絕輕。科罰所施,合是本
州刺史。且觀察使職在六條訪察,事有不法,即合具狀奏聞,封杖決人,不知
何典?"②然而,從本案亦可瞭解,在通常情況下,縣司追人當出正帖,並加以
印署。

　　當然,追人到案祇是縣帖的功能之一。大谷 2840《武周長安二年(702)
十二月沙州豆盧軍牒敦煌縣爲徵欠死官馬肉錢付玉門軍事》第 14—21 行是
敦煌縣對豆盧軍來牒的處理,其中第 20 行"帖追。澤白"正是縣司的判
文③,要求行帖追徵欠負的死官馬肉錢。P.3899《唐開元十四年(726)沙州
敦煌縣勾徵懸泉府馬社錢案卷》的主要內容是:前懸泉府校尉判兵曹張袁
成、前府史翟崇明二人欠馬社錢,縣司進行勾徵。在第 38—41 行中,縣尉判
主簿"俊"判曰:"張袁成等欠馬社錢,帖所由,限三日 内 納。俊白,十六
日。"④國家圖書館所藏 BD11178《敦煌縣印歷》的第 14 行:"□帖市爲須水
圖絹及彩色等事。典張道。祥。有印。"⑤顯然是敦煌縣爲徵收所需物品而
向"市"行帖用印的紀錄,所鈐之印無疑是"敦煌縣之印"。有時,縣帖用來
催繳地子⑥,或者被用作分派雜差科,如襄邑縣令李式曾向杜牧介紹其分派
牽船夫的制度,他爲使差科公平,在出縣帖差夫之前,先置一板簿自行檢勘,
從而避免了胥吏的上下其手⑦。

　　我們再來分析一件日僧圓仁記載的縣帖。據《入唐求法巡禮行記校注》

---

① 《吐魯番出土文書》〔叁〕,523 頁。
② 《元稹集》卷三八,北京:中華書局,1982 年,430 頁。
③ 錄文見池田温《中國古代籍帳研究》第 133 號,198 頁。按《大谷文書集成》第一卷原定名
　爲《周長安二年(702)十二月豆盧軍牒》,110 頁;此據陳國燦、劉安志主編《吐魯番文書總
　目·日本收藏卷》的定名,104 頁。
④ 《敦煌社會經濟文獻真蹟釋錄》第四輯,435 頁。參看盧向前《馬社研究——伯三八九九號
　背面馬社文書介紹》,北京大學中國中古史研究中心編《敦煌吐魯番文獻研究論集》第二
　輯,北京大學出版社,1983 年,361—424 頁。
⑤ 圖版見《中國國家圖書館藏敦煌遺書》第 109 冊,北京圖書館出版社,2009 年,59 頁。錄文
　參看赤木崇敏《唐代敦煌縣勘印簿 羽 061、BD11177、BD11178、BD11180 小考》,100 頁;以
　及包曉悅前引《論唐代官文書鈐印制度》。
⑥ 《唐高昌縣史成忠帖爲催送田夫軍地子并麪事》,《吐魯番出土文書》〔肆〕,16 頁。
⑦ 杜牧《與汴州從事書》,《樊川文集》卷一三,陳允吉校點,上海古籍出版社,2009 年,197—
　198 頁。

卷二載:

　　　　(開成四年〔839〕七月)廿八日,申時,縣使竇文至等兩人將縣帖
來,其狀稱:

縣　　　帖青寧鄉
　　得板頭竇文至狀報:日本國船上拋卻人三人。
右檢案內,得前件板頭狀報:其船今月十五日發訖,拋卻三人,見在赤
山縣新羅寺院,其報如前者。依檢,前件人既船上拋卻,即合村保、板頭
當日狀報,何得經今十五日然始狀報? 又不見拋卻人姓名,兼有何行李
衣物? 並勘赤山寺院綱維、知事僧等,有外國人在,都不申報? 事須帖
鄉專老(差?)人勘事由。限帖到當日,具分析狀上。如勘到一事不同及
妄有拒注,並進上勘責。如違限,勘事不子細,元勘事人必重科決者。
　　開成四年七月廿四日　典王佐　　帖
　　　　　　　　主簿副(判?)尉胡君直
攝令戚宣員①

樊文禮已經指出,這是由文登縣發出的一件完整的縣帖②。可惜它畢竟是
由圓仁過錄的,而不是如敦煌吐魯番文書那樣的原件,故其具體的格式細節
我們無法完全確知。然而,它卻提供了一些重要信息。首先,發文機關省略
了具體的縣名,祇標出一個“縣”字,這與敦煌發現的“使帖”頗爲類似。其
次,在帖文尾部的署名部分,除了常見的典吏與判官二人的簽名之外,還出
現了長官(縣令)的簽名,這與前引《唐開元年間西州交河縣帖鹽城爲令入
鄉巡貌事》適可相互印證。第三,縣帖要求青寧鄉報告日本僧人的具體情
況,且必須說明其晚報原因。這件縣帖同樣有時限:“限帖到當日,具分析狀
上。”不過,此帖於七月二十四日發出,直到二十八日縣裏纔派出使人送到,
這似乎有些過於遲緩了。

　　除了管內各鄉里坊與城主,縣帖的發文對象還包括了境內的烽燧。阿
斯塔納78號墓出土的文書中,就保存著6件西州蒲昌縣行下赤亭烽的帖
文③,前4件均鈐有“蒲昌縣之印”。德國國家圖書館藏吐魯番文書Ch 2403
(T II 1976)則是高昌縣發給山頭等烽的帖文,令每烽抽調3人赴葦所知更,

　　①　《入唐求法巡禮行記校注》卷二,175—176頁,標點略有調整。
　　②　樊文禮、史秀蓮《唐代公牘文“帖”研究》,11頁。
　　③　《吐魯番出土文書》〔貳〕,北京:文物出版社,1994年,55—59頁。

從第 3 行"被州帖,奉處分(下略)"之語來看,縣司之所以下此帖,是依據此前西州行下的"州帖"來行事的①。

　　縣帖也常常發給境内的寺院,東京書道博物館藏吐魯番文書 020 號《唐天寶三載(744)前後交河郡蒲昌縣帖爲雇真容寺車牛入山取公廨糧事》(圖 3－2)是一件完整的帖文②:

1　　　蒲昌縣　　帖
2　　　　真容寺車牛壹乘
3　　　　右件車牛,帖至,仰速入山取公 廨 ☐☐
4　　　　石,待到,准估酬直。七月十九日,史
5　　　　嚴順帖。
6　　　　　　　　　　　　　　主 簿判尉宋仁釗

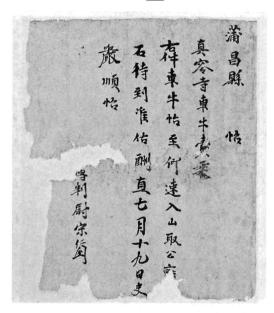

圖 3－2　《唐天寶三載(744)前後交河郡蒲昌縣帖爲雇真容寺車牛入山取公廨糧事》

---

① 《唐西州高昌縣典周建帖山頭等烽爲差人赴葦所事》,今存 8 行,録文見榮新江、史睿主編《吐魯番出土文獻散録》,北京:中華書局,2021 年,377—378 頁。參見榮新江《德國"吐魯番收集品"中的漢文典籍與文書》,饒宗頤主編《華學》第 3 輯,北京:紫禁城出版社,1998 年,318 頁;陳國燦《吐魯番出土唐代文獻編年》,臺北:新文豐出版公司,2002 年,54 頁。

② 録文據榮新江、史睿主編《吐魯番出土文獻散録》,515—516 頁。圖版見磯部彰編集《台東區立書道博物館所藏中村不折舊藏禹域墨書集成》卷下,東京:文部科學省科學研究費特定領域研究〈東アジア出版文化の研究〉總括班,2005 年,135 頁。另參陳國燦、劉安志主編《吐魯番文書總目·日本收藏卷》,490 頁。

與通常所見的帖文相比,本件帖文的格式略異,即帖文的收文單位"真容寺"出現在第二行,而不是通常的第一行末。

至此,我們對於縣帖的形態及其功能有了大致的瞭解:其一,縣帖由縣司發下,簽發者有縣令、主簿或縣尉之別,但也有"司法帖""司倉帖"這樣以曹司爲名的縣帖行下。其二,縣帖的行文對象爲管内各城城主、各鄉的里正與坊正、境内各烽燧及寺院等。其三,縣帖的内容涉及地方政務的方方面面,如追某人赴縣應訴,催繳租賦,抽調工匠等等。其四,從縣帖規定的時限來看,往往具有非常強的時效性,這也與"帖"的靈活性相關。

第五節　軍　　帖

除了行政系統之外,唐代的軍事系統中也普遍使用了"帖"這種公文。首先是折衝府帖,《木蘭詩》所謂"軍帖",或即折衝府點檢衛士之帖文。吐魯番阿斯塔納 509 號墓曾出土了一組武周時期天山府内部行用的"帖",對於我們理解折衝府内部的公文運轉及其與州府的關係很有幫助。這組文書共 11 件,上面大多鈐有"右玉鈐衛天山府之印"[1],其中一件《武周天山府下張父師團帖爲勘問左右果毅闕職地子事》(圖 3-3)曰[2]:

1　天山府　　帖校尉張父師團
2　　當團左右果毅闕職地 子 ,從天授三 年
3　□月已後,至長壽三年已前,所
4　　　　　　　　勘責上件地 子 ,所　　
5　　　　　　　請 具 仔 細勘　　
　　(後缺)

文書第 1 行是帖文的發文機構與收文機構。案唐代折衝府"置折衝都尉一人,左右果毅都尉各一人,長史、兵曹、別將各一人,校尉六人。士以三百人爲團,團有校尉;五十人爲隊,隊有正;十人爲火,火有長"[3]。本件文書顯然是天山府發給下屬一個團的帖文,該團以校尉張父師領之。此帖的主要内容

---

①　《吐魯番出土文書》〔肆〕,252—259 頁。
②　《吐魯番出土文書》〔肆〕,252 頁。武周新字徑改。
③　《新唐書》卷五〇《兵志》,北京:中華書局,1975 年,1325 頁。

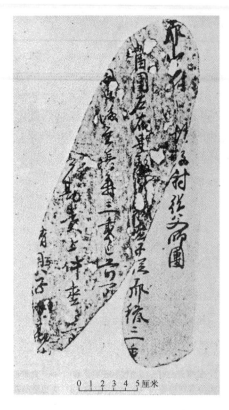

0 1 2 3 4 5 厘米

圖 3 - 3 《武周天山府下張父師團帖爲
勘問左右果毅闕職地子事》

是天山府勘問該團關於左右果毅的闕
職地子情况。同墓所出的其他幾件天
山府帖,大多也是發給張父師團的,
内容涉及爲當團新兵造幕、送交公廨
地子文抄、出軍合請飯米人、追虞候
赴州等諸多事務。事實上,天山府往
往是在"被州帖",即接到西州發來的
州帖之後,再接著轉帖下屬各團的①。
　那麽,天山府的帖文由何人押署
發出呢? 從這組帖文中結構最完整
的《武周天山府下張父團帖爲府史到
事》可知,在判官位置上,是由隊副攝
兵曹參軍闞感達押署的②。在另外兩
件天山府殘帖中,我們也可以看到此
人的署名③。大谷文書中還保存著天
山府發給下屬另一團即"校尉高堅隆
團"的帖文,可惜僅存兩行而已④。
另在黄文弼所獲吐魯番文書中,也有
一件天山府直接向佃地民户個人發
的帖文⑤。

此外,日本寧樂美術館藏第 30 號吐魯番文書《唐開元二年(714)八月蒲
昌府賀方判抽突播烽兵向上薩捍烽候望事》曰:"隊副高行琳,符下授官訖,
其上薩捍烽所,即頓闕人候望。突播烽既有四人,并長探兩人,宜抽烽兵白
圈子,向上薩捍替高琳候望,即帖維磨戍,准狀。方示。五日。"⑥由"即帖維
磨戍"之語可知,折衝府行下諸戍亦用"帖"文。

除折衝府的帖文外,和田地區還出土了幾件唐代軍鎮使用的帖文,如

---

① 參見《武周天山府下張父師團帖爲新兵造幕事》一,《吐魯番出土文書》〔肆〕,252 頁。
② 《武周天山府下張父團帖爲府史到事》,《吐魯番出土文書》〔肆〕,258 頁。
③ 《武周天山府帖爲催徵輸納事》《武周天山府帖爲索人并文抄及簿到府事》,《吐魯番出土
文書》〔肆〕,259 頁。
④ 大谷 1038《天山府帖斷片》,《大谷文書集成》第一卷,8 頁。
⑤ 黄文弼《吐魯番考古記》,北京: 中國科學院,1954 年,44—45 頁。圖版、録文見楊文和主編
《中國歷史博物館藏法書大觀》第 11 卷《晉唐寫經·晉唐文書》44 號,柳原書店、上海教育
出版社,1999 年,録文見 237 頁,圖版 184 頁。該書將其定名爲《天山府帖佃地人牒》,似有
不妥,因爲其性質是"帖"而不是"牒"。
⑥ 陳國燦、劉永增《日本寧樂美術館藏吐魯番文書》,74 頁。

2006 年吐魯番博物館徵集到一件《唐某年某月二十六日于闐鎮守軍帖》①，鈐有“鎮守軍之印”朱印一方。文書整理小組據文末“使同節度副〔使〕”職銜，推斷其當爲大曆、貞元間于闐文書。雖然殘損嚴重，但從第 3 行“廿六日帖”及第 6 行于闐鎮守軍使的署名位置來看，其格式與吐魯番所出各類帖文基本相同。另有幾件軍鎮帖文出自丹丹烏里克（即唐代于闐軍下屬的傑謝鎮），荒川正晴先生利用這些帖文，仔細研究了在于闐這樣的羈縻州地區，唐朝鎮守軍徵發當地人畜、物資的方式等問題②。

　　在敦煌文書中，我們也發現了軍鎮帖文的相關記載，如 S.11453H《唐開元十五年（727）九月？瀚海軍勘印曆》③：

8　　帖虞候爲充押官西北耀面事
9　　牒北庭府爲南營老小馬不全料事
10　　右貳道。典範童，官樂瓊。勘印貳道，瓊。

在這件文書的紙縫背面鈐有“瀚海軍之印”一方。這是瀚海軍發出的各種公文鈐印的記録，它表明瀚海軍也曾給下屬的虞候下帖，且在上面要加蓋“瀚海軍之印”。

　　“帖”也應用於唐代的行軍體制中。阿斯塔納 222 號墓曾出土了一件《唐中軍左虞候帖爲處分解射人事》④，孫繼民先生推測其大體年代在中宗神龍元年（705）至睿宗延和元年（712）之間，或者垂拱四年（688）至永昌元年（689），他更傾向於後一個時段⑤。文書第 7—17 行爲中軍左虞候發出的帖文，根據文意，其收文者當爲各營。整件帖文大意是説，根據行軍大總管的命令，要從各營抽調 500 名箭法高超的士兵組成射手隊，各營必須即刻上報名單。帖文由典徐豪、兵曹李訓、總管左金吾衛郎將韓歡三人押署，並規定：“限今日午時到者。火急，立待。”可見軍務之急切。

　　要言之，唐代各折衝府、各軍鎮，乃至各路行軍，都曾廣泛使用“帖”來處理事務，其内容既有與軍務直接相關者，也有與當地州縣相關的事務。與此同時，與堂帖、使帖、州帖、縣帖一樣，它們通常要鈐印，並對涉及的事務有嚴

①　榮新江、李肖、孟憲實主編《新獲吐魯番出土文獻》，361 頁。
②　參看荒川正晴《唐代中央アジアにおける帖式文書の性格をめぐって》。
③　録文、定名據孫繼民《敦煌吐魯番所出唐代軍事文書初探》，北京：中國社會科學出版社，2000 年，232—233 頁。圖版見《英藏敦煌文獻（漢文佛經以外部分）》第 13 册，成都：四川人民出版社，1995 年，278 頁。參看榮新江《英國圖書館藏敦煌漢文非佛教文獻殘卷目録》，臺北：新文豐出版公司，1994 年，210 頁。
④　《吐魯番出土文書》〔叁〕，372 頁。
⑤　參看孫繼民《敦煌吐魯番所出唐代軍事文書初探》，131—134 頁。

格的時間限制。

第六節　帖文的行用範圍、格式與特點

　　"帖"是唐代下行文書的一種,但不在《公式令》規定的公文之列。《唐六典》卷一"尚書都省左右司郎中員外郎"條記載了《公式令》規定的下行、上行、平行文書的主要形態①,不過,在唐代實際的政務運行中,各種公文的行用範圍有相當的彈性,如"牒"就不僅僅是上行文書,也在平行與下行的場合普遍使用。另一方面,《公式令》主要反映的是唐前期的制度,隨著國家政治體制的發展變化,也會不斷有新的公文種類出現。事實上,在敦煌吐魯番文書中我們就可以看到許多《公式令》之外的文書形態,如版授文書、公驗、帖、牓、辯等②,而本章討論的"帖"在唐代政務運行中扮演的角色,尤其值得特別關注。

一、"帖"的適用範圍

　　我們在前文分別討論了各種層級的帖文,除堂帖外,其他都有原件留存。爲清楚起見,現根據這些材料,分別將唐代前、後期帖文的行用情況圖示如下(圖3-4、圖3-5):

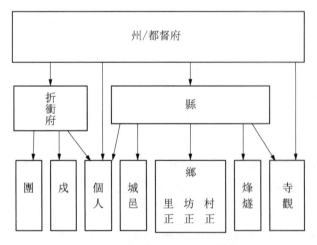

圖3-4　唐代前半期帖文行用示意圖

---

① 《唐六典》卷一《尚書都省》"左右司郎中員外郎"條,北京:中華書局,1992年,10—11頁。在法藏敦煌文獻P.2819《唐開元公式令》殘卷中,保存著部分公文的格式,如"移式""關式""牒式""符式"等。參看劉俊文《敦煌吐魯番唐代法制文書考釋》,221—245頁。

② 參看中村裕一《唐代公文書研究》第四章,135—164頁;第六章,251—275頁。

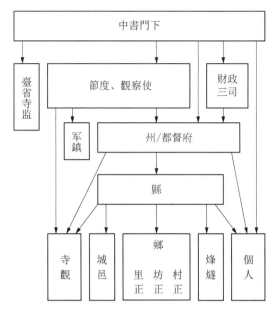

圖 3-5　唐代後半期帖文行用示意圖

關於這兩幅示意圖需要做些説明：其一，圖 3-4 反映了唐前期州縣以下帖文的運行情況，圖 3-5 則反映了唐代中後期在堂帖、使帖出現之後的情況，而與府兵制相關的帖文此時已經消失。至於西北軍鎮與行營中使用的軍帖，此處從略。其二，由於材料限制，有些關係無法確定是否用帖。如堂帖是否發給財政三司？雖尚未發現直接的材料，但從情理推之，似可肯定。其三，盧向前曾認爲："帖式，雖然公式令文裏没有明確規定，但依實例，也是有直接統攝關係纔能使用的。"①赤木崇敏則正確指出：帖的使用與是否具有統屬關係並無直接關係②。通過上面兩幅示意圖，我們也可以證實這一點。作爲下行公文，"帖"主要行用在具有直接統屬關係的官府之間，如使帖州、州帖縣、縣帖鄉等，但並非所有的帖文都是如此。一方面，帖文可以直接發給個人和寺觀，另一方面，帖文也可以越過原有行政層級，如堂帖可直接發給禮部的貢院、太常寺的禮院，而使帖亦可直接發給諸縣等。

二、"帖"文格式

　　赤木崇敏曾分别據敦煌文書、吐魯番文書兩度復原了"帖"文格式③，二

---

① 盧向前《牒式及其處理程式的探討——唐公式文研究》，北京大學中國中古史研究中心編《敦煌吐魯番文獻研究論集》第三輯，北京大學出版社，1986 年，352 頁。

② 赤木崇敏《唐代前半期の地方文書行政》，78 頁。

③ 赤木崇敏《歸義軍時代敦煌オアシスの税草徵發と文書行政》，37 頁；《唐代前半期の地方文書行政》，77 頁。

者略有不同。其實,敦煌、吐魯番乃至和田、庫車等地所出的各類帖文原件等級不同、年代各異,具體形態亦有某些差别。經過綜合考慮,我們試對唐代的帖式重新復原如下(圖3-6):

```
某司   帖 某司或某人。
      某事或某人。
      右件事或人。云云。月日典某帖。
            具官姓名。
```

圖 3-6 唐代帖式復原圖

這個帖式主要以吐魯番文書爲參照對象,因爲它們是唐前期律令制度完備時的産物。現對其與赤木氏復原的差異略作説明。

首先是發帖日期部分,赤木氏的復原前後不同。在前篇論文中復原爲"年月日",在後一篇論文中則省去了"年"。其實,中村裕一早就注意到吐魯番所出帖文衹寫"月日",而敦煌帖文卻多標有年號,他推測前者代表了律令制時代的形態,而後者則係律令制崩解後出現的現象①。直到代宗大曆末年的兩件傑謝鎮軍帖上依然衹有月日,而無紀年。不過,從圓仁記録的幾件帖文(如文登縣發給青寧鄉、兩街功德使巡院發給諸寺之帖等)來看,與敦煌發現的使帖一樣標出年號,這或許意味著晚唐"帖"的正規化? 總之,我們復原的帖式主要反映了唐前期的格式。

其次,關於帖文的押署,赤木氏的復原前後也有變化。他起先在最後一行復原爲"發信者署名",後來則删去了這一行,而將發信者放在前一行的月日之後。在此,我們主要根據吐魯番文書將其復原爲兩部分,即在發帖日期後面有行帖小吏(典、府、史、佐)的署名,轉行則是發帖判官之押署。以縣帖爲例,它們往往是由縣尉簽署發出,如前引《唐麟德二年(665)閏三月三日西州交河縣張秋文帖永安城主爲限時到縣司事》由"主簿判尉李秀"簽署行下,前面則有小吏張秋文的署名。而《唐天寶三載(744)前後交河郡蒲昌縣帖爲雇真容寺車牛入山取公廨糧事》則先有"史嚴順"署名,最後才是"主簿判尉宋仁釗"的押署。折衝府的軍帖亦然,在《武周天山府下張父團帖爲府史到事》上,也先是"府馬行通帖",下面纔是"攝兵曹參軍闞感達"的押署。需要指出的是,帖文通常無需長官簽署,如州帖多由各曹參軍署名行下。當然也有例外,如文登縣下青寧鄉之帖即有縣令的押署,而大谷文書中提到的

---

① 中村裕一《唐代公文書研究》,265 頁。

"都督衙帖",恐怕亦需由西州都督的署名。

當然,在實際行用中,帖文格式可能會有某些細微變化,如在第一行省略收文機構,或偶爾省去文末小吏之簽名①。雖然如此,帖文的基本格式卻相當穩定,我們或許可以據此進一步復原出"堂帖"的格式(圖3-7),因爲它雖然由宰相機構發出,但仍祇是"帖"的一種。

> 中書門下　帖某司或某人。
> 　某事或某人。
> 　右件事或人。云云。年月日典某帖。
> 　　宰相具官姓名。

圖3-7　唐代堂帖書式復原圖

我們復原的堂帖式中,比較難以確定的是文末宰相的押署部分,即是否全體宰相都需在堂帖上署名? 根據帖文的簡易特點,我們推測在堂帖上祇需秉筆直事的一位宰相簽署即可,而不必如制書、敕旨、敕牒等王言那樣,在形式上需要全體宰相的連署。前舉宣宗時堂帖追鄭顥回京尚主一事由宰相白敏中一人主導,或可作爲旁證。另外,由於堂帖主要行用在中晚唐以後,我們在"月日"前標注了紀年,當然這也祇是推測。

到了宋代,帖文仍是地方官府日常行用的主要文種之一,又稱"官帖子",趙升《朝野類要》對其解釋說:"上司尋常追呼下司吏屬,只以片紙書所呼叫,因依差走吏勾集。"②可見同樣具有簡易靈活的特點,其格式可在《慶元條法事類》卷一六中看到③。這份宋代"帖式"在正文之後緊跟著"年月日帖",標注了年號,但省去了小吏的署名;下一行則是"具官書字",即行帖官員的押署。整體來看,其格式與歸義軍時期的使帖基本相同。

三、"帖"的特點

從我們前文所列舉的各類帖文來看,無論是堂帖、使帖,還是州帖、縣帖、軍帖,雖然等級不同,但作爲下行公文,它們仍具有一些共同的特點。

首先,帖文所處理的多爲"細務",即日常政務。以縣帖爲例,其涉及地

---

① 如阿斯塔納35號墓出土的《唐西州高昌縣追人勘問帖》,一行就祇有"高昌縣帖"四字,"帖"下省略了收文機構。《吐魯番出土文書》〔叁〕,545頁。

② 趙升《朝野類要》卷四《官帖子》,王瑞來點校,北京:中華書局,2007年,85頁。此處斷句略異。

③ 《慶元條法事類》卷一六《文書門》一《文書·文書式》,戴建國點校,見楊一凡、田濤主編《中國珍稀法律典籍續編》第一册,哈爾濱:黑龍江人民出版社,2002年,349—350頁。

方政務的方方面面,如追某人赴縣應訴、催繳租賦、抽調工匠等。即使是堂帖也不例外,如追某人赴京、命令各地大僚舉薦善《周易》者,等等,均非軍國要務。在這樣的背景下,我們就不難理解,爲什麼蕭翰對前宰相張礪曾發堂帖給他始終耿耿於懷,因爲"帖"顯得不那麼鄭重其事。趙升所記宋代官帖子爲"上司尋常追呼下司吏屬,只以片紙書所呼叫,因依差走吏勾集"。"尋常追呼",正是帖文經常處理的事務之一,而"走吏勾集",則表明其運行的便捷。從這個角度來看,唐宋時期帖文的特點具有相當程度的延續性。

其次,正因如此,帖文"體既簡易,降給不難",具有極大的靈活性。這既體現在帖文格式的簡易(如祇書月日、不書年代,且月日與典吏的署名均不另起一行等),也體現在其運行的便捷,因爲它們通常無需長官簽署,祇需諸曹判官署名即可行下,而且有時候也可越過原有的行政層級,如堂帖發給諸州、使帖發給諸縣等,而前引杭州刺史白居易更決定每年由刺史直接行帖用水,而不再經過之前"符下縣,縣帖鄉,鄉差所由"的繁瑣程序,以提高抗旱保苗的行政效率。帖文的簡易,也體現在旅順博物館所藏《孔目司帖》上,文書後半部分即紙縫後的第 7—9 行,是四位行官在完成了孔目司交待的任務後,給下帖的孔目司的答覆。這個回覆不是單獨發文,而是直接在原帖的後面寫出,最後與原帖粘連在一起存檔①,這同樣體現了帖文在實際行用時的簡易與變通性。

再次,帖文通常具有很強的時效性,即要求下屬機構或個人在限定時間內完成某件事,有些還要求任務當日完成,甚至有"火急,立待"之語,其行用效率之高遠遠超出了《公式令》"一日受,二日報"的要求,這自與其處理的都是日常細務有關。直到宋代,在地方官府的行帖勾追中,往往也有非常緊迫的時間要求②,這自然是承襲唐制而來。

最後,帖文也需要印署行下。在堂帖上,所鈐之印當爲"中書門下之印",而在敦煌吐魯番等地發現的唐五代的帖文原件上,我們也看到了"歸義軍節度使之印""西州之印""西州都督府之印""天山縣之印""交河縣之印""蒲昌縣之印""右玉鈐衛天山府之印""鎮守軍之印"等,在庫車出土的《孔目司帖》上,也鈐有"安西大都護府之印"。可見,無論是堂帖還是其他諸帖均須鈐印纔能成立。這也表明,"帖"雖然簡便易行,但仍屬正式的公文書,具有一定的嚴肅性。

---

① 孟彥弘《旅順博物館所藏新疆出土孔目司帖及其所反映的唐代賦役制度》,雷聞、張國旺主編《隋唐遼宋金元史論叢》第九輯,上海古籍出版社,2019 年,115 頁。

② 劉江《帖與宋代地方政務運作》,收入鄧小南主編、方誠峰執行主編《宋史研究諸層面》,北京大學出版社,2020 年,320—324 頁。

四、"帖"與"符"、"牒"的關係

中村裕一曾經指出,作爲下行文書,"帖"實際上是一種簡化版的"牒"①。樊文禮、史秀蓮則認爲,"帖"與"符"類似,祇不過不如後者正規②。的確,帖與這兩種公文類型都有比較密切的關係③。而荒川正晴則特別指出,與符、牒主要行用於官府之間不同,帖具有連接官民的重要功能④,這的確是一個敏鋭的觀察。

先來看牒與帖的異同。據盧向前研究,唐代的牒普遍適用於上行、平行和下行的場合⑤。與帖祇能下行相比,這自是最爲顯著的不同,此處與帖相比照者,當然祇是下行的牒。我們在前文分析州帖的行用時,曾指出西州給下屬各官府發文處理追捕逃兵事務時,既有用帖者,也有用牒者,二者功能頗爲類似。正因如此,時人有時將二者混爲一談,如《入唐求法巡禮行記》卷四就記載:會昌五年四月,"日本國僧圓仁、惟正亦無唐國祠部牒,功德使准敕配入還俗例,又帖諸寺,牒云:'如有僧尼不伏還俗者,科違敕罪,當時決殺者'"⑥。似乎是將功德使行下諸寺的"帖"又稱作"牒",當然還有一種可能,即在這些"帖"中引述了一份牒文。

在文獻與出土文書中常有帖、牒連稱的現象,如《封氏聞見記》卷九《解紛》條就有州府奉當道采訪使"奉帖牒,但令切加捕訪"的記載⑦。阿斯塔納230號墓所出《武周天授二年(691)知水人康進感等牒尾及西州倉曹下天山縣追送唐建妻兒鄰保牒》中則有"右件人前後准都督判,帖牒天山,並牒令陽懸,令捉差人領送"的記載⑧。當然也有連稱爲"牒帖"者,如歸義軍時期的《開元寺律師神秀補充攝法師牒》結尾就説:"牒帖所由,故牒知者。"⑨無論是"帖牒"還是"牒帖",似乎都有以"帖"行"牒"的意味,這類似於一些文書結尾

---

① 中村裕一《唐代公文書研究》,143 頁。

② 樊文禮、史秀蓮前揭文,12 頁。

③ 另外,在敦煌文書 S.2575V/1《己丑年(929)三月四日普光寺道場司差發沿道場所要什物名目牓》、S.8516B《廣順二年(952)某月五日歸義軍節度使曹元忠帖》中,均有牓、帖混用或連稱的情形,值得注意。坂尻彰宏《敦煌牓文書考》認爲歸義軍時期牓文的書式當來源於帖(8—9 頁),不過,這種與牓混用的帖類似於布告,具有廣泛曉諭百姓或僧衆的功能,與本章所論唐代官府行用之"帖"頗有不同。

④ 荒川正晴《クチャ出土〈孔目司文書〉考》,5 頁。

⑤ 盧向前《牒式及其處理程式的探討——唐公式文研究》,335—393 頁。

⑥ 《入唐求法巡禮行記校注》卷四,463 頁。

⑦ 《封氏聞見記校注》卷九《解紛》,北京:中華書局,2005 年,89 頁。

⑧ 《吐魯番出土文書》〔肆〕,70 頁。

⑨ 文書編號爲:S.515 號 1—2V,《敦煌社會經濟文獻真蹟釋録》第四輯,44 頁。

"件狀如前,今以狀下鄉,宜准狀,符到奉行"的體例①,即以"符"下"狀"。

帖與符在許多方面更爲接近。在地方政府行下的公文中,符與帖佔據了絕大多數,對此,我們可從前文所引大谷文書中岸頭府、天山縣的兩份"符帖目"中獲得清楚認識。與符相比,帖一方面在格式與運行上要簡易得多,另一方面,與符大多由尚書省、州司、縣司發出不同,帖的使用範圍要更廣泛些。例如,折衝府發給屬下諸團、諸戍的公文就不能用符,而在唐前期律令體系外新出現的一些機構如中書門下與節度、觀察使等同樣無法用符,於是堂帖、使帖就應運而生了。

在格式上,帖也比符、牒簡略許多。從敦煌吐魯番出土的多件符、牒來看,發文日期、典吏(府、史)等的簽名均單列一行,顯得規整許多,而無論是使帖、州帖,抑或縣帖、軍帖,發文日期和典吏署名均接在正文下書寫。在吐魯番出土的唐前期的帖文中,甚至均不署年號,這些都顯示了帖文"體既簡易"的特點。

對於符、帖、牒三者的關係,我們還可參考宋代的相關材料。《慶元條法事類》對"符式"有如下説明:"州下屬縣用此式,本判官一員書字。"而在"符式"中對"具官"一詞又解釋道:"止書差遣,帖式准此。"②在"帖式"後亦有説明:"州下屬縣不行符者,皆用此式。餘上司於所轄應行者准此。"可見,官府在"所轄"範圍内行文主要用符和帖,而帖的行用範圍要比符大些。當然還有其他文書如牒,該書對宋代"牒式"解釋云:

> 内外官司非相統攝者,相移則用此式。(原注:諸司補牒准此。唯改"牒某司"作"牒某人",姓名不闕字,辭末云"故牒"。於年月日下書吏人姓名。)官雖統攝而無申狀例及縣於比州之類,皆曰"牒上"。於所轄而無符、帖例者,則曰"牒某司"或"某官",並不闕字。③

顯然,對於所轄範圍之内多行符、帖,但還有"無符、帖例者",在這種情況下則用"牒"。對於三者的區分,《文書式》無更詳細的説明。根據平田茂樹的研究,宋代各路的提點刑獄司向路内巡檢、各縣發文是用"帖",而給路内諸州發文則用"牒"。至於各州府下縣的公文則用帖,而不相統攝的州、縣之間則用"牒"④。

---

① 大谷 2836《敦煌縣録事董文徹牒》26—27 行,《大谷文書集成》第一卷,107 頁。
② 《慶元條法事類》卷一六《文書門》一《文書·文書式》,349 頁。
③ 《慶元條法事類》卷一六《文書門》一《文書·文書式》,348—349 頁。
④ 參看平田茂樹《宋代地方政治管見——以劄子、帖、牒、申狀爲綫索》,收入戴建國主編《唐宋法律史論集》,上海辭書出版社,2007 年,232—246 頁。

小　結

學界雖然對唐代中書門下的"堂帖"相當重視,但由於材料的限制,對其形態與特點卻不甚瞭然。事實上,堂帖不過是唐代各級官府行用的諸"帖"之一,需要與其他帖文一起做通盤考察。本章結合傳世文獻與敦煌、吐魯番等地所出唐五代文書,討論了堂帖、使帖、州帖、縣帖,以及軍府、軍鎮內部所用之帖的形態,復原了唐代帖文的格式,並分析了帖文共同的行用特點。

簡言之,"帖"是唐代一種非常重要的下行公文,從吐魯番文書來看,早在唐初即爲州縣、折衝府等地方行政、軍政系統所廣泛使用,是唐代政務、軍務運行的重要載體。隨著國家政治體制的發展變化,一些新的"帖"也隨之出現,例如在中唐以後,隨著使職的出現與方鎮的興起,"使帖"開始普遍行用。更重要的是,在中書門下體制形成之後,宰相機構也有了自己獨立處理日常事務的公文——堂帖。堂帖的出現對中晚唐的政務運行尤有重要意義,在某種程度上,它取代了唐代前期尚書省"省符"的職能,使宰相得以獨自處分許多日常政務,而無需事事都經過皇帝的過問,這自然是唐代政治體制的重大變化。這樣,隨著堂帖與使帖的出現,從中央到地方,各級官府都普遍使用帖文來處理公務。

無論是堂帖還是其他諸帖,它們都具有一些共同的特點,即雖然通常都鈐有發文機構的官印,顯示其公文性質,但所處理的卻多爲日常細務。正因如此,這些帖文本身格式簡便、運行靈活,既可以發給官司,也可以發給個人,甚至超越原有的行政系統或層級,"體既簡易,降給不難",對於日常行政效率的提高有很大幫助,也是對"符""牒"等其他下行公文的重要補充。

第四章　牓文與唐代政令的傳布

　　在通訊手段並不發達的前近代社會,如何將朝廷與各級政府的政令傳遞到地域社會的每個人,是國家最爲關心的核心問題之一。在衆多手段中,下發牓文無疑是最爲常見、最爲直接的方式。在漢代,皇帝的詔書、官府的律令及其他相關統治命令,往往通過"扁書"來下達,敦煌、額濟納等邊疆地區發現的衆多簡牘已經清晰地證明了這一點①。與之相關的是所謂的"粉壁",1992 年 12 月,在甘肅敦煌甜水井發掘的漢代懸泉置遺址中的泥牆壁書《使者和中所督察詔書四時月令五十條》,無疑是最具代表性的實物資料②。到了唐代,"扁書"發展爲各種"牓"文,而粉壁則在宋代鄉村成爲非常普遍的傳遞政令的形態③。關於唐代的牓文,中村裕一先生曾據敦煌吐魯番文書中的牓文實物進行了簡單介紹④,2001 年,坂尻彰宏先生仔細解讀了英藏敦煌文書 S.8516《廣順三年(953)十二月十九日歸義軍節度使曹元忠牓》,並結合其他幾件歸義軍時期的牓文,考察了牓的書式⑤。不過,相對於唐代牓文的豐富內涵與重要性來説,目前的研究遠遠不夠,本章試圖將傳世文獻

---

①　馬怡《扁書試探》,《簡帛》第一輯,上海古籍出版社,2006 年,415—428 頁;收入孫家洲主編《額濟納漢簡釋文校本》,北京: 文物出版社,2007 年,170—183 頁。另參吴旺宗《漢簡所見"扁書"探析》,《蘭州學刊》2006 年第 7 期,27—28 頁。黄春平《從出土簡牘看漢帝國中央的信息發布——兼評張濤先生的"府報"説》,《新聞與傳播研究》第 13 卷第 4 期,2006 年,2—11 頁。徐燕斌《漢簡扁書輯考——兼論漢代法律傳播的路徑》,《華東政法大學學報》2013 年第 2 期,50—62 頁。

②　參見中國文物研究所、甘肅省文物考古研究所編《敦煌懸泉月令詔條》,北京: 中華書局,2001 年。

③　關於宋代的粉壁,參看高柯立《宋代粉壁考述——以官府詔令的傳布爲中心》,《文史》2004 年第 1 輯,126—135 頁;《宋代州縣官府的牓諭》,《國學研究》第十七卷,北京大學出版社,2006 年,77—108 頁;他後來將這兩篇論文修訂合併爲一篇《宋代的粉壁與牓諭: 以州縣官府的政令傳布爲中心》,收入鄧小南主編《政績考察與信息渠道: 以宋代爲中心》,北京大學出版社,2008 年,411—460 頁。

④　中村裕一《唐代公文書研究》第四章第四節,東京: 汲古書院,1996 年,146—148 頁;第六章第四節,265—266 頁。按,在唐代文獻中,"牓"有時寫作"榜",本書引用典籍時均以原文爲準,行文則均用前者。

⑤　坂尻彰宏《敦煌牓文書考》,《東方學》第 102 輯,2001 年,49—62 頁。

與吐魯番文書相結合,探討唐代官方牓文的形態及其與唐代政令傳布的關係。

第一節 唐代牓文的類型與層級

從根本上來看,唐代的牓文可分爲官牓與私牓兩大類,前者出自朝廷及各級官府,後者則是民間社會所使用者①,本章主要討論前者。

從層級來看,唐代官方發布的牓文可分爲敕牓與地方官府所發的牓文兩大類。顧名思義,前者是將皇帝發布的制敕作爲牓文,下發至州縣乃至鄉村社會,後者則是將各級官府頒布的"符""牒""帖"等作爲牓文下發。當然,在中晚唐時期,不能依據《公式令》下"符"的節度使也能頒發牓文,我們可稱之爲"使牓",敦煌吐魯番文書中的一些實物即屬於此類。此外,統兵軍將有時也會在軍中發布一些牓文。

一、敕牓

對於朝廷而言,將詔令準確無誤地傳遞到帝國的每個角落,是一件非常

---

① "私牓",見天一閣藏《天聖·捕亡令》唐3條:"若奴婢不識主,牓召周年無人識認者,判入官,送尚書省,不得外給,其賞直官酬。若有主識認,追賞追還之。私牓者,任依私契。"天一閣博物館、中國社會科學院歷史研究所《天一閣藏明鈔本天聖令校證(附唐令復原研究)》,北京:中華書局,2006年,407頁。按《太平廣記》卷一三〇《金厄》曰:"蜀青石鎮陳洪裕妻丁氏,因妬忌打殺婢金厄,潛於本家埋瘞,仍牓通衢,云婢金厄逃走。"(北京:中華書局,1961年,924頁)正是這樣一件追查逃亡奴婢的私牓。白居易《失婢》詩中有"宅院小牆庫,坊門帖牓遲"之語,同樣屬於這類追逃的私牓。見《白居易集》卷二六《律詩》,顧學頡校點,北京:中華書局,1979年,604頁。

在唐代社會生活中,私牓還有許多其他用途,有些類似於商業廣告,如段成式《西陽雜俎》前集卷六:"天寶末,術士錢知微嘗至洛,遂牓天津橋表柱賣卜,一卦帛十疋。"北京:中華書局,1981年,61頁。《北夢瑣言》卷一〇《新趙意醫》:"時有郿州馬醫趙鄂者,新到京都,於通衢自榜姓名,云攻醫術士。"北京:中華書局,2002年,215頁。

另一種私牓則類似於"飛書",即匿名書,如《大唐新語》卷二《剛正》記載:"張易之、昌宗方貴寵用事,潛相者言其當王,險薄者多附會之。長安末,右衛西街有牓云:'易之兄弟、長孫汲、裴安立等謀反。'宋璟時爲御史中丞,奏請窮理其狀。則天曰:'易之已有奏聞,不可加罪。'璟曰:'易之爲飛書所逼,窮而自陳。'"北京:中華書局,1984年,31頁。《資治通鑑》卷二〇八記載:神龍二年(706)七月,"武三思陰令人疏皇后穢行,牓於天津橋,請加廢黜。"北京:中華書局,1956年,6604頁。

此外,在敦煌文書中還有一些歸義軍時期僧官所發之牓,如S.520《報恩寺方等道場請諸司勾當分配牓》、S.2575《後唐天成四年(929)三月六日應管內外都僧統置方等戒壇牓》等,均鈐有"河西都僧統印",錄文見唐耕耦、陸宏基編《敦煌社會經濟文獻真蹟釋録》第四輯,全國圖書館文獻縮微複製中心,1990年,128—129、134—140頁。

本章主要討論各級官府所帖之"牓",對上述各類"私牓"概不涉及。

重要的大事。不過,對於幅員遼闊的王朝來説,這卻非易事,除了技術層面的原因之外,地方官的態度和舉措是舉足輕重的。開元十六年(728)六月,唐玄宗就在一道詔書中説:

> 凡制令宣布,皆所以爲人。如聞州縣承敕,多不告示百姓,咸使閭巷間不知旨意,是何道理? 宜令所繇捉搦,應有制敕處分事等,令終始勾當,使百姓咸知,如施行有違,委御史訪察奏聞。①

顯然,玄宗對州縣官員執行制敕的態度頗有疑問,擔心他們没有將制敕中的内容告示百姓,特下此敕誡諭。那麼,如何使百姓瞭解制敕的内容,那就是敕榜所承擔的任務。

在敦煌吐魯番文書中,並無敕榜文書的原件存世,不過我們可以從其他文書及傳世文獻中找到一些蛛絲馬迹。例如,敦煌文書 P.3078/ S.4673《神龍散頒刑部格》殘卷第 52—72 行是關於告密的詳細規定,其中對敕榜的頒發有特别要求:"但有告密,一准令條。受告官司,盡理推鞫。……仍令州縣録敕,於所在村坊、要路牓示,使人具知,勿陷入罪。"②即要求州縣官府將朝廷的敕文轉録之後,在人員密集之處牓示,這無疑就屬於敕榜。

大曆四年(769)十月,因爲秋雨連綿損壞莊稼,朝廷下敕安撫:"比屬秋霖,頗傷苗稼,百姓種麥,其數非多。如聞村閭不免流散,來年税麥,須有優矜。其大曆五年夏麥所税,特宜與減常年税。其地總分爲兩等,上等每畝税一斗,下等每畝税五升。其荒田如能開佃者,一切每畝税二升。令在必行,用明大信。仍委令長宣示百姓,并録敕牓示村坊、要路,令知朕意。"③可見,爲了將皇帝減税的恩澤告知百姓,朝廷要求"令長"即親民的縣官來向百姓宣傳,並必須"録敕牓示村坊要路"。這種敕榜往往由里正帶往鄉村,白居易就在《杜陵叟》詩中生動描寫了這一場景:

> 杜陵叟,杜陵居,歲種薄田一頃餘。三月無雨旱風起,麥苗不秀多黄死。九月降霜秋早寒,禾穗未熟皆青乾。長吏明知不申破,急斂暴徵求考課。典桑賣地納官租,明年衣食將何如? 剥我身上帛,奪我口中

---

① 《册府元龜》卷六三《帝王部・發號令》二,北京:中華書局,1960 年,711 頁。

② 劉俊文《敦煌吐魯番法制文書考釋》,北京:中華書局,1989 年,249—251 頁。此處標點略有改動。

③ 代宗《減次年麥税敕》,《全唐文》卷四八,北京:中華書局,1983 年,531—532 頁。此敕的具體時間,參看《册府元龜》卷四八七《邦計部・賦税》一,5831—5832 頁。

粟,虐人害物即豺狼,何必鉤爪鋸牙食人肉!不知何人奏皇帝,帝心惻
隱知人弊。白麻紙上書德音,京畿盡放今年税。昨日里胥方到門,手持
敕牒榜鄉村。十家租税九家畢,虚受吾君蠲免恩。①

所謂"手持敕牒榜鄉村",正是典型的敕牓的頒行終端,即將朝廷的敕牒在鄉
村張牓公布。從這首詩中我們可以看到,由於州縣官府的故意拖延,使得朝
廷敕牓到達鄉村的時間過晚,百姓的租税已經大多繳納完畢,以致無法享受
到朝廷的恩澤,這正是之前玄宗所擔心的問題。

　　咸通八年(867)十一月六日,懿宗因疾愈,頒下敕文,給賜百姓、僧尼、病
坊等錢物,敕文末要求:"此敕到,仰所在州縣寫録敕牓於州縣門并坊市、村
閭、要路。其州縣所給虯絹米,恐下吏之所隱欺,仍委刺史、縣令設法頒布,
不得令不利本身,所在給虯之後,一一分析聞奏,俾令速濟疾病,稱朕意
焉。"②很顯然,懿宗的擔心與玄宗如出一轍,他怕敕書中的各項恩澤爲下吏
隱欺,百姓無從知曉,故要求州縣將敕書在各處牓示。

　　五代時,敕牓的例子更多。據《資治通鑑》記載,後晉開運三年(946)十
月,準備北伐契丹,"辛未,以〔杜〕威爲北面行營都指揮使,以〔李〕守貞爲兵
馬都監,泰寧節度使安審琦爲左右廂都指揮使……洺州團練使薛懷讓爲先
鋒都指揮使。仍下敕牓曰:'專發大軍,往平點虜。先取瀛、莫,安定關南;次
復幽、燕,蕩平塞北。'又曰:'有擒獲虜主者,除上鎮節度使,賞錢萬緡,絹萬
匹,銀萬兩'"③。這個敕牓在性質上類似於行軍之前鼓舞軍心的檄文,其中
還包含了擒獲契丹國主的賞格。又比如,據《册府元龜》載:"周曹英爲侍衛
親軍馬步軍指揮使兗州行營,廣順二年(952)正月上言:'十八日至任城,喚
得縣令胡延禧,分付敕牓,招安百姓。其山寨民尋時下山歸業,見更令招
安。'"④可見,招安百姓的敕牓是由行軍將領周曹英交給任城縣令的,其性
質則類似於安民告示。

　　另據《通鑑》卷二九一記載,後周廣順三年(953)四月,"丙寅,歸德節度
使兼侍中常思入朝,戊辰,徙平盧節度使。將行,奏曰:'臣在宋州,舉絲四萬
餘兩在民間,謹以上進,請徵之。'帝頷之。五月,丁亥,敕牓宋州,凡常思所

　　①　《白居易集》卷四《諷喻四·杜陵叟》,78—79頁。
　　②　《咸通八年痊復救恤百姓僧尼敕》,《唐大詔令集》卷一〇,北京:商務印書館,1959年,
　　　　65頁。
　　③　《資治通鑑》卷二八五"後晉開運三年十月"條,9312頁。
　　④　《册府元龜》卷四二六《將帥部·招降》,5081頁。

舉悉蠲之,思亦無怍色"①。《册府元龜》的記載更詳細:"三年五月,敕牓
宋州,曉諭管内諸縣民等,省前節度使常思所進絲四萬一千四百七兩,言
出放在民,例以五月内徵納。其絲並還,元契除放,如已納到者,委巡檢使
柴進據數追户責領歸還。牓到,速告報知委。"②周太祖郭威將常思準備
進奉的四萬多兩絲放還給百姓,屬於收攬人心的仁政,在宋州張貼敕牓,
是爲了使百姓廣泛知曉,當然也是爲了使皇帝的仁德廣爲傳頌。從"牓
到,速告報知委"的用詞來看,應該是敕牓的原文,可惜具體的格式我們已
無從知曉了。

　　到了宋代,敕牓正式成爲七種王言的一種:

　　　　凡命令之體有七:曰册書,立后妃、封親王皇子大長公主、拜三師
三公三省長官則用之;曰制書,處分軍國大事、頒赦宥德音、命尚書左右
僕射開府儀同三司節度使、凡告廷除授則用之;曰誥命,應文武官遷改
職秩、内外命婦除授及封叙贈典應合命詞則用之;曰詔書,賜待制、大卿
監、中大夫、觀察使以上則用之;曰敕書,賜少卿監、中散大夫、防禦使以
下則用之;曰御札,布告登封、郊祀、宗祀及大號令則用之;曰敕牓,賜酺
及戒勵百官、曉諭軍民則用之。皆承制畫旨以授門下省,令宣之,侍郎
奉之,舍人行之,留其所得旨爲底。③

據此,則宋代的敕牓與册書、制書等一樣,也要"承制畫旨"並經過中書令宣、
中書侍郎奉、中書舍人行的程序,發往門下省。由於材料的限制,我們不清
楚唐代的敕牓是否經歷了這樣的流程。或許,我們可以將唐代的敕牓分爲
兩種類型:一種是由朝廷直接發出,無需州縣轉録;另一種則經過了州縣的
轉録,即所謂"録敕牓示"。從前文所引資料來看,大多數唐代敕牓屬於後一
種類型,但到了五代時期,前一種類型日益增多,直到宋代成爲《公式令》規
定的七種"王言"之一。據史料記載,宋代的敕牓需要加蓋"書詔之印,翰林
詔書、敕、别録敕牓用之,皆鑄以金"④。如果不及時把朝廷的恩典牓示百
姓,會受到嚴懲,如宋代《職制敕》就規定:"諸受聖旨寬恤事件,奉行不虔及

①　《資治通鑑》卷二九一"後周廣順三年四月"條,9495頁。
②　《宋本册府元龜》卷一六○《帝王部·革弊》二,北京:中華書局,1989年,341頁。明本《册
　　府元龜》本條有數字訛誤,故不取。
③　《文獻通考》卷五一《職官考五·中書省》,上海師範大學古籍研究所、華東師範大學古籍研
　　究所點校,北京:中華書局,2011年,1456頁。
④　《文獻通考》卷一一五《王禮考十·圭璧符節璽印》,3531頁。

隱匿曉示者,徒一年。監司知而不按劾,與同罪。"①

與敕榜相類似的,是大赦文的榜示。大赦是中國古代皇帝專屬的向百姓施行的一種仁德措施,在唐代,它不僅僅是免除與減輕罪囚的刑罰,還包括對官民的恩賜,以及對一些新政策的宣示與推行②。由於唐代赦文通常包括了對百姓欠負官物等的放免,關係到每個百姓的切身利益,故朝廷往往下令將赦文的主要内容通過榜文宣示百姓。例如,陸贄所撰《貞元九年冬至大禮大赦天下制》就特別規定:"貞元十年地租斛斗應合度支收管者,宜並三分減收一分。如當管無屬度支斛斗,即減放合送上都十分之一。其所放斛斗錢物,並委巡院官與觀察、經略等使計會,審勘定數,分明榜示百姓,仍具申奏。去年以來,所有貸糧種子並存百姓腹内者,一切放免。"③可見,對於所放免的具體斛斗錢物,地方官必須在"審勘定數"之後,將結果榜示百姓。又比如,咸通七年(866)十一月十日,懿宗因收復安南而大赦天下,其中特別要求:

> 赦令所在,□蘇疲瘵。如聞遠處州縣,告示不得分明,今要條流,永爲定制。赦書到後,各委本道全寫録,於縣門榜示,但緣事理繁細,紙數頗多,減放矜蠲,頭項埋没,鄉村百姓,無因得知。宜令所在長吏細詳,各據本處百姓合得免科段,一一豎項作小榜,於要路曉諭,令百姓知悉。④

這條材料提示我們,赦書到達地方之後的榜示根據層級不同會有兩種方式:一種是將赦書全文榜示在縣城大門,不過,因爲赦書往往内容龐雜,字數動輒數千,對於遠處鄉村的百姓根本無法瞭解,所以出現了第二種方式,即將赦書中與當地百姓直接相關的免除課役等方面的内容"一一豎項作小榜,於要路曉諭",使更多百姓知曉。咸通八年五月的德音亦要求"仍録前後德音赦條,於鄉村分明榜示"⑤。

不過,隨著皇權的弱化,晚唐時期的大赦逐漸流於形式。五代時,後唐明宗《即位赦文》也説:"先朝屢降德音,所司不與宣行,遲留奏改,利在虐

---

① 《慶元條法事類》卷一六《文書門一·詔敕條制》,戴建國點校,見楊一凡、田濤主編《中國珍稀法律典籍續編》第一册,333 頁。

② 參看陳俊强《皇恩浩蕩——皇帝統治的另一面》,臺北:五南圖書出版公司,2005 年。

③ 《文苑英華》卷四二六,北京:中華書局,1966 年,2158 頁。

④ 《咸通七年大赦》,《唐大詔令集》卷八六,490 頁。

⑤ 《咸通八年五月德音》,《唐大詔令集》卷八六,492 頁。

人。赦書所至,仰三司諸道,丁寧宣布,限一月内便須施行,不得遺漏條件。仍於要路牓壁,貴示衆多。"①據戴建國先生研究,宋代仁宗以前,赦書文字也是手工抄寫的。天聖二年(1024)十月辛巳,"詔自今赦書,令刑部摹印頒行。時判部燕肅言,舊制,集書吏分録,字多舛誤。四方覆奏,或至稽違,因請鏤版宣布。或曰:'版本一誤,則誤益甚矣。'王曾曰:'勿使一字有誤可也。'遂著于法"②。宋代《職制令》對赦文的牓示更有明確規定:"諸被受赦降應謄報者,謄訖,當職官校讀,仍具頒降、被受月日。行下民間通知者,所屬監司印給,榜要會處,仍每季檢舉。其赦書、德音,州以黃紙印給縣鎮寨鄉村曉示。"③可見,仁宗之後,宋代的赦書是由刑部摹印頒行的,不過,祇有那些與百姓直接相關的内容即"事應民間通知者"纔需要牓示於百姓。《職制令》還規定:"諸大禮御劄已到,提點刑獄司具録於法不以大禮赦原事(原注:謂翻論公事不實及强盜之類),遍下州縣鄉村榜諭。"④更是强調,要將那些大赦不原之事特別告知百姓。可以説,被牓示天下的赦書文字,屬於救牓的一種特殊類型。

二、使牓與符牓、牓帖

與救牓和赦書相比,在唐代基層社會中更多的應該是州縣官府張貼的指揮公事的牓文,主要包括使牓與牓帖。使牓是目前唯一有原件存世的唐代牓文類型,如吐魯番阿斯塔納 509 號墓出土的《唐寶應元年(762)五月節度使銜牓西州文》⑤、英藏 S.8516《廣順三年(953)十二月十九日歸義軍節度使曹元忠牓》⑥,以及法藏 P.2598V 張氏歸義軍時期《某年正月廿一日牓文》⑦等。我們在下文會具體討論這些使牓文書原件,此不贅述。

有時候,這些使牓也會被稱爲"符牓",據大中五年的《孫公乂墓誌》記

① 《全唐文》卷一一二,1144 頁。
② 《續資治通鑑長編》卷一〇二"仁宗天聖二年十月"條,北京:中華書局,2004 年,2368 頁。參看戴建國《宋代法律制定、公布的信息渠道》,鄧小南主編《政績考察與信息渠道——以宋代爲中心》,335 頁;楊倩描《印刷術在宋代的發展及其對宋朝政治的影響》,收入孫小淳、曾雄生主編《宋代國家文化中的科學》,北京:中國科學技術出版社,2007 年,203—214 頁。
③ 《慶元條法事類》卷一六《赦降·職制令》,341 頁。
④ 《慶元條法事類》卷一六《赦降·職制令》,340 頁。
⑤ 圖版、録文均見《吐魯番出土文書》〔肆〕,北京:文物出版社,1996 年,328 頁。
⑥ 圖版見《英藏敦煌文獻(漢文佛經以外部分)》第 12 册,成都:四川人民出版社,1995 年,145—151 頁。録文見坂尻彰宏《敦煌牓文書考》,4—6 頁。
⑦ 圖版見《法國國家圖書館藏敦煌西域文獻》第 16 册,上海古籍出版社,2001 年,187 頁。録文亦見坂尻彰宏《敦煌牓文書考》,7 頁。

載：誌主在任吉州刺史時，"州踞西山之上源，深入水鄉，差接閩嶺，故其人心陰狡，俗上爭訟。當前政杜師仁陷法之初，承房士彥新規之後，公局僅廢，奸吏橫行。公始下車，決以去害爲本，傍求能吏，密設捕羅，朞月之間，盡擒元惡，親自訊問，立得其情。雖內蘊哀矜而外實行令赦，諸繫室者什七八，斃於枯木者五六輩。兇徒既絕，政道遂行。廉使敬公昕錄其事書爲符牓，傳於屬郡"①。此處的"符牓"當爲江西觀察使在管內諸州所發，目的是將孫公乂樹立爲一個打擊豪强滑吏的刺史的典型。在唐代，"道"一級官府即節度使、觀察使府是不能發"符"的，此處所稱"符牓"實爲使牓。

真正的"符牓"當爲州、縣所發之牓，即州縣官府將指揮公事的州符、縣符牓示百姓。晚唐時，又出現了"牓帖"。坂尻彰宏曾認爲唐代官府的"牓"來源於"帖"，這是個很敏銳的觀察，但還需進一步辨析。早在唐初，帖文就爲州縣、折衝府等地方行政、軍政系統廣泛使用，中晚唐又出現了堂帖與使帖，它們共同的特點是處理日常細務，"體既簡易，降給不難"，是對"符""牒"等下行公文的重要補充②。從發文的對象來看，牓與帖的確具有一些共同性，即它們都是聯結官民的重要載體，衹不過，帖文往往發給一個具體的個人，而牓的發文對象則往往是一個地區乃至全國的所有人。

在中晚唐時期，我們可以看到牓、帖連稱的例子，例如：會昌三年（843）在平澤潞之役中，宰相李德裕爲動員幽州節度使張仲武，條列劉稹罪狀示之，其中就有一條曰："近李丕投降，及魏博收平恩縣，得劉稹牓帖，並已進來，皆呼官軍爲賊，逢著即須痛殺。悖逆如此，天地不容，想卿遠聞，因當奮激。"③可見，劉稹曾在澤潞地區廣泛發布牓帖，號召百姓對抗官軍。這自然也是節度使衙所發出的。另據李隲《徐襄州碑》記載："大中十一年（857），諸郡搆亂，起於湖南，準詔徵兵，同力剪滅。……當時韋宙僕射乘遞先至，襄州奉詔令差兵助發遣，所差五百人，於數內全取捕盜將，并差捕盜都將韓季友總領兵士，小路進發。仍先揀擇通引官銜虞候史慶中與韋宙僕射爲元從押衙，賫榜帖先至江西，安存百姓。"④然則這類牓帖則類似於安民告示。

三、軍牓

在唐代，無論是前期的行軍制度還是後期的藩鎮軍隊體制下，軍隊也會

① 馮牟《唐故銀青光禄大夫工部尚書致仕上柱國樂安縣開國男食邑五百户孫府君墓誌銘》，周紹良主編《唐代墓誌彙編》大中054號，上海古籍出版社，1992年，2290頁。
② 參看本書第三章《唐代帖文的形態與運作》。
③ 李德裕《請賜仲武詔狀》，見傅璇琮、周建國《李德裕文集校箋》卷一五，北京：中華書局，2018年，348頁。
④ 《文苑英華》卷八七○，4592頁。

使用牓文,來發布各種公示與命令。北宋仁宗時期成書的《武經總要》要求:
"凡行軍及在營,應軍中條約,主將並須先出榜曉告,令將士知審。"①其實,
這並不是北宋時期纔有的規定,唐代就是如此。如天寶十四載(755)十月,
安禄山反於范陽,"詰朝,禄山出薊城南,大閲誓衆,以討楊國忠爲名,牓軍中
曰:'有異議扇動軍人者,斬及三族!'於是引兵而南"②。正是《武經總要》
上述記載的最佳例子。另外,會昌四年(844)六七月間,李德裕依據開元二
年《軍功格》制定了平澤潞之役的酬賞標準,在詳列各等第賞格之後,曰:
"以前件開元格如前。臣等商量,緣比來大陣酬賞,只是十將已上得官,其副
將已上至長行,並是甄録。今但與格文相當,即便酬官,所冀盡霑渥澤。又
緣每陣獲生,並有優賞,今據開元舊格,等級加恩,如此則頒賞有名,人心知
勸。如蒙允許,望各賜詔,仍封賞格,令牓示三軍。未審。"③這顯然也是在
戰爭之前,就向三軍牓示軍功賞格,以激勵軍心鬥志。

　　除了這類戰前的牓文之外,戰時也會有不少其他一些牓文,如德宗興元
元年(784),朱泚叛亂,"奉天所下赦令,凡受賊僞官者,破賊日悉貸不問,官
軍秘榜諸道。泚方宿未央,涇原士相與謀殺泚,泚知之,輒徙它處,衆謀亦
止"④,這是官軍將朝廷除免僞官罪過的赦令秘密在敵佔區張牓公布,以瓦
解叛軍的軍心,可謂成效顯著。另外,招募軍兵即需張牓,安史之亂中,受僞
官的奉先縣令崔器在關中形勢變化之後,就曾"牓召義師"⑤。咸通十一年
(870)正月,爲應對南詔的進攻,西川節度使盧耽也曾"揭牓募驍勇之士,補
以實職,厚給糧賜"⑥。雖然這兩個例子中,發布牓文的並不是行軍將領,但
仍然具有軍事目的,可視作軍牓。

　　當然,軍牓也不一定必然與行軍有關,如據《册府元龜》記載:

　　　　韋力仁爲諫議大夫,開成三年(838),閤内奏曰:"臣伏見軍家捉
　　錢,事侵府縣,軍司與府縣各有區別,今富商大賈名隸軍司,着一紫衫,
　　府縣莫制。當陛下至聖至明之時,固不宜有此。禁軍司陛下衛士,警夜
　　巡晝,以備不虞,不合攪擾百姓,以干法理。伏乞陛下戒敕統帥,令各歸

---

①　《武經總要》前集卷一五《行軍約束》,收入《中國兵書集成》第三册,北京:解放軍出版社、
　　瀋陽:遼瀋書社,1988 年,751 頁。
②　《資治通鑑》卷二一七"天寶十四載十月"條,6935 頁。
③　李德裕《請准兵部式依開元二年軍功格置跳蕩及第一第二功狀》,《李德裕文集校箋》卷一
　　六,368 頁。
④　《新唐書》卷二二五《逆臣中·朱泚傳》,北京:中華書局,1975 年,6447 頁。
⑤　《舊唐書》卷一一五《崔器傳》,北京:中華書局,1975 年,3373 頁。
⑥　《資治通鑑》卷二五二"咸通十四年正月"條,8154 頁。

其分,則人情獲安,天下幸甚。"帝問宰臣等,奏曰:"凡論事須當,力仁所言,乃欲生事。"帝曰:"蓋論名分耳。"李珏曰:"軍家所出牓,是自捉軍人,百姓即府縣自捉,此無乖名分,止當廷論,此亦似近名。然諫官論事,个合怪之。"①

據此,則晚唐禁軍爲"捉錢"之事,也會發出牓文,從李珏的話來看,其適用範圍仍在軍内,與百姓没有關係。

第二節　唐代牓文的物質形態

漢代的扁書與粉壁是詔令傳遞到基層的兩種方式,前者書寫於簡牘之上,懸掛在高處,後者則是在牆上直接墨書詔令。漢唐之間,紙張逐漸取代了簡牘,成爲國家行政運行的主要載體,與之相應,扁書這樣書於木牘的形式在唐代越來越少,絶大多數牓文都是通過紙張來書寫的。此外,粉壁在唐代的使用並不廣泛,高柯立曾認爲,唐代"官府的政令應該是公布於衙門、城門、要路的粉壁上"②,顯然並不完全準確,因爲在唐代的文獻中,極少出現"粉壁"一詞。也就是説,雖然唐代牓文的公布大多採取了紙書牓文張貼於墙的形式,但如同宋代那樣在全國推行的制度化的"粉壁"尚未出現。

不過,唐代仍然存在一些"扁書"的遺存,據《册府元龜》記載,天寶五載(746)八月癸未,唐玄宗下詔曰:

> 朕頃所撰《廣濟方》,救人疾患,頒行已久,計傳習亦多。猶慮單貧之家,未能繕寫,間閭之内,或有不知,儻將療失時,因致横夭,性命之際,寧忘惻隱? 宜令郡縣長官就《廣濟方》中逐要者,於大板上件録,當村坊、要路牓示,仍委採訪使勾當,無令脱錯。③

可見,爲了使更多百姓瞭解《廣濟方》的内容,玄宗令州縣長官將書中的重要部分過録在"大板"之上,在村坊、要路牓示,不過我們還不清楚是直接在木板上書寫,還是先書於紙上再貼在木板上。無論如何,這都與漢代的"扁書"

---

① 《册府元龜》卷五四七《諫諍部·直諫》一四,6566 頁。
② 前引高柯立《宋代的粉壁與榜諭:以州縣官府的政令傳布爲中心》,413 頁。
③ 《册府元龜》卷一四七《帝王部·恤下》二,1781 頁。《唐大詔令集》卷一一四《牓示廣濟方敕》的文字略異,595 頁。

如出一轍。在唐代,這類書於木板的牓文被稱爲"版牓"。我們還可略舉兩例。

據《封氏聞見記》卷三記載:"選曹每年皆先立版牓,懸之南院,選人所通文書,皆依版樣,一字有違,即被駁落,至有三十年不得官者。"①這是吏部南院選官時所立版牓,禮部貢舉時,也有類似的版牓。據《册府元龜》記載:

> [開運]三年(946)四月,吏部侍郎王易簡奏:"伏以選門格敕,條件具存,藩府官僚,該詳蓋寡。所以凡給文解,莫曉規程,以致選人自詣京都,親求解樣,往來既苦,已堪憫傷,傳寫偶差,更當駁放。伏見禮部貢院逐年先書版牓,高立省門,用示舉人,俾知狀樣。臣欲請選人文解,委南曹詳定解樣,兼備録長定格取解條例,各下諸州,如禮部貢院板樣書寫,立在州縣門,每遇選人取解之時,各准條件遵行,仍依板樣給解。"從之。②

這條材料雖然晚至五代後晉時,但仍有一定的參考價值,可見當時禮部貢院早就每年立版牓於尚書省門,吏部南曹則欲取法出牓,且更進一步立於州縣門。

當然,州縣所立版牓並不僅是關於貢舉的,也包括其他一些政令,例如文宗大和三年(829)十月二十三日,御史臺奏:"今後如有所在閉糴者,長吏必加貶降,本判官、録事參軍並停見任,書下考。仍勒所在州縣各於版牓寫録此條,懸示百姓,每道委觀察判官、每州府委録事參軍勾當,逐月具不閉糴事縣申臺。"③據此觀之,似乎在中晚唐時,諸州縣都有專門的版牓,朝廷有了新命令,就在此處"寫録"。

除了面向百姓的版牓外,州縣官府内部往往也有版牓的存在。李翱曾記載了他與河南府録事參軍的一段鬥爭經歷,涉及版牓之制,頗爲生動,今略引如下:

> 河南府版牓縣於食堂北梁,每年寫黃紙,號曰黃卷。其一條曰:"司録入院,諸官於堂上序立,司録揖,然後坐。"河南大府,入聖唐來二百

---

① 趙貞信《封氏聞見記校注》卷三《銓曹》,北京:中華書局,2005 年,23 頁。

② 《册府元龜》卷六三四《銓選部·條制》六,7601—7602 頁。文中的"牓"原作"榜",此據《宋本册府元龜》改,2058 頁。

③ 《册府元龜》卷五〇二《邦計部·平糴》,6017 頁。本條原無紀年,從内容來看,疑此處有錯簡,當接 6015 頁大和三年九月條。

年,前人制條,相傳歲久,苟無甚弊,則輕改之不如守故事之爲當也。八九年來,司錄使判司立東廊下,司錄於西廊下得揖,然後就食,而板條黃卷則如故文焉。大凡庸人居上者以有權令陵下,處下者以姑息取容,勢使然也。前年翱爲戶曹,恐不知故事,舉手觸罰,因取黃卷詳之,乃相見之儀,與故事都異,至東知廚黃卷,爲狀白於前尹,判牓食堂。時被林司錄入讒,盛詞相毀,前尹拒之甚久,而竟從其請。翱以爲本不作,作則勿休,且執故事爭而不得,於本道無傷也,遂入辯焉,白前尹曰:"中丞何輕改黃卷二百年之舊禮,而重違一司錄之徇情自用乎?"前尹曰:"此事在黃卷否?"翱對曰:"所過狀若不引黃卷故事,是罔中丞也,其何敢?"前尹因取黃卷簡條省之,使人以黃卷示司錄,曰:"黃卷是故事,豈得責人執守?"當司錄所過狀注判云:"黃卷有條,即爲故事,依牓。"當時論者善前尹之能復故事焉。①

可見,則河南府内部的版牓高懸於衙内食堂的房梁上,每年寫黃紙,其中包括了録事參軍與諸曹判司相見之儀,李翱據此與司錄爭辯,最後河南尹批示"黃卷有條,即爲故事,依牓",則一旦認真較勁,版牓上的黃卷有其法律效力。

據高柯立研究,到了宋代,隨著雕版印刷術的普及,許多牓文開始採取印刷的方式發布,稱爲"鏤牓"或"印牓",雖然宋代多數官府榜諭仍是抄録的,但州一級官府則已經可以大量刻印榜諭②。他所引朱熹知南康軍的到任牓就要求:"別給印牓,每縣各一百道,委巡尉分下鄉村張掛,不得隱匿。"顯然,印牓傳布範圍之廣,效率之高是此前手書牓文所無法比擬的。

第三節　唐代牓文的主要内容

在唐代,並不是所有的政令都需要通過牓文發布,也不是所有的牓文都需要發布到鄉村這樣的基層社會。那麼,哪些方面的政令需要通過牓文來發布?這些内容與不同層級的牓文又有怎樣的對應關係?

一、慰諭軍民

唐代牓文的一個主要内容是安撫百姓、慰諭軍民,在和平時期,這類似

---

① 李翱《勸河南尹復故事書》,《全唐文》卷六三六,6420—6421頁。
② 前引高柯立《宋代的粉壁與榜諭:以州縣官府的政令傳布爲中心》,427、446頁。

於後世的安民告示，而在戰爭狀態下，這類牓文又接近於檄文。例如，安禄山起兵范陽時，不僅如前所云要牓諭三軍，進行戰鬥動員，而且還"詭言奉密詔討楊國忠，騰榜郡縣"①。另據殷亮《顏魯公行狀》曰："禄山反於范陽，衆號十五萬，長驅至趙、定而南，趨洛陽。散牓諸郡，莫敢枝梧。禄山乃牓公，令以平原博平兵七千人防河，以博平太守張獻直爲副。"②安禄山所發的當爲使牓，其"散牓諸郡"的對象，應該都是他所節制的三道（范陽、平盧、河東）的屬郡。從顏真卿所收到的牓文來看，安禄山發布的牓文似乎不純粹是爲了宣揚自己起兵的正當性，其中也包括了一些人事方面的安排。

至德三載(758)正月，唐軍收復長安，肅宗立即下詔安撫百姓，禁止檢括之前百姓所掠府庫之資，"委京兆尹兼御史大夫李峴勾當，諸使撿括，一切並停。妄有欺奪，宜即推捕奏聞。仍牓坊市，務令安輯，副朕意焉"③。而穆宗時平定汴宋之後，也立即下德音："其汴州管内州縣官吏、軍鎮將健及諸色職掌人等，頃罹脅汙，自拔無由，撫事量情，亦可矜恕。除同惡巨蠹者，其餘一切不問，仍加牓示。如或妄有恐嚇言告者，科其反告之罪。"④這類牓文的内容都是撫慰新平定地區的百姓，以安反側。

在建中四年(783)的涇師之變中，朱泚也曾多次在長安發布牓文，如趙元一《奉天錄》卷一記載："泚入居含元殿，四日平晨出榜，榜曰：'太尉權臨六軍。國家有事東郊，徵涇原師旅，銜命赴難。將士久處邊陲，不閑朝禮，軍驚御駕，乘輿已出。應定見神策六軍、金吾、威遠、英武并百司食糧者，三日内並赴行在。不去者，即於本司著到。如三日後移牒，勘彼此無名，當按軍令，義無容貸。'"⑤這份牓文顯然是朱泚最初頒發的安民告示。同書又記載：

> 上初至奉天，用御史中丞高重傑爲平虜使，屯兵於梁山之西隅也。時與李日月頻戰，官軍大捷，後被伏兵，死於鋒刃。朱泚出榜兩市及署兩坊門曰："奉天殘黨，蟻聚京畿，重傑等仍敢執迷，拒我天命。朕使偏師小將，果復敗亡。觀此孤城，不日當破。雲羅布網，無路鳥飛。鐵釜盤魚，未過瞬息。宣布退邇，各使聞知。"僞兵部員外古之奇詞也。⑥

---

① 《新唐書》卷二二五上《逆臣上·安禄山傳》，6416 頁。
② 《全唐文》卷五一四，5224 頁。
③ 肅宗《安輯京城百姓詔》，《全唐文》卷四二，467 頁。參看《册府元龜》卷六四《帝王部·發號令》三，714—715 頁。
④ 穆宗《平汴宋德音》，《全唐文》卷六七，708 頁。
⑤ 趙元一《奉天錄》卷一，夏婧點校，北京：中華書局，2014 年，26 頁。
⑥ 趙元一《奉天錄》卷一，27 頁。

古之奇爲朱泚所撰的這份牓文，則類似於戰報，將己方得勝的消息牓於東、西兩市及坊門，以廣泛宣傳。

五代時，前蜀太子元膺發動政變，未遂被殺，"蜀主疑〔王〕宗翰殺之，大慟不已。左右恐事變，會張格呈慰諭軍民牓，讀至'不行斧鉞之誅，將誤社稷之計'，蜀主收涕曰：'朕何敢以私害公！'於是下詔廢太子元膺爲庶人"①。可見，這類慰諭軍民牓雖然是臣下草擬，但在發布之前，需要經過皇帝的確認。在《全唐文》中，保存著後蜀主孟知祥的數篇牓文，爲我們提供了此類牓文的樣本，以《起兵西川示諸州牓》爲例，他首先陳述自己的功德，接著説明自己起兵的原因、與東川的結盟、進兵的方向等，最後説："某因衆多之感舊，奮武旅以開疆，佇遣四民，各安其業，然後花林步月，錦水行春，繁華何讓於往年，爵禄重新於此日。凡百士庶，宜體端倪。"②這無疑是最典型的一則慰諭軍民牓文，我們推測，當年安禄山起兵時發往屬郡的牓文，應該於此相去不遠。

二、政令法規

除了赦書及慰諭軍民這兩種比較特殊的内容之外，在唐代百姓的日常生活中，更爲普遍的牓文主要是朝廷與各級官府發布的政令法規，以及與自身課役負擔相關的經濟性内容。先來看前者。天寶九載（750）七月的一道詔書禁止各地百姓在秋季"穀禾（未）熟時，即賣充馬藁"以求利，"自今已後，不得更然。其三京及天下諸郡並委所縣長官嚴加捉搦，如非成熟，不得輒刈，犯者量決四十。仍牓示要路，咸使聞知"③。這顯然是對於一個具體現象發出的禁令，需要牓示百姓。

在法藏敦煌文書 P.2942《唐年次未詳（c.765）河西節度使判集》中也有類似的記載④：

6　　◇　肅州請閉糴，不許甘州交易。

7　　隣德不孤，大義斯在，邊城克守，小利須通。豈唯甘、肅比

8　　州，抑亦人煙接武，見危自可奔救，閉糴豈曰能賢？商賈

9　　往來，請無壅塞，粟麥交易，自合通流。准狀，仍牓軍州，

---

① 《資治通鑑》卷二六八"後梁均王乾化三年（913）七月"條，8775 頁。
② 孟知祥《起兵西川示諸州牓》，《全唐文》卷一二九，1294—1295 頁。同卷還收有其《收閬州示西川牓》《收下夔州并黔南牓》《討平董璋牓》等數篇牓文，可一併參看。
③ 《册府元龜》卷七〇《帝王部·務農》，790 頁。
④ 録文見池田温《中國古代籍帳研究》第 236 號，龔澤銑譯，北京：中華書局，2007 年，350 頁。

　　　10　切勒捉搦，少有寬許，當按刑書。

據安家瑤先生研究，本卷文書當爲河西巡撫使馬璘的判集，其背景是處置河西節度使楊志烈被殺之後河西地區陷入的混亂局面①。從本條來看，肅州與甘州之間雖是臨州，卻相互之間並不支持，故巡撫使要嚴加整肅："仍牓軍州，切勒捉搦，少有寬許，當按刑書。"這裏的"軍州"，除了指甘、肅二州之外，應該還包括介於二州之間的建康軍，而所發之"牓"，無疑應該是巡撫使發出的"使牓"。

　　大曆二年(767)春正月癸酉，代宗下詔禁止民間私藏天文、圖讖之書："其玄象器物、天文圖書、讖書、《七曜曆》、《太一雷公式》等，準法：官人百姓等私家並不合輒有。自今以後，宜令天下諸州府切加禁斷，各委本道觀察、節度等使，與刺史、縣令嚴加捉搦，仍令分明牓示鄉村、要路，並勒隣伍遞相爲保。如先有藏蓄者，限敕到十日内齎送官司，委本州刺史等對衆焚毁。"②唐代官方禁止天文圖讖的規定由來已久，早在太宗初登大寶的武德九年(626)九月，就"詔私家不得輒立妖神，妄設淫祀，非禮祠禱，一皆禁絕。其龜易五兆之外，諸雜占卜，亦皆停斷"③。經過安史之亂後，唐帝國的穩定受到極大衝擊，朝廷對於此類具有左道亂政危險的東西更加警惕，故代宗要再次重申這一禁令，並要求各級地方官將此禁令在鄉村、要路進行牓示，希望能得到徹底貫徹。

　　據《册府元龜》記載，文宗大和六年(832)六月，"右僕射王涯准敕詳度諸司制度條件等……伏請勒依貞元中舊制，仍請敕下後，諸司及州府榜示，限一月内改革"④。這次車服制度改革影響深遠⑤，涉及百官與百姓的服飾等日常生活，需要所有人周知，故必須牓示天下。

　　武宗會昌元年(841)十一月，"御史臺奏請條流京城文武百寮及庶人喪葬事：'三品以上，輀用闊轍車、方相魂車、誌石車，竝須合轍。……臣忝職憲司，理當禁止。雖每令舉察，亦怨謗隨生，苟全廢糾繩，又譴責立至。總以承

①　參看安家瑤《唐永泰元年(765)—大曆元年(766)河西巡撫使判集(伯二九四二)研究》，收入北京大學中國中古史研究中心編《敦煌吐魯番文獻研究論集》，北京：中華書局，1982年，232—264頁。另參史葦湘《河西節度使覆滅的前夕——敦煌遺書伯2942號殘卷的研究》，《敦煌研究》創刊號，蘭州：甘肅人民出版社，1983年，119—130頁。
②　常袞《敕天文圖讖制》，《文苑英華》卷四六五，2377頁。此敕又見《舊唐書》卷一一《代宗本紀》，285—286頁，但文字簡略。
③　《舊唐書》卷二《太宗本紀》上，31頁。
④　《册府元龜》卷六一《帝王部·立制度》二，678—679頁。
⑤　參看黄正建《王涯奏文與唐後期車服制度的變化》，榮新江主編《唐研究》第十卷，北京大學出版社，2004年，297—327頁。

前令式及制敕皆務從儉省,減刻過多,遂令人情易逾禁,將求不犯,實在稍寬。臣酌量舊儀,創立新制。所有高卑得體,豐約合宜,免令無知之人,更懷不足之意。伏乞聖恩宣下京兆府,令准此條流,宣示一切供作行人,散牓城市及諸城門,令知所守。如有違犯,先罪供造行人賈售之罪,庶其明器竝用瓦木,永無僭差。以前條件,臣尋欲陳論,伏候進止,承前已于延英具奏訖。'敕旨:宜依"①。在這則材料中,御史臺奏請改革京城官民的喪葬制度,包括喪車、明器等的形制、材質與數量等,相當具體。爲了推行此制,御史臺要求將這些具體的新規定"散牓城市及諸城門",即在長安東、西兩市與各城門張牓公布,使更多官民知曉。

如果地方官所發出的牓文嚴重侵犯百姓利益,有時候也會引發抵制,甚至是大規模的民變。例如,懿宗咸通八年(867)七月,"懷州民訴旱,刺史劉仁規揭牓禁之,民怒,相與作亂,逐仁規,仁規逃匿村舍。民入州宅,掠其家貲,登樓擊鼓,久之乃定"②。懷州刺史劉仁規張牓禁止百姓訴説旱情,最終激起民變,因爲他衹顧自己的考課漂亮,而不顧百姓死活。這個事件雖是特例,但也可見牓文在州縣日常政治生活中扮演的重要角色。

三、租税課役

當然,與百姓切身利益直接相關的,無疑還是那些租税課役方面的牓文,天一閣藏《天聖令》中就有相關條文。《賦役令》宋 23 條曰:"諸有雜物科税,皆明寫所須物數及應出之户,印署,牓縣門及村坊,使衆庶同知。"③李錦繡先生據此復原爲唐《賦役令》第 50 條:"諸租、調及庸、地租、雜税,皆明寫應輸物數及應出之户,印署,牓縣門及村坊,使衆庶同知。"④這條材料非常重要,它證明了唐代的確存在一種規範的制度,將百姓所承擔的租庸調及雜税等的數目,依户爲單位一一條列。令文中的"印署"應該是由縣司來完成,即每張牓文中都有縣令的簽署並加蓋縣府官印,然後牓於縣門與諸村坊。這則令文的重要性還在於,它表明雖然"牓"並不在《公式令》中,但卻在唐代公私日常生活中發揮著重要作用⑤。

如李錦繡先生所提示,大谷文書 2836 號《周長安三年(703)三月敦煌縣

①　《唐會要》卷三八《葬》,上海古籍出版社,1991 年,816—817 頁。
②　《資治通鑑》卷二五〇"咸通八年七月"條,8118 頁。
③　《天一閣藏明鈔本天聖令校證》,391 頁。
④　李錦繡《唐賦役令復原研究》,收入《天一閣藏明鈔本天聖令校證》,473 頁。
⑤　最近,武井紀子又對日唐律令制中關於税額牓示的問題做了進一步討論,見氏著《唐日律令財政における牓示について——賦役令の税額周知規定を中心に》,大津透編《日本古代律令制と中國文明》,東京:山川出版社,2020 年,83—106 頁。

録事董文徹牒》爲《賦役令》本條規定在唐代的執行提供了寶貴材料。由於文書較長,在此無需備引,其主要内容是:對於録事董文徹要求所屬百姓勸課農桑的牒文,敦煌縣司户"澤"判:"准牒下鄉,及牓示村坊,使家家知委。每季點檢,有不如法者,隨犯科決。"同日,縣丞"餘意"、縣令"辯"均批示同意。此事最後的處理結果是"下十一鄉,件狀如前。今以狀下鄉,宜准狀,符到奉行"①,可見,最後在十一鄉牓示的實際上是"縣符",它應該是由各鄉的里正帶回去的。

在傳世文獻中,相關的材料還有不少,例如中唐名士舒州刺史獨孤及《答楊賁處士書》曰:"若編户地著者,雖驅之使逃,亦固不從。今已擇吏分官,以辨其等差,量分入賦,其數懸牓,以示之信。若信之不明,分之或過,等差之不均,官吏之不仁,困而後去,誰曰不可? 乃未及知斂之薄厚,辯之濟否,望風聆聲,遽告勞而逃,斯豈爲政者之過乎?"②據此,則唐代百姓課役負擔的具體數目的確是要"懸牓"公布的,其目的是希望能避免課役不均和黑箱操作。此外,在幾乎每一次大赦時,減免租税都是一項核心内容,往往要求把具體的減免數目牓示村坊,如《大中十三年十月九日嗣登寶位赦》就説:"今所放錢物,宜各令本司差辦事官典,據年額、人户姓名、所欠錢物色目檢勘,便下文帳,不得更起條樣勘逐所徵可放,生事擾人。仍令所在場鹽院及州縣,於要略分明,懸牓示人户,俾令知悉。仍仰所司各限月日處分訖,具所放錢物單數,分析聞奏。"③可見,這類牓文的内容非常具體。

除了每年日常的租庸調與雜税等需要由縣府牓示村坊之外,還有其他許多與經濟有關的内容需要百姓周知,牓示就成爲最普遍的一種快捷方式。例如,法藏 P.2979《唐開元二十四年(736)九月岐州郿縣尉□勛牒判集》第37—57 行略云:

> 許資助防丁第廿八。初防丁競訴衣資不充,合得親隣借助。……
> 判署曰:……其應辦衣資等户,衣服者最精,故者其次,唯不得破爛及乎垢惡。仍限續得續納,無後無先,皆就此衙,押付官典。至今月廿日,大限令畢。輒違此約,或有嚴科。恐未遍知,因以告諭。仍牓示。④

① 小田義久責任編集《大谷文書集成》第一卷,京都:法藏館,1984 年,107 頁。
② 《全唐文》卷三八六,3929 頁。
③ 《文苑英華》卷四二〇,2126 頁。
④ 録文見池田温《中國古代籍帳研究》第 165 號,230—231 頁。文書圖版見《法國國家圖書館藏敦煌西域文獻》第 20 册,上海古籍出版社,2002 年,308—309 頁。

唐長孺先生據這條材料指出,親隣資助防丁衣裝雖然衹是舊俗,但仍須官府出牓曉諭,強制執行,實際上是攤派①。從文意來看,所謂"牓示"就是要求把縣司的規定(也就是縣尉的判文)加以牓示。

在元稹《彈奏劍南東川節度使狀》中,收録了一份中書門下發給御史臺的敕牒,曰:"籍没資財,不明罪犯,税外科配,豈顧章程? 致使銜冤,無由仰訴,不有察視,孰當舉明。所没莊宅、奴婢,一物已上,並委觀察使據元没數,一一分付本主。縱有已貨賣破除者,亦收贖卻還。其加徵錢、米、草等,亦委觀察使嚴加禁斷,仍牓示村鄉,使百姓知委。"②是要禁止地方官在税外科配百姓,加徵錢米等,對此,同樣也是要牓示鄉村的。

李翱《河南府司録參軍盧君墓誌銘》記載:"時民競出粟,易錢以歸,官斗至十八九。君白刺史言狀,請倍估納粟,下以澤民,上可以與官取利。刺史詰狀,君辨其所以必然,刺史行之,民用得饒。未一月,果被有司牒,和收官粟斗給六十。後刺史到,欲盡入其羨於官。君既去職,猶止之曰:'聖澤本以利民,民戶知之,不可以獨享。'刺史乃懸牓曉民,使請餘價,因以絹布高給之,民亦歡受,州獲羨錢六百萬。"③

孟郊《織婦辭》詩云:"夫是田中郎,妾是田中女。當年嫁得君,爲君秉機杼。筋力日已疲,不息窗下機。如何織紈素,自著藍縷衣? 官家牓村路,更索栽桑樹。"④官府令村民栽樹,屬於勸課農桑的一種措施,爲此需要在村路邊張貼牓文。在武宗《會昌二年四月二十三日上尊號赦文》中,則專門提及奉陵諸縣栽種柏樹的問題,要求"自今已後,每至歲首,委有司於正月、二月、三月、八月四個月内,擇動土利便之日,先下奉陵諸縣,分明牓示百姓。至時與設法栽植,畢月,縣司與守管使同點檢,據數牒報,與折本户税錢"⑤。可見,在適宜栽種的時間,縣司要專門牓示百姓,命其種樹。

四、選舉與考課的内容

在唐代科舉制度及各級文官的銓選與考課制度中,牓文也發揮了重要作用。先來看科舉。據《大唐新語》記載,開元二十四年(736),考功員外郎李昂在主持貢舉時,爲了顯示自己的至公無私,刻意不讓有徇私之嫌的李權

---

① 唐長孺《敦煌所出郿縣尉判集中所見的唐代防丁》,收入氏著《山居存稿》,北京:中華書局,1989 年,399—410 頁。
② 《全唐文》卷六五一,6615 頁。
③ 《文苑英華》卷九五七,5033 頁。
④ 《孟郊詩集校注》卷二,華忱之、喻學才校注,北京:人民文學出版社,1995 年,60 頁。
⑤ 《文苑英華》卷四二三,2145 頁。

及第,於是"摘權章句小疵,牓於通衢以辱之"①,即將後者文章中的錯誤一一列舉,並在長安各主要街道上加以牓示。對於李權而言,這自然是一種嚴重的羞辱,對於考官李昂而言,則是通過牓示其錯誤,來證明自己落下李權的正當性,爭取輿論的支持。當然,相反的情形也存在,史載顏杲卿之父顏元孫"垂拱初登進士第,考功員外郎劉奇牓其詞策,文瓌俊拔,多士聳觀"②。另如晚唐時温庭筠主持貢舉,就特意將自己最爲滿意的考卷牓於國子監和禮部:

> 右。前件進士所納詩篇等,識略精微,堪裨教化。聲詞激切,曲備風謡。標題命篇,時所難著。燈燭之下,雄詞卓然。誠宜牓示衆人,不敢獨專華藻。並仰牓出,以明無私。仍請申堂,並牓禮部。
> 咸通七年十月六日,試官温庭筠牓。③

顯然,劉奇、温庭筠之所以將優秀考卷牓示衆人,仍然是爲了標榜自己取捨之公正。這類牓文雖然處理的是公事,但這種方式卻非制度性規定,因此具有某種"私牓"的意味。

在州府解送的過程中也會利用牓文,如宣宗大中七年(853),京兆尹韋澳爲了避免在府解過程中被權勢之家干擾,出牓曰:"朝廷將裨教化,廣設科場。……況禮部格文,本無等第,府廷解送,不當區分。今年合送省進士、明經等,並以納策試前後爲定,不在更分等第之限。"④廢除了解送時的殊、次、平三等第。

吏部的銓選過程中,也需用到牓文,如文宗開成二年(837)中書門下奏請吏部頒行長榜,就建議:

> 天下之理,在能官人。古人以還,委重吏部。自循資授任,衡鏡失權,立格去留,簿書得計。比緣今年三月選事方畢,四月已後,方修來年格文,五月頒下,及到地遠,已及秋期。今請起今月與下長格,所在州府,牓門曉示。其所資官取本任黃衣本貫解,一千里内三月十日解到省,二千里、三千里遞加十日,並勒本州賫送,選人發解訖,任各歸家。其年七月十五日,齊於所住府,看吏部長榜定留放。其得留人,並限其

---

① 《大唐新語》卷一〇《釐革》,153—154 頁。
② 《舊唐書》卷一八七下《忠義下·顏杲卿傳》,4896 頁。
③ 温庭筠《牓國子監》,《全唐文》卷七八六,8232 頁。
④ 裴庭裕《東觀奏記》卷中,田廷柱點校,北京:中華書局,1994 年,108 頁。

年十二月十日齊到省試注唱,正月内銓門開,永爲定例。如其年合用闕少,選人文書無違犯可較,則於本色闕内先集選深人、年長人。其餘人既無闕可集,南曹俱爲判成,榜示所住州縣府,許次年取本任州府公驗,便依限赴集,更不重取本任本貫解。①

這個建議的主旨是編定"吏部長牓",選人可以依據長牓,在所住的州縣取解赴選,以提高銓選工作的效率。

宣宗大中六年(852)七月,考功司奏請百官考課之事,其中一條曰:"近年諸州府及百司官長所書考第,寮屬並不得知,昇黜之間,莫辨當否。自今以後,書考後但請勒各牒於本司本州,懸於本司本州之門三日。其外縣官則當日下縣。如有昇黜不當,便任敷陳,其考第須便改正,然得申省。如勘覆之後,事無乖謬,則論告之人,亦必懲殿。"②顯然,唐代各種牓文一個重要的發布空間就是京城與諸州府的城門,大中六年考功的建議類似於今天對領導幹部述職考核之後的公示,祇是最終没有被接受:"敕:考功所條流較考功事,頗謂詳悉,唯一件難便允從。近日俗尚矜能,人少廉恥,若牓門許其論告,則自此必長紛爭。當否之間,固有公議,其一件宜落下,餘依奏。"③朝廷擔心的是,如果把考課的結果公開牓示於本司、本州之門,則可能會引發官員之間的糾紛。

五、醫方

前引天寶五載八月,唐玄宗下詔"命郡縣長官就《廣濟方》中逐要者,於大板上件録,當村坊要路牓示",可見醫方也是唐代牓文的重要内容,而這種"版牓"應該比純粹用紙張粘貼的方式更爲經久④。《封氏聞見記》記載了一則與牓示醫方有關的故事:"御史大夫鄧景山爲揚州節度。有白岑者,善療發背,海外有名,而深秘其方,雖權要求者,皆不與真本。景山常急之。會岑爲人所訟,景山故令深加按劾,以出其方。岑懼死,使男歸取呈上。景山得方,寫數十本,牓諸衢路,乃寬其獄。"⑤與唐玄宗命州縣長官將《廣濟方》的

---

① 《全唐文》卷九六七《請吏部選人頒行長榜奏(開成二年四月中書門下)》,10040頁。
② 《册府元龜》卷六三六《銓選部·考課》二,7630頁。
③ 《册府元龜》卷六三六《銓選部·考課》二,7631頁。文中的"牓"原作"榜",此據《宋本册府元龜》改,2076頁。
④ 關於玄宗牓示《廣濟方》,參看劉淑芬《唐、宋時期僧人、國家和醫療的關係:從藥方洞到惠民局》,收入李建民主編《從醫療看中國史》,臺北:聯經出版事業公司,2008年,145—202頁。
⑤ 《封氏聞見記校注》卷一〇《祛惑》,北京:中華書局,2005年,93頁。

重要内容牓示村坊類似,鄧景山將處心積慮得來的秘方"寫數十本,牓諸路衢",衹不過其範圍應該衹是在淮南節度使的管内地區,而不能牓於隣境。宋代繼承了這種牓示醫方的傳統,如北宋皇祐三年(1051)五月二十六日,内降劄子引臣寮上言就説:"奉聖旨,宜令逐路轉運司指揮轄下州府軍監,如有疾疫瘴癘之處,於《聖惠方》内寫録合用藥方,出牓曉示,及遍下諸縣,許人抄劄,仍令秘閣檢《外臺秘要》三兩本,送國子監見校勘醫書官,子細較勘。"[1]顯然,這種牓示藥方的方式既體現了國家對民衆的恩德,更是醫學知識向民衆普及的重要渠道。

六、其他内容

除了上述五類主要内容之外,唐代還存在其他一些内容的牓文,涉及各級官府的日常運行的各個方面,也與百姓生活息息相關。例如,據吐魯番文書《唐開元間西州都督府諸曹符帖事目曆》第5行曰:"□□官人被訟,牓示要路事。"[2]可見,唐代的地方官如果犯法被訴,也需要牓示要路,使百姓周知。另據《新唐書·王潛傳》記載:"穆宗即位,封琅邪郡公,更節度荆南。疏吏惡,榜之里閭,殺尤縱者。分射三等,課士習之,不能者罷,故無冗軍。"[3]王潛將官府胥吏的過惡"榜之里閭",應該是爲了平息百姓的不滿情緒。從另一角度來看,這條材料表明,官府所出牓文,在某種程度上具有政務公開的意味。

在地方官府的日常政務中,捕捉盜賊應該是一項經常性工作,這其中也會經常使用牓文,《通鑑》就記載了發生在僖宗乾符六年(879)四月的一則故事:

> 西川節度使崔安潛到官不詰盜,蜀人怪之。安潛曰:"盜非所由通容則不能爲。今窮覈則應坐者衆,搜捕則徒爲煩擾。"甲子,出庫錢千五百緡,分置三市,置牓其上曰:"有能告捕一盜,賞錢五百緡。盜不能獨爲,必有侶。侶者告捕,釋其罪,賞同平人。"未幾,有捕盜而至者,盜不服,曰:"汝與我同爲盜十七年,贓皆平分,汝安能捕我! 我與汝同死耳。"安潛曰:"汝既知吾有牓,何不捕彼以來! 則彼應死,汝受賞矣。汝既爲所先,死復何辭!"立命給捕者錢,使盜視之,然後凅盜於市,並滅其

---

[1] 《皇祐三年五月二十六日内降劄子》,《外臺秘要方》,高文鑄校注,北京:華夏出版社,1993年,838頁。

[2] 陳國燦《斯坦因所獲吐魯番文書研究》,武漢大學出版社,1995年,168頁。

[3] 《新唐書》卷一九一《忠義上·王同皎傳》附《王潛傳》,5508頁。

家。於是諸盜與其侶互相疑，無地容足，夜不及旦，散逃出境，境內遂無一人之盜。①

西川節度使崔安潛發出捕盜牓文，並標出重賞，造成盜賊內部的相互猜疑，最終一舉平息管內的盜賊，可謂行之有效。在這則故事中，牓文因其公開性而成爲取信於民的重要手段，這是其特點決定的。

在某些特殊的例子中，牓文也具有廣告的意味。例如，穆宗長慶四年（824）十二月，“乙未，徐泗觀察使王智興以上生日，請於泗州置戒壇，度僧尼以資福，許之。自元和以來，敕禁此弊，智興欲聚貨，首請置之。於是四方輻湊，江、淮尤甚，智興家貲由此累鉅萬。浙西觀察使李德裕上言：‘若不鈐制，至降誕日方停，計兩浙、福建當失六十萬丁。’奏至，即日罷之”②。《册府元龜》記載了李德裕奏狀的原文，其中有云：“徐州觀察使近於泗州開元寺置戒壇，從去冬便遣僧人於兩浙、福建已來所在帖牓，召僧尼受戒。江淮自元和二年後更不度人，百姓聞知，遠近臻湊。”③在此事件中，王智興爲了聚斂財貨，遂置戒壇度僧尼，爲了最大程度宣傳此事，他甚至派出僧人去兩浙、福建等地“帖牓”，這已經超出徐泗觀察使的轄區，故引起浙西李德裕的强烈反彈。從“百姓聞之，遠近輻輳”之語觀之，王智興的宣傳策略取得了極大效果，“牓”的作用可見一斑。

第四節　唐代牓文的發布空間

馬怡先生通過對敦煌、額濟納等漢簡的研究，發現漢代的大扁書通常懸掛於“鄉亭市里門外謁舍顯見處”，“市里、官所、寺舍、門亭、隧塢中”等，均係人羣聚集且流動性大的地方，其目的是“令百姓盡知之”④。唐代牓文的發布空間與漢代的扁書基本一致，主要包括以下幾個地點：

一、諸門（包括宮門、衙門、城門和坊市門）

無論是宮門、衙門，還是城門與坊市之門，都地處城市之中，宮門與衙署門是國家權力的象徵，城門與坊市門則與百姓生活空間息息相關，城門更通

---

① 《資治通鑑》卷二五三“乾符六年四月”條，8212—8213 頁。
② 《資治通鑑》卷二四三“長慶四年十二月”條，7840 頁。
③ 《册府元龜》卷六八九《牧守部·革弊》，8219 頁。
④ 參看馬怡前引《扁書試探》，孫家洲主編《額濟納漢簡釋文校本》，171 頁。

常連接城鄉,在國家日常行政與百姓日常生活中扮演重要角色,因此,各種"門"成爲張貼敕牓與諸司、諸州縣牓文的重要場所。例如,文宗大和八年(834)二月,中書門下奏:

> 准貞元二十一年六月六日敕:"訴事人不得越州縣臺府,便經中書門下陳狀者。"近日狡猾論競,皆不待州府推斷,便來詣闕,非惟煩瀆天聽,實亦頗啓倖門。請自今已後,有此類,先科越訴罪,然後推勘。又准開元十二年八月二十四日敕:"比來小有訴競,即自刑割,自今以後,犯者先決四十,然後依法勘當。"伏以先自毀傷,律令所禁。近日此類稍多,不至甚傷,徒驚物聽。請連敕牓白獸門,如進狀又劓耳者,准前敕處分。①

不難看出,這件牓文是"連敕"的,應該是將開元十二年那條禁止自殘訴訟的敕文録出,在太極宮的白獸門牓示,由於這道敕文有很强的針對性,不需要向全國告示,祗需要在經常發生割耳事件的地方牓示即可②。

武周時期,徐有功曾任左肅政臺侍御史,多次平反冤獄,並對吏部等部門工作提出批評。當時鹿城主簿潘好禮深慕其爲人,故著論及此,其中設問曰:"徐公之道既高矣,何爲蹔處霜臺,即奏天官得失,牓諸門以示天下,規規然是釣名耳,其故何哉?"③據《舊唐書·徐有功傳》記載,徐有功批評吏部用的是給武則天"上疏"的方式④,未提到他曾"牓諸門以示天下",不過,潘好禮作爲同時代人,所云當有根據。其實,由御史臺官員揭牓於宮門或府門,在唐代絶非罕見,如《南部新書》就記載:"李德裕自西川入相,視事之日,令御史臺牓興禮門:'朝官有事見宰相者,皆須牒臺。其他退朝從龍尾道出,不得横入興禮門。'於是禁省始静。"⑤據《唐六典》卷七記載,興禮門在大明宮中,"(含元殿)其北曰宣政門,門外東廊曰齊德門,西廊曰興禮門"⑥。從大明宮圖來看,興禮門當通往中書門下所在的中書省,故李德裕命御史臺在此張牓,禁止朝官私謁宰相。

州縣衙門、城門的牓示應該更多。中國國家圖書館藏 BD11180《唐敦煌

---

① 《全唐文》卷九六六《請禁斷稱冤越訴奏》,10037—10038 頁。
② 關於唐代割耳劓面與司法訴訟的關係,參看拙撰《割耳劓面與刺心剖腹——從敦煌 158 窟北壁涅槃變王子舉哀圖説起》,《中國典籍與文化》2003 年第 4 期,95—104 頁。
③ 《册府元龜》卷八三〇《總録部·論議》二,9860 頁。
④ 《舊唐書》卷八五《徐有功傳》,2819 頁。
⑤ 《南部新書》卷庚,黄壽成點校,北京:中華書局,2002 年,108 頁。
⑥ 《唐六典》卷七《尚書工部》"工部郎中員外郎"條,北京:中華書局,1992 年,218 頁。

縣印歷》第 1—2 行即曰："牓縣門爲□□百 姓馬事。已上貳道典曹慶。祥。有印。"①這顯然是敦煌縣府在城門出牓的紀録，而且牓文上鈐有敦煌縣之印。另如英藏敦煌 S.2703《唐天寶年代敦煌郡公文事目》8—9 行就曰："敕河西節度使牒爲軍郡長官已下不須赴使事。其日判牒軍，並榜門訖。史張先。"②這是敦煌郡府將河西節度使的牒文轉牒下管内諸軍，但究竟是將此牒牓於諸軍門，還是敦煌郡的城門或衙門，並不清楚。文宗開成二年（837）中書門下奏請吏部頒行長牓，就要求"今請起今月與下長格，所在州府，牓門曉示"③。會昌元年（841）十一月，御史臺奏請條流京城文武百僚及庶人喪葬事，便建言："伏乞聖恩宣下京兆府，令准此條流，宣示一切供作行人，散榜城市及諸城門，令知所守。"④

二、要路

除了各種門之外，交通要道也是唐代牓文發布的重要空間。例如高宗時，"狄仁傑因使岐州，遇背軍士卒數百人，夜縱剽掠，晝潛山谷，州縣擒捕繫獄者數十人。仁傑曰：'此途窮者，不輯之，當爲患。'乃明榜要路，許以陳首"⑤。前引天寶九載（750）七月那道禁止百姓在秋季"穀未熟時，即賣充馬藁"以求利的詔書中，也要求"牓示要路，咸使聞知"⑥。懿宗在《即位赦文》中要求："仍令所在場鹽院及州縣，於要路分明懸榜示人户，俾令知悉。"⑦在敦煌文書中，我們也能看到相關材料，例如日本杏雨書屋藏羽 61 號《唐敦煌縣印歷》第 18 行曰："司倉牓三街爲供設新物不請價直事。典吕俊。思。有印。"⑧可見這件敦煌縣司倉發出的關於"供設新物不請價直"的牓文，是要在敦煌縣的"三街"公布的，它們應該屬於敦煌縣城内的"要路"。之所以在"要路"張牓，無疑是因爲這裏人口流動性大，能將朝廷、官府所需要公示的内容最大程度宣傳出去，達到發布牓文的目的。

---

① 圖版見《中國國家圖書館藏敦煌遺書》第 109 册，60 頁。録文參看赤木崇敏《唐代敦煌縣勘印簿 羽 061、BD11177、BD11178、BD11180 小考》，《敦煌寫本研究年報》第 5 號，2011 年，100 頁；包曉悦《論唐代官文書鈐印制度——以敦煌西域出土印歷爲中心》。

② 唐耕耦、陸宏基編《敦煌社會經濟文獻真蹟釋録》第四輯，472 頁。

③ 《全唐文》卷九六七《請吏部選人頒行長榜奏》，10040 頁。

④ 《唐會要》卷三八《葬》，816—817 頁。

⑤ 《大唐新語》卷四《政能》，63—64 頁。

⑥ 《册府元龜》卷七〇《帝王部·務農》，790 頁。

⑦ 《全唐文》卷八五，892 頁。

⑧ 圖版見杏雨書屋編《敦煌秘笈·影片册》一，大阪：武田科學振興財團，2009 年，381—383 頁；録文參考赤木崇敏《唐代敦煌縣勘印簿 羽 061，BD11177，BD11178，BD11180 小考》，97 頁。

三、村坊

村坊,又稱"鄉村""鄉閭""村閭""閭里"等,是百姓聚集生活的主要空間,當然也是牓文發布的重要地點。在這裏張貼的牓文,往往與百姓生活息息相關,既有朝廷的恩恤、官府的法令,又有各種賦役的徵收標準,因此,成爲官民互動的最直接途徑。代宗時《減京兆府秋稅制》就要求:"仍委京兆尹及令長,明申詔旨,分牓鄉閭,一一存撫,令知朕意。"①咸通八年十一月六日,懿宗下敕給賜百姓、僧尼、病坊等錢物,要求"此敕到,仰所在州縣寫録敕牓於州縣門并坊市、村閭、要路"。

四、其他地方

除了諸門、要路與村坊這三類主要地點之外,唐代的某些牓文因其具體的範圍和目的,也在一些特殊的空間牓示。例如,在歸義軍節度使張議潮早年所書的法藏 P.3620《諷諫今上破鮮于叔明、令狐峘等請試僧尼及不許交易書》中,最後一行爲皇帝的批答:"敕批:李叔明、令狐峘等所奏並停。牓示僧尼,令知朕意。"②這份批答被要求"牓示僧尼",應該是張貼於佛教寺院中,以平息鮮于叔明等人建議廢佛帶來的恐慌情緒。

第五節　敦煌吐魯番文書中的牓文

在敦煌吐魯番文書中,保存著一些唐代牓文的原件或抄件,爲我們直觀瞭解牓文的形態與使用提供了寶貴的第一手材料。在此,我們試從文書學角度分析兩件最具代表性的牓文。

一、唐寶應元年(762)五月節度使衙牓西州文③

1　使衙　　　　　　　　牓西州
2　　諸寺觀應割附充百姓等
3　　　右件人等久在寺觀驅馳,矜其勤勞日久,遂與僧道

---

① 常袞《減京兆府秋稅制》,《文苑英華》卷四三四,2200 頁。
② 《敦煌社會經濟文獻真蹟釋録》第四輯,314—321 頁。關於這件文書,參見陳英英《敦煌寫本諷諫今上破鮮于叔明令狐峘等請試僧尼及不許交易書考釋》,北京大學中國中古史研究中心編《敦煌吐魯番文獻研究論集》,509—527 頁。
③ 《吐魯番出土文書》〔肆〕,328 頁。

4　　　　商度,並放從良,充此百姓。割隸之日,一房盡來,不能有媿
5　　　　於僧徒。更乃無厭至甚,近日假託,妄有追呼。若信此流,
6　　　　擾亂頗甚。今日以後,更 有 此色者,當便決然。仍仰所由
7　　　　分明曉喻,無使踵前,牓西州及西海縣。
8　以　前　件　狀　如　前
9　　　　　　建　午　月　四　日
10　使　御　史　中　丞　楊　志　烈

本件文書(圖4-1)出自吐魯番阿斯塔納509號墓,其背面則是《唐唐昌觀申當觀長生牛羊數狀》①,關於二者的關係,我們將在下文討論。

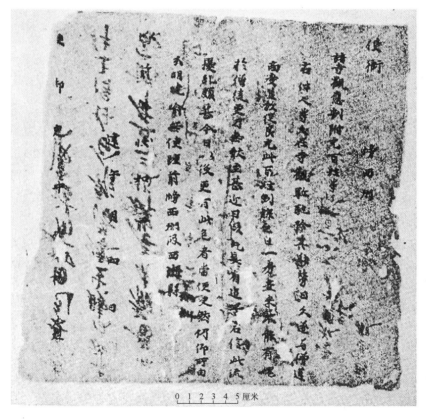

圖4-1　《唐寶應元年(762)五月節度使銜牓西州文》

唐長孺先生最早研究了這件牓文,他指出,楊志烈擔任的使職是"伊西

---

①　《吐魯番出土文書》〔肆〕,338頁。

庭節度使",而本件牓文内容是解放寺觀依附人口之事,其目的是爲了擴大賦役對象①。隨後,姜伯勤、張弓等先生討論了牓文中反映的西州寺院家人奴婢的放良、寺觀依附人口從奴婢到良人的演變等問題②。不過,關於文書中"近日假託,妄有追呼"的解讀,學界有不同意見。張先生認爲指的是當地某些世俗强家妄造借口,企圖攫奪放良的寺觀賤口,而姜先生則認爲説的是某些僧徒在根據命令將奴婢放良後,又託詞將其"追呼"回去。陳國燦先生則認爲此牓文的主旨要求停止放良活動,以維持既有的統治秩序③。我們認爲,姜先生的分析比較合理,他舉出的阿斯塔納 510 號墓的一件文書爲證④:

1　　西海縣橫管　　　　　狀上

2　　　本縣百 姓 故 竹 伯 良妻竹慈心 ᵐᵃ妄理人西州七德寺僧惠寬　法允

　　　　（後缺）

姜先生認爲,文書中西州七德寺僧人是所謂的"妄理人",也就是前述牓文中"妄有追呼"被放良者的僧徒。吴震先生則進一步分析説,這兩件文書雖然出自兩座墓,但具有因果關係,即"因狀出牓"。他還推測,使衙當先發出一個文件來解放寺觀依附人口,結果引起僧徒的反彈,託詞追呼放良奴婢回寺,後者訴於縣司,縣司又狀上使衙,於是使衙正式發出此牓,禁止類似事件再次發生⑤。

　　至此,《唐寶應元年(762)五月節度使衙牓西州文》的内容已經基本清楚,不過還有深入研究的空間,在此,我們試圖從文書學的角度來討論這件牓文的文本:

---

① 唐長孺《唐肅代期間的伊西北庭節度使及留後》,原刊《中國史研究》1980 年第 3 期,此據氏著《山居存稿》,北京:中華書局,1989 年,411—428 頁。

② 姜伯勤《唐西州寺院家人奴婢的放良》,《中國古代史論叢》第三輯,福州:福建人民出版社,1982 年,286—303 頁;收入何兹全主編《五十年來漢唐佛教寺院經濟研究(1934—1984)》,北京師範大學出版社,1986 年,202—219 頁。張弓《南北朝隋唐寺觀户階層述略——兼論賤口依附制的演變》,《中國史研究》1984 年第 2 期,39—52 頁;收入《五十年來漢唐佛教寺院經濟研究(1934—1984)》,299—322 頁。

③ 陳國燦《斯坦因所獲吐魯番文書研究》,130—131 頁。

④ 《唐庭州西海縣橫管狀爲七德寺僧妄理人事》,圖版、録文見《吐魯番出土文書》〔肆〕,344 頁。

⑤ 吴震《唐庭州西海縣之置建與相關問題》,《新疆社會科學》1989 年第 2 期,95—106 頁。吴先生據第二件文書認爲是竹伯良被寺院追呼回去,其妻訴於官府,不過,他的録文漏掉了第二行竹伯良前的"故"字,也就是説,竹伯良已去世,與寺院發生糾紛的是其妻竹慈心。

　　首先,這件牓文實際上祇是一個抄件,而非節度使衙發出的原件,因爲在牓文第9行的日期的部分並未鈐印,即没有加蓋伊西庭節度使的官印。如前所述,在正式行用的牓文上,需要加蓋發牓官府的官印,李錦繡復原的唐《賦役令》第50條就明確規定,每户負擔的租税數目等,必需先"印署",然後再牓示於縣門、村坊。前引杏雨書屋藏羽61號《唐敦煌縣印歷》第18行記載司倉"牓三街"的牓文時,亦明確記載"有印"。此外,從圖版上我們可以看到,節度使楊志烈署名的字體與正文文字體完全一致,顯然出自同一人的手筆。然而如所周知,唐代各種正式公文上,長官祇需要簽署自己的名字即可,不需要自己來抄寫整個公文,且他們的押署往往龍飛鳳舞,字體很大,墨迹很濃,與書手所寫的工整字迹形成鮮明對比。

　　其次,這件牓文需要與其背面的文書即《唐唐昌觀申當觀長生牛羊數狀》聯繫起來,進行綜合考慮。先録文如下①:

1　唐昌觀　　　狀上
2　　當觀○(長)生羊大小總二百卅八口
3　　　一　百　五　十　二　口　白　羊
4　　　卅　八　口　羖　羯
5　　羔　子　卅　八　　口
6　　卅⑧五(八)口　今　年　新　生　羔　子
7　牒:當觀先無羣牧,三、五年諸家
8　布施及贖(續)生,零落雜合,存得上件
9　數。具色目如前,請處分。

如整理者所言,這件狀文的年代當在正面牓文之後。從書寫上來看,文字勾劃塗抹之處甚多,顯然祇是一件草稿。這件狀文與正面牓文之間究竟有無直接關係?榮新江先生曾認爲二者關係密切,在節度使發牓之前,先對寺觀人口與財產進行調查,"牓文背面的唐昌觀文書,大概就是回答這種調查的報告"②。但我們認爲,二者看不出有直接關聯,因爲在牓文中完全不涉及寺觀財產問題。

　　我推測,正面的牓文應該是經過西州轉抄的文本,也就是説,伊西庭節

―――――――――

①　《吐魯番出土文書》〔肆〕,338頁。
②　榮新江《唐代西州的道教》,《敦煌吐魯番研究》第四卷,北京大學出版社,1999年,133—134頁。

度使給西州的牒文原件上肯定有楊志烈本人的簽署並鈐有節度使的官印，西州都督府收到之後，會將其轉抄若干份，其後連寫本州行下的文字，上面所鈐當爲西州的官印，祇是後面這一部分今已不存，祇留下了轉抄的使牒那一紙。另外，從前面對牒文内容的分析來看，這份牒文主要針對的對象是一些寺觀的僧道"無厭至甚，近日假託，妄有追呼"的現象，故其張貼的主要空間應該就是諸寺觀本身，西州與西海縣的每個寺觀應該都會張貼一份，而本件文書應該就是張貼在唐昌觀的那份牒文。當時過境遷之後，觀内道士就用它來寫狀文的草稿，因爲在西州紙張相當珍貴，政府廢棄的公文往往被寺觀、百姓拿來重復利用。

再次，牒文第 7 行的"牒西州及西海縣"給我們提出了一個問題：從行政程序上來看，節度使牒能否越過州而直接下縣？ 這份牒文直接發至西海縣，是正常程序還是特例？ 根據前文分析，唐代敕牒往往需要州縣等地方官府轉録後再行下村坊，敕文也是"各委本道全寫録於縣門牒示"，村坊、要路等祇張貼具體的"小牒"。很難想象，在村坊張貼的敕牒會是從朝廷直接下發的原件。從我們目前所見到的材料來看，牒文似乎與符、牒等公文一樣，是逐級行下、轉抄的，這點似乎與可以越級行下的"帖"不同。

關於西海縣，吳震先生曾推測肅宗上元元年（760）吐蕃一度攻陷北庭，節度使衙被迫移於西州，爲確保西州安全，遂在吐蕃勢力未及的庭州一隅，析輪臺縣地新置西海縣①。不過，劉子凡最近的研究否定了這一點，他提出一個新説，即所謂西海縣並非新置，而是由之前的蒲類縣改名而來，它地處從北方草原進入天山北麓地區的軍事要衝，在當時是聯繫回鶻抗擊吐蕃的前綫，故北庭節度使楊志烈與西州寺觀商量將依附人口放良，在西海縣入籍爲百姓，無疑是含有加強西海縣力量的意味②。如所周知，伊西庭節度使在北庭，例兼庭州刺史，故可直接與管内諸縣行文。這樣，使衙的牒文直接發給西海縣，就順理成章了。

值得指出的是，出土這件牒文的阿斯塔納 509 號墓可能是吐魯番出土文書最爲豐富的墓葬之一，一些著名文書如《石染典過所》《康失芬行車傷人案卷》及一批武周時期天山府文書等都出自此墓，這自然與墓主張運感的官人身分有關，他曾擔任過天山府的"都帥"，去世時則是沙州"西關鎮將"③。在這個合葬墓中，除了張運感夫婦之外還有一具女屍，其隨葬紙衾上拆出的文

① 參看前引吳震《唐庭州西海縣之置建與相關問題》。
② 劉子凡《北庭西海縣新考》，《新疆大學學報》2020 年第 1 期，81—87 頁。
③ 參看《唐開元廿六年（738）張運感及妻墓表》，圖版、録文見侯燦、吳美琳《吐魯番出土磚誌集注》，成都：巴蜀書社，2003 年，640—641 頁。

書紀年起開元十九年(731),止寶應元年(762)①,我們推測她應該是張運感後娶之妻。在509號墓中出土的與道教有關的文書不止這一件,還包括有大致同時的《唐西州道俗合作梯蹬及鐘記》。從出土文書的情況來看,張運感這位後娶的夫人可能與西州道觀有些關係,故在其紙衾上會出現這類文書。

二、廣順三年(953)十二月十九日歸義軍節度使曹元忠牓

在英藏敦煌文獻中,保存著一件極爲珍貴的曹氏歸義軍時期的牓文原件,編號爲S.8516,揭自Ch.xxxiii絹畫,共有十餘個殘片,在年代、紙縫等處鈐有"沙州節度使印"數方,押署處爲曹元忠的鳥形畫押②。榮新江先生早就揭示了它的性質與價值③,坂尻彰宏先生則將這些殘片(A1-8,C4-6)加以綴合,並繪出了綴合之後的示意圖,進而討論了"牓"的書式與機能④。不過,他的標點、録文等存在一些疏漏,特別是他漏掉了C1與C2+C3兩個殘片,其實這兩個殘片雖不能直接綴合,但它們卻是牓文的一部分,而且應該是節度使曹元忠的判文,其相對位置是清楚的。雖然榮新江先生早就指出A、C號殘片屬於同一文書,但魏泓(Susan Whitfield)所編《絲綢之路》一書中隨同他的文章刊布的彩色拼接圖版上,卻同樣遺漏了這兩個殘片,實屬遺憾⑤。在此,我們依據圖版(卷首部分,見彩版圖4)重新録文、標點,文字不同者出注説明,標點不同者徑改,並將A、C諸殘片連排如下:

···

(A1-8)1　　敕歸義軍節度使　　　　牓

　　　2　　　　　應管内三軍百姓等

　　　3　　右奉　處分,蓋聞□

　　　4　　封建邑⑥,若看土地、

---

① 參看阿斯塔納509號墓的解題,《吐魯番出土文書》〔肆〕,251頁。
② 圖版見《英藏敦煌文獻(漢文佛經以外部分)》第12冊,145—151頁。
③ 榮新江《英國圖書館藏敦煌漢文非佛教文獻殘卷目録(S.6981—13624)》,臺北:新文豐出版公司,1994年,94—95頁。按此書的編號與《英藏敦煌文獻》略有不同,本章編號據後者。
④ 參看坂尻彰宏《敦煌牓文書考》。
⑤ Rong Xinjiang, "Official Life at Dunhuang in the Tenth Century: The Case of Cao Yuanzhong", in The Silk Road: Trade, Travel, War and Faith, ed. by Susan Whitfield, London: The British Library, 2004, pp.57-62, fig.3.
⑥ "邑",坂尻誤録作"路"。

5　　山川、阡陌堪居,遂

6　　乃置城立社。況河西

7　　境部①,舊日惣②有

8　　人民,因③爲土蕃吞

9　　侵,便有多投 停

10　　廢。伏自

···

11　　大王治世,方便再

12　　置安城,自把已來,

13　　例皆快活。唯殘新

14　　鄉要鎮,未及安置

15　　軍人。今歲初春,

16　　乃遣④少多人口耕

17　　種,一熟早得二

18　　載喉糧。柴在山

19　　頭,便是貧兒活處。

20　　仍仰鄉城百姓審

21　　細思量,定⑤莫執

···

22　　愚,耽貧過世。丈

23　　夫湯突,到處逢⑥

24　　財,怕事不行,甚

25　　處得物? 自今出

26　　牓曉示,樂去者牓

27　　尾標名。所有欠⑦

28　　負諸家債物,官

29　　中並賜恩澤填

30　　還,不交汝等身上

---

① "部",坂尻誤錄作"都"。
② "惣",坂尻誤錄作"忽"。
③ "因",坂尻誤錄作"田",且上屬。
④ "遣",坂尻誤錄作"置"。
⑤ "定",坂尻誤錄作"空"。
⑥ "逢"下原有一筆墨劃,坂尻錄作"一",恐誤。
⑦ "欠",坂尻誤錄作"缺"。

31　懸欠①,便可考②聞早

······························

32　去揭,安③排次第。及

33　時初春,趁得種田,

34　便見秋時倍熟。一

35　年得利,久後無愁。

36　坐得三歲,二年惣

37　□,□ 全 作 □, 仍 仰

　　　　（中缺）

(C1)　38　　處各書名姓,

　　　39　　仍仰准狀指

　　　40　　揭,不合固違

　　　41　　□□□

　　　　　（中缺）

(C2+3)　42　　□□□

　　　43　　□爭牒貫,恐

　　　44　　衆不知,一一丁

　　　45　　寧,固令曉示,

　　　46　　各仰知委者

······························

　　　47　　□□□□□□

　　　　　（中缺）

(C4-6)　48　　□□□□□□

　　　49　　廣順三年 十□月 十九日牓

　　　50　**使光禄大夫檢校太保兼御史大夫曹** 𖡼 ［鳥形花押］

　　　51　新鄉口承□(人):押牙多祐④兒　兵馬使景悉乞納　李佛

　　　52　奴　于羅悉雞　趙員定　大雲寺僧保性　平康

　　　53　武揭橋兄弟二人

······························

---

① "欠",坂尻誤録作"缺"。
② "考",坂尻録作"者"
③ "安",坂尻誤録作"案"。
④ "祐",坂尻録作"裕"。

54 新城口承人：神沙王盈進　玉關①宋流住
　　　（後空白）

如研究者所指出那樣,這份牓文可能張貼在節度使的衙門(沙州子城)前,其主要内容是向百姓宣告新置了新鄉鎮,希望願意遷居者踴躍報名②。據曾親自整理這件文書原件的榮新江先生見告,文書的背面有漿糊的痕迹,可見它的確是一份實用的牓文。

需要指出的是,録文第 38—47 行爲原 C1、C2+C3 兩個殘片,其墨迹較爲濃重,字迹與牓文不同,當非一人所書,從内容來看,似乎正是節度使曹元忠的判文,讓百姓在某處"各書名姓",結合前文 26—27 行,應該就是"樂去者牓尾標名"之意。其判文又稱"恐衆不知,一一丁寧,固令曉示,各仰知委",這些語句正是唐代牓文常見的套話。我們推測,從 1—37 行的牓文正文,應該是由使衙判官所擬,故第 10—12 行就有"伏自大王治世,方便再置安城"之語,顯然不是曹元忠的口氣。在這件牓文上,有判官所書正文、曹元忠判文,當然還有最後的押署、鈐印等,所有這些纔構成了一件完整的節度使牓文。

尤其特別的是,這件牓文是一份官民互動式的文書,它在結尾部分留有數紙餘白,供報名移居的百姓填寫(參看彩版圖 5)。從兩紙分列"新鄉口承人""新城口承人"來看,當時移民的目的地不止新鄉一鎮,還包括了新城鎮,而自願移民者,還有來自平康、神沙、玉關等鎮的百姓。從字體來看,這些口承人的簽名字體很小,與之形成鮮明對比的是,無論是正文還是曹元忠判文的字體都很大,按照圖版上的比例尺來看,每個字都在四、五釐米左右,故正文每行最多不過 8 個字,而判文每行僅 5 個字。字迹大,張貼在牆上纔會更爲醒目,這或許是所有牓文共同的特點。由於資料的限制,我們還不清楚唐代其他牓文是否也有官民互動的現象,但這件牓文實物依然對理解唐代牓文的形態與運作有重要參考價值。

小　　結

從上文的討論,我們可以得知,在唐代詔敕中常見的"分明告示,咸使知

---

① "關",坂尻誤録作"閑",按"玉關"乃鄉名。
② 參看前引榮新江、坂尻彰宏論文。關於歸義軍時期"鎮"的廢置,可參看馮培紅《歸義軍鎮制考》,《敦煌吐魯番研究》第九卷,北京：中華書局,2006 年,245—294 頁。

悉”“告示中外，令知朕意”“自今已後，明加告示”等語，最後都是要通過牓
文來實現。唐代的牓文上承漢代的扁書，下啓宋代的榜諭，是朝廷與各級官
府發布政令的重要渠道。從物質形態來看，漢代的扁書書於竹木之上，懸掛
於高處，唐代則主要是用紙張書寫，但也仍然有某些“版牓”的遺存。到了宋
代，一些牓文開始使用印刷品來張貼，這無疑大大提高了牓文發布的效率與
傳播廣度。至於宋代鄉村專門用來張貼榜諭的“粉壁”，是從五代開始出現
在史籍之中，但在唐代並不常見。

　　唐代牓文包括了敕榜、地方官府發布的牓文及軍牓。唐《賦役令》規定：
“諸租、調及庸、地租、雜税，皆明寫應輸物數及應出之户，印署，牓縣門及村
坊，使衆庶同知。”但實際上，唐代牓文的内容遠不止此，其内容涉及大赦、慰
諭軍民、政策法規等。牓文發布的空間主要是發文機關的管轄範圍之内，當
然也有個别在隣道張牓的例子（如王智興），但應該並不常見，大多數牓文通
常會張貼在諸門（包括城門、衙署門、坊市門等）、要路、村坊及寺院等其他地
方，其共同的特點是人多、流動性大，便於信息的傳播。因爲牓文在傳播信
息方面的巨大作用，官府往往會對其嚴加控制，對其文辭也會加以要求。例
如，齊映《河南府論被謗表》曰：

　　　　今月十九日，又得南市署丞張斌狀送留守牒市之意，似欲慰人户，
　　詳其牓内之詞，却慮摇動愚下。其牒云：“户口流散，村落空虚，恐依山
　　林，變爲狂寇，攘竊道路，隔硋往來者。”今地即王畿，有事尚令密啓；人
　　皆服化，虚詞豈可牓陳？敢言不利府司，又恐惑於遠聽，臣伏以俱承寄
　　任，貴務和同，今日故就皇城自取商議，既至門首，又不見臣。臣憂懼轉
　　深，不敢不奏。其市牓諸縣，見擬移牒，請其且收。①

齊映此表的背景尚不清楚，但詳其文意，似是東都留守牒南市，令其發牓慰
諭百姓，但齊映認爲其内容是“虚詞”，且可能“摇動愚下”，造成社會動蕩，
於是建議將這些牓文回收。值得注意的是，南市所發之牓，實爲留守之
牒文。

　　結合傳世文獻與敦煌吐魯番文書中保存的使牓抄件與原件，我們可以
分析牓文的公文形態。不難看出，無論是敕書、詔敕還是州縣官府的符、牒、
帖等，均可以牓文的形式發布，通常情況下，上級官府下發的牓文需要經過
轉抄之後，纔能在基層張貼，即將接到的牓文轉抄於前，後面則是實際發牓

_____

①　《全唐文》卷四五〇，4605—4606 頁。

單位的印署,一般不能越級發牓,這是與"帖文"不同之處。從中晚唐到宋代,牓文逐漸成爲一種專門的公文種類,除了敕牓成爲正式王言的一種外,地方官所使用的各種牓諭也日漸規範化,如到任牓、約束牓、曉諭牓等。在宋代《文書式》中就有"曉示"這種公文的格式,特别説明:"内外官司事應衆知者,用此式。用榜者准此。唯年月日下書'榜'字。友(右)列位依牒式。"①可見,與帖的情形類似,牓也在宋代正式進入《文書式》的規範之中。

各種牓文在唐代的日常政治生活中發揮著非常重要的作用,它將朝廷的恩典、各級官府的政令、民衆承擔的租賦等直接傳遞到基層社會,有時官員自身的考課與懲戒也會牓示於民衆,這是某種意義上的政務公開。從另一個方面來看,這是取信於民的一種方式,前引獨孤及所云"懸牓以示之信",即此之謂也。僖宗中和二年(882)十二月,西川節度使陳敬瑄派軍平定了阡能之亂,史載:

> 陳敬瑄牓邛州,凡阡能等親黨皆不問。未幾,邛州刺史申捕獲阡能叔父行全家三十五人繫獄,請準法。敬瑄以問孔目官唐溪,對曰:"公已有牓,令勿問,而刺史復捕之,此必有故。今若殺之,豈惟使明公失大信,竊恐阡能之黨紛紛復起矣!"敬瑄從之,遣押牙牛暈往,集衆於州門,破械而釋之。②

顯然,公開發布的牓文代表了官府的"大信",故唐溪建議陳敬瑄遵守承諾,而所派押牙前往邛州釋放阡能叔父時,同樣要"集衆於州門",以印證牓文之信。此外,民衆的反饋有時也直接標示在牓文之末,這對於提高統治效率、維護社會穩定具有不可替代的作用。

---

① 《慶元條法事類》卷一六《文書式》,350 頁。
② 《資治通鑑》卷二五五"中和二年十二月"條,8282 頁。

第五章　唐宋牓子的類型及其功能

在唐代的官場運作中，應用著衆多公文種類，除了《公式令》中規定的表、狀、箋、啓、符、移、關、牒等之外，還存在不少令外的文種如帖、牓等，各種公文具有不同的等級與功能，共同組成了一個互補銜接的官文書體系，維護著唐帝國的日常行政運轉①。中唐之後，隨著政治形態的演進，又出現了敕牒、堂帖等一些新的公文類型②，而"牓子"作爲"奏狀"的一種簡易形式③，也在日常政務中發揮著重要作用，其使用一直延伸到五代與兩宋。本文試從法藏敦煌文書 P.3449+P.3864《刺史書儀》中所記載的牓子格式出發，對其起源、類型、特點及其在唐宋政務運行中的功能做一些初步討論。

第一節　P.3449+P.3864《刺史書儀》中的"牓子"及其奏狀性質

關於 P.3449+P.3864《刺史書儀》(局部圖，見彩版圖6)，當以周一良、陳

---

① 關於唐代的官文書研究，最成體系的是中村裕一先生的著作：《唐代制敕研究》，東京：汲古書院，1991 年；《唐代官文書研究》，京都：中文出版社，1991 年；《唐代公文書研究》，東京：汲古書院，1996 年。另參本書第二、三、四章關於關、帖、牓等官文書的討論。以及赤木崇敏的系列論文：《唐代前半期の地方文書行政──トゥルファン文書の檢討を通じて》，《史學雜誌》第 117 編第 11 號，2008 年，75─102 頁。中文本《唐代前半期的地方公文体制──以吐魯番文書爲中心》，收入鄧小南、曹家齊、平田茂樹主編《文書·政令·信息溝通：以唐宋時期爲主》，北京大學出版社，2012 年，119─165 頁。同氏《唐代官文書體系とその變遷──牒·帖·狀を中心に》，收入平田茂樹、遠藤隆俊編《外交史料から十~十四世紀を探る》，東京：汲古書院，2013 年，31─75 頁。

② 參看劉後濱《唐代中書門下體制研究──公文形態、政務運行與制度變遷》，濟南：齊魯書社，2004 年，281─293、341─354 頁。另參王孫盈政《唐代"敕牒"考》，《中國史研究》2013 年第 1 期，89─110 頁。葉煒《唐後期同時上呈皇帝、宰相類文書考》，鄧小南主編《田餘慶先生九十華誕頌壽論文集》，北京：中華書局，2014 年，533─544 頁。

③ 在唐宋文獻中，"牓"有時寫作"榜"，本書引用典籍時均以原文爲準，行文則均用前者。

祚龍等先生的研究發其端①,後來唐耕耦、陸宏基先生在《敦煌社會經濟文獻真蹟釋錄》中據陳氏的研究進行錄文,擬題爲《書儀小册子》②。趙和平先生則對這件文書的性質、年代進行了深入研究,認爲它是後唐時期刺史專用的書儀③。在稍後出版的《敦煌表狀箋啓書儀輯校》中,趙先生又對這件文書進行了詳細的解題和錄文,並直接將其定名爲《刺史書儀》④。

《刺史書儀》爲册頁形式,收錄各種公私文範 78 種,其中"牓子"格外引人矚目。早在 1982 年發表的《敦煌寫本書儀考(之一)》中,周一良先生就敏銳地注意到 P.3449 書儀寫本中這一不見於《唐六典》的文書名稱,他對其中兩通牓子進行了錄文,並結合傳世文獻簡要分析了牓子的性質和功能,指出:"牓子起初大約是作簡單記錄的便條紙片之類。可能晚唐以後,纔流行用牓子這樣的紙條向皇帝'謝恩'或報到。"⑤這個論斷爲進一步的研究指明了方向。後來,張小豔女史又從語言學的角度,對 P.3449《刺史書儀》中的"牓子"做了解讀,對其性質的判定則基本沿襲了周先生的看法⑥。

爲了方便討論,我們先將《刺史書儀》中關於牓子的相關部分錄文如下⑦:

受恩命後於東上閤門祇候　謝恩牓子
　　　具全衘厶乙
　右臣蒙　恩,除授前件官,謹詣　東上閤門祇候　謝,伏候　敕旨。
　　　厶日月(月日)下具全衘　厶乙狀奏。

① 周一良《敦煌寫本書儀考(之一)》,原刊《敦煌吐魯番文獻研究論集》第一輯,北京:中華書局,1982 年;此據周一良、趙和平《唐五代書儀研究》,北京:中國社會科學出版社,1995 年,53—70 頁。陳祚龍《看了周作"敦煌寫本書儀考(之一)"以後》,《敦煌學》第六輯,1983 年,31—68 頁。
② 唐耕耦、陸宏基編《敦煌社會經濟文獻真蹟釋錄》第五輯,北京:全國圖書館文獻縮微複製中心,1990 年,355—387 頁。
③ 趙和平《後唐時代刺史專用書儀——P.3449+P.3864 的初步研究》,收入周一良、趙和平《唐五代書儀研究》,222—230 頁。
④ 趙和平《敦煌表狀箋啓書儀輯校》,南京:江蘇古籍出版社,1997 年,166—212 頁。
⑤ 周一良《敦煌寫本書儀考(之一)》,見周一良、趙和平《唐五代書儀考》,54—55 頁。
⑥ 張小豔《敦煌書儀語言研究》,北京:商務印書館,2007 年,90—92 頁。需要指出的是,此書對 P.3449 錄文略誤,如文書中的"伏候敕旨"均誤作"伏惟敕旨"。
⑦ 錄文參看趙和平《敦煌表狀箋啓書儀輯校》,170—172 頁、194 頁。此處錄文沒有按照原來册頁的行款,而是依據文意來排列。此外,"只半張紙,切須鉸剪齊正,小書字""依前半張"等語,原爲大字,但實爲牓子格式的説明文字,而非牓子式本身的內容,所以在此改爲小字,以示區別。文書清晰的彩色圖版,可在國際敦煌項目(IDP)的網站 http://idp.nlc.cn/下載。

只半張紙,切須鉸剪齊正,小書字。

辭牓子。依前半張。

　　具全銜臣厶

右臣謹詣　東上閤門祗候　辭,伏候　敕旨。

　　月日　狀奏。

　　　又有着蒙恩者一本。

　　具銜

右臣蒙　恩,除授前件官,謹詣　東上閤門祗候　辭,伏候　敕旨。

　　　　月日具全銜　厶乙　狀奏。

得替到　京朝見牓子

　　　具銜臣厶

右臣得替到　闕,謹詣　東上閤門祗候　見,伏候　敕旨。

　　　　月日具銜臣厶狀奏。

《刺史書儀》實際收録了三類功用不同的牓子:一是授官之後的"謝恩牓子",二是"辭牓子"(包括授官之後的"辭牓子"),三是得替到京之後的"朝見牓子"。雖然功能略異,但遞交牓子的地點都是在東上閤門,且格式基本一致。至於一些細微的差異,很可能祗是在書儀抄寫時疏漏所致,比如"辭牓子"最後一句"月日狀奏",應該就是"月日具全銜臣厶狀奏"的簡寫,授官後辭牓子第一行的"具銜",應爲"具全銜臣厶"之略,而"謝恩牓子"第一行的"具全銜厶乙",在"厶乙"之前,應該也脱漏了一個"臣"字,因爲《刺史書儀》中的三類牓子都是上給皇帝的,"臣"字恐不可脱。我們可將後唐時期牓子的書式復原如下(圖5-1):

　　　具全銜臣厶。
　右臣云云。伏候　敕旨。
　　　　月日具全銜臣厶狀奏。

圖5-1　唐代牓子書式復原圖

《刺史書儀》中的三類牓子,區別僅在於在東上閤門"祗候謝""祗候辭""祗候見"的不同,格式則基本相同。值得指出的是,後唐在制度上大多沿用唐制,以示正統,而唐代官文書一般使用黃麻紙,規格比較固定,紙高在26—

26.5 釐米之間,長在 45.5—48.5 釐米之間,若如《刺史書儀》所言,牓子"只半張紙,切須鉸剪齊正",則其高約 26 釐米,寬約 24 釐米,接近正方形。唐代官文書通常一紙約寫 14 行,然則"半張紙"當在 7 行左右,對於以禮儀性内容爲主的後唐牓子來説,半張紙顯然已足夠了。

周一良先生曾指出:"大體是古代的刺發展成唐代的門狀,又由門狀簡化成牓子。牓子和名刺或名紙在用紙的尺寸規格上也許有所不同,内容似乎並無區別。"[1]顯然認爲牓子與古代的名刺具有淵源關係。這種具有名刺或拜帖性質的"牓子"在唐代頗爲常見,如《北夢瑣言》記載:"唐王潛司徒,與武相元衡有分。武公倉卒遭罹,潛常於四時爇紙錢以奉之。王後鎮荆南,有染户許琛,一旦暴卒,翌日卻活,乃具牓子詣衙,云要見司徒。"[2]可見一個普通百姓拜見節度使,也要使用牓子。在五代時,除了前述《刺史書儀》中作爲官文書的三類牓子之外,民間也行用牓子,在日本駒澤大學所藏五代禪僧應之《五杉練若新學備用》卷中就收録有一通《牓子樣》,其格式與《刺史書儀》中的牓子明顯不同,應是五代釋門乃至民間日常使用的牓子格式[3]。

本章主要討論作爲官文書的"牓子"及其功能。在某種程度上,它們可以説是"奏狀"的一種簡化格式。先來看司馬光的《司馬氏書儀》所載北宋"奏狀式"(圖 5-2):

某司。自奏事,則具官,貼黄,節狀内事。

    某事云云。   若無事因者,於   此便云右臣。

右云云。   列數事,則云右謹件如前。謹録奏

聞,謹奏。取旨者,則云伏候   勅旨。

    乞降付去處。貼黄在年月前。

    年月   日,具位臣姓名有連書官,即依此列位狀奏。

圖 5-2　《司馬氏書儀》所載"奏狀式"

---

① 周一良《敦煌寫本書儀考(之一)》,見周一良、趙和平《唐五代書儀考》,57 頁。

② 《北夢瑣言》卷一二《王潛司徒燒紙錢》條,賈二强點校,北京:中華書局,2002 年,261 頁。

③ 關於《五杉集》,參看朴鎔辰《応之〈五杉練若新学備用〉編纂とその仏教史的意義》,《印度學佛教學研究》第 57 卷第 2 號,2009 年,51—57 頁;山本孝子《應之〈五杉練若新學備用〉卷中所收書儀文獻初探——以其與敦煌寫本書儀比較爲中心》,《敦煌學輯刊》2012 年第 4 期,50—59 頁。最近,《五杉集》已得到系統整理與研究,見王三慶《中國佛教古佚書〈五杉練若新學備用〉研究》上下册,臺北:新文豐出版公司,2018 年,"牓子樣"見 607 頁。山本孝子對書儀中的牓子有簡要梳理,見《書儀に見られる"牓子"》,《敦煌寫本研究年報》第 13 號,京都大學人文科學研究所中國中世寫本研究班,2019 年,277—288 頁。

在"奏狀式"之後,還有具體説明:"右臣下及内外官司陳敍上聞者,並用此式。在京臣寮及近臣自外奏事,兼用劄子。前不具官,事末云取進止。用牓子者,惟不用年,不全幅,不封,餘同狀式。皆先具檢本司官畫日親書,付曹司爲案。(原注:本官自陳事者,則自留其案。)"①

也就是説,北宋時的牓子與奏狀區別有三:其一,牓子衹標月日而不用寫年份;其二,牓子用紙"不全幅",這與《刺史書儀》中"謝恩牓子"所云"只半張紙,切須鉸剪齊正,小書字"完全相合;其三,"不封",即外面不用封皮密封。此外,牓子基本上衹是官員個人與皇帝溝通的文書,而正式的奏狀則有"某司"和"自奏事"兩種情況,即機構與官員個人都可使用奏狀。這些區別顯然都不是原則性的,以此"奏狀式"與上文復原的"牓子式"相比,不難看出二者衹是正式與簡易的差異,而性質則完全一致,結尾也都是"狀奏"二字。可以説,作爲官文書的牓子是奏狀的簡易形式②,從《刺史書儀》所載後唐時期的牓子到《司馬氏書儀》提到的北宋牓子,可謂一脈相承。

第二節　陸贄文集中的《奏草》與"牓子"

那麽,作爲簡易版奏狀的牓子,起源於何時呢?

目前我們在唐代文獻所見最早的奏狀性質的牓子,應該是德宗朝名臣陸贄所使用者。陳振孫《直齋書録解題》卷二二曰:"《陸宣公奏議》二十卷。唐宰相嘉興陸贄敬輿撰,又名《牓子集》。"③是直接將《牓子集》作爲《陸宣公奏議》的別名。同書卷一六又記載了《陸宣公集》二十二卷,曰:"唐宰相嘉興陸贄敬輿撰。權德輿爲序,稱《制誥集》十三卷、《奏草》七卷、《中書奏議》七卷。今所存者,《翰苑集》十卷、《牓子集》十二卷。序文又稱別集文、

① 司馬光《司馬氏書儀》卷一,《叢書集成初編》本,上海:商務印書館,1936年,2—3頁。需要指出的是,在《慶元條法事類》卷一六《文書式》中,也收録了南宋時期的"奏狀"式,與《司馬氏書儀》所載幾無二致。戴建國點校,收入楊一凡、田濤主編《中國珍稀法律典籍續編》第一册,哈爾濱:黑龍江人民出版社,2002年,347—348頁。
② 從《司馬氏書儀》卷一所載的"表式"來看,開頭有"臣某誠惶誠懼",結尾有"誠惶誠懼頓首頓首"等套話,格式顯得非常嚴格,這與牓子的格式差距極大。因此,雖然我們可以籠統地説牓子具有表狀的性質,但嚴格説來,牓子衹是"奏狀"的簡易形式,與"表"没有關係。關於唐代的奏狀,參看吳麗娛《試論"狀"在唐朝中央行政體系中的應用與傳遞》,《文史》2008年第1期,119—148頁;收入鄧小南、曹家齊、平田茂樹主編《文書·政令·信息溝通:以唐宋時期爲主》,3—46頁。
③ 陳振孫《直齋書録解題》卷二二,徐小蠻、顧美華點校,上海古籍出版社,1987年,634頁。

賦、表、狀十五卷,今不傳。"①二者的記載顯然有矛盾,頗疑前者所云《陸宣公奏議》二十卷爲"十二卷"之誤,也就是後者所載《牓子集》之卷數。晁公武《郡齋讀書志》則記載:"《陸贄奏議》十二卷、《翰苑集》十卷。……舊《翰苑集》外,有《牓子集》五卷、《議論集》三卷。元祐中,蘇子瞻乞校正進呈,改從今名。疑是時裒諸集以成云。"②在卷數上有所出入。點校者在解題中也認爲《奏議》十二卷又名《牓子集》③。

在王素先生整理的《陸贄集》中,將全書分爲三個部分:一是陸贄任翰林學士期間草擬的詔令,稱爲《制誥集》或《翰苑集》;二是他當宰相前撰寫的奏議,稱爲《奏草》或《議論集》;三是他當宰相時期所撰寫的奏議,稱爲《牓子集》或《中書奏議》。後兩部分性質相同,後人又合稱爲《奏議》或《中興奏議》④。不過,將《牓子集》認爲是陸贄在當宰相時所撰奏議,恐有未安之處。

我們可以來看一個具體的例子。按蔡絛《鐵圍山叢談》卷一云:"國朝禁中稱乘輿及后妃多因唐人故事……内官之貴者,則有曰'御侍',曰'小殿直',此率親近供奉者也。御侍頂龍兒特髻衣襖,小殿直皁軟巾裹頭,紫義襴窄衫,金束帶,而作男子拜,迺有都知、押班、上名、長行之號。唐陸宣公《牓子集》'諫令渾瑊訪裹頭内人'者是也,知其來舊矣。"⑤然則陸贄關於所謂"裹頭内人"的奏議當收在《牓子集》中。

此事詳見《資治通鑑》卷二三一:興元元年(784)六月,"上命陸贄草詔賜渾瑊,使訪求奉天所失裹頭内人。贄上奏,以爲:'今巨盜始平,疲瘵之民,瘡痍之卒,尚未循拊,而首訪婦人,非所以副惟新之望也。謀始盡善,克終已稀;始而不謀,終則何有! 所賜瑊詔,未敢承旨。'上遂不降詔,竟遣中使求之"⑥。應該是陸贄反對在剛剛平定朱泚叛亂、收復宮闕之時,就先令大將渾瑊去訪求之前走失的"裹頭内人",於是以牓子的形式來"上奏",比起表、狀等文書,這種形式更加便捷、私密。幸運的是,陸贄關於此事的奏文保存在《陸贄集》卷一六《奏草》六中,題爲《興元論賜渾瑊詔書爲取散失内人等議狀》⑦。可以看出,陸贄在擔任翰林學士期間撰寫的《奏草》正屬於《牓子

① 《直齋書錄解題》卷一六,474頁。
② 《郡齋讀書志校證》卷一七,晁公武撰,孫猛校證,上海古籍出版社,1990年,867—868頁。
③ 《郡齋讀書志校證》卷一七,868頁注一。
④ 見《陸贄集》的點校說明,王素點校,北京:中華書局,2006年,4頁。
⑤ 蔡絛《鐵圍山叢談》卷一,馮惠民、沈錫麟點校,北京:中華書局,1983年,7—8頁。
⑥ 《資治通鑑》卷二三一"興元元年六月"條,北京:中華書局,1956年,7437—7438頁。
⑦ 《陸贄集》卷一六《奏草》六,501—507頁。

集》的内容①。

事實上,權德輿所撰《陸宣公全集序》説:"公之秉筆内署也,権古揚今,雄文藻思,敷之爲文誥,伸之爲典謨,俾獷狡向風,懦夫增氣,則有《制誥集》一十卷。覽公之作,則知公之爲文也。潤色之餘,論思獻納,軍國利害,巨細必陳,則有《奏草》七卷。覽公之奏,則知公之爲臣也。其在相位也,推賢與能,舉直錯枉,將幹璿衡而揭日月,清氛沴而平泰階。敷其道也,與伊、説争衡;考其文也,與典謨接軫。則有《中書奏議》七卷。覽公之奏議,則知公之事君也。"②是將陸贄的文章分爲《制誥集》《奏草》《中書奏議》三類。從前後文意來看,權德輿顯然是將《制誥集》與《奏草》都繫於他"秉筆内署"之時,祇不過《奏草》的内容是他"潤色之餘,論思獻納,軍國利害,巨細必陳"的成果,《興元論賜渾瑊詔書爲取散失内人等議狀》應該正是其中之一篇。以陸贄事無巨細、知無不言的風格以及當時他與德宗的親密關係來看,他用靈活便捷的"牓子"隨時與德宗溝通,是完全合乎情理的。事實上,從現存《陸贄集》卷一一到卷一六的六卷《奏草》的内容來看,絶大多數都發生在德宗幸奉天和興元時期,當時陸贄正是翰林學士的身分。

可以看出,目前所見具有奏狀性質的牓子可能最初出現於陸贄擔任翰林學士之時,方便他隨時與德宗皇帝溝通之用。不過,其篇幅可能不一定必然簡短,祇是與正式的奏狀相比,它可能在傳遞途徑上更爲便捷,無需經過中書門下的處理③。由於《陸贄集》中所收的《奏草》諸文可能已删去前後一些格式化的詞句,如文末的月日和落款,我們已經無從看到最初的牓子格式,僅能進行一些推論。

仍以前引《興元論賜渾瑊詔書爲取散失内人等議狀》這條確定出自《牓子集》的材料爲例,開頭稱:"右德亮承旨,并録先所散失内人名字,令臣撰詔書以賜渾瑊,遣於奉天尋訪,以得爲限,仍量與資裝,速送赴行在者。"文末則稱:"所令撰賜渾瑊詔,未敢承旨,伏惟聖裁。謹奏。"④還有一種情況,德宗就一些具體的事情向陸贄諮詢,陸贄進行回答,比如《奉天論尊號加字狀》,

① 當然,《牓子集》也可能同時包含了《奏草》和《中書奏議》,因爲今本《陸贄集》除《制誥》十卷外,尚有《奏草》六卷和《中書奏議》六卷,正合十二卷。
② 權德輿《陸宣公全集序》,收入《陸贄集》附録卷二,816—817 頁。
③ 據劉後濱先生研究,在中書門下體制建立之後,"奏狀"取代奏抄成爲了中晚唐政務文書的主體,有時百官百司的奏狀需要經過中書門下纔能送到皇帝之手,而皇帝出付中書的奏狀亦須中書門下進行覆奏或商量處分。氏著《唐代中書門下體制研究》第七章第一節《奏狀與中書門下的商量處分》,263—281 頁。顯然,牓子是無需經過中書門下的審核而直接呈報皇帝的,之後也無需經過覆奏的環節。
④ 《陸贄集》卷一六《奏草》六,501、506 頁。

開頭先引述德宗的口敕，徵詢陸贄對自己在尊號中加一兩字是否合適，陸贄則認爲："竊以尊號之興，本非古制。行於安泰之日，已累謙沖；襲乎喪亂之時，尤傷事體。"堅決予以反對①。又如《奉天論解蕭復狀》②，開頭先引述了宦官冀寧口傳的聖旨，詢問他對蕭復人品的看法，而陸贄就結合自己與蕭復的多年交往，爲其力辯。再比如著名的《奉天赦書》，最初是中書所擬，在發布之前，德宗先派宦官拿給陸贄審看，而陸贄則明確表示赦書不夠有誠意，希望在這種國家危亡之際，赦書必須能夠打動人心。在文章結尾他説："應須改革事條，謹具別狀同進。"③可見，除了這篇回答皇帝的狀文之外，對赦書的具體修改意見陸贄還另有別狀陳述。毫無疑問，這種用以答復由中使口宣的皇帝旨意或疑問的狀文，正是奏狀性質的牓子的早期形態。由於陸贄是當時德宗最親近的翰林學士，因此，他使用的這些答覆皇帝口敕的牓子在體式上應該較爲隨意，且它能直達皇帝，甚至直接面呈皇帝，而無需經過中書門下。

第三節　唐代"牓子"的使用者及其内容

作爲簡化版的奏狀，唐代牓子的使用者似乎主要是翰林學士與宰相這樣的近臣。

先來看翰林學士。如前所述，目前所見最早的奏狀性質的牓子是陸贄在任翰林學士期間與德宗溝通時所使用的。文宗時，翰林學士王起也多用牓子。據《舊唐書·王起傳》記載："（王起）大中元年（847）卒於鎮，時年八十八，廢朝三日，贈太尉，諡曰文懿。《文集》一百二十卷，《五緯圖》十卷，《寫宣》十卷。起侍講時，或僻字疑事，令中使口宣，即以牓子對，故名曰《寫宣》。"④按《舊傳》的記載："文宗好文，尤尚古學。鄭覃長於經義，起長於博洽，俱引翰林，講論經史。起僻於嗜學，雖官位崇重，耽玩無斁，夙夜孜孜，殆忘寢食，書無不覽，經目靡遺。轉兵部尚書。以莊恪太子登儲，欲令儒者授經，乃兼太子侍讀，判太常卿，充禮儀詳定使。……三年，以本官充翰林侍講學士。"也就是説，王起是在文宗開成三年（838）成爲翰林侍講學士，他用牓子來回答文宗在讀書中的"僻字疑事"，應該也發生在這一時期。

與陸贄在牓子中"軍國利害，巨細必陳"的内容不同，王起給文宗皇帝所

---

① 《陸贄集》卷一三《奏草》三，406—407 頁。
② 《陸贄集》卷一四《奏草》四，429—432 頁。
③ 《奉天論赦書事條狀》，《陸贄集》卷一三《奏草》三，412—415 頁。
④ 《舊唐書》卷一六四《王播傳附王起傳》，北京：中華書局，1975 年，4280—4281 頁。

上牓子所回答的大抵是一些小問題①,之所以有此差異,可能與陸贄和王起在國家政務體制中扮演的角色差異造成的。陸贄擔任翰林學士時,恰逢朱泚叛亂,因此成爲德宗最爲倚重的"内相",在軍國大政上多所建言。到了文宗時期,作爲"翰林侍講學士"的王起主要是陪著皇帝講論經史,故牓子的内容也就大不相同了。此外,據《新唐書·王起傳》載:"帝嘗以疑事令使者口質,起具牓子附使者上,凡成十篇,號曰《寫宣》。"②可見,牓子由中使直接帶給皇帝,非常便捷。

再來看宰相。據孫光憲《北夢瑣言》記載:

> 唐大和中,閹官恣横,因甘露事,王涯等皆罹其禍,竟未昭雪。宣宗即位,深抑其權,末年嘗授旨於宰相令狐公。公欲盡誅之,慮其冤,乃密奏牓子曰:"但有罪莫舍,有闕莫填,自然無遺類矣。"後爲宦者所見,於是南北司益相水火。洎昭宗末,崔侍中得行其志,然而玉石俱焚也已。③

文中的"令狐公"當指宣宗朝宰相令狐綯,從這條材料來看,牓子的内容雖然很簡短,通常僅半張紙的篇幅,但討論的問題也可能非常重要,從"密奏"之語觀之,則這通牓子似乎應該有密封,否則早就被傳遞文書的宦官所知,而不用等到以後纔發現。前述《司馬氏書儀》記載北宋牓子與奏狀的區别之一就是牓子"不封",但看來在唐代,如果涉及機密之事,牓子應該也是可以密封的。

我們可以再舉一例。據《唐會要》記載:"天祐二年(905)十二月敕:'漢宣帝中興,五日一聽朝,歷代通規,宜爲常式。今後每月,只許一、五、九日開延英,計九度。其入閣日,仍於延英日一度指揮。如有大段公事,中書門下具牓子奏請開延英,不拘日數。'"④可見,唐末宰相可以按照需要,入牓子奏請皇帝臨時開延英議事,這在當時可能已成爲一種常態。

除了翰林學士與宰相之外,唐代文獻也偶見其他官員使用牓子的例子,但並非上於皇帝者。如《唐語林》就記載了一則故事:

> 杜牧少登第,恃才,喜酒色。初辟淮南牛僧孺幕,夜即遊妓舍,厢虞

---

① 當然,從《新唐書》卷一六七《王播傳附王起傳》的記載來看,文宗之前曾"數訪逮時政"(北京:中華書局,1975年,5118頁),所以也不排除有些政務方面的疑問,需要王起用牓子來作答覆。

② 《新唐書》卷一六七《王播傳附王起傳》,5118頁。

③ 孫光憲《北夢瑣言》卷五"令狐公密狀"條,95頁。

④ 《唐會要》卷二四《朔望朝參》,上海古籍出版社,1991年,547頁。

候不敢禁,常以榜子申僧孺,僧孺不怪。逾年,因朔望起居,公留諸從事從容,謂牧曰:"風聲婦人若有顧盼者,可取置之所居,不可夜中獨遊。或昏夜不虞,奈何?"牧初拒諱,僧孺顧左右取一篋至,其間榜子百餘,皆厢司所申。牧乃愧謝。①

案牛僧孺節度淮南在文宗大和六年(832)十二月到開成二年(837)五月之間②,然則此事與王起以榜子答覆文宗疑問的時間略同。值得注意的是,此處的榜子是由藩鎮屬官系統中的左右厢虞候呈報給節度使的,内容都是關於杜牧違反夜禁規定遊妓館的小報告。通常情況下,左右厢虞候給節度使的正式報告應該使用上行的"牒",但在這則故事中,他們用的是榜子,且數量多達百餘,這可能意味著左右厢虞候與節度使之間的關係,類似於宰相、翰林學士等近臣與皇帝之間的關係,故也可以用榜子這種相對隨意便捷的文體來溝通。但無論如何,唐代奏狀性質的榜子,目前依然祇看到宰相與翰林學士在使用。

第四節　晚唐文獻中的"內榜子"

除了奏狀性質的榜子之外,晚唐文獻中還出現過一種"內榜子",與作爲上行文書的榜子相反,這種內榜子卻是秉承皇帝旨意的下行文書。

晚唐裴庭裕《東觀奏記》中記載了一則故事:

杜悰通貴日久,門下有術士李(失名),悰待之厚。悰任西川節度使,馬植罷黔中赴闕,至西川,術士一見,謂悰曰:"受相公恩,久思有效答,今有所報矣!黔中馬中丞,非常人也,相公當厚遇之。"悰未之信。術士一日密於悰曰:"相公將有甚禍,非馬中丞不能救!"悰始驚信。發日,厚幣贈之,仍令邸吏爲植於都下買宅,生生之計無缺焉。植至闕,方知感悰,不知其旨。尋除光禄卿,報狀至蜀,悰謂術士曰:"貴人至闕,作光禄卿矣!"術士曰:"姑待之。"稍進大理卿,又遷刑部侍郎,充諸道鹽鐵使,悰始驚憂。俄而作相。懿安皇太后崩後,悰,懿安子婿也,忽一

①　《唐語林校證》卷七,北京:中華書局,1987年,621—622頁。據周勛初先生考證,此條可能出自唐末五代丁用晦的《芝田錄》。

②　吳廷燮《唐方鎮年表》卷五《淮南》,北京:中華書局,1980年,729—730頁。

日,内牓子檢責宰相元載故事。植諭旨,翌日延英上前萬端營救。植素
辨博,能回上意,事遂中寢。①

按《舊唐書·宣宗本紀》,懿安皇太后崩於大中二年(848)六月己丑,由於宣
宗認爲她對憲宗之死負有責任,故對郭太后始終心存不滿②。作爲郭太后
之婿,杜悰很可能在她死後受到牽連。所謂"内牓子檢責宰相元載故事",正
是準備以大曆十二年(777)三月代宗查處權相元載的方式來處理杜悰。這
裏的"内牓子"應該是宣宗皇帝發給宰相的文書,故馬植能夠提前"諭旨",
並於次日的延英奏對時大力回護杜悰。可惜的是,我們對這種"内牓子"的
格式一無所知,推測其與上行的牓子一樣,具有體制簡易、傳遞便捷的特徵,
而不是正式行下的制敕,用於皇帝與宰相直接的隨時溝通。由於是内部溝
通使用的文體,故外人不得而知,當"事遂中寢"時,朝野上下未必知道此事,
這也顯示了内牓子在政務運行中的靈活性。

此外,《通鑑考異》懿宗咸通十年(869)六月條曾引《玉泉子聞見録》云:

> 徐公商判齪,以〔劉〕瞻爲從事。商拜相,命官曾不及瞻。瞻出於羈
> 旅,以楊玄翼樞密權重,可倚以圖事,而密咶閹者謁焉。瞻有儀表,加之詞
> 辯俊利,玄翼一見悦之,每玄翼歸第,瞻輒候之,由是日加親熟,遂許以内
> 廷之拜。既有日矣,瞻即復謁徐公曰:"相公過聽,以某辱在門館,幸遇相
> 公登庸,四海之人孰不受相公之惠!某故相公從事,窮饑日加,且環歲矣,
> 相公曾不以下位處之,某雖不佞,亦相公之恩不終也。今已別有計矣,請
> 從此辭。"即下拜焉。商初聞瞻言,徒唯唯而已。迨聞別有計,不覺愕然,
> 方欲遜謝,瞻已疾趨出矣。明日,内牓子出,以瞻爲翰林學士。③

從這條材料來看,劉瞻之所以能夠當上翰林學士,是走了樞密使楊玄翼的門
路。作爲宰相的徐商也衹是到了第二天"内牓子出",纔知道劉瞻的學士之
命。與上條材料中"内牓子檢責宰相元載故事"一樣,這裏的内牓子也是皇
帝直接發給宰相的。雖然《考異》對《玉泉子》本條故事的真實性不以爲然,
不過關於"内牓子"在當時使用的情況,應屬可信。

---

① 裴庭裕《東觀奏記》上卷,收入田廷柱點校《明皇雜録 東觀奏記》,北京:中華書局,1994
　　年,89 頁。
② 參看孫永如《唐穆敬文武宣五朝中樞政局與懿安皇后郭氏》,史念海主編《唐史論叢》第六
　　輯,西安:陝西人民出版社,1995 年,110—133 頁。
③ 《資治通鑑》卷二五一"咸通十年六月"條,8145 頁。

《通鑑考異》在咸通十三年(872)五月條引《續寶運録》的一條記載也涉及"内牓子":

> 内作使郭敬述與宰臣韋保衡、張能順頻於内宅飲酒,潛通郭妃,荒穢頗甚。每封進文書於金合内,詐稱果子,内連郭妃、郭敬述,外結張能順、國子司業韋殷裕,擬傾皇祚,别立太子。事泄,遽加貶降。五月十四日,内牓子貶工部尚書嚴祈郴州刺史,給事中李覘勤州刺史,給事中張鐸滕州刺史,左金吾大將軍李敬仲儋州司户。國子司業韋殷裕,敕京兆府决痛杖一頓,處死,家資、妻女没官(後略)。①

可見,與《玉泉子》類似,在《續寶運録》中也記載了懿宗以"内牓子"來進行人事任免之事,雖然司馬光認爲此書"雜亂無稽",但晚唐内牓子的行用本身則是無可置疑的。

值得一提的是,晚唐文獻中還有所謂"承旨榜子",如昭宗乾寧三年(896),"二月,承旨榜子:'凡中書覆狀奏錢物,如賜召徵促,但略言色額,其數目不在言内,但云並從别敕處分。中書覆狀,如云中書門下行敕,其詔語不得與覆狀語同'"②。所謂"承旨",即翰林學士承旨,據李肇《翰林志》記載:"元和已後,院長一人别敕承旨,或密受顧問,獨召對揚,居北壁之東閣,號爲承旨閣子。"③頗疑此處的"承旨榜子"也即"内榜子",是皇帝發給翰林院承旨學士的,其内容則是要規範中書覆狀的格式。

從這些非常有限的材料來看,内牓子與牓子在行用範圍上有高度的重合度,作爲官文書的牓子至遲從德宗開始出現,是宰相與翰林學士上給皇帝奏狀的簡化版,而内牓子則與之相反,是皇帝下給宰相、翰林學士等近臣的詔敕性質的文書,最晚出現於宣宗大中之初。由於有關内牓子的材料太少,我們祇能推測它的格式與下發途徑較詔敕簡易,這與上行的牓子之特點是一致的。

第五節　五代"牓子"使用範圍的擴大及其功能的程式化

五代時期的牓子大底沿襲了唐末舊制,《五代會要》即曰:"内中有公事

---

① 《資治通鑑》卷二五二"咸通十三年五月"條,8163頁。

② 《唐會要》卷五七《翰林院》,1153頁。

③ 洪遵《翰苑羣書》卷一,《叢書集成初編》本,北京:中華書局,1991年,6頁。

商量,即降宣頭付閤門開延英,閤門翻宣,申中書,並牓正衙門。如中書有公事敷奏,即宰臣入牓子,奏請開延英。"①宰相入牓子奏開延英,顯然是沿襲了唐末之制②。後唐清泰二年(935)七月,曾下詔:"舊制五日起居,百僚俱退,宰相獨升,若常事自可敷奏。或事應嚴密,不以其日,或異日聽於閤門奏牓子,當盡屏侍臣,於便殿相待,何必襲延英之名也!"③可見宰相如果需要臨時與皇帝商談政務,必須像晚唐一樣,先在東上閤門入牓子進行申請。

《五代會要》還記載了後梁時期的一則牓子:"梁中書門下奏請輟朝牓子(原注:檢年月不獲):某官薨(原注:次日入狀贈官)。右,臣等商量,請輟今月某日朝,以便宣行。謹録奏聞,謹奏。"④雖然這則牓子無法確定具體年月,但仍可看出,後梁的牓子以"謹奏"結尾,與前引陸贄《牓子集》中的格式完全一致,而與後唐《刺史書儀》所載三類牓子均以"狀奏"結尾區別明顯。如前所述,北宋的牓子與《刺史書儀》所載牓子均以"狀奏"結尾。這是否表明,後梁與後唐之際,正是牓子的格式與使用發生變化的轉折時期?——後梁承襲唐制,而後唐已開宋制之先河。

後唐的改制還表現在牓子使用者範圍的擴大,《五代會要》的下述記載非常關鍵:

> 清泰三年(936)三月,閤門奏列內外官吏對見例:"應諸州差判官、軍將貢奉到闕,無例朝見,以名銜奏放門見,賜酒食得迴。詔進牓子,放門辭。臣今後欲祗令朝見,餘依舊規。應[除]諸道兩使判官、推官、巡官,無例中謝,奏遇(過),[放]謝放辭。如得替歸京,無例朝見。臣欲今後除兩使判官許中謝門辭,其書記已下新除授及得替,並依舊規。應文武朝官除授,文五品、武四品已上並中謝,已下無例對謝。以天成四年(929)正月勅:'凡升朝官新授,並中謝。'欲准此例。應諸道節度使差判官、軍將進奉到闕朝見,得迴詔下,牓子奏過,令門辭。應諸道都押衙、馬步都虞候、鎮將得替到京,無例見,或在京授任,無例中謝,進牓子

---

① 《五代會要》卷六《開延英儀》,上海古籍出版社,1978年,91頁。
② 北宋錢易《南部新書》乙亦載有這條材料,黃壽成點校本將其與前面一條即"政事堂有後門,蓋宰相時過舍人院,咨訪政事,以自廣也。常袞塞之,以示尊大"誤合爲一條(北京:中華書局,2002年,23頁),這可能會使讀者誤以爲在陸贄之前的代宗時就有了奏狀性質的牓子。而梁太濟先生則正確將其分爲兩條,並分別考證了二者的不同史源,指出前者出自《舊唐書·常袞傳》,而後者出自《五代會要》。見氏著《南部新書溯源箋證》,上海:中西書局,2013年,72—73頁。
③ 《資治通鑑》卷二七九"清泰二年七月"條,9132頁。此詔全文收入《全唐文》卷一一三,題爲《答盧文紀請對便殿詔》,北京:中華書局,1983年,1157頁。
④ 《五代會要》卷六《輟朝》,96頁。標點略有改動。

放謝、辭。應諸道商税鹽麴諸色務官在京差補,亦放謝、辭。得替歸京,亦無見例。在京商税鹽麴、兩軍巡使,即許中謝。應新除令、録,並中謝,次日放門辭,兼有只(口)宣誠勵。應文武兩班差弔祭使及告廟祠祭,祇於正衙辭見,不赴内殿。諸道差進奏官到闕得見後,請假得替,進牓子,放門辭。已前六件,望准舊例施行。"從之。①

這裏對内外官特別是各路地方官員對見皇帝的各種情形進行了新的規定,主要有六種情況: 一、諸州判官軍將到京後,需要進牓子,放門辭;二、諸道兩使判官許中謝門辭,書記以下的官員祇需進牓子、放門辭;三、諸道節度使下判官軍將等,到京也無需中謝,而是進牓子,放謝、辭;四、諸道商業使職官員,也放謝、辭,在京者則許中謝;五、新除縣令與録事參軍許中謝;六、文武官員擔任祠祭使職,祇需要去正衙(中書門下)辭見,不得赴内殿辭。而諸道進奏官在朝見之後如需請假,也可進牓子,放門辭。不難看出,諸道節度使、財政使職及諸州縣官員,能夠中謝,自然是一種待遇,如果不能入内殿中謝,也需要進牓子,表明自己已經到京,根據具體情況,或是得官之後的申謝,或是授官之後的辭行,或是抵京之後的報到。這恰好正是 P.3449+P.3864《刺史書儀》中的"謝恩牓子""辭牓子"及"朝見牓子"的具體行用情境。作爲地方高官,刺史自然是需要中謝或門辭的,爲此需要先去東上閤門進牓子。

顯然,後唐時期,有資格用牓子與皇帝溝通的官員範圍擴大許多,最爲引人矚目的是各類地方官也加入了這一行列,而在唐代,我們目前祇看到翰林學士與宰相等近臣可用牓子與皇帝溝通。隨之而來的,卻是牓子内容的弱化,其功能則日益程式化。唐後期爲了加強中央與地方的關係,外官上任之前的中謝禮儀受到進一步重視②。不過,地方官數量太大,不太可能人人都有資格中謝,於是牓子就發揮了重要作用。如果説唐代的翰林學士與宰相可以用牓子與皇帝商討國是或解答讀書中的疑問,那麼後唐時期的牓子卻祇是一個程式化的常務,用以讓那些没有資格中謝的地方官感受到他們與皇帝的個人聯繫。

吴麗娱、葉煒等先生曾經討論過晚唐時期在中書門下體制之下,諸州往

---

① 《五代會要》卷六《雜録》,99—100 頁。個別文字及標點據《册府元龜》卷一〇八《帝王部·朝會》二補、改,北京: 中華書局,1960 年,1289—1290 頁。

② 參看吴麗娱《晚唐五代中央地方的禮儀交接——以節度刺史的拜官中謝、上事爲中心》,收入盧向前主編《唐宋變革論》,合肥: 黄山書社,2006 年,250—282 頁。另參氏著《唐禮摭遺——中古書儀研究》第十四章第二節,北京: 商務印書館,2002 年,546—582 頁。

往在給皇帝上奏狀的同時，要以申狀呈報中書門下宰相機構，"這一方面是強調皇帝對政事的知情與掌控，另一方面也是表明宰相對於重要政務的知會處理"①。這一點在後唐時期得到延續，也體現在 P.3449+P.3864《刺史書儀》上。刺史授官之後，要前往東上閣門向皇帝呈交謝恩牓子，同時還需要向中書門下遞交"正銜謝狀"。同樣，在刺史赴任之前的辭行，以及任滿回京後的朝見之時，同樣也需要在東上閣門呈牓子，並前往宰相正銜辭、謝等。如吳麗娛先生所言，《刺史書儀》所記載的兩種公文，正代表了面對皇帝和朝廷的兩種表達②。必須指出，作爲簡化版奏狀的牓子雖然在後唐之後日益程式化，但在王朝的日常政治生活中卻有著不容忽視的意義，它們與藩鎮、諸州刺史的謝上表一樣，維繫並展示著地方官員與皇帝的關係③。

第六節　宋代政務運行中的牓子

歐陽修《歸田錄》卷二記載："唐人奏事，非表非狀者謂之牓子，亦謂之錄子，今謂之劄子。凡羣臣百司上殿奏事，兩制以上非時有所奏陳，皆用劄子，中書、樞密院事有不降宣敕者，亦用劄子，與兩府自相往來亦然。若百司申中書，皆用狀，惟學士院用咨報，其實如劄子，亦不書(一作出)名，但當直學士一人押字而已，謂之咨報(原注：今俗謂草書名爲押字也)，此唐學士舊規也。唐世學士院故事，近時墮廢殆盡，惟此一事在爾。"④顯然，歐陽修認爲唐代的牓子是"奏事非表非狀者"，而宋代的劄子就是唐代的牓子。不過，這種説法卻未必準確，首先，如前所述，唐宋時期進呈皇帝的牓子正是簡化版的奏狀；其次，宋代的劄子和牓子是同時存在的兩種不同的公文種類，上行的劄子與牓子一樣，都屬於"奏狀"的變體⑤。在南宋《慶元條法事類》卷

---

① 參看吳麗娛《下情上達：兩種"狀"的應用與唐朝的信息傳遞》，杜文玉主編《唐史論叢》第十一輯，西安：三秦出版社，2009 年，65—70 頁。另參前引葉煒《唐後期同時上呈皇帝、宰相類文書考》。

② 參看吳麗娛《敦煌書儀與禮法》第九章第三節《唐後期五代中央地方的禮儀交接》，蘭州：甘肅教育出版社，2013 年，425—437 頁。

③ 關於唐代的謝上表，參看張達志《唐代後期藩鎮與州之關係研究》第一章第四節《論謝上表》，北京：中國社會科學出版社，2011 年，83—95 頁。

④ 歐陽修《歸田錄》卷二，李偉國點校，收入《澠水燕談錄 歸田錄》，北京：中華書局，1981 年，29 頁。

⑤ 宋代的劄子名目繁多，既有上行的奏事劄子，也有下行的"御前劄子""中書劄子""樞密院劄子"等，參看李全德《從堂帖到省劄——略論唐宋時期宰相處理政務的文書之演變》，《北京大學學報》2012 年第 2 期，106—116 頁。張褘《中書、尚書省劄子與宋代皇（轉下頁）

一六所引《文書式》中,就在"奏狀"式之下,對劄子和牓子的格式特點進行了明確區分:

> 其用劄子者,前不具官,不用右,不用年。改狀奏爲劄子,事末云"取進止"。(原注:在京官司例用劄子奏事者,前具司名。)用牓子者,唯不用年,不全幅,不封。餘同狀式。①

可見,雖然牓子與上行的劄子都是奏狀性質的文書,但二者在格式和使用上還是有所區別的,並不是同一種公文的不同名稱。下面我們就簡要分析一下宋代牓子的使用情形。應該説,宋代的牓子全面承襲了後唐以來的基本格式與類型②,當然也有新的發展。

一、宋代牓子的使用者

在使用者方面,有宰相、樞密使、翰林學士及朝廷各司的官員,也有各個系統的地方官。

真宗景德二年(1005),起居舍人知制誥李宗諤在論及中書、門下兩省與御史臺不存在統屬關係時,列出了八條理由,其中第五條曰:"又,御史臺止奏南衙文武百官班簿,門下、中書兩省各奏本省班牓子,此不相統攝五也。"③可見中書、門下兩省是各自奏上牓子的。另外,《續資治通鑑長編》卷三五二"神宗元豐八年(1085)三月甲午"條注引二月三日門下省《時政記》曰:"二月二十九日癸巳寒節假,三省、樞密院詣内東門進牓子,入問聖體。……三月一日甲午寒節假,三省、樞密院詔(詣)内東門進牓子,入問聖

(接上頁)權運作》,《歷史研究》2013 年第 5 期,50—66 頁。以上兩文均收入鄧小南主編《過程·空間:宋代政治史再探研》,北京大學出版社,2017 年,3—21 頁、22—49 頁。另參平田茂樹《宋代地方政治管見——以劄子、帖、牒、申狀爲綫索》,收入戴建國主編《唐宋法律史論集》,上海辭書出版社,2007 年,232—246 頁。

① 《慶元條法事類》卷一六《文書式》,348 頁。

② 《宋史》卷四三九《文苑一·宋白傳》記載:"至道初,爲翰林學士承旨。二年,遷户部侍郎,俄兼秘書監。真宗即位,改吏部侍郎,判昭文館。先是,白獻《擬陸贄牓子集》,上察其意,欲求任用,遂命知開封府以試之,既而白倦於聽斷,求罷任。"北京:中華書局,1977 年,12999 頁。不過,在宋代,像唐代陸贄《牓子集》那樣對軍國大政進行議論的牓子極其罕見,絕大多數牓子還是禮儀性的。事實上,宋白所作《擬陸贄牓子集》本身也不是實際行用的牓子。

③ 李宗諤《論兩省與臺司非統攝疏》,收入曾棗莊、劉琳主編《全宋文》卷一九八,上海辭書出版社,2006 年,第 10 册,57 頁。此事亦見《續資治通鑑長編》卷六〇,北京:中華書局,2004 年,1338—1339 頁。

體。皇太后垂簾,宰臣已下起居,皇太子立於簾外,與王珪等相見。"①然則三省與樞密院均需詣內東門進請安牓子。

馬端臨《文獻通考》卷五四記載:"宋翰林學士無定員。凡他官入院未除學士,謂之直院。學士俱闕,他官暫行文書,謂之權直。凡奏事用牓子,關白三省、樞密院用諮報,不名。"②顯然,與唐代一樣,宋代翰林學士與皇帝的日常溝通依然使用牓子來進行。

除了宰相與翰林學士之外,宋代牓子的使用者還包括其他諸司的官員。元豐八年三月乙卯,三省、樞密院言:"(前略)禮部、御史臺、閣門奏討論故事,詳定御殿及垂簾儀,每朔、望、六參,皇帝御前殿,百官起居,三省、樞密院奏事,應見、謝、辭班退,各令詣內東門進牓子。"③然則在皇帝御前殿時,除了百官起居、三省與樞密院奏事之外,另一個環節就是那些應朝見、謝恩、辭的官員進牓子,這些官員通常是地方官。使用牓子的還有太常寺等,書畫學士米芾在論書法時就稱:"或撰列珍圖名劄,必經天鑒,以判工拙,難從外勘,當欲乞於內東門司具狀投進。或非時宣取,乞依太常寺例,用牓子奏報。"④另外,宋神宗熙寧十年(1077)二月乙酉,詔:"軍頭司無引見公事,毋得入殿門。見勾當官非都知、押班、閣門使副,有合奏事,即具牓子以聞。"⑤這是禁軍軍將進呈牓子的例子。

二、宋代牓子的類型與功能

宋代牓子基本上與 P.3449+P.3864《刺史書儀》中的後唐牓子類似,有謝、辭、見三種基本類型。據《宋史·禮儀志》曰:"應正衙見、謝、辭臣僚,前一日於閣門投詣正衙牓子,閣門上奏目,又投正衙狀於御史臺、四方館。"⑥可見從後唐到宋朝,這三類牓子的使用一以貫之,其中尤以朝見牓子的應用最爲廣泛。一個有名的例子是,太祖開寶九年(976)二月,大將曹彬平江南回京,"詣閣門進牓子,云:'奉敕差往江南勾當公事回。'時人嘉其不伐"⑦。在這則"朝見牓子"中,曹彬僅以"勾當公事回"來表述其平定江南的大勳,

①　《續資治通鑑長編》卷三五二,8418 頁。
②　馬端臨《文獻通考》卷五四《職官考》八,上海師範大學古籍研究所、華東師範大學古籍研究所點校,北京:中華書局,2011 年,1586 頁。《宋史》卷一六二《職官志》二"翰林學士院"條略同,3812 頁。
③　《續資治通鑑長編》卷三五三,8462 頁。
④　米芾《寶晉英光集》卷八《論書學》,《景印文淵閣四庫全書》第 1116 册,141 頁。
⑤　《續資治通鑑長編》卷二八○,6860 頁。
⑥　《宋史》卷一一七《禮志》二○,2770 頁。
⑦　《續資治通鑑長編》卷一七,364 頁。

自然是一種謙遜之詞。再舉一例,據洪皓《進金國文具録劄子》曰:"臣所編金國行事,以其仿中國之制而不能力行,徒爲文具,故號爲《文具録》。謹繕寫成二册,本欲今日朝見進呈,爲臣連日抱病,不曾前期投下牓子,不獲俯伏闕庭投進,干冒宸嚴,臣無任戰慄俟命之至。"①可見,如果不提前投下朝見牓子,則無法見到皇帝,洪皓最後是以劄子的形式,向宋高宗進獻了所撰《金國文具録》一書。有意思的是,南宋初金國使者到臨安之後,"明日,臨安府書送酒食,閤門官入位,設朝見儀,投朝見牓子。又明日,入見。"②然則這些金國使臣也需要先投朝見牓子,約好時間纔能在次日入見宋帝。

南宋名臣魏了翁曾有詩描述入牓子請求御前奏事的過程:"晨將榜子關賓閣,輦出房時已奏知。陛對臣寮才下殿,朱衣絲履上東墀。"原注曰:"上未御殿時,先以榜子至閤門,云具姓名乞直前奏事。閤門既奏知訖,直前官仍隨班如常日起居侍立,只候宰執臣寮對畢,徑至榻前奏事,畢,回殿上立位。"③這應該是宋代應用最爲廣泛的一種牓子類型了,而"晨將榜子關賓閣,輦出房時已奏知"之語,更顯示了牓子的便捷與高效。

除了辭、謝、見三種基本功能之外,宋代的牓子也出現了其他功能,如請安、請假、報喪等。試略舉數例:

問安。如前所述,《續資治通鑑長編》卷三五二神宗"元豐八年(1085)三月甲午"條注引門下省《時政記》記載了兩次"三省、樞密院詣內東門進牓子,入問聖體"的情況。同書卷五二〇記載:元符三年(1100)正月己卯,哲宗駕崩,徽宗被擁立登基,原注引《曾布日録》云:

> 余呼[梁]從政,令召管軍及五王。從政云:"五王至,當先召端王入。即位訖,乃宣諸王。"少選,引喝內侍持到問聖體牓子,云:"諸王皆已來,惟端王請假。"遂諭從政速奏皇太后,遣使宣召。④

這兩條材料中提到的都是"問聖體牓子",是三省、樞密院及諸王在內東門呈進的請安牓子,均由宦官進行傳遞。

請假。曾慥《類説》引錢惟演《金坡遺事》中一則關於楊億的故事:"楊

---

① 洪皓《鄱陽集》卷四,《景印文淵閣四庫全書》第1133册,416頁。
② 李心傳《建炎以來朝野雜記》甲集卷三《北使禮節》,徐規點校,北京:中華書局,2000年,97頁。
③ 魏了翁《記立螭所見三首(其一)》,潛説友《咸淳臨安志》卷一五《賦詠》,《宋元方志叢刊》第4册,北京:中華書局,1990年,3499頁。
④ 《續資治通鑑長編》卷五二〇,12364頁。

大年性剛,頻忤上旨。母在陽翟有疾,遂留請假榜子與孔目吏,中夕奔去。上憐其才,終優容之,止除少分司,仍許只在陽翟。"①陳均《九朝編年備要》卷八的記載更爲詳細:

> (楊億)自翰林學士罷爲太常少卿,分司西京。……億嘗入直,被召賜坐,徐出文藁數篋以示億,曰:"卿識朕書迹乎? 皆朕自起草,未嘗命臣下代作也。"億皇恐不知所對,億出,即謀奔遁。億有別墅在陽翟,會母疾,億留謁告榜子與孔目吏,中夕亡去,朝論喧然,以爲不可。上亦謂王旦等曰:"侍從臣安得如此自便?"旦曰:"億得罪,賴陛下矜容,不然,顛躓必矣。然近職不可居外地,今當罷之。"上終愛其才,踰月弗下。洎億稱疾請解官,乃有是命。②

作爲翰林學士,楊億頻忤上意,故心不自安,竟然以母疾爲由,擅自奔亡,祇留下請假榜子(也稱"謁告榜子")給孔目吏,故真宗頗爲不悦。

報喪。江少虞《皇朝類苑》記載了一則故事:"天禧三年(1019)七月十六日,夜降熟狀,以殿前都指揮使忠武軍節度使曹璨移領河陽,同中書門下平章事。五更三點,麻捲入,本家奏璨卒榜子亦至,其麻遂不宣,明日卻付院架閣。"③可見作爲高級將領,曹璨卒後,其家人要第一時間進榜子向皇帝報喪,而學士院所起草的曹璨出任使相的詔書卻與榜子同時報上,後者祇能束之高閣了。

宋代的榜子特別是那些辭、謝、見榜子的數量應該很大,因此,神宗熙寧四年(1071)二月,"同知大宗正丞李德芻言:'欲乞自今後皇親應有內外親族吉凶吊省合出入事件編成則例,更不逐旋奏知及日申本司,只令勾當使臣置歷鈔上,赴大宗正司簽押,其榜子每月類聚奏聞。'從之"④。可見,對於這些宗室所上的那些內容無關緊要的榜子,祇需每月分類後統一奏聞即可,無需隨時由閤門使上報給皇帝。對於宗室出身的官員來説,他們所上的辭、見、謝三種榜子上"不著姓"⑤,和其他官員稍有區別。

宋人程俱曾記載了一件趣事:"真宗嘗出尚書內省文簿示近臣,皆諸司

---

①　王汝濤等《類説校注》卷二二《習(留)請假榜子》,福州:福建人民出版社,1996年,688頁。
②　陳均《九朝編年備要》卷八"楊億罷"條,《景印文淵閣四庫全書》第328冊,185—186頁。
③　江少虞《皇朝類苑》卷三〇《學士草麻》,京都:中文出版社,1981年,190頁。
④　《續資治通鑑長編》卷二二〇,5345頁。
⑤　據李心傳《建炎以來繫年要録》卷六引趙子崧《中外遺事》記載,宣和七年(1125)八月御筆:"宗室外官除見、辭榜子外,餘依熙寧法著姓。"北京:中華書局,1956年,147頁。

奏知牓子，覆而書之，曰：'宮中文簿，不費好紙，此先朝舊制。'乃知惜費之旨也。"①由於牓子所論絕大多數是謝恩、辭京及朝見三種禮儀性的文字，均非要務，因此每件牓子不過半張紙而已。既便如此，宋真宗仍令人將其裝訂起來，拿背面作爲尚書內省的文簿來使用，可見其節儉程度。當然，這些應該都是從閤門使那裏收集來的已廢棄的牓子。

從前引材料來看，宋代牓子的上呈渠道，除了晚唐五代以來的閤門之外②，"內東門"也成爲一個重要的地點。從閤門上呈的，稱爲"正衙牓子"③，官員所上的牓子需要通過閤門上奏給皇帝，閤門使因此獲得很大權力。趙冬梅先生曰："對於那些有穩定奏事權的官員來説，閤門一般衹能起到單純的禮儀性作用。對於沒有穩定奏事權的官員來説，閤門卻有可能成爲一道權勢的門檻。……閤門實際控制著視朝中一般官員及時見到皇帝的關鍵。"④是爲的論。至於內東門，則是北宋宮城中處於內廷與外庭之間的一道門，密近皇帝寢宮，由宦官充任的內東門司負責，屬於入內內侍省⑤。從這裏呈遞牓子的，大多應當是與皇帝關係親近的宰執、近臣或皇親等。

小　　結

行文至此，我們可以大致梳理出作爲官文書的牓子在唐、五代與宋朝的發展脈絡。雖然具有拜帖功能的牓子在唐宋社會始終行用，但目前所見具有奏狀性質的牓子，可能最初出現於陸贄擔任翰林學士期間，在涇原兵變前後紛繁複雜的局面下，方便他隨時與德宗皇帝溝通之用。陸贄有所謂的《牓子集》，而今天《陸贄集》中的六卷《奏草》應即其中的遺存。從內容來看，其

① 程俱《北山小集》卷二八《進故事》引《三朝寶訓》，《四部叢刊續編》第 62 册，上海書店，1985 年，葉 9。

② 關於唐代的閤門，參看松本保宣《唐代の閤門の樣相について——唐代宮城における情報伝達の一出　その二》，《立命館文學》第 608 號，2008 年，149—168 頁。另可參看吳羽《唐宋宮城的東、西上閤門與入閤儀》，武漢大學三至九世紀研究所編《魏晉南北朝隋唐史資料》第 29 輯，待刊。承蒙吳羽先生惠示大作未刊稿，謹此致謝。

③ 如前引《宋史》卷一一七《禮志》二〇曰："應正衙見、謝、辭臣僚，前一日於閤門投詣正衙牓子。"2770 頁。

④ 趙冬梅《試論通進視角中的唐宋閤門司》，原刊《歷史研究》2008 年第 3 期，此據鄧小南主編《政績考察與信息渠道——以宋代爲中心》，北京大學出版社，2008 年，206 頁。

⑤ 參看王化雨《北宋宮廷的建築佈局與君臣之間的溝通渠道：以內東門爲中心》，《國學研究》第二十一卷，北京大學出版社，2008 年，351—378 頁；同氏《宋朝宦官與章奏通進》，《歷史研究》2008 年第 3 期，143—146 頁。

中既有對國家大政方針的總體規劃,也有對一些具體問題的仔細剖析,還有對德宗一些疑問的解答或辯駁。這些牓子長短不一,其共同點或許在於其體式的簡易與傳遞途徑的便捷。德宗一般派中使口宣疑問,陸贄的答覆也往往由中使直接帶回。從陸贄開始,唐代的翰林學士用牓子與皇帝溝通成爲慣例,如王起就是以牓子回答文宗讀書中的疑問。而宰相也常常使用牓子,如中書門下需以牓子奏請開延英等。翰林學士與宰相之外的其他官員是否能使用牓子上奏皇帝,尚不清楚,至少目前尚未發現相關材料。從晚唐宰相令狐綯奏論宦官事而未被立即發現的例子來看,唐代的牓子在需要的時候也可以密封,這與宋代牓子“不用年,不全幅,不封”的情形有所不同。

通過對 P.3449+P.3864 後唐《刺史書儀》中三類牓子式的分析,並結合北宋《司馬氏書儀》及南宋《慶元條法事類》所載的“奏狀式”,我們可以説牓子是奏狀的一種簡化形式,在格式上,它要比奏狀簡易,比如在結尾處“不書年”,祇需標月日即可;在傳遞方式上,無需經過中書門下的審核而直接遞交到皇帝之手,無需經過中書門下的覆奏與處理的環節。至於在晚唐文獻中所見的“内牓子”,則是皇帝下給宰相、翰林學士等近臣的詔敕類文書,與牓子雖有上行、下行之别,但在行用範圍與文書特點上卻存在共性。在中晚唐的日常行政文書中,無論是牓子還是内牓子,其特點都是簡單的内容與快捷的傳遞方式,這對於上行的奏狀、下行的制敕顯然都是重要的補充。此前我們曾指出唐代帖文具有“體既簡易,降給不難”的靈活性,有助於提高各級官府的日常行政效率①,現在看來,在中晚唐的皇帝與宰相、翰林學士等近臣之間,簡便快捷的牓子和内牓子也發揮了重要的日常溝通功能。

五代後唐時期應該是牓子的格式與功能發生變化的轉捩點,而《刺史書儀》中的牓子恰好是這一時期變化的真實反映。《刺史書儀》收錄了謝恩、辭、朝見三類功用不同的牓子,它們都需要在東上閣門進呈給皇帝。從篇幅來看,後唐的三類牓子都祇有半張紙,完全無法容納更多的内容,因此具有更多禮儀性的功能。與唐代相比,後唐牓子的另一個變化是使用者範圍的擴大,包括刺史在内的各類地方官也加入到使用牓子的行列,而牓子本身則因此變得更加禮儀化了,一些低品的外官没有資格中謝,祇能通過遞交牓子來顯示自己與皇帝的個人聯繫。

宋代的牓子基本上繼承了後唐的餘緒,特别是謝、辭、見三種基本類型與《刺史書儀》所載完全相同,但也發展出了一些新的功能,如問安、請假、報喪等。除了閣門的正衙牓子之外,宋代的另一些牓子是通過内東門呈上的。

---

①　參看本書第三章。

當然,如同後唐一樣,宋代的牓子更加具有禮儀性,而無太多的實際內容。在宋代日常政治生活中,同樣具有奏狀性質但篇幅更大、內容更具體的劄子被廣泛使用,發揮了更大的作用。但無論如何,即使是禮儀性的文書,牓子在宋代仍然具有其意義。

下　編

第六章　隋與唐前期的尚書省

　　尚書省是隋唐時期中央行政體制的核心，長期以來受到學界的重視。嚴耕望先生於 1952 年發表《論唐代尚書省之職權與地位》一文，論證了諸如尚書僕射被排斥出宰相機構的過程、安史之亂後尚書各部職權被分割和削奪、尚書六部與九寺諸監的上承下行關係等重要問題，無不成爲我們進一步研究的基礎①。他的《唐僕尚丞郎表》則對有唐一代的尚書省主要官員進行了詳細考證，是研究唐代尚書省必備的重要工具書②。後來，礪波護、孫國棟、王素、陳仲安、雷家驥等先生又在各自關於三省制學說的架構下對尚書省的一些方面進行了有益的探討③。專門研究尚書省的論文也有幾篇，如郭鋒先生分析了唐代尚書都省的流變、機構組成和職能④，樓勁先生則通過對敦煌文書 P.2819 開元公式令殘卷的分析，加深了我們對六部與都省關係的認識⑤，在另一篇文章中，他又對唐代尚書省–寺監行政體制作了進一步探討，指出在政務處理中逐級、隔級並存的狀態⑥。這些論著，都從不同角度探索了尚書省制度的一些側面。

　　本章擬在前人研究的基礎上，將隋與唐代前期的尚書省置於南北朝以來行政體制的發展脈絡中，著重從隋代尚書省的制度建設與調整、唐初尚書

①　該文初刊《歷史語言研究所集刊》第 24 本，1953 年；再刊於氏著《唐史研究叢稿》，1969 年；三刊於《嚴耕望史學論文選集》，臺北：聯經出版事業公司，1991 年，431—507 頁。

②　嚴耕望《唐僕尚丞郎表》，臺北：史語所專刊之三十六，1956 年；北京：中華書局，1986 年。

③　礪波護《唐の三省六部》，日本唐代研究會編《隋唐帝國と東ァジア世界》，東京：汲古書院，1979 年；收入氏著《唐代政治社會史研究》，京都：同朋舍，1986 年，197—222 頁。孫國棟《唐代三省制之發展研究》，氏著《唐宋史論叢》，香港：龍門書店，1980 年。王素《三省制略論》，濟南：齊魯書社，1986 年。陳仲安、王素《漢唐職官制度研究》，北京：中華書局，1993 年。雷家驥《隋唐中央權力結構及其演進》，臺北：東大圖書公司，1995 年。

④　郭鋒《唐尚書都省簡論》，《中國史研究》1989 年第 3 期，31—40 頁。

⑤　樓勁《伯 2819 號殘卷所載公式令對於研究唐代政制的價值》，《敦煌學輯刊》1987 年第 2 期，79—85 頁。

⑥　樓勁《唐代的尚書省——寺監體制及其行政機制》，《蘭州大學學報》1988 年第 2 期，65—70 頁。

省的重新定位、隋與唐前期尚書省內部結構的特點等方面進行考察,以期對這一時期的尚書省乃至整個中央行政體制的運作實況有進一步的認識。

第一節　隋代尚書省的制度建設與調整

隋王朝是中國歷史上一個承前啟後的關鍵朝代,它不僅結束了數百年來的南北分裂局面,重新統一了中國,而且也是一個制度調整和轉型的偉大時代。一方面,它對魏晉南北朝以來的各種發展變化及其成果進行總結,另一方面,又進行一系列新的改革,深刻影響了後世的制度變遷。顯然,對於這些總結和變革,我們有必要作一番較爲深入的分析。具體到隋代尚書省的發展,我們也能清晰地看到隋王朝制度建設的積極成果,而這些成果對於唐代乃至此後中央行政體制的發展都是至關重要的。

一、尚書都省的職能轉化:政務化

都省,又稱都坐,它起源於南北朝時的"尚書上省"。尚書本在禁中,經過長期的發展,到西晉時,尚書臺終於取代了三公而成爲宰相機構,其重要特點之一,即重要而疑難的政務,由八座集議進行,特別重要者,入宮與皇帝討論決定。但是由於其事務逐步繁雜,人員往來頻繁,甚至官吏家屬和八座門生也可以隨入,繼續留在禁中,既不方便,也不安全。故此,從劉宋開始,尚書臺分爲上省和下省兩個部分。上省即原來的"都坐"及附屬辦事機構,而原設於最內一層宮城中、與"都坐"鄰近、也處於崇禮闈內的尚書諸曹,包括兩百多名令史,則移出宮城,稱尚書下省,或徑稱尚書省[1]。北朝也經歷了類似的變化,北魏、北齊的尚書省亦分爲上、下兩省[2]。而且,北齊的上省已被稱作"都省"了,《隋書》卷二七《百官志》中云:"録、令、僕射,總理六尚書事,謂之都省。"[3]又如《北史·斛律光傳》記載:斛律光任北齊左丞相,被殺,尚書左僕射祖珽"使二千石郎邢祖信掌簿籍其家,珽於都省問所得物"[4]。郭鋒曾推測隋已易都臺爲都省[5],其實史書早已明言,北齊時已將尚

---

① 參看祝總斌《兩漢魏晉南北朝宰相制度研究》第六章第二節、第七章第一節,北京:中國社會科學出版社,1990年,特別是175—188、225—231頁。

② 祝總斌《兩漢魏晉南北朝宰相制度研究》,246—250頁。

③ 《隋書》卷二七《百官志》中,北京:中華書局,1973年,752頁。

④ 《北史》卷五四《斛律光傳》,北京:中華書局,1974年,1971頁。

⑤ 郭鋒《唐尚書都省簡論》,33頁。

書上省稱爲都省了。尚書省發生這一分化後,都坐即上省僅爲八座丞郎議事之地,是宰相機構的主體部分,雖然還設有一些附屬辦事機構,如黃籍倉庫,但總的來説,還不是一個政務機構。

到了隋代,這一情況發生了變化。首先,都坐也遷出禁中,尚書省不再有上下省之分。其次,都省的職能發生轉變,由議政之所逐步變爲行政機關。隋煬帝大業三年(607),置"都司郎各一人,品同曹郎,掌都事之職"①。而《通典》則徑稱:"隋煬帝三年,於尚書都省初置左、右司郎二人,品同諸曹郎,從五品,掌都省之職。"②這樣,從大業三年開始,都省有了左右司這樣的下屬機構,標誌著都省從單純的八座丞郎議事之處向政務運行中一個環節的轉變,成爲全省乃至全國的行政樞紐。當然,都省的機構建設並非到此爲止,左右司的員外郎則直到武則天永昌元年(689)始置,可見制度的完善是一個長期過程,隨著統治的需要而不斷發展。

都省的這種職能很大程度上也是左右丞職能長期發展的結果。尤值注意者,爲梁代左右丞的職掌:"左掌臺内分職儀、禁令、報人章,督録近道文書章表奏事,糾諸不法。右掌臺内藏及廬舍、凡諸器用之物,督録遠道文書章表奏事。凡諸尚書文書,詣中書省者,密事皆以絜囊盛之,封以左丞印。"③可見,四方的文書章表已須左右丞"督録",而且尚書各曹文書的上行中,左丞之封印已成爲一個必須環節。此外,北齊時,左右丞開始分掌尚書各曹,如《隋書·百官志》中所載,左丞掌十七曹,右丞掌十一曹,這一制度也爲隋代所繼承。

在尚書上省遷出宫外,重新與各司結合的背景下,在大業三年都省置左右司,實現職能轉化的同時,左右丞的品階由從四品被提高爲正四品④。這樣,都省就形成了完備的四等官體系,即:

長官:令(正二品)、僕射(從二品);

通判官:左、右丞(正四品);

判官:左、右司郎(從五品);

主典:主事、令史。

所謂"四等官",是隋唐時期絶大多數政府機構普遍實行的組織原則⑤。

① 《隋書》卷二八《百官志》下,794頁。

② 《通典》卷二二《職官典》四,北京:中華書局,1988年,601頁。

③ 《隋書》卷二六《百官志》上,721頁。

④ 《隋書》卷二八《百官志》下,794頁。

⑤ 唐代有些機構没有四等官,按《唐律疏議》卷五:"'即無四等官者',爲關、戍之類,無通判官,關丞即至關令,並主典,唯有三等。"北京:中華書局,1983年,111頁。

按照政務處理過程中地位和作用的不同,一個政府機關的官吏被分爲長官、通判官、判官、主典四個層次,判官負責具體的判案工作,分工處理相關政務,通判官一般係副長官,負責協助長官對於判官的斷案作出裁定,而長官則對政事作最後的決斷,至於主典,則主要協助判官辦理文案,並協助他們判案。在法律上,"四等官"被用於區分他們在同職犯公坐時應負法律責任的層次,這在《唐律疏議》中有明確的記載。該書卷五:"諸同職犯公坐者,長官爲一等,通判官爲一等,判官爲一等,主典爲一等,各以所由爲首。"①要之,隋代在尚書上省遷出宮外後,大力進行都省的組織機構建設,其職能雖仍保留了原來宰相機構八座、丞郎議事之所的性質,但更重要的是在原左、右丞職能的基礎上加以擴展,使之成爲一個具有嚴格四等官體系的行政機構。

二、二十四司的最終定型

除了都省之外,尚書省内最重要的機構當然是六部二十四司了。隋初,尚書省"置令、僕射各一人,總吏部、禮部、兵部、都官、度支、工部等六曹事,是爲八座"②。尚書六曹與二十四司的統屬關係如下:

吏部尚書統吏部、主爵、司勳、考功四司;

禮部尚書統禮部、祠部、主客、膳部四司;

兵部尚書統兵部、職方、駕部、庫部四司;

都官尚書統都官、刑部、比部、司門四司;

度支尚書統度支、民部、金部、倉部四司;

工部尚書統工部、屯田、虞部、水部四司。

隋初六尚書仍稱"六曹",到開皇三年(583),改度支尚書爲户部尚書,都官尚書爲刑部尚書③。此後尚書六曹皆以"部"名。需要指出的是,這裏的"户部"當作"民部",《通典》卷二三對此有清楚的説明:"隋初,有度支尚書,則并後周民部之職。開皇三年,改度支爲民部,統度支、民部、金部、倉部四曹,國家修《隋志》,謂之户部,蓋以廟諱故也。大唐永徽初,復改民部爲户部,廟諱故也。"④從形式上看,六部二十四司的結構整齊劃一,極具對稱性和制度美感,但是必須指出,這種結構絶非朝夕可成,而是漢魏以來統治經驗的總結,有著内在的發展軌迹。我們下面先對二十四司的形成作一簡要

① 《唐律疏議》卷五《名例律》"同職犯公坐"條,110頁。

② 《隋書》卷二八《百官志》下,774頁。

③ 《隋書》卷二八《百官志》下,792頁。

④ 《通典》卷二三《職官典》五,636頁。

的分析。

　　"司"即尚書省以前的郎曹,《隋書·百官志》、《唐六典》卷一"左右司郎中員外郎"條、《通典》卷二二"歷代郎官"條等都對隋以前尚書郎曹的發展變化進行了清理,我們就以此爲基本材料,對郎曹的演變規律進行初步的探討,即隋朝的二十四司從何而來? 事實上,如果我們將這些材料進行簡單整理之後,列表展示(表6-1),則這一問題即可一目瞭然。

表6-1　魏-隋郎曹變化表

魏 (25)	西晉 (35)	東晉 (15)	宋高祖 (19)	元嘉以後 (20)	梁 (23)	北齊 (28)	隋 (24)
吏部	吏部	吏部	吏部	吏部	吏部	吏部	吏部
	左主客					主爵	主爵
	右主客						
							司勳
考功	直事			功論	功論	考功	考功
定課							
儀曹	儀曹	儀曹	儀曹	儀曹	儀曹	儀曹	禮部
殿中	殿中	殿中	殿中	殿中	殿中	殿中	
祠部	祠部	祠部	祠部	祠部	祠部	祠部	祠部
南主客	南主客		主客	主客	主客	主客	主客
	北主客						
	左士					膳部	膳部
中兵	左中兵	中兵	中兵	中兵	中兵	左中兵	兵部
	右中兵					右中兵	
外兵	左外兵	外兵	外兵	外兵	外兵	左外兵	
	右外兵					右外兵	
都兵	都兵					都兵	
別兵	別兵						

續　表

魏 (25)	西晉 (35)	東晉 (15)	宋高祖 (19)	元嘉以後 (20)	梁 (23)	北齊 (28)	隋 (24)
騎兵	騎兵		騎兵		騎兵		
							職方
駕部	駕部	駕部	駕部	駕部	駕部	駕部	駕部
庫部	庫部	庫部	庫部	庫部	庫部	庫部	庫部
都官	都官	都官	都官	都官	都官	都官	都官
三公	三公	三公	三公	三公	三公	三公	刑部
二千石	二千石					二千石	
比部	比部	比部	比部	比部	比部	比部	比部
							司門
度支	度支	度支	度支	度支	度支	度支	度支
民曹	左民曹	左民	左民	左民	左民	左民	戶部
	右民曹					右民	
金部	金部	金部	金部	金部	金部	金部	金部
倉部	倉部	倉部	倉部	倉部	倉部	倉部	倉部
	起部		起部	起部	起部	起部	工部
農部	屯田				屯田	屯田	屯田
虞曹	虞曹				虞曹	虞曹	虞部
水部	水部		水部	水部	水部	水部	水部
	右士			删定	删定		
	運曹						
	車部						

　　關於上表,需要作以下幾點説明:首先,由於材料限制,東漢的三十四曹郎已不可考,祇好存疑,而從比較清楚的曹魏開始;其次,北魏的三十六曹雖經嚴耕望先生考證,仍未復原出全貌,且其中包含著許多少數民族政權的

特色,因此本表姑且不列;第三,各郎曹的職能本身,前後是有變化的,其承繼關係有些難以理清,祇好存疑。雖然如此,本表仍然反映了晉隋之間郎曹發展變化的一個基本綫索,從中我們大致可以看出隋朝的二十四司的來源。

在隋朝的二十四司中,大致可分爲幾種類型: A. 有些司是自曹魏以來,歷朝皆置的,例如: 吏部、祠部、金部、倉部、駕部、庫部、都官、度支等九司,這些郎曹經過數百年的發展,證明是中央政務運行所必須的,並不因朝代的更迭而發生變化,因此,到隋朝得到繼承。B. 大多數朝代有設置,但有時因統治情況的不同而有廢弃者,例如考功郎,除東晉和劉宋之初未置,其他各朝都有設立。又如主客郎,也祇有東晉未設。類似的情況還有屯田、虞曹和水部。C. 將前代的幾個郎曹的職能合併而成,例如禮部司係將歷代皆置的儀曹與殿中的職能合併;又如兵部司係將前代主管軍事的許多郎曹之職合併;刑部司則是將三公曹與二千石郎的合併。D. 有些曹司係源自北周的六官,例如司勳、職方、司門三司。不難看出,南北朝後期如梁與北齊的郎曹的設置就已經非常接近了,隋朝的二十四司既有漢魏以來舊傳統的因素,也有北朝新出現的成分,但總的説來,都是對此前統治經驗的一次較爲徹底的總結。

當然,隋朝六部二十四司體制的更大的特點在於其對部與司之間關係的理順,在這一過程中,"部"的機構性質開始凸現,並向獨立化的機構邁進。

三、六部的凸顯

從西晉以來,尚書曹之數有六,此後,除了東晉偏安之際尚書、郎曹俱減外,劉宋、南齊、北齊等都是六曹尚書,顯然,將政務按類別一分爲六,是一種經過實際考驗比較合理的制度,因此隋朝也繼承下來。不過,隋代以前,尚書曹與郎曹的對應統屬關係非常混亂,存在著許多不合理的因素。例如庫部司職司戎杖器用,南朝時都由都官尚書領之,而北魏、北齊則都由度支尚書領之,顯然都有乖謬之處。又如屯田司,北魏、北齊皆由祠部尚書領之,而在南朝的陳則由左戶部尚書領之。又如水部司,北魏、北齊時屬都官尚書領之,這些情況都不完全符合理性行政的客觀要求。於是隋朝建立伊始就進行了大規模的調整,其原則是同類整比,即將大致同類的政務歸於一個尚書總領。

在這一過程中,"部"作爲一級行政單位的性質逐步凸顯。這主要表現在四個方面:

首先,機構名開始逐步代替長官的名稱。南北朝時期,並無專門的機構名稱,而僅以"某某尚書"代之,到隋代,其機構的性質漸漸突出,如《隋書·

百官志》下曰："尚書省,事無不總,置令,左右僕射各一人,總吏部、禮部、兵部、都官、度支、工部等六曹事,是爲八座。"①這裏不説"六尚書",而説"六曹"。開皇三年之後,尚書六曹皆以"部"爲名,而不再以長官的官職來代指。這一變化可謂意義非常。

其次,從隋初開始,左右僕射、左右丞的業務分工開始以部爲單位,而不再以郎曹爲單位,這也是一個非常值得重視的變化。隋以前,各曹尚書雖居於八座之榮,位高權重,得以參預重要政事之決策,但尚書與下屬各郎曹的關係似乎並不緊密,"部"作爲獨立機構的色彩並不明顯,這在左右丞的業務分工上體現得極爲明顯。以北齊爲例,左、右丞分掌尚書省二十八郎曹,其具體分工是:左丞"掌吏部、考功、主爵、殿中、儀曹、三公、祠部、主客、左右中兵、左右外兵、都官、二千石、度支、左右户十七曹",右丞"掌駕部、虞曹、屯田、起部、都兵、比部、水部、膳部、倉部、金部、庫部十一曹"②。而當時尚書六曹與郎曹的統屬關係如下:

吏部統吏部、考功、主爵三曹;

殿中統殿中、儀曹、三公、駕部四曹;

祠部統祠部、主客、虞曹、屯田、起部五曹;

五兵統左中兵、右中兵、左外兵、右外兵、都兵五曹;

都官統都官、二千石、比部、水部、膳部五曹;

度支統度支、倉部、左户、右户、金部、庫部六曹;

我們可以將左右丞的業務分工與二十八郎曹的統屬關係列表如下(表6-2):

表6-2　北齊左右丞業務分工表

	吏部三曹	殿中四曹	祠部五曹	五兵五曹	都官五曹	度支六曹
左 丞	3	3	2	4	2	3
右 丞	0	1	3	1	3	3

顯然,北齊左右丞的業務分工是以郎曹爲單位的,而不以尚書曹爲單位,除了吏部三曹全歸左丞執掌外,其他殿中四曹、祠部五曹、五兵五曹、都官五曹、度支六曹則都由二丞分掌,而不必顧及他們歸屬哪位尚書,於是就

---

① 《隋書》卷二八《百官志》下,774 頁。

② 《隋書》卷二七《百官志》中,752 頁。

出現了同一位尚書屬下的郎曹分別歸左右丞掌管的現象。

　　這種情況到隋初發生了明顯的變化。開皇三年四月，"詔尚書左僕射，掌判吏部、禮部、兵部三尚書事，御史糾不當者，兼糾彈之。尚書右僕射，掌判都官、度支、工部三尚書事，又知用度"①。左、右丞之間的分工亦應與此相同。從以"司"分職到以"部"分職，六部在獨立化的道路上又前進了一步。

　　再次，隋王朝在六部的機構建設方面也有一些有力的舉措。例如，開皇六年（586），"尚書省二十四司，各置員外郎一人，以司其曹之籍帳。侍郎闕，則釐其曹事"②。各司有副長官始此。大業三年，以前作爲諸司之長的侍郎統稱爲郎，置二人，廢員外郎，但尋減一郎，置承務郎一人，同員外之職，則司有正副首長亦不變。此外，從隋朝開始，許多以前不設主事的曹司，也開始設置主事，如北齊的屯田曹不置主事，到隋朝則設立了"屯田主事"，這正是各司設置主事普遍化的表現③。員外郎及主事的普遍設立，也反映了從"尚書郎"到"司"、即從官職到機構的發展變化。大業三年還有另一項重大改革，即"尚書省六曹，各侍郎一人，以貳尚書之職"④。從此，六部有了自己的副長官，其獨立化趨勢又得到了制度上的保障。這樣，六部亦完成了自己的四等官體系：

　　長官：尚書（正三品）；

　　通判官：侍郎（正四品）；

　　判官：各司郎官（從五品）、員外郎（從六品）；

　　主典：主事、令史。

　　最後，六部自置勾檢官，即都事，以加强對屬司的控制。開皇初，改晉代以來的尚書都令史爲都事，置八人⑤。煬帝大業三年則升"都事爲正八品，分隸六尚書"⑥，《唐六典》云："自晉、宋、齊、後魏、北齊、隋，都令史置八者，當八座之數。……皇朝置六者，當六曹之數。"⑦其實隋自大業三年起，都事已只置六人了，即《通典》所云："煬帝分隸六尚書，置六人，領六曹事。"⑧把

---

① 《隋書》卷二八《百官志》下，792頁。
② 《隋書》卷二八《百官志》下，792頁。
③ 參看葉煒《試論隋與唐前期中央文官機構文書胥吏的組織系統》，榮新江主編《唐研究》第五卷，北京大學出版社，1999年，128—129頁。
④ 《隋書》卷二八《百官志》下，794頁。
⑤ 《通典》卷二二《職官典》四，608頁。郭鋒先生謂："都事之職，隋唐有一個變化，即由以前隸屬六部稱都令史改爲隸屬都省並改稱都事。"（見郭氏上引文）此論不確，隋初已改都令史爲都事，置八人，大業三年，減二餘六，隸於六部，唐代則又收歸都省。詳見下文。
⑥ 《隋書》卷二八《百官志》下，794頁。
⑦ 《唐六典》卷一《尚書都省》，北京：中華書局，1992年，10頁。
⑧ 《通典》卷二二《職官典》四，608頁。

以前隸於左右丞的都事改歸各部尚書統轄,同樣意味著六部已演化爲分掌方面政務的一級行政機關。

四、北周官制對隋代尚書省建設的影響

陳寅恪先生曾指出,隋唐制度的淵源有三:“一曰(北)魏、(北)齊,二曰梁、陳,三曰(西)魏、周。…… 在三源之中,此(西)魏、周之源遠不如其他二源之重要。”[①]這一觀點早爲治中國中古史者熟知。不過,最近學界則越來越重視北周之制度對於隋唐的影響,例如閻步克先生對於隋代文散官制度的探討、史睿先生對於隋唐禮制的研究等,都强調了隋唐制度對於北周的繼承[②]。在我們探討隋代尚書省、特別是六部體制時,我們同樣感到北周官制的影響不容忽視。

《隋書·百官志》下云:“高祖既受命,改周之六官,其所制名,多依前代之法。”[③]實際上,這並不意味著北周的影響蕩然無存了,相反,這裏的“前代”無疑應該包含著北周。我們在前文已經指出,二十四司中的司勳、職方、司門三司就直接來源於北周之制,特別是司勳的設置更是與關隴集團尚武重勳的傳統相適應的。而在六部的“制名”上,這一點表現得尤爲突出,中唐時期的杜佑對此有非常清楚的認識,在《通典》卷二三《職官典》五中,有如下記載:

> 户部尚書:“後周置大司徒卿一人,如《周禮》之制。其屬有民部中大夫二人,掌承司徒教,以籍帳之法,贊計人民之衆寡。隋初,有度支尚書,則并後周民部之職。開皇三年,改度支爲民部,統度支、民部、金部、倉部四曹,國家修《隋志》,謂之户部,蓋以廟諱故也。大唐永徽初,復改民部爲户部,廟諱故也。”
>
> 禮部尚書:“後周置春官卿,又有禮部,而不言職事。後改禮部爲宗伯。又春官之屬有典命,後改典命爲大司禮,俄改大司禮復爲禮部,謂之禮部大夫。至隋,置禮部尚書,統禮部、祠部、主客、膳部四曹,蓋因後周禮部之名,兼前代祠部、儀曹之職。”
>
> 兵部尚書:“後周置大司馬,其屬又有兵部中大夫,小兵部下大夫,其職並缺。至隋乃有兵部尚書,統兵部、職方、駕部、庫部四曹,蓋因後

周兵部之名,兼前代五兵之職。"

　　刑部尚書:"後周有秋官大司寇卿,掌刑邦國;其屬官又有刑部中大夫,掌五刑之法。隋初有都官尚書,開皇三年,改都官爲刑部尚書,統都官、刑部、比部、司門四曹,亦因後周之名"。

　　工部尚書:"後周有冬官大司空卿,掌五材九範之法;其屬工部中大夫二人,承司之事,掌百工之籍,而理其禁令。至隋乃有工部尚書,統工部、屯田二曹,蓋因後周工部之名,兼前代起部之職。"①

從杜佑的分析我們可以看出,隋朝六部中,除了吏部爲魏晉南北朝以來尚書曹的舊名外,其他五部的名稱均來源於北周的典制,這是我們必須注意的事實。當然,這裏祇考察了隋朝六部名稱與北周官職的淵源,至於更爲深入的關係還有待於進一步的研究。

第二節　唐初尚書省性質之變化: 從宰相機構到最高行政機構

　　唐承隋制,但其間也有變化和反復。如:高祖武德元年(618)八月曾省左右司郎中②,武德七年(624)三月戊寅,又廢尚書省六司侍郎③,但到了貞觀二年(628)正月,又加以全面恢復④。顯然,武德年間,都省與六部的四等官體系都曾受到破壞,這表明從隋煬帝大業三年到唐太宗貞觀二年的二十年,正是一個過渡和搖擺的時期。貞觀以後,各種制度纔逐步穩定下來,但另一方面,又蘊涵著新的變化方向。隋代的尚書省爲宰相機構,這是毫無疑問的,但是,隨著中書、門下兩省從内廷的秘書咨詢機構轉化爲國家的權力機構,三省制逐步形成。在這一個大的政治轉型過程中,從隋到唐初,尚書省的地位與性質也發生了一些重要的變化,在本節我們就來探討這個問題。

一、僕射加同中書門下三品的出現與尚書令的廢置

　　唐初的宰相制度可以稱爲"知政事官制",宰相的組成有兩部分:其一是三省的長官,《舊唐書·職官志》二曰:"武德、貞觀故事,以尚書左右僕射

---

①　以上引文並見《通典》卷二三《職官典》五,635—646頁。

②　《唐會要》卷五八《尚書省諸司》中,上海古籍出版社,1991年,1175頁。

③　《舊唐書》卷一《高祖紀》,北京:中華書局,1975年,14頁。

④　《資治通鑑》卷一九二,北京:中華書局,1956年,6047頁。

各一人及侍中、中書令各二人,爲知政事官。"①武德時,嚴格實行此制,知政事官祗由三省長官充任。其二是以他官加"參議朝政""參知政事""同中書門下三品""同中書門下平章事"等頭銜,參加政事堂會議,成爲宰相。貞觀元年(627)九月辛酉,御史大夫杜淹以檢校吏部尚書參預朝政,三年(629)二月魏徵以秘書監參預朝政,四年(630)二月,民部尚書戴胄以本官檢校吏部尚書,參預朝政,御史大夫蕭瑀"與宰臣參議朝政",這是以他官加銜爲宰相的開始。但是也必須看到,這時的"參議朝政""參預朝政"等還不是正式的頭銜,而祗是表示一種狀態,作動詞使用。

　　值得注意的是貞觀十七年(643)"同中書門下三品"的出現,這年四月己丑,"加司徒、趙國公長孫無忌太子太師,司空、梁國公房玄齡太子太傅,特進、宋國公蕭瑀太子太保,兵部尚書、英國公李勣爲太子詹事,仍同中書門下三品"。六月丁酉,"尚書右僕射高士廉請致仕,詔以爲開府儀同三司、同中書門下三品"②。顯然,這一名號的出現是爲了解決品階高於三品的官員如特進(正二品散官)、開府儀同三司(從一品散官)等參預朝政的身分問題。它也表明:中書、門下兩省的長官已經成爲宰相的核心,隋朝一度出現,唐初武德時又一度恢復的以尚書僕射爲核心的局面不復存在。不過,從制度上講,這裏有個矛盾,即總領百官的尚書令與從二品的左右僕射的地位要高於侍中和中書令。於是,尚書省就面臨著重新定位的問題。當然,這種情況的出現並非一夕之功,中書、門下二省在決策中地位的提高由來已久,貞觀三年(629)三月五日,太宗詔曰:"自今天下大辟罪,皆令中書、門下四品已上及尚書議之。"③數日後,太宗又命左右僕射房玄齡、杜如晦不得日受詞訟,規定省內"細務屬于左右丞,惟枉屈大事合聞奏者,關於僕射"④。顯然,太宗試圖以限制僕射職權來處理這個問題,到貞觀十七年之後又不設僕射,但未從制度上加以解決。

　　轉折的關鍵出現在太宗剛剛去世的貞觀二十三年(649)。這年九月,以開府儀同三司李勣爲左僕射,同中書門下三品,"僕射始帶同中書門下"⑤。這一方面使知政事官中的三省長官處於同等地位,取得平衡,更重要的是,它表明僕射已經不再是當然宰相。雖然此後的七十年中,僕射一直還加同

①　《舊唐書》卷四三《職官志》二,1849 頁。
②　《舊唐書》卷三《太宗紀》下,55 頁。
③　《唐會要》卷四〇《君上慎恤》,839 頁。
④　《唐會要》卷五七《尚書省諸司》上,1161 頁。
⑤　《舊唐書》卷四《高宗本紀》上,67 頁。按,《舊紀》作八月,據嚴耕望《唐僕尚丞郎表》卷五的考證,應爲九月十三日乙卯,320 頁。

中書門下三品,但這祇是一種慣例,而制度本身則已經發生了根本性的變化。到中宗神龍元年(705)五月甲辰,豆盧欽望爲左僕射,到六月癸亥,"有軍國重事,中書門下可共平章"。對此,《資治通鑑》曰:"先是,僕射爲正宰相,其後多兼中書門下之職,午前決朝政,午後決省事。至是,欽望專爲僕射,不敢預政事,故有是命。是後專拜僕射者,不復爲宰相矣。"①實際上,這是將專爲僕射、不知政事從制度上肯定下來,標誌著尚書省重新定位的完成。至於《唐六典》卷一云左右僕射"初亦宰相之職也。開元中,張説兼之,後罷知政,猶爲丞相。自此已後,遂不知國政"的説法,則顯然是不準確的。

另一個重要的變化是尚書令的廢除。從制度上講,尚書令是"總領百官,儀形端揆"的正宰相,但是,自隋朝以來,就因其品階過高,與三省制的原則不合,故往往闕而不置。這一舉措爲唐代所沿用。《唐六典》卷一曰:"尚書令爲端揆之官,魏晉已來,其任尤重。皇朝武德中,太宗初爲秦王,嘗親其職,自是闕不復置,其國政樞密皆委中書,八座之官但受其成事而已。"事實上,太宗曾任其職並非唐初闕置尚書令的真正原因,對此學界已有所論證②。要言之,尚書令祇是南北朝的制度在唐初留下的一個尾巴,其在制度上的存在,更多的是一種歷史的慣性。於是到了高宗龍朔三年(663)二月甲子,改易官名,以侍中爲左相,中書令爲右相,緊接著又於當月七日又"制廢尚書令"③,表明從法律上正式肯定了侍中、中書令的宰相正官地位,尚書省作爲宰相機構的地位正式結束,最終將隋以來的發展成果以制度化的形式肯定下來。

二、八座議事之終結

與尚書省的重新定位相應的一個結果是八座集議在唐初逐步走向終

① 《資治通鑑》卷二〇八"神龍元年六月"條,6594頁。關於豆盧欽望,《資治通鑑》與《新唐書·宰相表》都説是"右僕射",但嚴耕望先生已經確證其應爲"左僕射",見《唐僕尚丞郎表》卷五,323—326頁。

② 參看黃利平《隋唐之際三省制的特點及尚書令的缺職》,史念海主編《唐史論叢》第二輯,西安:陝西人民出版社,1987年,202—214頁。

③ 《舊唐書》卷四二《職官志》一,1786—1787頁,同書1791頁所錄永泰二年(766)《官品令》的正二品注云:"《武德令》有尚書令,龍朔二年省。自是正第二品無職事官。"值得一提的是,在法藏敦煌文書P.2504《唐天寶令式表殘卷》中,通榜的正二品欄出現了"尚書令"一職(本件文書的錄文與圖版,見唐耕耦、陸宏基編《敦煌社會經濟文獻真蹟釋錄》第二輯,全國圖書館文獻縮微複製中心,1990年,586—595頁),關於這個現象,劉俊文先生解釋説:"殘卷正第二品有尚書令,證明天寶時復置之,並非'自是正第二品無職事官'也。此條可糾《舊志》紀載之謬。"見氏著《敦煌吐魯番唐代法制文書考釋》,北京:中華書局,1989年,399頁。不過,劉氏所云天寶年間復置尚書令一事,並未見諸其他史料,且依殘卷所云"朱點者是清官",但恰恰是尚書令之上並未加朱點,這是一種偶然的疏漏,還是因其實際情形而作的刻意區別,尚待詳考。

結。八座集議本是魏晉南北朝時期作爲宰相機構的尚書省的辦公會議,即所謂"大事八座連名,而有不合,得建異議"①。到了唐初,這種八座集議依然存在。根據《唐六典》卷一的規定,唐代左右僕射與六尚書組成八座。我們先將史料中所能見到的唐代八座集議的情況列表如下(表6-3):

表6-3　唐代八座集議表

時　間	内　容	資料出處
武德九年(626)十月	太宗以武德九年八月甲子即位,十月癸亥,尚書八座奏請立儲貳。詔曰:"尚書奏議,以爲少陽作二,元良治本……"	《册府元龜》卷257/3057
貞觀元年(627)三月	八座與裴弘獻定議奏聞律令不合於時者。	《唐會要》卷39/826;《舊唐書》卷50/2136
貞觀九年(635)	高祖崩,太宗詔有司定議。諫議大夫朱子奢請立七廟,虛太祖之室以待。於是尚書八座議:"《禮》曰:'天子,三昭三穆,與太祖之廟而七。'晉、宋、齊、梁皆立親廟六,此故事也。"制曰:"可。"於是祔弘農府君及高祖爲六室。	《新唐書》卷13/339;《舊唐書》卷25/941—943。
貞觀十三年(639)二月二十五日	八座議:"今日以後,後宫及東宫内職員有闕者,皆選有才行充之。"	《唐會要》卷3/37—38
貞觀十四年(640)	八座議廟樂之事。	《舊唐書》卷28/1043
貞觀十四年(640)	八座與禮官定議喪服之制。	《貞觀政要》卷7/229
貞觀十四年(640)十一月	八座與李淳風等詳議曆法之事。	《唐會要》卷42/879;《新唐書》卷25/536
貞觀十六年(642)十二月	刑部以《賊盗律》反逆緣坐兄弟没官爲輕,請改從死,奏請八座詳議。	《舊唐書》卷74/2621;《通鑑》卷196/6183
貞觀十九年(645)	征高麗,至遼陽,屬高祖忌日,八座奏請軍機要務,百司依式聞奏。	《唐會要》卷23/523

由表6-3可以看出,目前所見唐代的八座集議共有九次,全都出現在太宗時期。貞觀初,中書舍人高季輔上封事云:"至如設官分職,各有司存,

---

① 《通典》卷二二《職官典》四,588頁。

尚書八座,責成斯在,王者司契,義屬於兹。伏願隨方訓誘,使各揚其職。"①可見在時人眼中,尚書省仍是宰相機構。而事實上尚書省奏議祇有少量帶有宰相率百僚上奏的意味,如太宗以武德九年八月甲子即位,十月癸亥,尚書八座奏請立儲貳。太宗遂下詔云:"尚書奏議,以爲少陽作貳,元良治本,虔奉宗祧,式固邦家。中山王承乾,地居嫡長……宜依衆請,以答僉望,可立承乾爲皇太子。"②不過,這一時期八座議事的大部分內容,如上表所示,多爲禮、法等典章制度方面,已遠非全部國家大政了。

我們以貞觀十六年(642)十二月的那次八座集議爲個案來作一番具體考察。"時刑部以《賊盜律》反逆緣坐兄弟没官爲輕,請改從死,奏請八座詳議。右僕射高士廉、吏部尚書侯君集、兵部尚書李勣等議請從重,民部尚書唐儉、禮部尚書江夏王道宗、工部尚書杜楚客等議請依舊不改。時議者以漢及魏、晉謀反皆夷三族,咸欲依士廉等議。(給事中崔)仁師獨駁曰:'……且父子天屬,昆季同氣,誅其父子,足累其心,此而不顧,何愛兄弟。既欲改法,請更審量。'竟從仁師駁議。"③從這條材料中,我們可以看出,刑部要修改律令,需要由八座集議來定奪,各部尚書與僕射都須出席。而要召開八座會議,則需奏請皇帝,不能自行召開,這與南北朝時期尚書省的八座議事已經有所不同了。還有一點需要注意,在這次會議上,雖仍以八座爲主導,但參加者似乎已經不限於八座了,這表明八座議事開始向尚書省的集議發展。《唐六典》卷六規定:"凡獄囚應入議、請者,皆申刑部,集諸司七品已上於都座議之。"④這種集議的參加者要廣泛得多,也應包括尚書省外其他部門的七品以上官員,地點則仍在都省。尚書省的集議後來成爲討論禮法問題的主要形式,在中唐以後更爲普遍,但這與傳統意義上的作爲宰相會議的八座集議性質已經完全不同了。

總而言之,貞觀時期的八座議事,也是南北朝宰相議事制度的遺存,到了貞觀末尚書省與宰相機構的分離之後,就不再有八座議事了,其職能已經被政事堂會議所取代,而其形式則又被擴大了的尚書省集議所繼承,貞觀年間正是八座集議與政事堂會議並行的過渡期。

三、左右丞地位的提高

與尚書省重新定位相應的另一個結果是左右丞地位的提高和職能的擴

---

① 《舊唐書》卷七八《高季輔傳》,2701 頁。
② 《立中山王承乾爲皇太子詔》,《全唐文》卷四,北京: 中華書局,1983 年,53 頁。
③ 《舊唐書》卷七四《崔仁師傳》,2621 頁;《資治通鑑》卷一九六,6183 頁。
④ 《唐六典》卷六《尚書刑部》"刑部郎中員外郎"條,191 頁。

大,這也經歷了一個長期發展的過程。我們在前文曾指出,從隋朝開始,都省已經成爲四等官完備的行政機構,左右丞處於通判官的地位,這在《舊唐書·職官志》二中有明確的説明:"左丞掌管轄諸司,糾正省内,勾吏部、户部、禮部十二司,通判都省事。若右丞闕,則併行之。右丞管兵部、刑部、工部十二司。若左丞闕,右丞兼知其事。御史有糾劾不當,兼得彈之。"①按照唐代四等官的慣例,通判官一般是本司的副長官,但左右丞雖係通判官,但其副長官的身分卻並未得到制度上的確定,因此其地位頗爲微妙。

我們前已提及,高祖武德元年八月曾省左右司郎中,到貞觀二年初又得以復置。這既是制度處於摇擺和過渡期的一種反映,同時也可能與太宗轉化尚書省權力結構的整體構想有關。按左右司郎中的職掌是:"左司郎中,副左丞所管諸司事,省署鈔目,勘稽失,知省内宿直之事。若右司郎中闕,則併行之。……左右司郎中、員外郎各掌副十有二司之事,以舉正稽違,省署符目焉。"②顯然,左右司郎中是都省勾檢工作的具體執行者,如果不置,則意味著都省中没有判官,二丞事務之繁重可以想見。貞觀元年,"時尚書左僕射蕭瑀免官,僕射封德彝又卒,太宗謂(戴)胄曰:'尚書省天下綱維,百司所稟,若一事有失,天下必有受其弊者。今以令、僕繫之於卿,當稱朕所望也'"③。貞觀三年初,太宗命左右僕射房玄齡、杜如晦不得日受詞訟,規定省内"細務屬於左右丞,惟枉屈大事合聞奏者,關於僕射"。即有以二丞取代左右僕射職能,主管尚書省具體事務之意,但衹有在復置左右司郎中的前提下,這一任務纔能實現,因爲對於二十四司的具體勾檢任務已經由他們來承擔了,左右丞也纔有更多的精力來掌管整個尚書省的工作,這無疑也提高了他們在尚書省中的地位。

左右丞地位的提高與職權的擴大,與前述太宗在三省制原則下,有意限制僕射權力的目的直接相關。貞觀二十年(646)太宗對左丞宇文節説得明白:"朕所以不置左右僕射者,以卿在省耳。"④隨著僕射逐步退出宰相圈,左右丞的地位上升的趨勢就更爲明顯了。從武則天初年就開始出現了左右丞入相的現象,文明元年(684)八月,魏玄同就以左丞而同中書門下三品⑤,到永昌元年(689)三月二十日,敕曰:"元閣會府,區揆實繁,都省勾曹,管轄綦

---

① 《舊唐書》卷四三《職官志》二,1816 頁。
② 《舊唐書》卷四三《職官志》二,1816—1817 頁。
③ 《舊唐書》卷七〇《戴胄傳》,2533 頁。
④ 《唐會要》卷五八《尚書省諸司》中,1172 頁。
⑤ 參看《唐僕尚丞郎表》卷二《通表》上,32 頁;及卷七《輯考》二上,411—412 頁。

重。還依仍舊之職,未協維新之政。其文昌左右丞,進爲從三品階。"①而據
《舊唐書》的記載,則是左丞進階爲正三品,右丞進階爲從三品②,無論如何,
較之以前的四品不可同日而語了。若按《唐六典》對"諸司長官"的解釋"謂
三品已上長官"③,則此舉實際上是從制度上肯定了左右丞在尚書省的長官
地位。雖然到如意元年(692)又復舊制,但他們實際主管省事的職權卻未曾
改變。《唐六典》卷一曰:"左、右丞掌管轄省事,糺舉憲章,以辦六官之儀
制,而正百僚之文法,分而視焉。(原注:若左闕,則右兼知其事;右闕,則左
亦如之。若御史有糺劾不當,兼得彈奏。)"這就不僅僅是都省的通判官了。
顯然,到開元時,隨著僕射多爲尊禮元老重臣的加官,實際上已不復理事,二
丞行使尚書省長官職權的地位遂得凝定,這種局面到中唐以後更爲明顯。

第三節　唐代前期尚書省的機構設置及其特色

　　下面,我們試從六部與都省、六部與屬司、六部與寺監的關係等方面來
分析六部在唐代前期(指安史之亂以前)中央行政體制中的地位及其特點,
以期對尚書省的組織結構、政務運作有進一步的認識。

一、六部與都省

　　六部與都省的關係問題是唐代前期行政體制中的核心問題之一。樓勁
先生在研究了敦煌文書 P.2819 開元公式令殘卷後,得出如下結論:六部和
都省都是相對獨立的行政實體;二者又有某種"監臨"關係,但不論是獨立還
是監臨,都是有限度的④。應該說,樓氏的結論頗有見地。我們在前文也已
論證了,經過隋朝對尚書省機構的建設和改革,都省和六部都已經成爲四等
官體系完整的行政機構,下面我們就從具體的政務運作角度來進一步分析
二者的關係。

　　唐代前期,六部和都省共同組成尚書省,它們是一個密不可分的整體,
二者的分工合作,構成政務處理的中心環節,這無疑是此期尚書省的基本面

① 《唐會要》卷五八《尚書省諸司》中,1169頁。
② 《舊唐書》卷四二《職官志》一,1793頁。《唐六典》卷一與《唐會要》略同,曰:"龍朔二年改爲左、右肅機,咸亨元年復爲左、右丞。永昌元年爲從三品,神龍二年復故。"7頁。按左、右丞地位原有差異,即正四品與從四品之差,此次升階,不當同爲從三品。因此,似以《舊志》得其實。
③ 《唐六典》卷二《尚書吏部》"吏部郎中"條,33頁。
④ 樓勁《伯2819號殘卷所載公式令對於研究唐代政制的價值》,84頁。

貌。但是,我們必須注意其以下幾個特徵:

首先,都省左右司郎中員外郎在進行業務分工時,仍著眼於二十四司。我們在前文説過,從隋文帝開皇三年開始,尚書左右僕射的業務分工一改北齊以"司"爲單位的傳統,而開始以"部"爲劃分標準,即左僕射掌吏、禮、兵三部,右僕射掌都官、度支、工部三部,但是,直到《唐六典》仍曰:"左、右司郎中員外郎,各掌付十有二司之事,以舉正稽違,省署符目。"①需要注意的是,這裏不説"各掌三部",也就意味著雖然從隋朝以來不再有北齊那樣同一部内諸司分屬左右僕射的情況,但左右司郎官的分工仍以"司"爲著眼點。與之相應的是,和都省發生業務往來的都是二十四司,而極少以"部"的名義,因此我們幾乎看不到都省與各"部"直接發生關係的記載。

其次,各司郎官的管轄權操於尚書左右丞之手。《舊唐書·職官志》二記左右丞的職掌云:"左丞掌管轄諸司,糾正省内,勾吏部、户部、禮部十二司,通判都省事。若右丞闕,則併行之。右丞管兵部、刑部、工部十二司。若左丞闕,右丞兼知其事。"史書所載二丞守法、糾正郎官過失之例不勝枚舉,如開元三年(715)十二月,左丞韋玢奏:"郎官多不舉職,請沙汰,改授他官。"但他不久被貶小州刺史,姚崇上言:"臺郎寬怠及不稱職,玢請沙汰,乃是奉公。臺郎甫爾改官,玢即貶黜於外,議者皆謂郎官謗傷,臣恐後來左右丞指以爲戒,則省事何從而舉矣!伏望聖慈詳察,使當官者無所疑懼。"②可見,管轄郎官是二丞基本職責之一,這也是南北朝以來二丞管轄各司郎官的傳統之延續。而六部長官對於各司郎官則主要是業務領導,即在業務範圍之内,郎官要向長官"咨之"。

第三,六部内部無勾檢官。勾檢官在唐代内外、上下各級官府中普遍存在,唯獨六部不置,對此,王永興先生指出:"特別值得注意的是,尚書都省的左右司郎中員外郎也是尚書省六部的勾官,讀《六典》的記述可知。因此,六部不再設置勾官。"③所言極是。其實,隋朝的六部一度曾自設勾官,如煬帝大業三年將都事六人分隸六尚書,使六部自行勾檢,但到了唐代,則又全部收歸都省。這樣,雖使六部與都省緊密結合,但也使得六部在制度上對都省有很強的依賴性,其獨立性因之大打折扣。

第四,六部無部印。中國古代璽印制度源遠流長,十分完備。官印是一個政府部門權力的象徵,而唐代六部並無部印,這是六部對都省的依賴性在

① 《唐六典》卷一《尚書都省》,10頁。
② 《資治通鑑》卷二一一"玄宗開元三年十二月"條,6714頁。
③ 王永興《唐勾檢制研究》,上海古籍出版社,1991年,6頁。

璽印制度上的表現，它表明，"部"作爲一級職能部門，本身權力並不完備。至於六部下屬的二十四司，史載："故事，除兵部、吏部外，共同都司印。至聖曆二年（699）二月九日，初備文昌臺二十四司印，本司郎官主之，歸則收於家。"①後來，有些司因業務關係，又增置官印，如吏部、司勳、兵部等司都有專門的告身之印。《唐六典》卷四曰："凡内外百司皆給銅印一鈕（原注：其吏部、司勳各置二印，兵部置一印，考功、駕部、金部、尚食·尚乘局各別置一印。其文曰'某司之印'，東都即云'東都某司之印'）。"②而"内外百司"中，恰恰不包括六部！同時還須提及的是，各司印文爲"尚書省某司之印"，從中絲毫體現不出此司歸屬何部。例如大中九年（855）日僧圓珍過所上加蓋的"尚書省司門之印"③，根本不說"刑部司門之印"。這是一個非常引人注目的現象。

第五，尚書的長官地位非常曖昧。如前文所述，從隋朝開始，六部已經形成了自己的四等官體系，可是從唐代的法律文書來看，六部尚書的長官地位又是非常曖昧的。開元時期的《唐六典》在解釋"諸司長官"時，則曰："謂三品已上長官。"④按六部尚書皆爲正三品的高官，依此則應爲六部的長官。在敦煌文書 P.2819 開元《公式令》殘卷所載的"移式"中⑤，也有類似的表述：

移式：

尚書省　　爲某事

1　某省臺省云
其省臺。　　云［案］主姓名，故移。

2　　　　　　　　年月日

3　　　　　　　　主事姓名

4　某司郎中具官封（名）都省則左右司
郎中一人署。　　令史姓名。

5　　　　　　　　書令史姓名。

---

① 《唐會要》卷五七《尚書省諸司》上，1154 頁。
② 《唐六典》卷四《尚書禮部》"禮部郎中員外郎"條，116 頁。
③ 日本三井寺所藏，參見中村裕一《唐代制敕研究》第三章，東京：汲古書院，1991 年，495 頁。
④ 《唐六典》卷二《尚書吏部》"吏部郎中員外郎"條，33 頁。
⑤ 本件文書的錄文與圖版見唐耕耦、陸宏基編《敦煌社會經濟文獻真蹟釋錄》第二輯，556—562 頁。又可參看山本達郎、池田温、岡野誠合編 *Tunhuang and Turfan Documents concerning Social and Economic History.* Ⅰ *Legal Texts*（A）Introduction and Texts, the Toyo Bunko, 1980, pp.29–31.（B）Plates. 1978, pp.55–60. 以及劉俊文《敦煌吐魯番唐代法制文書考釋》，221—245 頁。三者錄文略有差異，此據唐耕耦書。

```
6      右尚書省與諸臺省相移式。内外諸司
7      非相管隸(隸)者,皆爲移。其長官署位准尚
8      書。長官無,則次     州別駕、長史、司馬、縣丞署位,
        官通判者署。
9      亦准尚書省。判官皆准郎中。
```

這件《公式令》殘卷,學界一般認爲是開元七年或二十五年令。從第7—8行所謂"其長官署位准尚書"來看,六部尚書的"長官"身分是毋庸置疑的。然而與此同時,不同部的各司又都以僕射作爲共同長官,這在同一件《公式令》中的"關式"中表露無遺①:

```
11     關式
12     吏部          爲某事。
13     兵部云云。謹關。
14               年月日
15
16               主事姓名
17     吏部郎中具官封名。     令史姓名
18                      書令史姓名
19          右尚書省諸司相關式。其内外諸司,同長
20          官而别職局者,皆准此。判官署位准郎中。
```

文書的10—16行爲關式的標準格式,17—18行則是對其適用範圍的解釋。關式中的"吏部""兵部"所指都應該是司名,而非部名,因爲文書明確指出,這是"尚書省諸司相關式"。兵部司與吏部司之間的往來要用"關"這種公文,也就意味著它們是"同長官而别職局者",即以尚書左右僕射爲長官,這就在某種程度上淡化了尚書作爲六部長官的色彩。特別值得注意的是,唐初的權威法典《唐律疏議》就隱約透露了"部"的實際法律地位。該書卷一"十惡"條中,"九曰不義",原注云:"謂殺本屬府主、刺史、縣令、見受業師,吏、卒殺本部五品以上官長;及聞夫喪匿不舉哀,若作樂,釋服從吉及改嫁。"這一條的疏議曰:"官長者,依令:'諸司尚書,同長官之例。'"②據劉俊文先

---

①　録文據劉俊文《敦煌吐魯番唐代法制文書考釋》,222頁。
②　《唐律疏議》卷一,15頁。

生的研究,所依之令當爲《獄官令》①。很明顯,唐初的法律並不完全肯定六部的獨立地位,故各部尚書僅僅是"同長官之例",而令文、律疏都要對此加以特別强調②。

第六,更爲重要的是,在日常政務處理中,"省"和"司"的意義要遠遠大於"部"。我們必須注意,尚書省内各司對外公文率稱"尚書省某司",而不稱"某部某司",各司指揮州縣和各機構的符,也稱"省符",前引開元《公式令》殘卷記其格式如下③:

32　符式

33　尚書省　　　　爲某事。

34　某寺主者云云。案主姓名。符到奉行。

35　　　　　　　　　　　主事姓名

36　吏部郎中具官封名。都省左右司　　令史姓名
　　　　　　　　　　郎中一人准。

37

38　　　　　　書令史姓名

39　　　　　年月日

40　　右尚書省下符式。凡應爲解向上者,上官(官)向

41　　下皆爲符。首判之官,署位准郎中。其出符

42　　者,皆須案成并案送都省檢勾。若事當計
　　　　　　　　　　　　　　　　會者,仍别

43　録會目,與符其餘公文及内外諸司應出文書
　　俱送都省。

44　　者,皆准此。

在這件文書中,29—35行是"省符"的標準格式,而36—40行係對"符"這種公文應用範圍的説明。可以看出,一般政務由各司郎官主判,在"案成"後必須送交都省勾檢,最後以尚書省的名義下發。這種"省符"通常也可直接以主判的司爲名,稱"某司符",如"比部符""兵部符"等。

---

① 劉俊文《唐律疏議箋解》卷一"十惡"條注釋[七九],北京:中華書局,1996年,85頁。

② 《資治通鑑》卷一九五載,貞觀十三年初,"(房)玄齡以度支繫天下利害,嘗有闕,求其人未得,乃自領之"。6143—6144頁。按,當時雖有户部尚書在任(參《唐僕尚丞郎表》卷三《通表》中,户部尚書欄,85頁),而房玄齡不委其攝職,卻以僕射自兼之,可能與此相關。

③ 劉俊文《敦煌吐魯番唐代法制文書考釋》,223—224頁。

我們再來看一件吐魯番文書,即《唐景龍三年(709)八月尚書比部符》①:

　　　　（前缺）

1　　益思效□□□□□

2　　石,及雍州奉天縣令高峻等救弊狀,并臣

3　　等司,訪知在外有不安穩事,具狀如前。其勾

4　　徵遺懸,色類繁雜。　　　　恩敕雖且停納,於後

5　　終擬徵收。考使等所通,甚爲便穩,既於公有益,

6　　並堪久長施行者。奉　　　敕:宜付所司參詳,逐

7　　便穩速處分者,謹件商量狀如前牒奉者,今以

8　　狀下州,宜准狀,符到奉行。

9　　　　　　　　　　主事　謝侃

10　比部員外郎　　奉古　　　令史　鉗耳果

11　　　　　　　　　　書令史

12　　　　　　　　　景龍三年八月四日下

　　　　（後略）

顯然,這是實際行用的一件尚書省符,由比部員外郎主判,因此又稱爲"比部符",其格式與《公式令》的規定完全相同。毫無疑問,這件比部符在行下之前已經由都省檢勾了。我們認爲,在日常的政務處理中,真正發生作用的機制似乎應該是都省-諸司的模式。各部尚書以掌政令爲主,如《唐六典》卷二載:"吏部尚書、侍郎之職,掌天下官吏選授、勳封、考課之政令。凡職官銓綜之典,封爵策勳之制,權衡殿最之法,悉以咨之。"②這裏"之典""之制""之法"無不顯示出其所掌政令的範圍。但是,在具體操作上,除核心政務(如吏部銓選)由各部頭司協助長官親自執掌外,其他大量的日常政務例由各司郎官獨立完成,案成以後送至都省檢勾,而本部尚書、侍郎一般連署簽名而已。

　　爲了對此有更清晰的認識,我們再來分析一件吐魯番出土文書。大津透等先生曾以極大的心力,用數十件吐魯番文書的殘片拼接復原出一份"儀鳳三年(678)度支奏抄、四年金部旨符",爲後來的研究提供了寶貴材料。

---

① 池田温《中國古代籍帳研究》第 139 號,龔澤銑譯,北京:中華書局,2007 年,202 頁。個別處錄文、標點據陳國燦《斯坦因所穫吐魯番文書研究》改,武漢大學出版社,1995 年,271—272 頁。

② 《唐六典》卷二《尚書吏部》,27 頁。

文書最核心的幾行如下①：

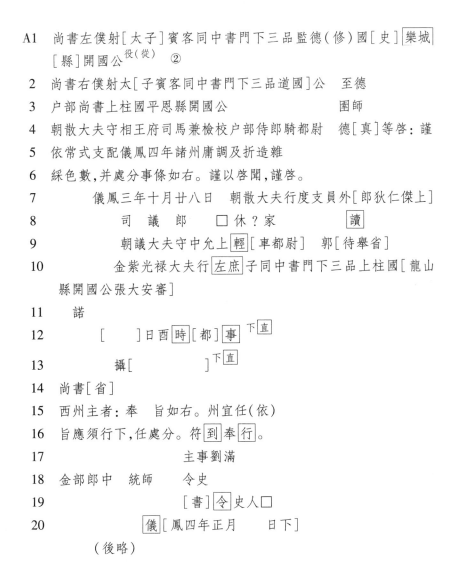

A1　尚書左僕射［太子］賓客同中書門下三品監德（修）國［史］ 樂城
　　　［縣］開國公^{役（從）}　②

2　尚書右僕射太［子賓客同中書門下三品道國］公　　至德

3　户部尚書上柱國平恩縣開國公　　　　　　　　圍師

4　朝散大夫守相王府司馬兼檢校户部侍郎騎都尉　德［真］等啓：謹

5　依常式支配儀鳳四年諸州庸調及折造雜

6　綵色數，并處分事條如右。謹以啓聞，謹啓。

7　　　儀鳳三年十月廿八日　朝散大夫行度支員外［郎狄仁傑上］

8　　　　　司　議　郎　　□休？家　　　　　　讀

9　　　　　朝議大夫守中允上 輕 ［車都尉］　郭［待舉省］

10　　　　金紫光禄大夫行 左庶 子同中書門下三品上柱國［龍山
　　縣開國公張大安審］

11　　諾

12　　　　［　　　］日西 時 ［都］ 事 ^下直

13　　　　　攝［　　　　　　］^下直

14　尚書［省］

15　西州主者：奉　旨如右。州宜任（依）

16　旨應須行下，任處分。符 到 奉 行 。

17　　　　　　　　　主事劉滿

18　金部郎中　統師　　令史

19　　　　　　　　［書］ 令 史人□

20　　　　　 儀 ［鳳四年正月　　日下］

　　　　（後略）

這件文書中，1—7 行是儀鳳三年度支司制定支度國用計劃時的奏抄；8—
10 行相當於門下省的審核，11 行"諾"爲監國的太子所簽，相當於皇帝御
畫"可"；12—13 行爲都省的轉發；14—20 行爲儀鳳四年正月金部司所下

① 録文見大津透《唐律令国家の予算について：儀鳳三年度支奏抄·四年金部旨符試釈》，
　《史學雜誌》第 95 編第 12 號，1986 年，4—17 頁。

② "役"字，大津認爲可能是"從"之誤，其説可從，係指宰相隨駕，不在長安之意。李錦繡先生
　以爲當作"使"，恐有不妥。見氏著《唐代財政史稿》上卷，16 頁，注 3。

的省符。在制定支度國用計劃時,因爲是向上的奏抄,要以尚書省的名義上呈,故左、右僕射要署名,同時署名的有度支司的業務主管户部尚書、侍郎,這表明唐前期六部的職能雖已分化,但行政權力依然集中於尚書省,故度支司奏抄上雖有户部長官的連署,但仍要以尚書省的名義上奏。編制此支度計劃的真正主要責任者,實際上是最後署名的度支員外郎狄仁傑。文書14—20行的金部符,顯然無須再有户部長官的簽署,即可行下了。

從這件文書,我們也可以看出,對於各司奏抄的批核是門下省的權力和責任。《唐六典》卷八載給事中職掌云:"凡百司奏抄,侍中審之,則先讀而署之,以駁正違失。凡制敕宣行,大事則稱揚德澤,褒美功業,覆奏而請施行;小事則署而頒之。"《唐律疏議》的記載更爲明確:"尚書省應奏之事,須緣門下者,以狀牒門下省,准式依令,先門下録事勘,給事中讀,黄門侍郎省,侍中審。有乖失者,依法駁正,却牒省司。"①唐初,門下省的地位極爲重要,處於三省的樞紐地位,對於上行奏抄,有審核之權;對於下行詔敕,有封駁之權。所以尚書各司的奏抄是由門下省來最終審核的,那麼,都省對各司判案的審核權應該如何理解?

從前引尚書省的"符式",並參照《唐六典》卷一尚書都省的記載,我們不難看出,都省的作用在於:應判文書至省後,署日,並依内容發往各司裁決,郎官裁決後,送回都省勾檢,無稽失者送往門下省進行審核。王永興先生在研究勾檢制度時指出:"勾檢職能有三:一爲勾檢稽失,二爲省署抄目,三爲受事發辰,但主要的職能是勾檢稽失。勾檢的内容有二:一爲'失',即公事失錯,也就是處理案件違反了制度。二爲'稽',或曰稽程,也就是没有在國家規定的日程内把案件處理完畢。"②值得重視的是都省對"失"的勾檢,當各司的判案有誤時,都省有權進行改判。一個有名的案例是:

> 龍朔二年(662),有宇文化及子孫理蔭,所司理之。至於勾曹,右肅機(右丞)楊昉未詳案狀,訴者自以道理已成,而復疑滯,劾而逼昉。昉謂曰:"未食,食畢詳之。"訴者曰:"公云未食,亦知天下有累年羈旅訴者乎?"昉遽命案,立判之曰:"父殺隋主,子訴蔭資,生者猶配遠方,死者無宜使慰。"③

①《唐律疏議》卷五"同職犯公坐"條,113 頁。
②王永興《唐勾檢制研究》,4 頁。
③《唐會要》卷五八《尚書省諸司》中,1172 頁。

這個案例很有意思,我們從中可以看出,尚書都省的勾檢是文案成立必不可少的程序,左右丞對於勾檢之責非常慎重的,必須詳閱文案。受理宇文化及子孫資蔭問題的部門應爲吏部司,最後的結果則表明:左右丞有權對於自己認爲錯判的文案進行改判,並推翻原來的判案。總之,雖然各司審理文案的最後審批權握在門下省,但在出尚書省之前,都省都會充分利用勾檢權,而且這種勾檢權已經包含了某種改判的權力,從而保證各司判案的合理性。

最後,我們再來分析一下都省與六部的所謂"監臨"關係。何謂"監臨"?《唐律疏議》卷六云:"諸稱'監臨'者,統攝案驗爲監臨。疏議曰:'統攝者,謂内外諸司長官統攝所部者。案驗,謂諸司判官判斷其事者是也。'"又云:"若省、臺、寺、監及諸衛等,各於臨統本司之内,名挂本司者,並爲'監臨'。若是來參事者,是爲'案驗'。"①如前所述,唐代前期都省與六部是一個密不可分的整體,故以僕射爲長官的都省對於各部自然是一種監臨關係,但這種監臨更多是以都省對各司的監臨爲表現形式。所以 P.2819 開元《公式令》中,關式以吏部關兵部爲例,表明二者爲"内外諸司同長官而別職局者"。即兵部、吏部二司皆以僕射爲長官。同樣,文書中的"牒式"則以都省下諸司爲例,其中有謂"其應受剌之司,於管内行牒,皆准此"。則明確以各司作爲都省之"管内"。不難看出,很大程度上,都省監臨行判的是"司",而非"部"。對於各司來講,要受雙重領導,既要受都省的監臨,又要受本部尚書、侍郎的指揮,而前者的意義顯然更大。

但是,作爲一個整體,都省與六部卻很難納入一個層次分明的四等官體系中,在尚書省的權力結構中,六部尚書的官品、地位遠高於二丞,貞觀三年(629)敕僕射不干細務,貞觀十七年(643)後又長期不除僕射,二丞成爲都省的實際長官,地位雖有所提高,但他們能否得心應手地監臨各司事務,實大可疑問。貞觀十五年(641),劉洎在分析"尚書省詔敕稽停、文案壅滯"的原因時指出:"貞觀之初,未有令、僕,于時省務繁雜,倍多於今。左丞戴胄、右丞魏徵,並曉達吏方,質性平直,事應彈舉,無所迴避。陛下又假以恩慈,自然肅物,百司匪懈,抑此之由。……比者綱維不舉,並爲勳親在位,品非其任,功勢相傾。凡在官僚,未循公道,雖欲自强,先懼囂謗。所以郎中抑奪,唯事諮稟,尚書依違,不得斷決。"②這反映了以下幾個問題:其一,劉洎認爲"郎中抑奪,唯事諮稟"是非正常現象。所謂"諮稟",正是《唐六典》所謂"諮

———————

① 《唐律疏議》卷六"稱監臨主守條",139 頁。

② 《舊唐書》卷七四《劉洎傳》,2607—2608 頁。《文苑英華》則記此表爲貞觀十一年作,劉洎時任治書侍御史,見劉洎《論左右丞須得其人表》,《文苑英華》卷六二三,北京:中華書局,1966 年,3227 頁。

之”的表現,正常情況是,有些事郎官應向尚書“諮稟”,有些事則可自行主判,不必請示尚書。其二,作爲部的長官,尚書本負有某種意義上的決斷權,但由於當時“勳親在位,品非其任”,遇事依違,遂造成詔敕、文案的稽滯。其三,都省的左右丞本有權力和責任來糾正郎中唯事諮稟、尚書不得斷決的不正常現象,卻由於他們與尚書“功勢相傾”,“雖欲自强,先懼囂謗”,而無可奈何。這些問題都表明,雖然唐代實行了較爲完備的分層決策原則,但即使在行政效率較高的唐初,這種原則也很容易受到破壞,這是制度本身的矛盾所造成的,即二丞與尚書在地位職權上的矛盾,以及對於各司政務的雙重領導①。顯然,這種矛盾不利於二者作爲一個整體而存在,一旦條件發生變化,二者的分化勢不可免。

二、六部內部的關係

上面我們分析了六部與都省關係中的一些特點,並指出了六部獨立性之限度。接下來,讓我們來看看六部內部的幾種關係,主要是各部長官與下屬各司的關係以及部內各司之間的關係。

六部是以大的職能類別來劃分的,它是隋初總結臺省制數百年的發展結果而成,對各曹司以政務類別加以重組,即將國家政務總體劃分爲人事、經濟、軍事、禮儀、刑法、工程六大類,性質、職能相近的曹司置於同一部之下,這一重組較爲成功,它結束了南北朝以來的混亂,如北齊將水部和膳部置於都官尚書之下,而把屯田、虞曹則歸隸於祠部尚書,顯得不倫不類,隋代則將水部、屯田、虞部都歸於工部,而把膳部改隸禮部,顯然更加合理。而且,隋唐帝國將國家政務依照內容劃分爲這六大類,分部掌管,不僅是對於此前封建國家統治經驗的完善總結,也爲此後的政府建構樹立了樣板,因此,直到明清的中央政務,仍是分爲這六部來掌管。爲了便於論述,我們先將唐代六部的內部組織結構列表如下(表6-4):

表6-4　六部各司機構與人員設置表

六部	司	郎中	員外郎	主事	令史	書令史	亭長	掌固
吏部	吏部	2	2	4	30	60	8	13
	司封	1	1	2	4	9		4

---

① 劉洎最後卻仍是從人事角度提出解決方案,即精擇二丞與左右司郎中,這顯非問題的要害。

續　表

六部	司	郎中	員外郎	主事	令史	書令史	亭長	掌固
吏部	司勳	1	1	4	33	67		4
	考功	1	1	3	15	30		4
戶部	戶部	2	2	4	17	34	6	10
	度支	1	1	2	16	33		4
	金部	1	1	3	10	21		4
	倉部	1	1	3	12	23		4
禮部	禮部	1	1	2	5	10	6	8
	祠部	1	1	2	6	13		4
	膳部	1	1	2	4	9		4
	主客	1	1	2	4	9		4
兵部	兵部	2	3	4	37	60	8	12
	職方	1	1	2	4	9		4
	駕部	1	1	3	10	24		4
	庫部	1	1	2	7	15		4
刑部	刑部	2	2	4	19	38	6	10
	都官	1	1	2	9	12		4
	比部	1	1	4	14	27		4
	司門	1	1	2	6	13		4
工部	工部	1	1	3	12	21	6	8
	屯田	1	1	2	7	12		4
	虞部	1	1	2	4	9		4
	水部	1	1	2	4	9		4

關於本表,需要說明的是:第一,唐代六部二十四司內的人員設置在不斷變化,因

此《唐六典》與兩《唐書》的記載有所出入,我們在此採用了《唐六典》的記録。第二,六部有些司因業務性質不同而有特別的人員設置,這主要是指户部四司、比部司、工部司、屯田司等七司的"計史",以及兵部司的"制書令史"十三人、"甲庫令史"十三人。因爲這些人員並非各司普置,因此在本表中不予列出。

　　六部既是按政務類別來組建的,則必然有其核心職能,它由尚書、侍郎與頭司共同執掌,各部長官自不必論,在此我們應特別注意頭司的職能。

　　頭司即各部的本司,其名與部名相同,其他三司稱爲"子司",這在《唐會要》中有明確的表述:"故事,以兵、吏及左右司爲前行,刑、户爲中行,工、禮爲後行。每行各管四司,而以本行名爲頭司,餘爲子司。"①《册府元龜·臺省部》的《總序》則是這樣表述尚書省的三級體制的:"尚書省……領二十四司。一曰吏部,領主爵、司勳、考功;二曰户部,領度支、金部、倉部;……六曰工部,領屯田、虞部、水部。"顯然將頭司作爲部的領導機構。又如《舊唐書》記禮部郎中、員外郎的職掌是:"掌貳尚書、侍郎,舉其儀制,而辨其名數。"②刑部郎中、員外郎的職掌爲:"掌貳尚書、侍郎,舉其典憲,而辨其輕重。"③其他四部頭司雖然没有直接寫明"掌貳尚書、侍郎",但從《舊志》《六典》對其職能的描述來看,頭司作爲各部領導機構的地位應無可疑,它們類似於本部的辦公廳,例如,天寶八載(749),户部郎中張傳濟奏請:"本行員數欠少,亦任於諸行稍閑司中,選其才能資序相當者奏請轉授。"④在這裏,張傳濟是以頭司郎中的身分代表本部奏請從其他各部的閑司差取郎官判案,顯示了頭司在本行中的領導地位。

　　頭司作爲各部的領導機關,在機構和人員的設置上也與其他曹司不同。例如,頭司的主事、令史、書令史等的人數,一般要比其他曹司多出不少,有些甚至有數倍之多,這在表6-4中有清楚的反映。此外,頭司皆另置"亭長"若干員,這是其他子司所不具有的。在吏部司、禮部司、兵部司各有亭長八人,户部司、刑部司、工部司各有六人。《唐六典》記亭長之職曰:"漢因秦制,每十里一亭,亭有長。高祖爲泗上亭長。隋文帝始採古亭長之名,以爲流外之號。皇朝因之,主守省門,通傳禁約。"⑤《新唐書·百官志》一則曰:

---

① 《唐會要》卷五七《尚書省分行次第》,1159頁。
② 《舊唐書》卷四三《職官志》二,1829頁。
③ 《舊唐書》卷四三《職官志》二,1837頁。
④ 《唐會要》卷五九《尚書省諸司》下,1197頁。
⑤ 《唐六典》卷一《尚書都省》,12—13頁。

"以亭長啓閉、傳禁約。"①《舊唐書·職官志》二則曰："亭長、掌固檢校省門户、倉庫、廳事陳設之事也。"②三者所記略同。每部四司,唯頭司置亭長,其領導地位是非常明顯的。

唐代前期的決策大致可分爲三個層次:首先是皇帝與侍臣召開的御前會議,所討論者爲"軍國大政",即治理國家的大政方針,這種御前會議的作用在貞觀年間表現得最爲突出。其次是宰相會議,即政事堂會議,《唐六典》中書令、侍中的職掌清楚地反映了這一點,如侍中之職:"所謂佐天子而統大政者也。凡軍國之務,與中書令參而總焉,坐而論之,舉而行之,此其大較也。"中書令之職:"掌軍國之政令。"要之,政事堂會議行使的是最高行政決策權。第三個層次,即六部所執行的"政令",如吏部尚書侍郎"掌天下官吏選授、勳封、考課之政令";户部尚書侍郎"掌天下户口井田之政令"等,這顯然都很具體,而與中書令、侍中所掌的"軍國政令"不能等同,它們不是同一個層次的決策。

頭司的主要職能是協助尚書、侍郎執掌政令,前引禮、刑二司郎中、員外郎的職掌清楚地反映了這一點,同時,它們也協助本部長官處理最核心的政務,這正是掌政令的一種表現,也必然帶來不少事務性工作。如吏部司協助長官進行銓選,其間有大量事務性工作,後來遂專設一名員外郎判南曹,以管理文案。又如户部司,掌天下户口、墾田,並根據天下計帳推算租庸調數,作爲度支司支度國用的依據,業務極繁忙,在敦煌文書 P.3813《文明判案》殘卷中,有這樣一件判文:宋里仁兄弟因隋末亂離,各在一所,且俱是邊貫,而老母仍獨居故鄉,請求予以照顧,"申省户部聽裁",最後得以圓滿解決③。這樣一件小事竟需户部司裁斷,其工作之繁忙可想而知。

至於各子司,其事務性色彩更濃。以刑部四司爲例:

刑部司:郎中、員外郎掌律法,按覆大理及天下奏讞,爲尚書、侍郎之貳。"④作爲頭司,它協助本部長官執掌司法政令,其主要表現即按覆奏讞。

都官司:"掌配没隸,簿録俘囚,以給衣糧、藥療,以理訴競、雪免。"⑤雖然以掌簿録爲主,但"每歲十月,所司自黄口以上並印臂,送都官閱貌"⑥。這已是明顯的事務性工作。

① 《新唐書》卷四六《百官志》一,1185—1186 頁。
② 《舊唐書》卷四三《職官志》二,1818 頁。
③ 參看劉俊文《敦煌吐魯番唐代法制文書考釋》,447 頁。
④ 《新唐書》卷四六《百官志》一,1199 頁。
⑤ 《唐六典》卷六《尚書刑部》,193 頁。
⑥ 《唐六典》卷六《尚書刑部》,194 頁。

比部司：它是全國的財務審計工作主管，事務極多。

司門司："掌天下諸門及關出入往來之籍賦，而審其政。"①凡度關者，在京皆需由司門發給過所，如前引日本三井寺所藏大中九年（855）圓珍過所，即是由萬年縣申報，而由司門審批簽發的原件，上鈐有"尚書省司門之印"，這正是司門一件主要事務性工作。

必須指出，尚書省各司的事務，屬於政務處理過程中的具體環節，或技術操作性工作，這與寺監主要作爲具體事務部門的工作是有區別的。

唐代前期，六部二十四司，雖然在形式上整齊劃一，但事實上發育並不平衡。各部下屬四司的關係因部而不同，有的是按政務運行的環節來劃分，如户部，這是發育最完備最成熟的一個部，四司之間有著有機的聯繫。其核心職能是負責國家財政的收支，故度支司爲户部四司的核心機構，但在唐代前期，由於實行均田制和租庸調制，國家收入方面的基礎是每歲一造的計帳與户部的折算，這是度支司制定支度國用計劃的基礎，故以户部司作爲本部頭司。金部、倉部一掌錢帛，一掌糧米，它們協助度支編製預算，更重要的則是國家預算的執行機構②。像户部四司這樣關係緊密、依政務環節來劃分的部，僅此一例，其他各部或是以頭司掌核心事務，而其他三司分判與此事務相關之事，如吏部、兵部；或者僅僅是同類性質事務的簡單歸併，如禮、刑、工三部，以刑部爲例，其核心事務是掌天下刑獄之政令，由長官與頭司負責，部内其他三司僅是由於歷史傳統或相類似的性質而被置於該部，如比部，它是全國最高的財務審計機構，其職能爲："掌勾諸司百僚俸料、公廨、贓贖、調斂、徒役、課程、逋懸數物，周知内外之經費，而總勾之。"③國家一切收、支帳目，都要申報比部。魏晉南朝以比部隸吏部尚書，北朝則例由都官領之，隋唐之制源於北朝。以比部隸於刑部，衹表明它在執行財政法時的威懾效力，與刑部的中心事務則並無多大聯繫。又如司門司，其職能是"掌天下諸門及關出入往來之籍賦，而審其政"④。這與刑部中心職能也無必然聯繫，僅因爲關的"限中外，隔華夷，設險作固，閑邪正禁"的作用，以及爲强調過所的法律效力，而置司門於刑部。

下面，我們以吏部爲例，來分析長官、頭司及其他三司之間的關係。毫無疑問，吏部的核心職能是文官的銓選與管理。唐代有職事官、散官、勳官、

① 《唐六典》卷六《尚書刑部》，195 頁。
② 參李錦繡《唐代財政史稿》上卷，290—298 頁。
③ 《舊唐書》卷四三《職官志》二，1839 頁。
④ 《唐六典》卷六《尚書刑部》，195 頁。

封爵之分,由吏部、司勳、司封(主爵)三司分掌,其中最重要的是職事官的選授,由吏部長官與頭司親掌。《通典》云:"大唐自貞觀以前,尚書掌五品選事。至景龍中,尚書掌七品以上選,侍郎掌八品以下選。"①也即《唐六典》所云之三銓:尚書銓、中銓及東銓②。至於流外入流,則由吏部郎中一員主持,謂之"小銓"③。另一名郎中"掌天下文吏之班、秩、品、命"。員外郎一人,"掌曹務,凡當曹之事,無巨細,皆與郎中分掌焉"。可見本司的工作全圍繞著銓選進行,到高宗總章二年(669)又增置吏部員外郎一員,專判南曹,其職能是:"每歲選人有解狀、簿書、資歷、考課,必由之以覈其實,乃上三銓;其三銓進甲則署焉。"④這也是直接爲銓選服務的。可見,吏部司的中心任務是協助尚書、侍郎完成銓選工作,這也是吏部的核心政務。

至於司封、司勳的日常政務,由各司郎官自行主判,長官在頒下的告身上署名而已,而且這種署名也是一種可有可無的形式。現存一些授勳官告身文書上,往往吏部長官闕員,而祇要有司勳郎官的判和都省官員的署名,即具有法律效力,可以正式頒下,如吐魯番出土文書《唐乾封二年(667)郭毡醜勳告》,節錄如下⑤:

　　　　　　(前略)

21　　　制可

22　　　　　三月廿五日未後都事韓仁寶受

23　　　　　右成務行功付

24　左匡政^闕

25　右匡政^闕

26　司列太常伯^闕

27　中散大夫守司列少常伯

28　銀青光(禄)大夫行左肅機魏縣開國子

29　告護軍郭毡醜,奉

30　被

31　詔書如右,符到奉行。

32　　　　　　主事　　處

---

①　《通典》卷二三《職官典》五,631—632 頁。
②　《唐六典》卷二《尚書吏部》,27 頁。
③　《唐六典》卷二《尚書吏部》,36 頁。
④　《唐六典》卷二《尚書吏部》,36 頁。
⑤　《吐魯番出土文書》〔叁〕,北京:文物出版社,1996 年,261—262 頁。

33　司勳員外郎行寶　　　令史張玄

34　　　　　　　　　　　書令史

35　　　　　　　　　　　乾封二年月　　　日下

　　這件勳告上,司列太常伯(吏部尚書)與左、右匡政(僕射)都闕員,但這並不影響它們的法律效力,甚至吏部侍郎也是如此。吐魯番出土文書《唐永淳元年(682)氾德達飛騎尉告身》上,尚書與兩名侍郎全部闕員,而司勳和右丞的署名則仍不闕①,可見,在授勳官時,吏部長官的簽署並非必不可少的環節。在張鷟的《龍筋鳳髓判》中,記載了這樣一件判文:"前屯營將軍游最犯贓解官,乃於懷遠軍叙勳,至上柱國。司勳郎中崔仵奏,最犯名教,不合加勳。左丞批:士有百行,可以功過相掩。"②可見,在是否授予游最勳官的問題上,有決定權的仍祇是司勳郎中與左丞,這與我們前述"都省-司"的政務運行機制是相符的。

　　由司封所授的封爵告身亦反映了同樣的情況,如貞觀十五年(641)頒下的《臨川郡公主告身》上,吏部尚書、侍郎的署位下均標明"在京",實際上是缺簽的,但主爵郎中和都省左丞的署名則必不可少③。

　　再看考功司。該司"掌內外文武官吏之考課"。唐代前期的考課制度是:"每年別敕京官位望高者二人,其一人校京官考,一人校外官考。又定給事中、中書舍人各一人,其一人監京官考,一人監外官考。郎中判京官考,員外郎判外官考。"④也就是說,在校、監、判三級考課體制中,大量具體的工作由考功司負責,決定權則在監、校之官手中,雖然吏部尚書有時也可充任校考使,但卻是作爲"京官位望高者"而被任命的,與考功司歸屬於吏部並無必然聯繫,所以我們說,吏部長官並不干涉考功司的具體工作,而僅僅由於他執掌考課之政令,"銓衡殿最之法",咨之而已。當然,考課的結果是銓選時的重要參考標準,故考功司的工作實際上也是爲銓選服務的。

　　總體而言,六部之內,由長官和頭司執掌政令並負責本部的核心事務,其他子司的工作技術性、事務性色彩較強,由各司郎官主判,案成後送都省檢勾,其四司之間的聯繫並不十分緊密。當然,户部則是例外,其四司是按政務運行程序來劃分,聯繫自十分密切。

———————

①　《吐魯番出土文書》〔叁〕,404—405 頁。

②　《全唐文》卷一七二,1754 頁。

③　見陝西省文管會、昭陵文管所《唐臨川公主墓出土的墓誌和詔書》,《文物》1977 年第 10 期,50—59 頁。

④　《舊唐書》卷四三《職官志》二,1822—1823 頁。

　　從橫向的關係來看,六部各司的地位也不平等,除了頭司高於子司的原則之外,還需考慮各司具體所管政務的輕重之因素,例如,流外官在選授時,有所謂"前行八司"之説:"其吏部、兵部、禮部、考功、都省、御史臺、中書、門下,謂之前八司,其餘則曰後行。"①孫國棟先生曾仔細分析了尚書省二十六司郎中員外郎的地位高低和遷轉途徑②,此不贅述。

三、六部與寺監

　　六部與寺監的關係問題,長期以來晦暗難明,直到嚴耕望先生於 1952 年發表大著《論唐代尚書省之職權與地位》之後,纔逐步變得清晰起來。嚴氏認爲:六部與寺監有下行上承的關係,六部是上級機關,主政務,寺監爲下級機關,主事務。這一觀點具有重大指導意義,是我們繼續研究的基礎,當然也略有簡單化之嫌。之後,樓勁、李錦繡等先生又從各自的角度對此作了闡發,尤其是李錦繡先生進一步指出,具體下符與諸寺監的是二十四曹,而不是部,所以她認爲:"我們在討論尚書省與寺監的關係時,應直接討論二十四曹與九寺五監的關係。"③這是很有見地的。在我們分析了"部"在尚書省三級權力結構中的地位及其政務運行的實況之後,我們再來重新審視一下這一問題。

　　漢代實行丞相—九卿體制,隨著尚書臺職權的不斷擴大並向宰相機構發展,其與九卿之職權劃分到魏晉時變得糾纏不清。西晉之初,人們對此進行了討論,一種意見主張恢復九卿執掌,不再以尚書三十六曹統事;另一種意見主張把九寺全歸併於尚書臺;第三種意見主張理順關係:"可出衆事付外寺,使得專之,尚書爲其都統,若丞相之爲。"④由於兩晉南北朝的特殊情況,任何一種方案都未獲實施⑤。從這種混亂狀態發展到唐代二者較爲有序、協調的關係,其中的關鍵仍在隋煬帝的改革。

　　開皇初,承襲前代之制,九卿與六部尚書品級相同,皆爲正三品。開皇三年,裁撤三寺,"廢光禄寺及都水臺入司農,廢衛尉入太常、尚書省,廢鴻臚亦入太常"⑥。又史載隋文帝時,議置六卿,將除大理,盧思道奏曰:"省有駕

　　① 《舊唐書》卷四三《職官志》二,1820 頁。
　　② 孫國棟《唐二十六司郎中員外郎地位高低及遷轉途徑考釋》,《新亞書院學術年刊》第 17 期,1985 年,67—142 頁。
　　③ 李錦繡《唐代財政史稿》上卷第二章第一節,301—308 頁。
　　④ 《晉書》卷四六《劉頌傳》,北京:中華書局,1974 年,1303 頁。
　　⑤ 參看陳仲安、王素《漢唐職官制度研究》,65—66 頁。
　　⑥ 《隋書》卷二八《百官志》下,792 頁。

部,寺留太僕,省有刑部,寺除大理,斯則重畜産而賤刑名,誠爲未可。"①可見文帝亦著眼於理順關係,但指導思想並不明確,故開皇十三年,廢寺皆復置。實質性的改革在大業三年進行。

關於這次改革如何劃分六部與寺監的職能,留到現在的史料很少,我們祗能從一些隱微之處加以推測,則改革的目的和成果是極爲明顯的。第一,如前所述,大力加强尚書省的機構建設,使都省和六部都成爲四等官體系完備的行政機關;第二,除太常卿外,光禄以下八寺卿皆降爲從三品,又加置少卿,從四品,開始在官品上顯示與六部的差距;第三,以尚書省等五省、三臺的吏員稱爲"令史",而"九寺、五監、諸衛府,則皆曰府史"②。"令史"意味著他們屬於出令機關,而"府史"則顯屬於一般機關,從二名之差異透露出這次改革之後,尚書省與寺、監機關性質之不同。

唐代尚書省與寺監的關係正是在此基礎上發展而來。前面我們已分析了"部"在尚書省内部省-部-司三級體制中的一些特點,尤其是對許多日常政務的處理,事實上往往是都省—諸司的二級體制,這提醒我們,與其討論六部與寺監的關係,不如討論尚書省和二十四司與寺監的關係,在嚴耕望先生那裏,尚書省與六部是不作區分的,而在李錦繡先生那裏,又單純强調了二十四曹與九寺五監的關係,卻忽視了二十四曹判案下符都是以尚書省的名義這一事實。我們認爲有幾個問題值得注意:

首先,從機構上講,九寺五監與六部是平行的,六部尚書與九卿品級大致相當,相互之間没有隸屬的關係。但是作爲天下行政總匯的尚書省整體,則顯然是寺、監的上級機關,而且唐初,尚書省仍兼有宰相機構的色彩,二僕射"掌總領六官,紀綱百揆"③。與執掌事務的寺、監自然有一種上承下行的關係,但單言六部與寺監,則這種關係就不存在。所以我們注意到,寺監之事往往要"申省",而從不云"申部"。如《唐六典》載少府監職掌:"丞掌判監事,凡五署所脩之物須金石、齒革、羽毛、竹木而成者,則上尚書省,尚書省下所由司以供給焉。"④載將作監職掌則云:"凡營造修理,土木瓦石不出於所司者,總料其數,上于尚書省。"⑤足爲明證。同時,我們還應注意到這種上承下行的關係卻並不是完全意義的"統屬"關係。《唐六典》卷一六《衛尉寺》衛尉丞條云:"凡器械出納之數,大事則承制敕,小事則由省司。"同書卷

① 《隋書》卷五七《盧思道傳》,1403 頁。
② 《隋書》卷二八《百官志》下,794 頁。
③ 《唐六典》卷一《尚書都省》,7 頁。
④ 《唐六典》卷二二《少府監》,572 頁。
⑤ 《唐六典》卷二三《將作監》,595 頁。

二三《將作監》將作丞條云："凡内外繕造，百司供給，大事則聽制敕，小事則俟省符。"顯然，省符祇對小事有效，重大政務則由寺監直接承受制敕處分。《貞觀政要》記載了這樣一件事：貞觀八年（634），左僕射房玄齡，右僕射高士廉於路逢少府監竇德素，問北門近來更何營造。德素以聞。太宗乃謂玄齡曰："君但知南衙事，我北門少有營造，何預君事？"玄齡等拜謝，魏徵進曰："臣不解陛下責，亦不解玄齡、士廉拜謝。玄齡既任大臣，即陛下股肱耳目，有所營造，何容不知？責其訪問官司，臣所不解。且所爲有利害，役工有多少，陛下所爲善，當助陛下成之，所爲不是，雖營造，當奏陛下罷之。此乃君使臣、臣事君之道。"①這件事表明：第一，少府監的工程營造項目無須報請尚書省批准，故對於北門營造，作爲僕射的房玄齡等竟毫不知情，甚至太宗認爲他們根本不應過問。至於具體施工過程中所需雜物，如前所述，要上尚書省下所由司以供給，因爲唐代前期，各寺、監之間的業務聯繫，必須通過尚書省這一中間環節。第二，魏徵認爲房玄齡等有權過問北門營造之事，其出發點是宰相之責事無不統的政治傳統，而不是從制度上論證尚書省本身有直接統轄寺、監事務之權。在尚書省日益被擠出宰相機構的初唐以後，尚書省與寺監雖有上承下行的關係，但絕非完的統屬關係，更不用說六部與寺監了。

　　其次，在業務上，寺、監要接受六部的政令，但必須看到，實際與寺、監發生業務往來的，祇是六部的部分司而已，這與六部日常政務由各司郎官主判，長官一般祇連署簽字的特點是相適應的，所以我們也注意到，寺監的事務也常常具體地云"上某司"，例如：《唐六典》卷一七太僕卿職掌條云："凡監牧所通羊馬籍帳，則受而會之，以上於尚書駕部，以議其官吏之考課。"顯然，與太僕發生業務聯繫的是駕部司，而非兵部。又如，同書卷一八鴻臚寺卿少卿職掌條云："凡天下寺觀三綱及京都大德，皆取其道德高妙爲衆所推者補充，上尚書祠部。"這裏與鴻臚發生業務關係的是祠部司，而非禮部。這類例子很多，不煩贅舉。此外，六部内各司與寺監發生業務往來時，例以尚書省的名義，如各司指揮政務的公文不論是兵部符，還是倉部符，通稱"省符"，這樣，各司郎官纔得以指揮品級遠高於己的諸寺監之政務。

　　下面根據《唐六典》、《唐會要》及新、舊《唐志》中的相關材料，並參照嚴、李二先生之文章，將二十四司中與寺、監的最主要的業務對口關係列出（表6-5）：

---

① 《貞觀政要》卷二《直諫》，上海古籍出版社，1978年，72頁。

表 6－5　寺監與二十四司對口關係表

寺　監	宗正寺	司農寺	太府寺	太常寺	鴻臚寺	光禄寺	國子監	衛尉寺	太僕寺	大理寺	少府監	將作監
對口司	司封	倉部	金部	禮部	主客	膳部	禮部	庫部	駕部	刑部	工部	工部
所屬部	吏部	户部		禮部				兵部		刑部	工部	

　　當然,除了這裏所列的最主要的對口關係之外,還應看到,很多事務的處理並不是某一個寺、監或省司所能解決的,而需要許多單位共同協作來完成,如祭祀事務就需要太常、光禄及祠部等單位相互協作進行。在唐代,這種協作被稱作"聯事"①,所以,在實際政務中,不同寺監與各個省司之間都有可能發生業務往來,其間關係遠較簡單的業務對口關係複雜。

第四節　六部的獨立化與使職化趨勢

　　唐代處於中國封建社會前後期的的轉折時期,一般地主土地所有制的蓬勃發展和各項制度不斷的、全面的變革,構成它的基本特性②,尤其是從高宗、武則天到玄宗統治時期,更是一個社會階級結構和邊疆形勢都發生劇烈變動的時代,各種制度上的調整與變革勢不可免。隋與唐初,建立在部曲佃客制基礎上的豪强士族大土地所有制已經開始衰落,社會上存在著大量的自耕農,隨著社會經濟的發展和土地兼並的加速,到高、武時期,建立在租佃制基礎上的一般地主土地所有制逐步發展成熟起來,在各級政府中,一般地主出身的官吏日益成爲一股强大的力量,由此引起各種社會事務的急劇增加。與此同時,唐代邊疆形勢發生重大變化,一方面新羅積極進行統一朝鮮半島的活動,使唐在高麗、百濟的統治無法維持;另一方面,吐蕃的興起更構成了巨大的威脅。咸亨元年(670)薛仁貴兵敗大非川,標誌著唐王朝在對少數民族及對外的戰爭中開始處於守勢。在這樣的大背景下,從高、武時期開始,六部體制也發生了一系列變化,我們可以簡單概括爲獨立化與使職化的趨勢。

---

① 參看李錦繡《唐代財政史稿》上卷,303—304 頁。
② 參看吳宗國《唐朝的特性》,中國唐史學會編《中國唐史學會論文集》,西安:三秦出版社,1989 年,1—10 頁。

所謂六部獨立化的趨勢,是指六部日益與都省分離,其獨立行政機構的色彩日益濃重。這主要表現在:

第一,各部長官對郎官的領導權有所增強。如前所述,唐初承南北朝及隋代之制,左、右丞有綱紀省内的權力,而各部長官則祇是業務上的主管。到開元時,情況發生了變化,有一道敕書云:"如聞諸司郎中、員外郎,怠於理煩、業唯養望,凡厥案牘,每多停擁,容縱典吏,仍有貨賕……令當司長官殷懃示諭,並委左右丞勾當,其有與奪不當,及稽滯稍多者,各以狀聞。"①可見,對於郎官的過誤,在依舊制委二丞勾當的同時,已要求各部長官"殷懃示諭",並"各以狀聞"。到唐後期武宗會昌元年(841),中書門下奏請不再允許戶部長官用別部郎官判案,要求"仍委尚書、侍郎,同諸司例,便自於司内選擇差判,不必更一一聞奏。其戶部行郎官,仍望委中書門下,皆選擇與公務相當除授"②。這表明,各部長官都可自由差判部内各司郎官而無須奏請,其領導權的增強是很明顯的。

第二,六部内部聯繫日益增強。一方面,加強各部首長對本部中心事務的管理,如吏部的銓選,舊制按品分銓,景雲初,宋璟爲吏部尚書,"始通其品員而分典之,遂以爲常"③。強化尚書、侍郎在選事上的合作。流外小選舊委郎中專知,到開元二十五年(737),敕吏部司"銓試訖留放,皆尚書、侍郎定之也"④。第二年,舊由郎官執掌的兵部武舉,也"宜令侍郎專知"⑤了。另一方面,對於各子司的事務,各司長官也開始插手,如開元十三年(725),戶部侍郎楊瑒、白知慎"坐支度失所,皆出爲刺史"⑥。則戶部長官已負度支之責。又如考課之事,玄宗敕:"每年十月,(州縣官員)委當道按察使較量理行殿最,從第一等至五等奏聞較考,仍使吏部長官總詳覆。"⑦表明吏部長官對考功具體事務的干預。事實上,前由考功員外郎專知的貢舉,也曾有委於吏部長官之議,但又怕"銓選猥積"⑧,纔於開元二十四年(736)移職於禮部。而且各部内的某些機構也加以省並,如吏部的三子司:司封、司勳、考功本各有甲庫,到貞元十年(794)三月因由同一官專知,遂置印曰"封

---

① 《飭尚書諸司敕》,《全唐文》卷二六,300 頁。
② 《唐會要》卷五九《尚書省諸司》下,1195—1196 頁。
③ 《通典》卷一五《選舉典》三,359—360 頁。
④ 《舊唐書》卷四三《職官志》二,1820 頁。
⑤ 《唐會要》卷五九《尚書省諸司》下,1210 頁。
⑥ 《舊唐書》卷九八《李元紘傳》,3074 頁。
⑦ 《整飭吏治詔》,《全唐文》卷二七,306 頁。
⑧ 《敕令禮部掌貢人》,《全唐文》卷二八四,2879 頁。

勳考甲庫印"①。

第三,六部的獨立化還表現在官員任職時的迴避制度上。《唐會要》云:"故事,叔父兄弟不許同省爲郎官,格令不載,亦無正敕",貞觀初年,韋叔謙兄弟三人分任刑部員外郎、主爵郎中、庫部郎中,屬刑、吏、兵三部,須太宗特批,因爲"非特恩除拜者,即相迴避"②。到天寶二年(743)七月,敕雖同省而不同部者,不須迴避。元和十三年(818)再次重申了這一規定:"應同司官有大功已上親者,非連判及勾檢之官長,則不在迴避改授之限。況故事不必,明文具存。其有官署同職異司,雖父子兄弟,亦無所嫌。起今已後,宜准天寶二年七月敕處分。"③從同省迴避到同部迴避,顯示了六部獨立意味的增強。

第四,最遲到開元時期,六部與都省在經濟上成爲各自獨立的核算單位。在這一點上,唐代六部的獨立意味要比隋朝更强些。《隋書·蘇孝慈傳》云:"先是,以百僚供費不足,臺省府寺咸置廨錢,收息取給。孝慈以爲官民争利,非興化之道,上表請罷之,請公卿以下給職田各有差,上並嘉納焉。"④這裏説"臺省府寺",隻字不提"部",似乎隋朝尚書省是作爲一個整體來置公廨錢的。到了唐代情況有了變化,按《唐六典》卷六比部郎中員外郎條曰:"凡京司有别借食本(原注:中書、門下、集賢殿書院各借本一千貫,尚書省都司、吏部、户部、禮部、兵部、刑部、工部、御史臺、左·右春坊、鴻臚寺、秘書省、國子監、四方館、弘文館各百貫,皆五分收利,以爲食本)。"⑤同書卷七屯田郎中員外郎條曰:"凡在京諸司有公廨田(原注:司農寺二十六頃……吏部、户部各一十五頃,兵部及内侍省各一十四頃,中書省及將作監各一十三頃,刑部、大理寺各一十二頃,尚書都省、門下省、太子左春坊各一十頃,工部、光禄寺、太僕寺、秘書省各九頃,禮部、鴻臚寺、都水監、太子詹事府各八頃……)皆視其品命,而審其分給。"⑥關於具體的公廨錢、公廨田等制度,學界已經有細緻研究⑦,在此不擬多談,祇是想指出,至遲在開元時

---

① 《唐會要》卷八二《甲庫》,1793 頁。
② 《唐會要》卷五七《尚書省諸司》上,1154—1155 頁。
③ 《唐會要》卷五七《尚書省諸司》上,1158 頁。
④ 《隋書》卷四六《蘇孝慈傳》,1259 頁。《隋書》卷二四《食貨志》繫此事於開皇十四年六月,685 頁。
⑤ 《唐六典》卷六《尚書刑部》,195 頁。
⑥ 《唐六典》卷七《尚書工部》,224 頁。
⑦ 參看馬世長《地志中的"本"和唐代公廨本錢——敦博第五八號卷子研究之二》,北京大學中國中古史研究中心編《敦煌吐魯番文獻研究論集》,北京:中華書局,1982 年,429—476 頁。以及陳仲安、王素《漢唐職官制度研究》第四章第三節《田禄》,369—385 頁。

期,六部與都省在借貸本和公廨田的分配上是各自獨立的,這也是六部獨立化的一個表現。

第五,都省作爲天下公文處理與轉發中心的職能漸漸萎縮,這一趨勢在唐代中後期更爲明顯。如建中三年(782)正月,左丞庚准奏:"省内諸司文案,准式,並合都省發付諸司,判訖,都省勾檢稽失。近日以來,舊章多廢,若不由此發勾,無以總其條流。其有引敕及例不由都省發勾者,伏望自今以後,不在行用之限,庶絶舛繆,式正彝倫。"①德宗雖"從之",但這是戰亂以來的常態,勢難頓革。不久,一些最重要的文書也明文規定不過都省,如貞元四年(788)八月,吏部奏:"伏以艱難已來,年月積久……伏望委諸州、府、縣,於界内應有出身以上,便令依樣通狀,限敕牒到一月内畢。……其狀直送吏部曹,不用都司發,人到日,所司勘會,即姦僞必露,冤抑可明。"②這是指吏部南曹的選解。到大中六年(852)七月,吏部考功司所受諸道所申考解,亦"准南曹及禮部舉選解例,直送當司開拆"。其原因是:"諸道所申考解,從前十月二十五日到都省,都省開拆、郎官押尾後,至十一月末方到本司,開拆多時,情故可見。"③表明都省行政效率的減退程度以及其職能的萎縮,選解、舉解、考解三種非常重要的文解已不過都省了。從開元初起,中書門下已經成爲兼掌最高行政權的宰相機構,其與六部的關係到後期也變得十分密切,都省的許多職能其實已經被它所取代④,而其處理決定也往往直接牒各司執行,無須經由都省。此外,使職的各種公文自不必經由都省,即使中書門下發往各州府的公文,亦直接行牒,而由進奏院帶回,無須經都省差使遞送。

在六部日趨獨立化的同時,又出現了使職差遣化的傾向,這與高、武之際隨著生産力發展,社會劇烈變動有關。這一時期,要求國家隨時解決的事務大量增加,這對於唐初那種設官分職,整齊有致的法典化職官體系形成巨大衝擊,反映在法律就是格、式内容含義的變化和不斷删定⑤,表明需要政府處理的事務在發生變化,政府機構亦在不斷調整之中。原有令、式不能滿足實際政務的要求,故高宗曾對留守長安的李晦説:"關中之事,一以付卿。

① 《唐會要》卷五七《尚書省諸司》上,1157頁。
② 《册府元龜》卷六三〇《銓選部·條制》二,7558—7559頁。
③ 《册府元龜》卷六三六《銓選部·考課》二,7631頁。
④ 參看俞鋼《唐後期宰相結構研究——專論六部侍郎平章事職權的變化》,《上海師範大學學報》1993年第3期,101—106、85頁。劉後濱《唐代中書門下體制研究——公文形態·政務運行與制度變遷》,濟南:齊魯書社,2004年,221—227頁。
⑤ 參看劉俊文《論唐格——敦煌寫本唐格殘卷研究》,中國敦煌吐魯番學會編《敦煌吐魯番學研究論文集》,上海:漢語大辭典出版社,1990年,524—560頁。

但令式踦人,不可以成官政。令式之外,有利於人者,隨事即行,不須聞奏。"①到中宗景龍年間便出現了"諸司不遵律令格式,事無大小皆悉聞奏"的現象②,這一方面是皇權加强的表現,另一方面也反映了令、式之外的新事務的增多。伴隨這種情况,六部的編制在此期間擴大的傾向,我們先將這種變動列表如下(表6-6):

表6-6　唐代前期六部職官變動表

時　間	變　動	資　料　出　處
總章二年(669)	增吏侍、兵侍各一員;	《舊唐書》卷5/92。
	吏部員外郎一員,判南曹;	《唐會要》卷58/1180。
垂拱四年(688)	增刑侍、户侍各一員;	《唐會要》卷58/1187;同書卷59/1215。
永昌元年(689)	左、右司員外郎各一員;	《唐會要》卷58/1177。
永昌元年(689)	三月,增吏部侍郎一員;	《唐會要》卷58/1179。
載初元年(689)	增吏部郎中一員;	《唐會要》卷58/1180。
長壽二年(693)	增兵部侍郎一員;	《唐會要》卷59/1210。
延載元年(694)	增吏部員外郎一員;	《唐會要》卷58/1181。
聖曆二年(699)	減吏部侍郎、郎中、員外郎各一員;	《唐會要》卷58/1179—1181。
大足元年(701)	加兵部員外郎一員;	《唐會要》卷59/1213。
長安二年(702)	加司勳員外郎一員;	《唐會要》卷58/1183。
長安三年(703)	減户部侍郎一員;	《舊唐書》卷42/1789。
長安四年(704)	減兵侍、刑侍各一員;	《唐會要》卷59/1210、1215。
神龍元年(705)	減左、右司員外郎;	《唐會要》卷58/1177。
神龍二年(706)	復置左、右司員外郎。	《唐會要》卷58/1177。

　　從上表可以看出,高、武,尤其是武則天時期,尚書省編制有擴大的迹

---

① 《舊唐書》卷六〇《宗室·河間王孝恭傳》附《李晦傳》,2350頁。
② 《資治通鑑》卷二〇九"中宗景龍二年十二月"條,6630頁。

象。永昌元年置左、右司員外郎各一人,使都省判案郎官有所增加,雖然神龍元年曾一度罷去,但旋即復置,表明這的確是實際政務所需要。就六部而言,吏、兵、刑、戶四部都曾增員,而吏、兵二部機構的擴大則最爲突出。從載初元年到聖曆二年的十年(689—699)中,吏部侍郎、郎中竟各有三員,而且其中的五年(694—699)裏,員外郎也達三人之多,這是很驚人的。兵部情況類似,從長壽二年到長安四年的十年(693—704)中,兵部侍郎亦保持著三人的編制。毫無疑問,這兩部編制擴大與高、武以來一般地主興起而使入流人數激增的社會狀況密不可分。史載,總章二年(669)李敬玄兼檢校司列少常伯,"預選者歲有萬餘人,每於街衢見之,莫不知其姓名"[1]。到如意元年(692)選人更激增至數萬人[2],與唐初相比,增加何止十倍,這無疑使銓選的工作量也成倍增加,編制的擴大在所難免。與此同時,銓選之法也愈加程式化和專門化,總章二年四月一日,"司列少常伯裴行儉始設長名榜,引銓注期限等法。又定州縣升降、官資高下,以爲故事"[3]。於是纔會增置一員專判南曹的吏部員外郎,以管理各種文書。到開元中,其子裴光庭又奏用循資格,程式化更強,而兵、吏二部專判南曹的員外郎也一度各增至二員[4]。

顯而易見,擴大編制是唐王朝應付新形勢的一種自然而然的對策,但其作用有限,它祇能解決原有工作在量上的增加,面對更多新出現的事務,則依然無法應付,武則天後來也放棄了這一努力,故長安四年(704)十二月甲寅,"敕大足以來新置官並停"[5]。

與此同時,使職卻迅速發展起來[6]。《唐國史補》卷下認爲,使職"大抵生于置兵,盛于興利,普於銜命"[7],應該是有道理的。我們發現,它們類似於現代行政學所講的"項目組織"或"任務組織"。它是一個組織爲了完成某特定的項目目標而在一定時間内適當集中人才、資財的一種結構方式,其出現是因爲具有現有組織所不熟悉的特殊任務,且是臨時性質,通常情況下,它在組織關係、歸屬上仍依附於原組織,但結構、功能上卻已分離,它們直接受控於最高領導層[8]。人們在習慣上認爲,使職的出現削奪了以前六

---

① 《舊唐書》卷八一《李敬玄傳》,2755頁。
② 《唐會要》卷七四《選部》上,1593頁。
③ 《唐會要》卷七四《選部》上,1596頁。
④ 《册府元龜》卷六三〇《銓選部·條制》二,7551頁。
⑤ 《資治通鑑》卷二〇七,6574頁。
⑥ 參看陳仲安《唐代的使職差遣制》,《武漢大學學報》1963年第1期,87—103頁;何汝泉《武則天時期的使職與唐代官制的變化》,中國唐史學會編《中國唐史學會論文集》,237—248頁。
⑦ 李肇《唐國史補》卷下,見《唐國史補 因話錄》,上海古籍出版社,1979年,53頁。
⑧ 參看張國慶《行政管理中的組織、人事與決策》,北京大學出版社,1990年,157—159頁。

部的職任,但事實上,許多使職最初仍是從六部體系内發展而來,是爲了解決新問題而設,應該説,六部與使職是一種合作、互補的關係,正如《通典》所云:"設官以經之,置使以緯之。"①

例如南選使與吏部的合作。唐初嶺南各州府多自行奏擬土人首領任官,隨著嶺南經濟的開發,文化亦漸進步,而中央控制也有所增强,高宗上元三年(676)開始設立南選使,"四年一度,差强明清正五品已上官,充使選補,仍令御史同往注擬"②。銓選本是吏部之責,但由於嶺南的特殊情況,衹能派使進行,這是一種互補的關係,如開元八年(720)九月敕:"應南選人……作薄書,先申省。省司勘應選人曹名考第,一事以上,明造歷子。選使與本司對勘定訖,便結階定品,署印牒,付選使。其每至選時,皆須先定所擬官,使司團奏後,所司但覆同,即憑進畫。應給籤告,所司爲寫。"③很明顯,我們不能説南選使侵奪了吏部之銓選權,相反,它是在特殊條件下的有益補充。

又如唐代的馬政中,羣牧使與太僕寺及尚書駕部之關係。馬政系統是唐代使職推行較早的部門之一④,唐初馬匹極少,貞觀初將赤岸澤的 3000 匹馬遷於隴右,開始國家養馬業,隨著馬政勃興,到麟德年間已有監牧八使,作爲掌管若干牧場的中層管理機構,而儀鳳三年(678)十月,太僕少卿李思文檢校隴右諸牧監使,自此始有使號⑤,這是指羣牧使,它仍以主管生産爲主,更高的管理權在太僕之手,正如《唐六典》所云:"至孟秋,羣牧使以諸監之籍合爲一(原注:諸羣牧别立南使、北使、西使、東使,以分統之),常以仲秋上於寺。"⑥然後,太僕寺對於"監牧所通羊馬籍帳,則受而會之,以上於尚書駕部"⑦。可見,即使由於生産發展而在監牧之上出現了羣牧使,它與太僕、駕部仍須通力合作來進行管理。

隨著高、武時使職的漸趨流行,六部職任也走向使職差遣化。事實上,這一時期增多的兼官如檢校、攝判等,已有了很强的差遣色彩,而"知""專判"等差遣色彩更重的現象,更與日俱增。一方面六部官員去判知别司事,如久視元年(700)崔融爲春官郎中,知制誥事⑧。但更多的則是他司官員受

---

① 《通典》卷一九《職官典》一,473 頁。
② 《唐會要》卷七五《選部》下,1621 頁。
③ 《唐會要》卷七五《選部》下,1622 頁。
④ 參看馬俊民、王世平《唐代馬政》第二章,西安:西北大學出版社,1996 年,12—29 頁。
⑤ 《唐會要》卷六六《羣牧使》,1354 頁。
⑥ 《唐六典》卷一七《太僕寺》,486 頁。
⑦ 《唐六典》卷一七《太僕寺》,479 頁。
⑧ 《舊唐書》卷九四《崔融傳》,2996 頁。

命知六部職事,其中最突出的是"知貢舉""知天官選事""專判度支"等現象的出現。例如:長安初,張説"修《三教珠英》畢,遷右史、内供奉,兼知考功貢舉事"①。吏部銓選權亦漸由他司官員參知,如高宗特令兵部侍郎楊弘武補授吏部選人五品以上官②;神龍中,太常少卿鄭愔、大理少卿李允恭與吏侍崔湜、岑羲等分掌選事③,開元二十二年,嚴挺之又以尚書左丞知吏部選④。當然情況最多的是以中書舍人知天官侍郎事以掌選,如武則天神功元年(697),中書舍人王劇⑤、李嶠⑥先後以本官知天官侍郎事,長壽中,韋承慶"累遷鳳閣舍人,兼掌天官選事"⑦。天寶十二載(753),中書舍人宋昱知選事⑧。從武則天時開始,財經使職漸多,它們常由户部官員兼領,這就使得本屬其當然職任的事務使職化了,如開元二十九年(741)王鉷爲户部員外郎,天寶二載又充京和市和糴使,四載,又以户部郎中加勾户口色役使⑨。又如天寶六載,楊國忠"檢校度支員外郎,兼侍御史,監水陸運及司農、出納錢物、内中市買、召募劍南健兒等使。以稱職遷度支郎中,不期年,兼領十五餘使,轉給事中,兼御史中丞,專判度支事"⑩。王鉷、楊國忠二人所兼使職,其範圍大致仍在以前户部、度支司的職任之内,但具體得多,而且不僅是設立規程,還須親躬其事,這樣,六部官員與使職相結合,使其自身職任也使職化了。

小　結

在本章,我們主要從隋代尚書省的制度建設與調整、隋與唐前期尚書省地位與性質的變化、唐代尚書省内部的機構設置與特色,以及六部的獨立化與使職化等四方面入手,探討了隋與唐代前期尚書省的一些相關問題,我們認爲,祇有把它放在南北朝以來三省制的成立與行政體制的發展變化過程中,纔能更爲深入地理解其運作機制及其特點。

---

① 《舊唐書》卷九七《張説傳》,3050 頁。
② 《舊唐書》卷七七《楊纂傳》附《楊弘武傳》,2675 頁。
③ 《舊唐書》卷七〇《岑文本傳》附《岑羲傳》,2540 頁。
④ 《舊唐書》卷九九《嚴挺之傳》,3105 頁。
⑤ 《資治通鑑》卷二〇六"神功元年正月"條,6513 頁。
⑥ 《舊唐書》卷九四《李嶠傳》,2994 頁。
⑦ 《舊唐書》卷八八《韋思謙傳》附《韋承慶傳》,2864 頁。
⑧ 《資治通鑑》卷二一六"天寶十二載十月"條,6921 頁。
⑨ 《舊唐書》卷一〇五《王鉷傳》,3229 頁。
⑩ 《舊唐書》卷一〇六《楊國忠傳》,3242 頁。

從隋朝開始,源自南北朝"尚書上省"的都省遷出禁中,在大業三年置左右司郎中之後,成爲四等官體系完整的政府機構;與此同時,"部"作爲一級行政單位的性質逐步凸顯,其表現是:首先,在體制上,機構名開始逐步代替長官的名稱,即以整齊劃一的"部"取代了以前的"某某尚書"。其次,從隋初開始,左右僕射、左右丞的業務分工開始以部爲單位,而不再以郎曹爲單位,即從以"司"分職發展爲以"部"分職。再次,隋王朝在六部的機構建設方面也有一些有力的舉措。如開皇六年在二十四司各置員外郎一人,又於各司普遍設置主事之職,作爲協助郎官判案的主典,到大業三年又爲六部各置侍郎一人,作爲副長官,從而完成了四等官體系的建設。最後,六部自置勾檢官,即都事,以加强對屬司的控制。在我們探討隋代尚書省、特別是六部體制時,我們感到北周官制的影響不容忽視。例如,隋朝二十四司中的司勳、職方、司門三司就屬北周特有之制,而六部中除吏部爲魏晉南北朝以來尚書曹的舊名外,其他五部的名稱均直接來源於北周典制,這是我們必須注意的事實。

唐初的尚書省帶有許多從南北朝以來制度發展所留下來的尾巴,例如在制度上,仍置有尚書令,在實踐上,也有八座集議的現象。隨著中書、門下兩省從内廷的秘書咨詢機構轉化爲國家的權力機構,三省制逐步形成。在這一個大的政治轉型過程中,從隋到唐初,尚書省的地位與性質也發生了一些重要的變化,主要是在三省制的原則下如何重新定位的問題,一個主要的趨勢是僕射逐步退出宰相行列,尚書省與宰相機構逐步脱離。轉折的關鍵是貞觀二十三年"僕射始帶同中書門下"的出現。高宗龍朔三年改易官名,以侍中爲左相,中書令爲右相,緊接著又廢尚書令,表明從法律上正式肯定了侍中、中書令的宰相正官地位,尚書省作爲宰相機構的地位正式結束,最終將隋以來的發展成果以制度化的形式肯定下來。貞觀時期仍有多次八座議事的記載,但這祇是南北朝宰相議事制度的遺存,到了貞觀末尚書省與宰相機構的分離之後,就不再有八座議事了,其職能已經被政事堂會議所取代,而其形式則又被擴大了的尚書省集議所繼承,貞觀年間正是八座集議與政事堂會議並行的過渡期。與尚書省重新定位相應的另一個結果是左右丞地位的提高,他們逐步取得了尚書省長官的身分,並在實際政務中,行使著長官的職能。

從尚書省内部的結構來看,唐初都省與六部構成一個密不可分的整體,是政務運行的核心環節。其特點是:第一,都省左右司郎中員外郎在進行業務分工時,仍著眼於二十四司,和都省發生業務往來的都是司,而極少以"部"的名義。第二,各司郎官的管轄權操於尚書左右丞之手,六部長官對於各司郎官則主要是業務領導，即在業務範圍之內，郎官要向長官"咨之"。第三，六部内部無勾檢官。第四，六部無部印。第五，尚書的長官地位非常曖昧，唐初的法律並不完全肯定六部的獨立地位，故各部尚書僅僅是"同長官之例"。第六，在日常政務處理中，"省"和"司"的意義要遠遠大於"部"。尚書省内各司對外公文率稱"尚書省某司"，而不稱"某部某司"，各司指揮州縣和各機構的符，也稱"省符"，或稱"某司符"。一般政務由各司郎官主判，在"案成"後必須送交都省勾檢，最後以尚書省的名義下發。在日常的政務處理中，真正發生作用的機制似乎應該是都省—諸司的模式。都省對於六部的"監臨"更多是以對各司的監臨爲表現形式，同時，雖然是一個整體，但都省與六部卻很難納入一個層次分明的四等官體系中。我們認爲之所以出現這些特點，是由隋及唐初六部的實際情況造成的。雖然六部從隋朝開始已經成爲獨立的行政機構，但在實際政務運行中，它又有"虚化"的一面，也就是説，這種獨立性受到許多因素的制約，我們不應對其估計太高。

在六部内，由頭司協助尚書、侍郎執掌政令，並且親自負責本部最核心、最重要的事務，如吏部的銓選等，因此在機構和人員的設置上都與子司有所不同。各子司的日常政務，例由本司郎官主判，案成後送都省勾檢，本部長官一般連署簽名而已。而且，在數百年的發展中，各部發育的程度亦不平衡，有些部，管内各司具有有機的聯繫，如户部，有些則僅是同類性質的簡單歸併，如刑部，所以雖然六部每部四司，整齊劃一，具有對稱的美感，但形式上的和諧並不能反映各部的實際發展狀況，因此各部内諸司之間的關係並不相同。從高宗、武則天時開始，六部體制出現了獨立化與使職化的趨勢，前者是南北朝、隋及唐初以來發展趨勢的繼續，後者則是社會劇烈變動、事務增多情況下新的方向，這兩種趨勢到唐代中後期表現得更爲明顯，並逐步向宋制演變。

第七章　隋唐朝集制度研究

　　朝集制是隋與唐代前期實行的地方長官或上佐每歲末入京述職的一種制度,它與考課、選舉、監察、禮儀等制度密切相關,是溝通中央與地方行政的重要途徑。由於資料零散,長期以來這個問題沒有得到國內學界足夠的重視,筆者管見所及,唯胡寶華先生有一專文簡略勾畫了唐代朝集制的輪廓①。值得重視的是日本學者的成果,如曾我部静雄先生將朝集制與秦漢上計制聯繫考察,並探討了這一制度對於日本的影響②,渡邊信一郎先生則從中央王朝元會禮儀變遷的角度,分析了上計制與朝集制的差異,使人啟發良多③。本章擬在此基礎上,結合敦煌、吐魯番出土文書,對隋唐朝集制的各個層面進行比較細緻的論述,並試圖從中央與地方的關係、地方行政體制的變遷及社會職能的分化等角度入手,分析從上計制與朝集制的異同及其原因。

第一節　朝集制的建立

　　在唐人眼中,朝集制相當於戰國、秦漢以來的上計制度,故此,朝集往往被稱作"入計"④,朝集使亦偶被目爲"計吏"⑤,但是應該指出,這兩個制度雖然具有淵源關係,但亦存在著許多差異,對此我們將於下文詳述。先來看

---

①　胡寶華《唐代朝集制度初探》,《河北學刊》1986 年第 3 期,73—75 頁。

②　曾我部静雄《中国社会経済史の研究》第六章《上計吏と朝集使》,東京: 吉川弘文館,1976年,371—403 頁。

③　渡邊信一郎《天空の玉座・中國古代帝國の朝政と儀禮》第 II 章第三節《元會儀禮の展開——第三期・隋唐期》,東京: 柏書房,1996 年,163—190 頁。

④　如開元二十二年(734)賜朝集使詔書所云:"如聞刺史新除,所蒞不過數月,即營入計,無心在州。"見《册府元龜》卷六三五《銓選部・考課》一,北京: 中華書局,1960 年,7623 頁。

⑤　如開元八年(720)二月的一道《處分朝集使敕》云:"每計吏還州,與之陛見。"《唐大詔令集》卷一〇三,北京: 商務印書館,1959 年,526 頁。

隋唐朝集制的建立時間。

我們認爲,隋文帝開皇六年(586)二月丙戌,"制刺史、上佐每歲暮更入朝,上考課"①,應爲朝集制之始創。渡邊氏雖亦以朝集制的真正成立在開皇六年,但又認爲早在開皇元年朝集使就已經存在了,即隨著隋王朝的建立,上計制轉化爲朝集制②。其實,這一矛盾是他對於《資治通鑑》的誤讀造成的。

渡邊先生所據爲《通鑑》卷一七五陳宣帝太建十三年(即隋開皇元年)十月條下,隋文帝當著諸州朝集使之面褒獎德州司馬房恭懿一事,但《通鑑》書例,常於一事之下兼述他事,非必同時。在此,《通鑑》祇是在敍述文帝褒美岐州刺史梁彥光惠政條下,順便記載樊叔略、房恭懿之德政及文帝之嘉獎而已,本段胡注早就指出:"樊叔略、房恭懿之被褒擢,非必皆是年事,《通鑑》因梁彥光事,悉書於此,以見開皇之治,以賞良吏而成。"③具體到渡邊氏引以爲據的房恭懿,他擔任德州司馬的時間不會早於開皇九年(589),因爲據《隋書·地理志》記載,"開皇九年置德州"④,這亦與《通鑑》《隋書·房恭懿傳》所記他從開皇初的新豐令"累遷"而至德州司馬相合。可以看出,渡邊先生開皇元年就有朝集使的説法是不能成立的,朝集制的建立,祇能是在地方行政體制改革完成之後的開皇六年。

朝集使又稱"考使",這兩個名稱恰好反映了朝集制的兩個中心内容,即參加朝廷的元日朝會,及應對地方各級官吏考課的問題。朝集使的人選,除了州長官(刺史)與上佐(長史、司馬)之外,有時録事參軍亦可充使,例如開皇九年,房彥謙任秦州總管録事參軍,"嘗因朝集,時左僕射高熲定考課……因歷問河西、隴右官人景行,彥謙對之如響。熲顧謂諸州總管、刺史曰:'與公言,不如獨與秦州考使語'"⑤。朝集使入朝後,住在本州的州邸,因此,大業五年(609)煬帝以弘化太守柳儉、涿郡丞郭絢、潁川郡丞敬肅三人政爲天下之最,遂"賜儉帛二百匹,絢、肅各一百匹。令天下朝集使送至郡邸,以旌異焉"⑥。

朝集使入京,有著奉事中央的强烈的政治意義。大業十二年(616)春正月,"朝集使不至者二十餘郡"⑦,標誌著隋王朝的中央集權統治已經岌岌可

①　《隋書》卷一《文帝紀》,北京:中華書局,1973 年,23 頁。
②　渡邊信一郎《天空の玉座》,177、185 頁。
③　《資治通鑑》卷一七五,北京:中華書局,1956 年,5448 頁。
④　《隋書》卷三〇《地理志》中,845 頁。
⑤　《隋書》卷六六《房彥謙傳》,1562 頁。
⑥　《隋書》卷七三《柳儉傳》,1684 頁。
⑦　《資治通鑑》卷一八三,5702 頁。

危,幾年之後便在農民戰争中土崩瓦解,爲李唐王朝取而代之了。因爲隋室短祚,材料很少,因此,下面我們將主要探討唐代的朝集制,祇在必要時涉及隋代。

　　唐承隋制,但其推行朝集制的具體年代尚待考辨。胡寶華先生以《通鑑》卷一九三所載太宗貞觀五年(630)正月癸未,"朝集使趙郡王孝恭等上表,以四夷咸服,請封禪"爲唐代朝集使正式見諸記載之始,故推論此制"正式確立應在貞觀二年至五年之間"①。此説有待商榷。按《册府元龜》卷一〇九載:唐高祖武德九年(626)三月丙申,"宴朝集使於百福殿"②。《通典》卷二二亦載:"大唐武德中,天下初定,京師穀糴貴,遠人不相願仕流外,始於諸州調佐史及朝集典充選。"③所謂"朝集典",又稱"考典"或"朝集從事"④,係指隨朝集使入京的屬吏。顯然,武德年間已有朝集之制。若結合武德七年(624)全國纔從戰火中安定下來的史實,我們似乎可進一步推測,唐代的朝集制可能確立於此年四月定新令之時。

第二節　唐代朝集制的諸方面

　　《唐六典》卷三户部郎中員外郎條曰:"凡天下朝集使皆令都督、刺史及上佐更爲之;若邊要州都督、刺史及諸州水旱成分,則佗官代焉。皆以十月二十五日至於京都,十一月一日户部引見訖,於尚書省與羣官禮見,然後集于考堂,應考績之事。元日,陳其貢篚於殿庭。"⑤這裏概括了唐代朝集制度的基本内容,但過於簡略,而且這些規定並非成於一時,有個不斷完善的過程。下面結合敦煌吐魯番出土文書,對於朝集制各個層面的問題做一初步分析。

一、朝集使團的構成

　　一個州的朝集使團,除了朝集使外,還應包括哪些人員? 關於這個問題,我們幸運地在吐魯番文書中發現了一些綫索,大谷文書3786(三)《唐開

①　胡寶華《唐代朝集制度初探》,73 頁。
②　《册府元龜》卷一〇九《帝王部·宴享》一,1301 頁。
③　《通典》卷二二《職官典》四,北京:中華書局,1988 年,610 頁。
④　《新唐書》卷二四《車服志》載:"平巾幘者,武官、衛官公事之服也……朝集從事、州縣佐史、岳瀆祝史、外州品子、庶民任掌事者服之,有緋褶、大口絝,紫附褲。"北京:中華書局,1975 年,521 頁。
⑤　《唐六典》卷三《尚書户部》,北京:中華書局,1992 年,79 頁。

元十二年(724)西州官人差使録》(彩版圖7)保存了如下殘文①：

1　☐☐　試西州刺史上柱國高 京兆府　　　長安縣
　　　　　　　　　　　　　　開元十二年六月廿九日，准格充使。

2　☐☐　守信 并州　孟縣　開元十二年六月廿九日，
　　　　　　　　　　准格充副。其年八月十一日，差入計。

3　☐☐　西 州　高昌縣　開元十一年十一月，抽行營田案，十二
　　　　　　　 年 八月十一日，充考典入計。

4　☐☐　西 州　高昌縣　開元十二年八月一日，使補充典。

5　☐☐　月差使☐☐☐☐
　　　　　　　　（後缺）

　　文書雖殘，但主要部分保存完好。從其中"差入計""充考典入計"等語來看，它無疑是西州入京朝集的官吏之名單，朝集使是刺史高某，副使是☐守信，此外，至少還有兩個考典，他們是朝集使從本州佐史中自行差補的，這一點在敦煌文書S.6111V《唐(8世紀前半?)沙州申考典索大禄納州圖錢及經等狀》中亦可獲證②：

　　　　　　　　　　（前缺）
1　　　　☐☐爲申考典索大禄納圖錢及經等，具狀上事。
2　　　　　☐圖經於州典索☐☐☐☐
3　　　　　☐錢，得狀稱，州司納☐☐☐☐
4　以前被符稱，得司户參軍寶昊☐☐☐☐
5　十一月内符下縣徵。佐史索大☐☐☐
6　者州圖及經，依前下縣催。仍具(?)☐☐☐
7　十二月六日，被符徵索大禄圖及經☐☐☐
8　禄狀，稱州司納錢。其日判，申州訖。☐☐☐
9　得見在具錢，得州典孔崇雲(?)☐☐☐

① 録文見池田温《中國古代籍帳研究》第144號，龔澤銑譯，北京：中華書局，2007年，207—208頁。圖版見小田義久編《大谷文書集成》第二卷，京都：法藏館，1990年，圖版三七號，該書的録文見155頁，但不及池田先生所録。
② 録文據池田温《沙州圖經略考》，《榎博士還曆紀念東洋史論叢》，東京：山川出版社，1975年，38—39頁。第4行"昊"字，池田先生原録作"是"，此據唐耕耦、陸宏基編《敦煌社會經濟文獻真蹟釋録》第四輯改，北京：全國圖書館文獻縮微複製中心，1990年，366頁。

10　納在州司,具檢如前者。以□□□

（後缺）

很明顯,作爲考典的索大禄原本就是沙州的佐史,或稱"州典"。在正使、副使及考典之外,朝集使團中還應有若干白直以供驅使,他們是從本州百姓中抽調的,對他們而言,作爲白直隨朝集使入京是一種差科,因爲各州每年向朝廷進獻的土貢要由朝集使押領至京,它們必須有人運送,於是就需要一些白直負責其職。這在吐魯番出土文書中亦有所反映。阿斯塔納四二號墓出土的《唐令狐鼠鼻差科簿(?)》(二)第 3 行中有"一人白直,從考使入京未□"①之語,據整理者的比定,本件文書的年代大致在貞觀二十一年(647)至二十四年(650)之間,顯然在貞觀十四年平高昌後,唐王朝迅速將內地各項制度在西州推行,朝集制亦不例外。當然到了開元十八年(644)之後,包括西州、沙州在内的五十九個邊州的都督、刺史就已不在朝集之列了②。

在朝集使團中,還包括幾名貢士,即本州赴京參加科舉考試者。《唐六典》卷四禮部尚書侍郎條:"凡舉試之制,每歲仲冬,率與計偕。"同書卷五兵部郎中員外郎條稱:"若州府歲貢,皆孟冬隨朝集使以至省,勘責文狀而引試焉,亦與計科偕。"可見,州縣學生、懷牒自報的鄉貢等文武舉人都是隨本州朝集使一同赴京的,其人數隨州等高下有所不同,"上州歲貢三人,中州二人,下州一人。若有茂才異等,亦不抑以常數"③。向朝廷貢士乃各州一項重要職責,若貢人不力,朝集使要受到責備,如貞觀二十二年(648)二月,太宗就批評他們:"今年貢人不多,升第又少,豈非公等失於勸導所致!"④

總而言之,在每個州的朝集使團中,至少包括了一名正使、一名副使、二名考典,若干名白直及數名貢士,這是一支不小的隊伍。天寶元年(742),"天下聲教所被之州三百三十一,羈縻之州八百"⑤。若以每州十五人計,則每年冬天正州入京朝集者就有近五千人,羈縻州使團的人數更在萬人以上,接待他們成爲朝廷的一個財政負擔,於是在先天二年(713)

① 《吐魯番出土文書》〔叁〕,北京:文物出版社,1996 年,113 頁。文書編號爲:65TAM42:95(a)。
② 《唐會要》卷二四《諸侯入朝》,上海古籍出版社,1991 年,537 頁。
③ 《唐六典》卷三〇《上州中州下州官吏》,748 頁。
④ 《宋本册府元龜》卷一五七《帝王部·誡勵》二,北京:中華書局,1989 年,317 頁。明本《册府元龜》本條"勸"誤作"勤"(1900 頁)。
⑤ 《資治通鑑》卷二一五"天寶元年正月"條,6847 頁。

十月,不得不改革諸蕃羈縻州的朝集體制,敕曰:"諸蕃使、都府管羈縻州,其數極廣,每州遣使朝集,頗成勞擾。應須朝賀,委當蕃都督與上佐及管内刺史,自相通融,明爲次第。每年一蕃令一人入朝,給左右不得過二人。仍各分頒諸州貢物,于都府點檢,一時録奏。"①使得羈縻州朝集人數大減。無論如何,每冬來自全國各地的使人會聚京城,可謂長安的一道特殊景觀。

二、律令制下的唐代朝集制

唐代前期的政治體制是由律、令、格、式等法律加以規定的,朝集制也不例外。前引大谷文書3786《唐開元一二年(724)西州官人差使録》中,有"准格充使""准格充副"等,表明朝集使人選是以"格"爲據的,"格者,百官有司之所常行之事也"②。作爲律、令、式的追加法,它可以修改、補充、變通它們的規定,甚至能以格破律。具體來説,規定朝集使人選的應該是《户部格》。英藏敦煌文書S.1344《唐開元户部格殘卷》其中有如下内容③:

(前略)

68　　敕:嶺南及全僻遠小州,官人既少,欲令參軍、縣官替充

69　　朝集者,聽。

70　　　　　　　　　聖曆元年正月三日
　　　　(後缺)

這是聖曆元年(698)的一道敕文,其内容正是關於嶺南及僻遠小州他官代替長官、上佐朝集的規定,它被編入開元三年(715)三月頒行的《户部格》中。可以推知,大谷3786號文書中"准格充使""准格充副"之"格",當爲《户部格》。

當然,與朝集制相關的法律不止於此。俄藏敦煌文書Дx.06521《格式律令事類》殘卷(彩版圖8)提供了一些新的信息。我們先録文如下:

---

① 《唐會要》卷二四《諸侯入朝》,536頁。

② 《新唐書》卷五六《刑法志》,1407頁。

③ 參見山本達郎、池田温、岡野誠合編 *Tunhuang and Turfan Documents concerning Social and Economic History. I Legal Texts* (A) Introduction and Texts, the Toyo Bunko, 1980, pp.36–37.劉俊文《敦煌吐魯番唐代法制文書考釋》,中華書局,1989年,276—294頁。又見唐耕耦、陸宏基編《敦煌社會經濟文獻真蹟釋録》第二輯,全國圖書館文獻縮微複製中心,1990年,570—573頁。

（前缺）

1. ＿＿＿＿□排山社＿＿＿
 ＿＿＿兩京諸司＿＿＿

2. ＿＿□社橋　鐫州會川差官□＿＿＿
 ＿＿＿□□聚斂。

3.

4. ［考課］令：諸都督刺史上佐 都［ 　　　　　］［每年分］

5. 番 朝集 若上佐已上有闕及事故,只有［　錄事　］［限十］
 參軍代集,若錄事參軍有［

6. 月廿五日到京,十一月一日見。［所部之内,見任及］

7. 解代,皆須知。其在任以［來,年別狀迹,隨問］

8. 辯答。若知長官考有不 當 ,□＿＿

9. 以狀通送。

10. 户部格：敕,諸州應朝［集,長官、上佐分番入］

11. 計,如次到有故,判［司代行,未經考者,不在］

12. 集限,其員外同正 員 ,［次正員後集。］

13. 　　　　　開 元［八年十一月十二日］

14. 敕： 刺 ［史］ 到 任,當年□＿＿

　　　　　　（後缺）

對於這件文書,筆者已有專文考釋①,簡言之,文書的 4—9 行是一道開元二十五年(737)的《考課令》,10—13 行係同年的一條《户部格》,而第 14 行則可能是開元二十二年八月的一道敕文,它們的内容都是關於朝集制度的,是從不同方面對其加以規定。這些規定起初多出自臨時發布的制敕,根據内容不同被整合進不同形式的法典之中,例如,文書中的《考課令》裏,朝集使"限十月廿五日到京,十一月一日見"的規定是開元八年十月的一條敕文作出的;那道《户部格》,更直接來自同年十一月十二日的一條敕文。總之,與朝集制相關的唐代法律至少有《考課令》《户部格》等。

三、朝集使的駐地：州邸

如前文所述,隋代各郡朝集使入長安後,是住在各自的郡邸中,但是經

---

① 據筆者考證,本件文書很可能就是開元二十五年删定律令格式的同時所編《格式律令事類》之斷簡,該書最突出的特點是將格、式、律、令的相關規定"以類相從,便於省覽",具有極强的實用性。文書的圖版見《俄藏敦煌文獻》第 13 册,上海古籍出版社,2000 年,彩版四,黑白版見 120 頁。詳細考證,見本書附録一。

過隋末的長期戰亂，這些郡邸看來都已毀壞，以致唐初朝集使入京後，無處安身，祇能自己租賃房屋，這種情況引起太宗的重視，貞觀十五年（641）正月，他對侍臣説：“古者諸侯入朝，有湯沐邑，芻禾百車，待以客禮。漢家故事，爲諸州刺史、郡守創立邸舍於京城。頃聞都督、刺史充考使至京師，皆賃房與商人雜居，既復禮之不足，必是人多怨歎。”於是到十七年（643）十月一日下詔，“令就京城内閑坊爲諸州朝集使造邸第三百餘所，上親觀焉”①。這是唐王朝爲各州在京造邸之始，從其數目來看，當爲每州一所。

至於這些州邸的具體位置，由於材料缺乏，今天已很難考出，我們祇能從韋述《兩京新記》、宋敏求《長安志》等文獻中尋得一些綫索。《兩京新記》卷三“待賢坊”坊名下注曰：“此坊隋初立天下諸州朝集使邸，故以待賢名之。”②《長安志》卷八永崇坊内東南隅“七太子廟”條下原注曰：“其地本萬、夔六州之邸，總章中以爲明堂縣，後徙縣於永樂坊。神龍初，立懿德太子廟，即中宗之長子。”③卷九懷貞坊載：“東北隅，廢乾封縣廨。”原注曰：“本施、巫等八州邸。”④值得注意者有二：第一，無論是隋代天下諸州朝集使邸所在的待賢坊，還是唐初萬、夔等六州邸所在的永崇坊，或是施、巫等八州邸所在的懷貞坊，都位於朱雀門往南九坊正中央的第五行，位置雖較靠南，但還不能算是遠離皇城各中央行政機構的閑坊。我們推測其他州的邸第可能也分佈於這一行的各坊中。第二，在建造州邸時，大致是同道各州的邸第相連，如當時萬州、夔州同屬山南道，施州、巫州俱屬江南道。

這些州邸平常是由中央的司農寺統一管理的，但如此龐大的朝集使團，肯定會帶來很大的財政壓力，因此我們不難理解爲甚麽“至永淳元年（682），關中饑乏，諸州邸舍，漸漸殘毀。至神龍元年（705），司農卿趙履温希權要，奏請出賣並盡”⑤。其實，早在此前的總章元年（668），永崇坊的萬、夔等六州邸已經被新置的明堂縣廨取代，懷貞坊的施、巫等八州邸也變成了乾封縣廨，然則長安城中各州邸的存在時間非常有限。那麽，神龍元年之後，入京的朝集使住在何處？我們推測，除了某些品級較高的朝集使（如都

①　《唐會要》卷二四《諸侯入朝》，535 頁。
②　辛德勇《兩京新記輯校·大業雜記輯校》，西安：三秦出版社，2006 年，67 頁。
③　《長安志》卷八，見辛德勇、郎潔點校《長安志·長安志圖》，西安：三秦出版社，2013 年，284 頁。
④　《長安志》卷九，見辛德勇、郎潔點校《長安志·長安志圖》，318 頁。
⑤　《唐會要》卷二四《諸侯入朝》，535—536 頁。《隋唐嘉話》下所載不同，曰：“京城諸州邸，貞觀初所造。至開元初李尚書入，悉賣與居人，以錢入官。”北京：中華書局，1979 年，49 頁。按，貞觀十七年恐不得稱爲“貞觀初”，而開元初“李尚書”出賣與居人之載，亦爲孤證，今不從，還依《唐會要》。

督、刺史等）可能在京自有宅第外，大部分朝集使恐怕不得不如唐初那樣租屋而居了。

四、朝集使的主要功能

如同隋代一樣，唐代的朝集制最主要的内容仍爲兩點，即參加元日朝會及應對地方官的考課，但實際功能則不止於此，下面我們就來討論這個問題。

（1）參加以元會爲中心的禮儀活動

來到長安，就意味著朝集使進入了大唐帝國禮儀空間的中心。在《大唐開元禮》的嘉禮中，有三種專爲朝集使而設立，即：卷一〇九"朝集使引見"、卷一一三"皇太子受朝集使參辭"及卷一二六"朝集使於尚書省禮見"等，這些都是他們初入京時朝見皇帝、太子及與諸京官的見面禮儀。在《天聖令》卷三〇《雜令》中，對於朝集使到京後的待遇有明確規定："諸州朝集使至京日，所司准品給食。親王赴省考日，依式供食，衛尉鋪設。"①而《大唐開元禮》也規定，在朝見皇帝禮畢之後，"其朝集使三品以上引升殿賜食，四品以下於廊下賜食"②。顯然，這些禮儀的規格是根據朝集使本人的官品來決定的。

當然，所謂"朝集"，首先是指參加元日朝會大典，這無疑是他們參加的最爲重要的禮儀活動。《唐六典》卷四"禮部郎中員外郎"條載："凡元日大陳設於太極殿，皇帝衮冕臨軒，展宫縣之樂，陳歷代寶玉、輿輅，備黄麾仗。二王後及百官、朝集使、皇親、諸親並朝服陪位。皇太子獻壽，次上公獻壽，次中書令奏諸州表，黄門侍郎奏祥瑞，户部尚書奏諸州貢獻，禮部尚書奏諸蕃貢獻，太史令奏雲物，侍中奏禮畢。然後，中書令又與供奉官獻壽。時殿上皆呼萬歲。……凡元正、冬至大會之明日，百官、朝集使等皆詣東宫，爲皇太子獻壽。"③朝集使來京參加元會大典，要帶上當地的土貢。《天聖令》對此做出了具體規定：

> 諸朝集使赴京貢獻，皆盡當土所出。其金銀、珠玉、犀象、龜貝，凡諸珍異之屬；皮革、羽毛、錦、罽、羅、紬、綾、絲、絹、絺、布之類，漆、蜜、

① 《天一閣藏明鈔本天聖令校證》卷三〇《雜令》，清本唐 11 條，天一閣博物館、中國社會科學院歷史研究所天聖令整理課題組校證，北京：中華書局，2006 年，433 頁。
② 《大唐開元禮》卷一〇九"朝集使引見"，池田温解題，日本古典研究會刊行，東京：汲古書院，1972 年，511 頁。
③ 《唐六典》卷四《尚書禮部》，113—114 頁。

香、藥及畫色所須,諸是服食器翫之物,皆准絹爲價,多不得過五十匹,少不得減二十匹。通以雜附及官物市充。無,則用正倉。其所送之物,但令無損壞穢惡而已。不得過事修理,以致勞費。①

在這樣隆重的儀式中,各州朝集使要將本州的土貢陳列於殿庭之外,接受皇帝的檢閱。長壽二年(693)之後,又將貢士列於方物之前。不難看出,元日大禮中,文武百官與天下朝集使畢集,給人天下一統、治化升平之感,而各羈縻州朝集使的參與,更是四夷來服的象徵,這一切都蘊涵著深刻的政治文化意味②。

除此之外,朝集使在京時,還要參加這段時間舉行的其他重要的王朝典禮。在《大唐開元禮》中,我們可以看到,在"皇帝冬至祀圜丘""皇帝正月上辛祈穀於圜丘""皇帝立春祀青帝於東郊""皇帝時享於太廟""皇帝拜五陵""皇帝孟春吉亥享先農耕籍""皇帝加元服""納后""皇太子加元服""皇太子納妃"等重大禮儀活動中,都設有朝集使的位次。從開元五年(717)開始,朝集使入京後,還有觀謁先師之禮。《唐會要》卷七六《緣舉雜錄》記本年九月詔曰:"諸州鄉貢明經、進士見訖,宜令引就國子監謁先師。學官爲之開講,質問疑義,仍令所司優厚設食。兩館及監內得解舉人,亦准此。其日,清官五品已上,及朝集使,並往觀禮,即爲常式。"③在這一系列的禮儀活動中,既有神聖的祭天大典,又有皇帝納后、太子納妃等皇家禮儀,還有深具儒家教化功能的謁先師之禮,對於朝集使而言,參與這些典禮,有著多重的意義。一方面,作爲地方的代表,他們的參與使朝廷禮儀具有天下一家的象徵意義;另一方面,通過參與這些盛典,使得他們不僅在精神上向往中央,從而增強中央的凝聚力,而且也得以熟悉朝廷典章與人事,從而將地方行政與中央緊密結合起來。可以説,朝集使在長安的一系列禮儀活動,是唐朝加強中央集權的一項重要措施。

(2)應對地方官考課之事

從朝集使又稱"考使"、朝集典又稱"考典"的事實,我們不難理解,考課是朝集使入京的另一項核心任務。關於唐前期考課制度,《唐六典》卷二"吏部考功郎中"條記曰:"凡應考之官,皆具錄當年功過、行能,本司及本州長官對衆讀,議其優劣,定爲九等考第,各於其所由司準額校定,然後送

---

① 《天一閣藏明鈔本天聖令校證》卷二二《賦役令》,清本唐27條,393頁。
② 關於隋唐元會禮儀與前代的差異,目前最爲深入的討論是前引渡邊信一郎《天空の玉座》。他細緻分析了《大唐開元禮》所載"皇帝元正冬至受羣臣賀"禮儀,以及從漢魏元會的委質禮轉化爲唐代元會中的舞蹈禮的意義,使人耳目一新,值得重視。
③ 《唐會要》卷七六《緣舉雜錄》,1638頁。

省。……其外官附朝集使送簿至省。每年別敕定京官位望高者二人,其一人校京官考,一人校外官考。又定給事中、中書舍人各一人,其一人監京官考,一人監外官考;(考功)郎中判京官考,員外郎判外官考。其檢覆同者,皆以功過上使。京官則集應考之人對讀注定,外官對朝集使注定訖,各以奏聞。"①也就是說,朝集使帶著記錄地方官考課初步結果的考簿來到尚書省,接受考功員外郎等中央負責考課的官員的校考,當面注定之後,奏與皇帝。按考課是官僚制下考核官員政績以定遷轉的重要制度,地方官的考課更是加強對地方控制、促進地方吏治的有力手段,而朝集使所帶的考簿則無疑是其間不可或缺的一個環節。這些規定在當時被切實執行,如開元十四年(726),御史大夫崔隱甫充校外官考事,"舊例皆委參問,經春未定。隱甫召天下朝集使一時集省中,一日校考便畢,時人伏其敏斷"②。

因為朝集使是由長官、上佐輪流擔任的,很多情況下,入京朝集的不是長官,而是上佐,因此《考課令》規定,對地方長官在考課過程中可能出現的不當之處,朝集使應當主動彙報,否則自己會受到處罰。關於這一點,我們可從前引俄藏敦煌 Дx.06521《格式律令事類》殘卷中得到一些信息。文書的6—9行曰(按,括弧內之字原缺,係筆者據日本《令集解》推補):"[所部之內,見任及]解代,皆須知。其在任以[來,年別狀迹,隨問]辯答。若知長官考有不 當 ,(中殘)以狀通送。"日本《令集解》卷十八《考課令》規定:"即朝集使褒貶進退失實者,亦如之。"注釋引《古記》曰:

> 問:"即朝集使褒貶進退失實者亦如之。若為?"答:"朝集使不在所褒貶,唯長官所褒貶有不當者,必正諫合改正。今齎不當考文來,所以降朝集使考耳。何以知者?下條云:'大貳以下及國司,每年分番朝集。所部之內,見任及解代,皆須知。其在任以來,年別狀迹,隨問辨答。'依此文,朝集使一事以上合知也。"③

《古記》是大寶令的注釋書,成書於天平十年(相當於唐開元二十六年)正月至天平十二年八月間④。此書徵引了大量唐令格式,是仁井田陞先生

① 《唐六典》卷二《尚書吏部》,41—42 頁。
② 《唐會要》卷八一《考》上,1778 頁。
③ 《令集解》卷一八《考課令》一,新訂增補國史大系本,東京:吉川弘文館,1981 年,542—553 頁。
④ 參看仁井田陞《〈唐令拾遺〉序論》,栗勁、霍存福等中譯本《唐令拾遺》,吉林:長春出版社,1989 年,875—876 頁。

復原唐令的一個重要來源,本條所載恐亦出自唐制。我們可參照其規定推知殘卷"若知長官考有不當……以狀通送"的含義:因爲朝集使入京時帶著地方各級官員的考簿,在考堂上,他必須回答負責外官考課的官員提出的各種問題,如果他知道長官在考課本地官員時有不當之處,必須主動向中央彙報,"以狀通送",否則自己會受到降考的處罰。

(3)溝通中央與地方關係,爲中央決策服務

唐代前期,朝集使在溝通地方與中央的信息方面發揮了十分重要的作用。一方面,他們帶來地方政治各個方面的最新情況,例如,除"考簿"外,朝集使入京時還帶著其他一些文簿,例如品子名簿,"凡捉錢品子,無違負滿二百日,本屬以簿附朝集使,上于考功、兵部"①。還有斷獄的記錄,《唐六典》卷六刑部郎中員外郎條云:"斷決訖,各依本犯具發處日、月別,總作一帳,附朝集使申刑部。"顯然,朝集使入京時必須帶著地方政府一年來斷獄的結果,向刑部彙報。另據《唐會要》記載:"刺史、縣令善政異迹,(有灼然者,本州錄附考使送。)碩學異能、高人逸士、義夫節婦,(州縣有此色,不限官品,勘知的實,每年錄附考使送。)……已上事,並依本條,所由有即勘報史館,修入國史。"②然則隨同朝集使一起入京的,還有政績突出的地方長官的名單,以及那些需要朝廷表彰的高人逸士、義夫節婦的名單,這兩份名單都是由朝集使帶入長安,報送史館,最終可能被修入國史。事實上,地方上如果有這兩類人,本身也是政績的一部分。

此外,《天聖令》中也保存了幾條相關資料,使我們得知,朝集使入京所攜帶的東西還包括了以下幾類:一是諸州官府所得的各種贓贖之物中比較貴重的物品,如《倉庫令》唐19條規定:"諸贓贖及雜附物等,年別附庸調車送輸。若多給官物,須雇腳者,還以此物迴充雇運。其金銀、鍮石等,附朝集使送。物有故破、不任用者,長官對檢有實,除毀。在京者,每季終一送。皆申尚書省,隨至下(即?)納。"③可見,贓贖物中祇有金銀、鍮石這樣比較貴重的物品,纔需要由朝集使帶入京城。二是諸州各種公私馬帳,據《廄牧令》唐29條規定:"諸官畜及私馬帳,每年附朝集使送省。其諸王府官馬,亦準此。太僕寺官畜帳,十一月上旬送省。其馬帳勘校,訖至來年三月。"④三是太常寺在各地收採的藥材,也是由朝集使帶來的,據《醫疾令》唐11條記載:"諸藥品族,太常年別支料,依《本草》所出,申尚書省散下,令隨事收採。若所出

① 《新唐書》卷四五《選舉志》下,1174頁。
② 《唐會要》卷六三《諸司應送史館事例》,1286頁。
③ 《天一閣藏明鈔本天聖令校證》卷二三《倉庫令》,清本唐19條,397頁。
④ 《天一閣藏明鈔本天聖令校證》卷二四《廄牧令》,清本唐29條,402頁。

雖非《本草》舊時收採地,而習用爲良者,亦令採之。每一百斤給傳驢一頭,不滿一百斤附朝集使送太常,仍申帳尚書省。須買者豫買。"①毫無疑問,朝集使入京,不僅帶來了土貢,而且帶來了諸州人事、刑獄、馬政、財務等各方面的最新資料,使朝廷得以瞭解地方治理的方方面面,在決策時必然會更有針對性。

　　另一方面,在返回時,他們也帶走朝廷最新的統治精神與政策,因此皇帝對他們多有諄諄誡諭之辭。據《天聖令·雜令》唐 13 條記載:"諸勳官及三衛諸軍校尉以下、諸蕃首領、歸化人、迻遠人、遙授官等告身,並官紙及筆爲寫。其勳官、三衛校尉以下附朝集使,立案分付;迻遠人附便使及驛送。若欲自寫,有京官職及緦麻以上親任京官爲寫者,並聽。"②可見,一些地方官員的告身也是由朝集使帶回的。事實上,因爲朝集使都是親民之官,最瞭解管內民情,熟悉地方各種事務與利弊,他們的意見深受朝廷重視,往往進京伊始,皇帝就開始詢問地方情況,高宗即位之初的永徽元年(650)正月,命朝集使面奏民情,並"每日引刺史十人入閣,問以百姓疾苦及其政理"③。汲汲於治的玄宗更擴大了諮詢範圍,先天三年十月五日敕:"京清官及朝集使六品已上,每日兩人隨仗待制,供奉及宿衛官不在此例。"④按朝集使中品級最低的下州司馬爲從六品上階,然則所有的朝集使都已在待制之列。在開元二十五年的一道詔書中問道:"未知去歲之後至今秋以來,郡縣之間如何致理? 招攜復業,何爲處置? 頃聞道路遠近稍熟,百姓貯積多少? 卿等親人之職,庶事合知,宜以實言。"⑤玄宗探訪地方民情的急切心情躍然紙上。正因如此,在面臨疑難問題或進行重大決策之時,中央往往要徵詢朝集使的意見,例如隋文帝開皇十二年(592),"時天下户口歲增,京輔及三河,地少而人眾,衣食不給。議者咸欲徙就寬鄉。其年冬,帝命諸州考使議之"⑥。可見,在涉及地方財政賦稅制度的事務中,朝集使的意見常常舉足輕重。我們再來看一件吐魯番文書,即《唐景龍三年(709)八月尚書比部符》⑦:

---

① 《天一閣藏明鈔本天聖令校證》卷二六《醫疾令》,清本唐 11 條,410 頁。

② 《天一閣藏明鈔本天聖令校證》卷三〇《雜令》,清本唐 13 條,433 頁。

③ 《册府元龜》卷五八《帝王部·勤政》,649 頁。

④ 《唐會要》卷二六《待制官》,591 頁。按,先天無三年,疑此"三年"當作"二年",待考。

⑤ 《册府元龜》卷五八《帝王部·勤政》,649 頁。

⑥ 《隋書》卷二四《食貨志》,682 頁。

⑦ 録文見池田温《中國古代籍帳研究》第 139 號,202 頁。個別處録文、標點據陳國燦《斯坦因所穫吐魯番文書研究》改,武漢大學出版社,1995 年,271—272 頁。

（前缺）

1　　益思效□□□□

2　　石,及雍州奉天縣令高峻等救弊狀,并臣

3　　等司,訪知在外有不安穩事,具狀如前。其勾

4　　徵逋懸,色類繁雜。　　　恩敕雖且停納,於後

5　　終擬徵收。考使等所通,甚爲便穩,既於公有益,

6　　並堪久長施行者。奉　　敕:宜付所司參詳,逐

7　　便穩速處分者,謹件商量狀如前牒奉者,今以

8　　狀下州,宜准狀,符到奉行。

9　　　　　　　　　主事　謝侃

10　比部員外郎　奉古　　令史　鉗耳果

11　　　　　　　　　書令史

12　　　　　　　　　景龍三年八月四日下

（後略）

　　在此,我們不擬對這件文書進行詳細分析,僅想借此説明在這次賦税改革中,因考使的意見"甚爲穩便,既於公有益,並堪久長施行",從而被採納,並以比部符的形式下發全國執行。同樣,開元中李林甫主持制定長行旨的財税改革時,也廣泛徵求了朝集使的意見。《新唐書·食貨志》載:"中書令李林甫以租庸、丁防、和糴、春綵、税草無定法,歲爲旨符,遣使一告,費紙五十餘萬。條目既多,覆問逾年,乃與採訪、朝集使議革之,爲長行旨,以授朝集使及送旨符使,歲有所支,進畫附驛以達,每州不過二紙。"[1]朝集使所起的作用是非常明顯的,開元十七年(729)正月的一道詔書中更明確規定:"百姓間有不穩便事,須處置者,宜令中書門下與所司喚取朝集使,審向商量奏聞。"[2]從以上數例,我們不難看出朝集使在溝通內外信息,特別是爲中央決策提供諮詢方面的重要功能。

第三節　朝集制的消亡及其原因

　　就在朝集制於玄宗時代逐步完善之時,漁陽鼙鼓動地而來,安史鐵騎很

①　《新唐書》卷五一《食貨志》一,1345—1346 頁。
②　《册府元龜》卷七○《帝王部·務農》,789 頁。

快打破了唐王朝正常的統治秩序。戰争進行之中,朝集自無從談起,於是肅宗乾元元年(758)六月六日敕:"今冬入考刺史,自今已後,並宜停。"①直到大曆十四年(779)五月代宗崩,新即位的德宗力圖重振中央權威,遂於六月一日敕:"諸州刺史、上佐,並許每年入計。"至七月四日又敕:"宜起十五年已後,已依常式。"至建中元年(780)三月二十五日又敕:"各委本州,定上佐入考。"②三令五申之後,終於在本年冬完成了一次内外會同的大典,史稱:"十一月辛酉朔,朝集使及貢使(士)見於宣政殿。兵興已來,四方州府不上計,内外不朝會者二十有五年,至此始復舊制。州府朝集者一百七十三人,詔每[日]令分番二人待詔。"③天寶元年天下有三百三十一州,此時朝集者不過半數而已,可謂盛況不再。但即使是這種情況也難以爲繼,次年七月不得不下敕:"諸州府今年朝集使,宜且權停。其貢物及文解等,准例令考典赴上都。"④也就是説,各州府的貢物與文解由考典押領入京,長官與上佐不再前往了。到貞元三年(787)三月又詔曰:"今年州府朝集使宜停。"⑤從此以後,唐朝的政治舞臺上再也看不到朝集使的身影了。

從德宗重建朝集制的努力失敗的史實,我們不難看出,安史之亂並非導致這一制度消亡的根本原因,那麽,原因究竟何在?

應當看到,朝集制雖然經過一系列改革而在玄宗時臻於完善,但在某種程度上也日益流爲形式。開元九年(721)三月的一道敕文就責備朝集使:"卿等每還之日,朕亦嘗有其誠,及聞至彼,多不遵行,咸以爲朝廷常務,會同常禮,因循既久,罔以爲意。"⑥而唐代前期重内官而輕外職,朝集使入朝後,往往受到許多與京官相同的優待,參加南郊等大典往往還會有許多升遷的機會,因此許多刺史到任未久,即忙著入京朝集,冀幸遷除。朝廷對此一再加以禁止,指出:"若聲績未著,黎庶未康,牧守來朝而輒遷,參佐踰年而競入,此獨爲人資地耳,豈是責成之意耶!"⑦到開元二十二年八月更明確規定:"自今已後,刺史到任,皆不得當年入考。"⑧不重視地方治理,一味追求朝集後的升遷,必然使朝集制流於形式,難以發揮應有的作用。

更爲重要的是地方行政體制的巨大變化:在州府與中央之間出現了

① 《唐會要》卷六九《都督刺史已下雜録》,1436 頁。
② 《唐會要》卷六九《都督刺史已下雜録》,1436 頁。
③ 《舊唐書》卷一二《德宗紀》上,327 頁。
④ 《唐會要》卷二四《諸侯入朝》,537 頁。
⑤ 《册府元龜》卷六四《帝王部·發號令》三,719 頁。
⑥ 《册府元龜》卷一五八《帝王部·誡勵》三,1906 頁。
⑦ 《唐大詔令集》卷一〇四,《處分朝集使敕》四,530 頁。
⑧ 《册府元龜》卷六三五《銓選部·考課》一,7623 頁。

“道”一級建制,逐步切斷了二者的直接聯繫。景雲二年(711)六月敕:“天下分置都督府二十四,令都督糾察所管刺史以下官人善惡。”①雖事不果行,但地方體制由二級向三級轉化的傾向是明顯的。中國古代地方體制一直在此二者之間搖擺,特別是漢唐都有一個從監察區向最高一級地方行政區轉化的過程。唐代前期對地方的監察,除御史臺之外,還有巡察、巡按、黜陟、按察等不定期的使者,到開元二十二年二月十九日,最終固定爲十道採訪處置使。初置時爲監察性質,故玄宗命令他們對於地方“其餘常務,不可橫干”②,但不久,他們的行政色彩日益濃重,有印授、有屬官、有治所,並開始准刺史例入奏,權力逐步擴大,以致天寶九載(750)三月敕曰:“本置採訪使,令舉大綱,若大小必由一人,豈能兼理數郡? 自今已後,採訪使但察訪善惡,舉其大綱,自餘郡務所有奏請,並委郡守,不須干及。”③但這種一人“兼理數郡”之勢已成,到安史之亂起,採訪使和節度使的權力合而爲一,道成爲一級地方行政單位④。

在這一背景下,朝集使的原有職責正在發生悄悄的變化。先來看參加元會大禮之事。隨著“道”的日益政務化,它們也開始向中央遣使賀正,稱爲“賀正使”。天寶六載(747)十二月敕:“中書門下奏,承前諸道差使賀正,十二月早到,或有先見,或有不見。其所賀正表,但送省司,又不通進,於循日久,於禮全乖。望自今以後,應賀正使,並取元日,隨京官例,序立便見,通事舍人奏知,其表直送四方館,元日伏(仗)下,候一時同進。”敕旨依⑤。可見,當時元日朝會中,除了各州朝集使外,已有諸道賀正使的參加。到了唐後期,除了極少數直達州如同、華州外,絕大多數州已喪失了赴京賀正的權力。

與此同時,作爲朝集使主要職責的外官考課制度也在發生變化。開元三年六月,“詔每年十月,委當道按察使較量理行殿最,從第一等至五等奏聞。較(校)考使及吏部長官總詳覆,諸州亦比類定爲五等奏聞,上等爲最,下等爲殿,中間三等以次定優劣,改轉日憑爲升降”⑥。可見,從此時起,按察使所定的五等已成爲詳覆朝集使所帶外官考簿的重要依據,到開元二十五年十二月,遂直接“命諸道採訪使考課官人善績,三年一奏,永爲常式”⑦。

① 《唐會要》卷六八《都督府》,1411 頁。
② 《置十道採訪使敕》,《唐大詔令集》卷一〇〇,509 頁。
③ 《唐會要》卷七八《採訪處置使》,1681 頁。
④ 參看池田温《採訪使考》,《第一屆國際唐代學術會議論文集》,臺北:唐代研究學者聯誼會,1989 年,875—902 頁;張國剛《唐代藩鎮形成的歷史考察》,氏著《唐代藩鎮研究》,長沙:湖南教育出版社,1987 年,29—45 頁。
⑤ 《唐會要》卷二四《受朝賀》,533—534 頁。
⑥ 《册府元龜》卷六三五《銓選部·考課》一,7621—7622 頁。
⑦ 《册府元龜》卷六三五《銓選部·考課》一,7623 頁。

雖然此後地方官考課制還有一些反復,但從晚唐的情況來看,"道"對於州縣官吏的考課權力日益加重,成爲其控制地方的重要手段,前期的朝集制自然無從提起。

至於朝集使的第三項功能,即溝通内外,爲中央決策提供信息諮詢的功能,在唐代後期也已爲更多的信息溝通渠道所取代。首先是各道開始在長安設立進奏院,作爲藩鎮在中央的常設辦事機構,專門負責本道與中央的信息傳遞與溝通。許多以前由朝集使帶回地方的信息,現在都由進奏院在日常處理了。當然我們必須認識到,進奏院與前期的州邸在性質上有著本質的不同①。與此同時,中央也組織了自己的信息網,遍佈全國的鹽鐵巡院事實上就起到類似的作用②。

綜上所述,隨著唐代地方行政體制由州縣兩級制向道州縣三級制的轉化,與前者相適應的朝集制被逐步破壞,安史之亂的爆發無疑加速了其消亡的進程。

第四節　從上計到朝集

如前所述,在唐人眼中,朝集制就是秦漢的上計制,因此朝集往往被稱作"入計",朝集使也偶被目爲"計吏",但是這二者並不能完全等同。初唐顏師古注《漢書·武帝紀》元封五年三月"受郡國計"曰:"'計',若今之諸州計帳也。"③章懷太子注《後漢書·光武帝紀》建武十四年四月"遣使奉計"時,亦曰:"'計'謂人庶名籍,若今計帳。"④值得注意的是,唐代的計帳並非由朝集使送往京城,而是由專門的計帳使負責。《唐律疏議》卷十"諸公事應行而稽留"條疏議曰:"'及事有期會',謂朝集使及計帳使之類,依令各有期會。"在此將朝集使與計帳使對舉,二者顯然有別。至於計帳使的期會,《唐六典》卷一曰:"凡天下制敕、計奏之數,省符、宣告之

---

① 關於進奏院,特別是它與州邸性質的根本差異,參看張國剛《唐代進奏院考略》,《文史》第18輯,1983年,83—91頁。不過,仍有一些學者將二者混爲一談,如賴青壽《唐後期方鎮(道)建置研究》,《歷史地理》第十七輯,上海人民出版社,2001年,110頁。

② 參看高橋繼男《唐代後半期的巡院地方行政監察事務》,張韶岩、馬雷譯,收入劉俊文主編《日本中青年學者論中國史·六朝隋唐卷》,上海古籍出版社,1995年,276—295頁。關於唐代中央與地方的信息交流,參看謝元魯《唐代中央政權決策研究》第三章《決策的依據和信息傳達渠道》,臺北:文津出版社,1992年,128—191頁。

③ 《漢書》卷六《武帝紀》,北京:中華書局,1962年,196—197頁。

④ 《後漢書》卷一下《光武帝紀》下,北京:中華書局,1965年,63頁。

節,率以歲終爲斷。……其天下諸州,則本司推校以授勾官……附計帳使納於都省,常以六月一日都事集諸司令史對覆。"①可知計帳使必須在五月底之前將計帳送至都省。這樣就產生了一個問題,即秦漢的上計吏到底相當於唐代的朝集使,還是計帳使? 曾我部靜雄先生首先發現了這一問題,他認爲二者兼而有之②,不過,他並未分析產生這種現象的原因。渡邊信一郎先生則指出,這一差異顯示了從上計制到朝集制的發展中,重心已由財政而轉化爲人事③。事實上,如果仔細分析這兩個制度的區別,及其變化的背景,不僅能使我們更深入地認識隋唐朝集制,而且也有助於對漢唐之間中央集權與官僚體制演變的理解。

　　關於上計制度,自 1961 年嚴耕望先生在《秦漢地方行政制度》一書中專列《上計》一章④,詳加考證以來,韓連琪、葛劍雄、錢劍夫、張桂萍等先生又續加探討⑤,使我們對此制已有了較爲清晰的認識,即,上計制是戰國時伴隨著官僚制的產生而出現的,秦王朝統一中國後,這種適應中央集權的制度被肯定下來,至漢代而完全成熟,其主要內容包括: (1) 立法保障,有專門的《上計律》;(2) 二級上計。屬縣上計於郡國、郡國上計於中央;(3) 計簿內容以戶籍爲主,但地方治理中的一切情況如斷獄、兵戍、貿易、地理變遷等無不入簿;(4) 上計結果與地方長吏的黜陟直接掛鈎;(5) 奉計使者,西漢時由丞、長史等高級佐官代守、相入朝,而東漢祇派低級的計吏前往;(6) 上計制與地方監察制度的聯繫漸密,成爲中央控制地方的兩個重要手段。1993 年初,江蘇連雲港市東海縣尹灣村 6 號墓出土了一批西漢時期東海郡的行政檔案,其中一方題爲《集簿》的木牘,可能是東海郡上計所用的底稿或副本⑥,爲我們深入理解漢代的上計制度提供了寶貴的新資料。謝桂華先生就明確指出,《集簿》是首次發現的郡國向朝廷呈報的上計簿,其內容除了胡廣《漢官解詁》所載的"戶口墾田、錢穀出入"之外,還包括東海郡行政建置基本情況;縣、鄉三老和孝、弟、力田的員數;郡、縣兩級各類吏員設置的詳情;人口性別和年

---

①　《唐六典》卷一《尚書都省》,12 頁。

②　曾我部靜雄《中國社會經濟史の研究》,391—392 頁。

③　渡邊信一郎《天空の玉座》,181 頁。

④　嚴耕望《中國地方行政制度史》甲部《秦漢地方行政制度》,史語所專刊之四十五 A,1961 年初版,1974 年再版,257—268 頁。

⑤　韓連琪《漢代的戶籍與上計制度》,《文史哲》1978 年第 3 期,15—23、44 頁;葛劍雄《秦漢的上計與上計吏》,《中華文史論叢》1982 年第 2 期,181—199 頁;錢劍夫《漢代"案比"制度的淵源及其流演》,《歷史研究》1988 年第 3 期,98—109 頁;張桂萍《漢代的上計制度》,《北京師範學院學報》1989 年第 1 期,46—52、45 頁。

⑥　《集簿》的圖版與釋文,見連雲港市博物館、東海縣博物館、中國社會科學院簡帛研究中心、中國文物研究所編《尹灣漢墓簡牘》,北京: 中華書局,1997 年。

齡的構成狀況;春季種樹、秋種過冬小麥;以及"以春令"新增户、口等①。高恒先生認爲,墓主師饒身爲東海郡功曹史,可能曾擔任過東海郡的上計吏,故其墓中出土了《集簿》及《東海郡吏員簿》《東海郡吏員考績簿》等與上計有關的材料②。這些材料大大豐富了我們對漢代上計制度的認識。

魏晉南北朝時期的上計制度,由於史料缺乏,其具體情況所知不詳,但歷魏晉南朝,上計制依然存在則無疑義。至於北朝,在北魏統一黄河流域以後,亦恢復了上計制,這又爲北齊所繼承。這一時期的上計制大致有四個特點:第一,它已完全流於形式,因爲南北分裂,中央集權受到極大扭曲,其控制地方的能力大爲削弱了;第二,方式略有變化,兩漢時期的州已從監察區發展爲最高一級行政區劃,西晉時,往往各郡計吏要在本州集中,由州統一送往京城,張軌之子、凉州牧張寔曾"送諸郡貢計"③。第三,東漢的上計吏漸有"貢舉"之意,魏晉南北朝時計吏地位下降,但也發展出計吏考試制度,其制始於西晉王渾。到北魏時,計吏要與秀孝同策於朝堂,北齊亦然④。第四,考課漸與上計制分離。它們都是維護官僚制的重要手段,秦漢時二者合一,但魏晉時,由於地方豪族勢力的興起對官僚制的衝擊,在上計流於形式的同時,地方長吏的黜陟很大程度上取決於大族的輿論,如建安末劉廙所言:"今之所以爲黜陟者,近頗以州郡之毀譽,聽往來之浮言耳。"於是他建議:"歲課之能,三年總計,乃加黜陟。課之皆當以事,不得依名。事者,皆以户口率其墾田之多少,及盜賊發興,民之亡叛者,爲得負之計。"⑤這些不過是此前上計的内容。

那麼隋開皇六年創立的朝集制究竟與此前的上計制有何不同呢?首先,如渡邊先生所指出的那樣,二者的精神實質有所不同。從名稱的變化我們亦可感受到這一點:雖然從尹灣出土《集簿》來看,上計簿的内容很多,但其重點仍在"計",即户口與錢穀等經濟内容,而朝集制强調了"朝"和"考",其政治色彩顯然要濃厚得多。其次,漢代屬縣至郡國亦稱上計,而隋唐的朝集制中絕無此事。第三,使者的地位不同。如前所述,西漢郡國上計由丞、長史代守、相奉計,東漢則臨時選派掾吏充當計掾、計史、計佐等,統稱爲"上

---

① 謝桂華《尹灣漢墓新出〈集簿〉考述》,《中國史研究》1997 年第 2 期,29—37 頁。另參高敏《〈集簿〉的釋讀、質疑與意義探討——讀尹灣漢簡劄記之二》,《史學月刊》1997 年第 5 期,14—18 頁。

② 高恒《漢代上計制度論考——兼評尹灣漢墓木牘〈集簿〉》,《東南文化》1999 年第 1 期,76—83 頁。

③ 《晉書》卷八六《張軌傳》,北京:中華書局,1974 年,2227 頁。

④ 此點承閻步克先生教示,特此致謝。

⑤ 《三國志》卷二一《劉廙傳》裴注引《廙別傳》,北京:中華書局,1959 年,617 頁。

計吏"。東漢計吏仍頗受重視,優秀者可拜郎官,南北朝時,由於上計本身流於形式,計吏的地位更是每況愈下,北齊元會時,計吏試於朝堂,成績好者僅能授流外官,考試不佳者甚至要受到"飲墨水一升"等處罰①。相比之下,隋唐朝集使的地位就不可同日而語了,他們品級最低的下州司馬也是從六品上階,最高的大都督府都督更爲從二品的封疆大吏,而中央給朝集使的敕也多以給刺史的口氣寫成,這與漢代要求計吏"歸告二千石"的情況迥異。最後,二者的主要功能不同。漢代上計簿中以户口、田畝爲主,而隋唐朝集使所攜則以外官考簿爲主,至於户口、墾田狀況,已有專門的計帳使負責送京。而且,雖然上計同時也意味對地方長吏的考課,但朝集使所帶外官考簿則包括了州縣的一切官吏,這衹有在開皇三年地方行政制度改革之後纔能實現。

那麼,產生上述差異的原因何在? 我們試從以下兩個方面分析這一問題。

首先,它與漢唐之間社會結構及地方政府面貌的變遷有關,這一演變過程也是中央集權與官僚制傳統受到衝擊後又得以重新強化的過程。渡邊先生也已指出其與漢代以來的二重君臣關係向一元君臣關係的轉化有關②。這的確是一個值得注意的問題。漢代中央集權的程度並不太高,因爲郡太守號稱"專郡",他們可以自行辟除都尉、丞之外的所有屬吏,並與之結爲君臣關係,故郡府又稱"郡朝",相對於中央政府保持著一定的獨立性。在這種情況下,郡太守衹須完成國家的賦役徵收任務即可,中央亦以此爲黜陟的依據,即在上計時衹考課長吏而已。可以説,上計制是與兩漢中央集權的程度及地方政府相對獨立的面貌相適應的。

魏晉南北朝時期,世家大族的興起給皇權以極大的扭曲,但官僚制傳統依然存在,故上計制不絕如縷。與此同時,南北各王朝都試圖建立新的考課制,特別是在皇權較爲强大的北朝,這種努力更爲明顯。北魏太和間定"外考令",宣武帝又三次頒行考課令,即景明、正始、延昌考格,成爲魏晉以來最完備者。其方式是仿照九品官人法,把政績殿最加以量化,分爲九等,作爲黜陟依據。這是中國古代考課制的一大進步,也是官僚制振興與強化的表現③。在此基礎上,到了隋代,中央集權的程度空前增強,隨著開皇三年地方佐官中央任命制度的推行,官僚制精神深入到地方政權的各個角落,地方政權的面貌與兩漢已有天壤之別。同時,三省制與州縣二級行政體制的確

① 《隋書》卷九《禮儀志》四,184 頁。
② 渡邊信一郎《天空の玉座》,183—188 頁。
③ 參看陳琳國《試論魏晉南北朝地方官吏的考課》,《許昌師專學報》1991 年第 2 期,19—24 頁。

立,使考課重新成爲政務運行中的常務,與這一切相適應,由地方長官親自帶著外官考簿入京朝集的制度就應運而生了。

　　其次,這也是漢唐間社會職能不斷分化的必然結果。梁方仲先生曾指出:"在初期階段,古人對於人口、土地和賦稅的記錄是統統登記在一個本子內的,當時還沒有户口册、土地册和稅册的區別。三者就是同一件東西。三者之分立,乃是較晚的事情。"①從張家山出土《二年律令》中的《户律》來看,漢代已經有了宅園户籍、年細籍、田比地籍、田合籍等不同功能的籍帳②,不過,從尹灣出土《集簿》來看,漢代上計簿中户口、田地、賦稅等内容依然無所不包。西魏時,蘇綽首創"計帳户籍之法"。在敦煌文書中,有一件大統十三年的計帳户籍殘卷(S.0613 背),分 A、B 兩類,學界一般認爲 A 類爲户籍,B 類爲計帳③。所謂計帳,就是依户籍爲據,對户口進行分類與綜合統計,其目的是爲了預算來年的財政收入。此時二者仍連在一起,到了唐代就完全分開了,因此唐制: 每年一造計帳,三年一造户籍。此外還有"差科簿",係官府差配徭役的文簿。至於地籍與户籍的完全分離,則直到明代黄册、魚鱗册的分立始告完成。與各種簿册的職能分化相似,兩漢上計吏的職能到隋唐已由朝集使與計帳使分别承擔,經濟等事務性的工作由後者負責,政治性的職能由朝集使繼承,如參加元會、考課、貢士等。

　　通過上述比較,我們似乎可得出以下結論: 上計制之於漢代,其意義及作用要遠遠超過朝集制之於隋唐。這是因爲,漢代中央與地方溝通信息的渠道較少,故地方的治理狀況多要等年終上計時纔向中央彙報,以六條問事的州刺史即使發現問題,也要到年終奏事時上聞。隋唐中央集權的程度遠過兩漢,地方與中央之間信息交流的渠道也大大增加,二者聯繫十分緊密,許多漢代要在上計時完成的工作,在唐代已消融在日常的政務運行中了。

小　結

　　本章結合傳世文獻及敦煌吐魯番文書與《天聖令》,對唐代朝集制的諸

---

① 梁方仲《中國歷代户口、田地、田賦統計》總序,上海人民出版社,1980 年,10 頁。

② 《户律》簡 331 至 336,釋文見彭浩、陳偉、工藤元男主編《二年律令與奏讞書——張家山二四七號漢墓出土法律文獻釋讀》,上海古籍出版社,2007 年,223—225 頁。

③ 參看楊際平《關於西魏大統十三年敦煌計帳户籍文書的幾個問題》,《魏晉南北朝史研究》,成都: 四川省社會科學院出版社,1986 年,404—428 頁。王永興《介紹敦煌文書西魏大統十三年(五四七)計帳户籍殘卷(斯〇六一三背)》,氏著《陳門問學叢稿》,南昌: 江西人民出版社,1993 年,256—281 頁。

多方面做了細緻考察,認爲朝集制可能確立於武德七年四月版定新令之時,朝集使通常由刺史、長史或司馬三人輪流充任,在一個朝集使團中,通常還有一位副使、兩位朝集典、若干白直,以及當州的貢士。朝集使的主要功能有三:其一,代表地方參加以元日朝會大典爲中心的禮儀活動,這是"朝集"一詞的核心涵義,他們的出席,使元會具有了天下一家的象徵意義。其二,應對地方官考課之事,這是朝集使的另一項核心任務,也是朝集使又稱"考使"、朝集典又稱"考典"的原因。其三,溝通中央與地方關係,爲中央決策服務。朝集使帶來當州的斷獄記錄、品子名簿、公私馬帳、良吏與碩學異能、高人逸士、義夫節婦名單,物質方面,除土貢之外,還包括諸州官府所得贓贖之物中比較貴重的物品如金銀、鍮石等,以及太常寺在各地收採的藥材等,這都使朝廷得以瞭解地方治理的最新情況。另一方面,朝集使也將朝廷最新的政策精神帶回地方,這自然有助於地方治理。

安史之亂給朝集制帶來巨大衝擊,雖然朝廷力圖回復舊制,重振中央權威,但最終還是在德宗貞元三年(787)三月叫停了朝集制。其根本原因,是中晚唐地方體制由二級向三級的轉化,隨著安史之亂後,採訪使和節度使的力合而爲一,"道"成爲一級地方行政單位,原來諸州的賀正、考課等功能已經被取代,而溝通内外的信息傳遞,也消融在諸道進奏院的日常工作中了。

在唐人眼中,朝集制就是秦漢的上計制,因此朝集往往被稱作"入計",朝集使也偶被目爲"計吏",但其實二者差異頗大。首先,上計著重在"計",即經濟内容,而朝集制强調了"朝",突出了政治色彩。其次,漢代屬縣至郡國亦稱上計,而隋唐朝集制絶無此事。第三,使者地位不同,朝集使由刺史或上佐充任,地位遠高於漢代的上計吏。最後,漢代上計簿中以户口、田畝爲主,而隋唐朝集使所攜則以外官考簿爲主,包括了州縣的一切官吏,這與漢代上計僅考長吏完全不同。朝集制取代上計制,也是漢唐間社會分化與制度演進的必然結果。

第八章 吐魯番出土文書與 唐代的公文用紙

　　20 世紀初,日本大谷探險隊在吐魯番得到一批中國古代的寫本文書,也就是後來著名的大谷文書,其中有一組唐開元十六年(728)西州都督府各曹的請紙文書①。之後,黄文弼先生在吐魯番哈拉和卓舊城也得到一件相關文書,黄氏稱之爲《虞候司及法曹司請料紙牒》②。另外,上海博物館所藏吐魯番文獻中也有一件請紙文書③,與前述兩組文書雖無法直接綴合,但年代、性質相同,應屬於同一案卷。早在 1960 年,内藤乾吉先生就對除上博藏卷之外的這組文書進行了細緻分析④,爲後來的研究奠定了堅實基礎。之後,許多學者都從不同角度涉及這組文書,如盧向前、中村裕一以其中的幾件文書爲例研究了唐代牒文的形態與處理程式⑤;李錦繡討論了唐代官府中紙筆費等行政支出情況⑥;李方考證了文書中涉及的西州長官與

---

① 最長的兩件文書大谷 5839、5840 號見小田義久責任編集《大谷文書集成》第三卷,京都:法藏館,2003 年,207—210 頁。其他殘片,大谷 4882 號見 54 頁,4918、4919 號見 65 頁,5372 號見 152 頁,5375 號見 153 頁。
② 黄文弼《吐魯番考古記》,北京:中國科學院出版,1954 年,38—39 頁,圖版二七至三〇、圖 32。更爲清晰的圖版見楊文和主編《中國歷史博物館藏法書大觀》第十一卷《晉唐寫經·晉唐文書》,日本柳原書店、上海教育出版社,1999 年,167—174 頁。該書定名爲《虞候司及法曹司請料紙事牒》,解説及録文見 234 頁。
③ 上海古籍出版社、上海博物館合編《上海博物館藏敦煌吐魯番文獻》第 1 册,上海古籍出版社,1993 年,彩版 23 號;257—258 頁。編號"上博 31",該書定名爲"請紙牒"。這件文書之前曾刊布於香港中文大學文物館印行的《敦煌吐魯番文物》(1987 年),小田義久《大谷文書と吐魯番文書について》(《龍谷大學仏教文化研究所所報》第 11 號,1988 年,1—3 頁)認爲它應當出自吐魯番哈拉和卓古墓,而榮新江先生進一步推測它來自大谷光瑞,見氏著《海外敦煌吐魯番文獻知見録》,南昌:江西人民出版社,1996 年,158 頁。
④ 内藤乾吉《西域發見唐代公文書の研究》,《西域文化研究》第三《敦煌吐魯番社會經濟資料》(下),京都:法藏館,1960 年,9—111 頁,特別是 32—52 頁。
⑤ 盧向前《牒式及其處理程式的探討——唐公式文研究》,北京大學中國中古史研究中心編《敦煌吐魯番文獻研究論集》第三輯,北京大學出版社,1986 年,370—371、378—379 頁。中村裕一《唐代公文書研究》,東京:汲古書院,1996 年,598—599、610—612 頁。
⑥ 李錦繡《唐代財政史稿》上卷,北京大學出版社,1995 年,361、367—368、1056—1060 頁。

上佐①;而室永芳三、劉安志、李方等則討論了文書中涉及的西州的突厥部落問題②。本章擬在前人研究的基礎上,對此案卷試重新録文、綴合和排序,並對其中反映的唐代地方官府的行政運作特點,以及唐代的公文用紙等問題做進一步的探討。

第一節　《唐開元十六年西州都督府請紙案卷》的録文與綴合

這個請紙案卷共包括了 10 件文書,即 8 件大谷文書、1 件黄文弼文書以及 1 件上博藏文書:(一)上博 31、(二)大谷 5839、(三)黄文弼文書 35、(四)大谷 4882、(五)大谷 5840、(六)大谷 4918(a)、(七)大谷 4918(b)、(八)大谷 4919、(九)大谷 5372、(十)大谷 5375。此前的研究中,每件文書大多單獨録文,定名也多爲"牒",然考其内容是開元十六年二月至八月西州幾次請紙事務之牒文粘連之案卷,總計存 180 多行。在上博 31 號、大谷 5839、大谷 5840 上都鈐有"西州都督府之印",位置均在録事司受、付的日期上。我們"散藏吐魯番文獻整理小組"將這組文書定名爲《唐開元十六年西州都督府請紙案卷》(以下簡稱爲《請紙案卷》)③,將其按照時間順序編號排列,並對照圖版重新進行了録文,有些文字與此前學者所録不同,不一一出注。

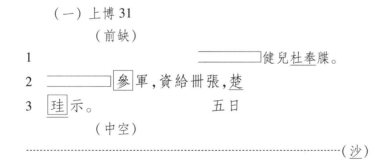

（一）上博 31

（前缺）

1　　　　　　　　　　　　　　健兒杜奉牒。

2　　　　　　　參軍,資給冊張,楚

3　珪示。　　　　　　　五日

（中空）

--（沙）

①　李方《唐西州長官編年考證——西州官吏考證(一)》,《敦煌吐魯番研究》第一卷,北京大學出版社,1996 年,271—296 頁。同氏《唐西州上佐編年考證——西州官吏考證(二)》,《敦煌吐魯番研究》第二卷,北京大學出版社,1997 年,189—214 頁。

②　室永芳三《吐魯蕃发見朱邪部落文書について——沙陀部族考 その一(補遺)》,《有明工業高等專門學校紀要》第 10 號,1974 年,1—7 頁;劉安志《唐代西州的突厥人》,武漢大學中國三至九世紀研究所編《魏晉南北朝隋唐史資料》第十七輯,武漢大學出版社,2000 年,112—122 頁;李方《唐西州行政體制論》,哈爾濱:黑龍江教育出版社,2002 年,289—320 頁。

③　榮新江、史睿主編《吐魯番出土文獻散録》,北京:中華書局,2021 年,466—481 頁。

4　上抄紙

5　　右件紙,今要上抄,請處分。

6　　　　　開元十六年三月　日,健兒杜奉牒。

7　　付　録　事　參　軍　王　沙,給　伍

8　　拾　張。楚　珪　示。

9　　　　　　　　　　三日

（中空）

--（沙）

10　録事司

11　　案紙肆伯張　次紙壹伯張

12　　右緣推勘,用紙寔繁,請更給前件

13　　紙,請處分。

14　牒件狀如前,謹牒。

15　　　開元十六年三月　日。史李藝牒。

16　　　　　　録事參軍王**沙安**①

17　付　司,楚　珪　示。

18　　　　　　　六日

19　　　三月六日,録事使

20　　　録事參軍　沙安　付。

21　　　檢案。沙白。

22　　　　　　　　六日

--（沙）

23　牒檢案連如前。謹牒。

24　　　三月　日,史李藝牒

25　　　並檢料過,沙白。

26　　　　　　　六日

27　紙肆拾張

28　　右檢二月五日得健兒杜奉狀,請前件紙上抄。

29　紙伍拾張

30　　右檢三月三日得健兒杜奉狀,請前件紙上抄。

31　案紙肆伯張　次紙壹伯張

32　　右檢得録事司狀,請上件紙推勘用。

①　内藤以來許多學者都録作"沙妻",然細審字形,録爲"沙安"爲妥。

33　牒件檢如前,謹牒。

---（沙）

34　　　　　三月　日,史李藝牒。

35　　　　　録事司等三狀所請紙,

36　　　　　各准數分付,取領附諮。

　　　　（後缺）

　　（二）大谷4918(a) +5375+ 4918(b)

　　　　（前缺）

1　　　　　開元□□□□

2　　　　　［ 史 李藝 ］

3　録事參軍沙安

4　　　　　　　史

5　　　　［　　　］日受,即［日行判］

6　　　　［録事使］

7　　　　［録事]參軍自判

8　[　　　]等請紙准給事

---（沙）

　　（三）大谷5839

　　　　（前缺）

1　　□□□楚珪 示。

2　　　　　　　　　　廿七日

3　　　五月廿七日,録事使

4　　　録事參軍 沙安付。

　　　　（中空）

---（沙）

5　牒檢案連如前,謹牒。

6　　　　　五月　日,史李藝牒。

7　　　　　兵、法兩司請紙,各准數

8　　　　　分付取領。諮。沙安白。

9　　　　　　　　　　廿七日

10　　　依判,諮。希望示。

11　　　　　　　　　　廿七日

12　　　依判,諮。球之示。

13　　　　　　　　　　廿七日

14　　　　依　判。楚珪 示。

15　　　　　　　　　廿七日

（中空）

--（沙）

16　　　　　開元十六年五月廿七日

17　　　　　　　史　李藝

18　錄事參軍沙安

19　　　　　　　　　　史

20　　　　　五月廿七日受，即日行判。

21　　　　　錄事使

22　　　　　錄事參軍自判

23　案爲兵曹法曹等司請黃紙准分付事

　　　　　（中空）

--（沙）

1　　案紙貳伯張　次紙壹伯張　筆兩管　墨一挺

2　牒：真陁今緣市馬，要前件紙筆等，請准式處

3　分，謹牒。

4　　　　　　開元十六年五月　日，河西市馬使米真陁牒。

5　　　付司。檢令式，河西節度

6　　　買馬，不是別　敕令市。計不

7　　　合請紙筆，處分過。楚珪

8　　　示。　　　　　廿九日

9　　　　　五月廿九日，錄事使

10　　　錄事參軍沙安　　付

11　　檢案，沙白。

12　　　　　　　　　一日

--（沙）

13　牒檢案連如前，謹牒。

14　　　　六月　日，史李藝牒。

15　　　檢，沙白。

16　　　　　　　　　一日

17　案紙二百張　次一百張　筆兩管　墨一挺

18　　右得河西市馬使牒，請上件紙墨等。

19　都督判：檢令式，河西節度買馬，不是別

20　敕令市，計不合請紙筆，處分過者。依檢

21　前後市馬使麴中郎等，並無請紙墨等

22　處。

23　牒件檢如前，謹牒。

24　　　　　　　六月　日，史李藝牒。

25　　　　　　承前市馬，非是一般。或朔方

26　　　　　　遠湊，或河西頻來。前後

27　　　　　　只見自供，州縣不曾官給。

--（沙）

28　　　　　　既無體例可依，曹司實

　　　　　　　（後缺）

　　（四）大谷 4919

　　　　　（前缺）

1　　　　　六□□□□

2　　　　　録事參軍 沙安 付

3　　　　檢案。沙白。

4　　　　　　　　八日

5　［牒檢案］連如前，謹牒。

　　　　　（後缺）

　　（五）黃文弼文書 35

　　　　　（前缺）

1　録事□□□

2　　　　　　　　史

3　　　　　六月八日受，即日行判。

4　　　　　録事使

5　　　　　録事參軍自判

6　案爲虞候司請六月料紙事

　　　　　（中空）

1　法曹

2　　黃紙拾伍張　　　壹拾伍張，典李義領。

3　　　右請上件黃紙寫　　敕行下，請處分。

4　牒件狀如前，謹牒。

5	開元十六年六月　日,府 李 義 牒。
6	法曹參軍王仙喬
7	付 司。楚　珪 示。
8	九日
9	六月九日,録事使
10	録事參軍 沙安　付
11	檢案。沙白。
12	九日

13	牒檢案連如前,謹牒。
14	六月　日吏①李藝牒
15	法曹司請黄紙,准數分
16	付取領,諮。沙安白。
17	九日
18	依判,諮。希望示。
19	九日
20	依判,諮。球之示。
21	九日
22	依 判。楚珪 示。
23	九日

---(?)

24	開元十六年六月九日
25	史 李　藝
26	録事參軍沙安
27	史
28	六月九日受,即日行判。
29	［録事］使

（後缺）

（六）大谷4882

（前缺）

| 1 | 　　　四日 |

--(沙)

---

① 本行的"吏",疑爲"史"字之誤。

2　　　　　　　　開元十六年七月四日
　　　　　（後缺）
　　（七）大谷5840
　　　　　（前缺）
1　　　　　　　　開元十六年八月十六日,典 梁思忠 牒。
2　　　　　　　　　首領闕俟斤朱耶波德 X①
3　　付　　司。　楚　珪　示。
4　　　　　　　　　　　十九日
5　　　　　　　八月十九日,録事 禮 受
6　　　　　録事參軍 　　 沙安 付
7　　　　　檢案。沙白。
8　　　　　　　　　　十九日
---（沙）
9　牒檢案連如前,謹牒。
10　　　　　　　八月 日,史李藝牒。
11　　　　　　朱耶部落所請次、案共
12　　　　　　壹伯張,狀來,檢到不
13　　　　　　虛,記諮。沙安白。
14　　　　　　　　　　十九日
15　　　　　依判,諮,希望示。
16　　　　　　　　　　十九日
17　　　　　依判,諮,球之示。
18　　　　　　　　　　十九日
19　　　　　依判,楚珪示。
20　　　　　　　　　　十九日
　　　　　（中空）
---（沙）
21　　　　　　開元十六年八月十九日
22　　　　　　　　史　李　藝
23　録事參軍沙安
24　　　　　　　　　史
25　　　　　　八月十九日受,即日行判。

_____

① 此處爲朱耶波德的花押。

26　　　　　　　　錄事<u>禮</u>檢無稽失

27　　　　　　　　錄事參軍^{自判}

28　案爲<u>朱耶</u>部落檢領紙到事。

　　　　（中空）

--（<u>沙</u>）

1　兵曹

2　　案紙伍佰張　　　紙伍佰張，前後領足。<u>杜成</u>。①

3　　　右須上件紙行下警固文牒，請處分。

4　牒件狀如前，謹牒。

5　　　　　　　　開元十六年八月　日府<u>杜成</u>牒

6　　付　司。　<u>楚　珪</u>　示。

7　　　　　　　　　　　　廿日

8　　　　　　八月廿日，錄事　<u>禮</u>　受。

9　　　　　錄事參軍　　<u>沙安</u>　付

10　　　　　檢案。<u>沙</u>白。

11　　　　　　　　　　廿日

　　　　（中空）

--（<u>沙</u>）

12　牒檢案連如前，謹牒。

13　　　　　八月　日，史<u>李藝</u>牒。

14　　　　　兵曹司緣警固請紙，

15　　　　　准數分付取領，諮。<u>沙安</u>白。

16　　　　　　　　廿日

17　　　　依判，諮。<u>希望</u>示。

18　　　　　　　　廿日

19　　　　依判，諮。<u>球之</u>示。

　　　　（後缺）

　（八）大谷5372

　　　　（前缺）

1　　　　<u>開</u>□□□□□

　　　　（後缺）

---

① 《大谷文書集成》第三卷將這一行録作兩行（210頁），值得商榷。因爲按照唐代官文書的
　體例，該書原録作第3行的"案紙五百張"屬於牒文的事目，毫無疑問當屬第2行，而原録
　作第2行的"紙五百張，前後領足"衹是在長官批示之後且兵曹已經領紙之後，經手的兵曹
　小吏的一個簽署，相當於收據。對這種現象，下文有所討論。

《請紙案卷》很長,除幾篇較大殘片位置比較容易確定之外,幾件大谷文書小殘片的相對位置需要仔細推敲。内藤乾吉先生認爲大谷4919號爲黄文弼文書的殘片,因爲它是六月八日的,當置於虞候司請紙之前①。這個推測很有道理,不過二者中間仍有闕文,無法直接綴合。對於其他幾件殘片如大谷4918、大谷5735等,他未有所解説。在這裏,我們試圖提出一個可能的方案。爲了便於説明,我們先以文書(一)録事司請紙案,以及文書(五)中法曹請紙案爲基礎,以法曹爲例,復原出完整的行政流程圖示如下(圖8-1):

```
法曹
      牒文。
牒件狀如前,謹牒。
            年月日 府某牒。
            法曹參軍某
    付司。某(都督)示。
                  某日
            月日　録事某 受
            録事參軍某 付
      檢案　某(録事參軍)白
                  某日
牒檢案連如前,謹牒。
            月日 史某牒
      (判文)咨,某(録事參軍)白。
                  某日
      依判,咨。某(司馬)示。
                  某日
      依判,咨。某(長史)示。
                  某日
      依判。某(都督)示。
                  某日
      年月日
            史 某
録事參軍某
            史
            月日受,即日行判。
            録事某 檢無稽失
            録事參軍 自判
案爲法曹請紙准數分付事
```

圖8-1　《請紙案卷》中的行政流程圖

---

① 内藤乾吉《西域發見唐代公文書の研究》,50頁。

有了這個流程圖,我們就可大致推測内藤先生未能確定的那幾件大谷文書殘片的相對位置,特別是大谷4918(a)、(b),以及大谷5735之間的前後關係(圖8-2),並將其綴合爲文書(二)。大谷4918(a)今存2行,但據上述文書格式,在第1行紀年與第3行錄事參軍簽署之間,應當還有一行,即錄事司小吏——史"李藝"的簽名。細審《大谷文書集成》第三卷圖版11,兩行中的空間很大,足夠一行,祇是李藝的簽名靠下,而文書的下半部分殘缺了。據此,當補入一行。另外,在大谷5375與大谷4918(b)之間,還當補一行,按照上面的流程圖所示,其內容當爲錄事"檢無稽失"部分的押署。

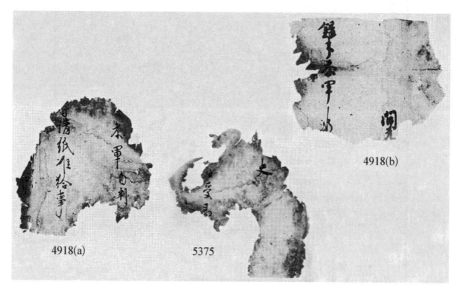

圖8-2　大谷4918(a)、(b),與大谷5735文書的相對位置圖

至於綴合之後的這三件殘片在整個案卷中的相對位置,我們傾向於將其置於文書(一)之後,雖不能直接綴合,但相對位置似可推斷。文書(一)是西州都督府錄事司將三次請紙事務的公文一次性呈報,其中兩次是健兒杜奉請紙,一次是錄事司自己爲推勘之事來請紙。第35—36行所謂"錄事司等叁狀所請紙,各准數分付,取領附咨",正是錄事參軍的判文,按照上面的流程圖,其下當接上佐和長官的判文,可惜已經殘缺。再接下來,就應當是我們綴合的這三件大谷殘片,它們正是錄事司所上三件請紙案的結尾,即錄事參軍"省署抄目"的部分。特別是最後一行云"▢▢等請紙准給事",可見是這個案卷中所涉及的事情不止一端,故曰"等"。如果祇有一件事,則當如文書(七)那樣,祇需曰"案爲朱耶部落檢領紙到事"即可。

第二節　文書所見西州行政運作的特點

這件《請紙案卷》共涉及 9 次請紙事件,雖所請紙張種類不同,處理結果各異,但其中所反映的行政流程卻是相同的(參見圖 8-1)。從這個流程可以看出,錄事司處於都督府政務的樞紐地位,其與法曹、兵曹等府内諸司的關係尤其值得關注。我們先將文書所涉及的開元十六年二月至八月間西州都督府諸曹的結構列表如下(表 8-1):

表 8-1　開元十六年(728)二月至八月間西州都督府諸曹人員構成表

西州都督：張楚珪		
別駕/長史：□球之		
長史/司馬：杜希望①		
錄事參軍：王沙安	錄事：□禮(出使)	史　李藝
法曹參軍：王仙喬		府　李義
兵曹參軍：?		府　杜成

西州屬於中都督府,據《唐六典》的記載,其錄事司當設置錄事參軍一人、錄事二人、史四人②。從《請紙案卷》來看,開元十六年時,錄事參軍爲王沙安,錄事似乎祇有“禮”一人,少於制度規定的編制③。至於具體辦事的小吏,則始終都是李藝一人,如李錦繡先生所云:“史李藝爲錄事參軍檢案、上牒,從事的正是案典之職。”④當時錄事司的“史”當不止他一人,《請紙案卷》祇有他的名字,或許祇是業務分工所致。有趣的是,吐魯番阿斯塔納

---

① 關於“球之”與“杜希望”的身分,見李方《唐西州官吏編年考證》,北京:中國人民大學出版社,2010 年,42—43 頁。

② 《唐六典》卷三〇《三府督護州縣官吏》“中都督府”條,北京:中華書局,1992 年,744 頁。

③ 在二月至六月的幾件文書中,“錄事”的位置上都標明“使”字,也就是說,當時的錄事被派往他處公幹,如果西州當時有兩位錄事的話,則應該會有另一位錄事的簽署。而錄事“禮”出現在八月的朱耶部落請紙案及兵曹請紙文書中(大谷 5840),頗疑他正是那位此前出使的錄事,此時已返回到工作崗位上了。

④ 李錦繡《唐代財政史稿》上卷,361 頁。

201 號墓曾出土了一件唐代的彩繪書吏泥俑（彩版圖 9），他右手握筆，左腋下夾著一卷紙質文案，且上有墨書，栩栩如生地刻畫了一位辦理文案的唐代小吏的形象①。

從本卷文書來看，西州都督各曹的請紙事務都是由錄事司來具體處理的。案《唐六典》卷三〇云："司録、録事參軍掌付事勾稽，省署抄目，糺正非違，監守符印。若列曹事有異同，得以聞奏。"②没有提及紙張管理之事，但據《通典》卷三三："隋初以録事參軍爲郡官，則并州郡主簿之職矣。煬帝又置主簿。大唐武德元年（618），復爲録事參軍。開元初，改京尹屬官曰司録參軍，掌付事句稽，省署鈔目，糾彈部内非違，監印、給紙筆之事。"③然則《唐六典》不載録事參軍"給紙筆之事"，或係遺漏，而本章討論的《請紙案卷》則更加豐富了人們對州府録事參軍所管事務的理解。其實，從《通典》各卷的記載可以看出，唐代各個官署都是由勾官來掌紙筆的④。另據《唐會要》卷三記載："開元四年（716）正月，大理少卿李嶠奏：'奉進止，令修皇后譜牒事，伏請降明敕。'奉敕：'宜依，仍令户部量事供其紙筆。'"⑤在這條材料中，由户部供給修皇后譜牒所需的紙筆，顯然衹是一個行政審批的程序。

唐代特別是西州地方的紙張很珍貴，這不僅體現在西州都督張楚珪嚴詞拒絶了河西市馬使的請紙要求上（總共也不過 300 張紙），更體現在各司請紙時所用的公文種類上：我們知道，在唐代都督府（州）衙中，各曹與録事司行文時，通常採用"關"的形式⑥，但在《請紙案卷》中，都督府内諸曹在請紙時，都是直接以"牒"的形式向長官請示，而不能直接向録事司行關文領取。例如，法曹不過需要 15 張黄紙寫敕，仍需正式行牒申請，甚至録事司自身因"推勘"需紙時，也不能擅自決定，而需以"牒"向都督提出正式申請。

我們在前文復原了一個完整的行政流程的模式，但在具體運行中，則會有一些靈活的處理方式，從《請紙案卷》中一些文書的簽署方式來看，有幾個值得關注的特點：

---

① 新疆維吾爾自治區博物館編《新疆維吾爾自治區博物館》，北京：文物出版社，1991 年，132 頁。本條材料係史睿學兄提示，謹此致謝。

② 《唐六典》卷三〇《三府督護州縣官吏》，748 頁。

③ 《通典》卷三三《職官典》十五，北京：中華書局，1988 年，912 頁。

④ 例如中央的御史臺、太常寺、太子詹事府及地方諸縣的主簿，大都"掌付事句稽、省署抄目、監印、給紙筆等事"。見《通典》卷二四、二五、三〇、三三。

⑤ 《唐會要》卷三《皇后·雜録》，34 頁。

⑥ 參看本書第二章。

其一,諸司請紙牒文的押署有詳略之別,通常情況下應該有本司判官(即參軍)的簽字,如文書(一)中10—16行是録事司自己的請紙牒,除了小吏李藝之外,還有録事參軍王沙安的署名。文書(五)第二部分1—6行是法曹請紙牒,也有法曹參軍王仙喬的押署。不過也有例外,如文書(七)第二部分1—5行是兵曹請紙牒,就祇有兵曹"府"杜成的簽名,而沒有兵曹參軍的押署。

其二,在接到某司請紙的牒文後,長官通常先判"付司",然後將文件移交給具體負責的録事司,而並不先行表明態度。不過,有時候長官也直接在這一環節就表明了處理意見,如在文書(三)中河西市馬使米真陁請紙一事上,西州都督張楚珪就在"付司"之後,直接批示:"檢令式,河西節度買馬,不是別敕令市,計不合請紙筆,處分過。"這種情況應該是比較少見的。

其三,在長官批示"付司"之後,録事參軍通常會要求屬吏"檢案"。不過,如果事實清楚,這一環節也可以省略,如文書(三)中,兵、法兩司請紙時,録事參軍王沙安就沒有要求"檢案",這或許是因爲屬於州府内部的例行公事。不過,對於那些比較特殊的事情,"檢案"就非常正式,甚至不止一次。例如在處理米真陁請紙時,即使都督已經直接批示不許,但録事司的小吏李藝仍"依檢前後市馬使麴中郎等,並無請紙墨等處",而録事參軍王沙安又判曰:"承前市馬,非是一般。或朔方遠湊,或河西頻來。前後祇見自供,州縣不曾官給。既無體例可依,曹司實(後缺)。"可見他又仔細查閱了此前檔案中類似事件的處理情況。

其四,長官批示之後的領紙環節也值得一提,即都督府内諸曹向録事司領紙時,是徑直在本曹之前的牒文下注明領取數額的,而不用單獨再寫一份收據。例如文書(五)中,法曹牒文第二行的事目下,有淡墨書寫的一行字:"壹拾伍張,典李義領"(圖8-3),而這位"李義"正是經手牒文的法曹"史"。同樣,在文書(七)中,兵曹牒文第二行的事目下,也有一行"紙伍佰張,前後領足。杜成"的文字(圖8-4),而"杜成"則是起草請紙牒文的兵曹之"府"。不難看出,這類簽署相當於領紙後的收據,因爲這些公文最後都會留在録事司存檔。

由此可見,在都督府内部諸曹之間,有些行政環節是可以採取靈活的處理方式的。

圖 8－3　《請紙案卷》中的領紙簽字（黃文弼文書 35）

圖 8－4　《請紙案卷》中的領紙簽字（大谷 5840）

第三節　唐代公文用紙的種類

　　丁春梅先生曾討論了唐代的公文用紙制度,但過於簡略,且祇利用了傳世文獻,而沒有涉及敦煌吐魯番文書,這無疑是很大的遺憾①。事實上,許多文書都涉及唐代的公文用紙及其管理與使用,如王明先生就根據敦煌吐魯番文書(包括《請紙文書》五)推論,開元天寶時期的公文用紙的規格爲:長約 45 釐米,闊約 30 釐米②。本章討論的《請紙案卷》對於研究唐代公文用紙制度尤爲重要,其中共包含了 9 次請紙事件,爲方便討論,先將其整理列表如下(表 8－2):

----

① 丁春梅《唐代官府公文用紙制度研究》,《檔案學通訊》2005 年第 4 期,94—96 頁。
② 王明《隋唐時代的造紙》,《考古學報》1956 年第 1 期,120—121 頁。關於敦煌寫經紙的規格,亦參潘吉星《敦煌石室寫經紙的研究》,《文物》1966 年第 3 期,39—47 頁。

表 8-2　《請紙案卷》中的請紙統計表

時　　間	紙張種類與數目	請紙部門/人	用　途	批示結果	出　　處
二月五日	紙 40 張	健兒杜奉	上抄	准數分付取領	文書(一)
三月三日	紙 50 張	健兒杜奉	上抄	同上	同上
三月六日	案紙 400 張次紙 100 張	録事司	推勘	同上	同上
五月廿七日	黃紙,張數不詳	兵曹、法曹	?	同上	文書(三)
五月廿九日至六月一日	案紙 200 張次紙 100 張	河西市馬使米真陁	市馬	不合請紙筆	同上
六月八日	料紙,張數不詳	虞候司	請六月料紙	批准?	文書(五)
六月九日	黃紙 15 張	法曹	寫敕行下	准數分付取領	同上
八月十九日	次紙、案紙 100 張	朱耶部落首領朱耶波德	?	給付	文書(七)
八月廿日	案紙 500 張	兵曹	行下警固文牒	准數分付取領	同上

從上表可以看出,在西州的政務運行中使用了案紙、次紙、黃紙等幾種不同的紙張①,其中用途最廣、數目最大者當屬"案紙"。所謂"案紙",顧名思義,或即指官府寫"案"之紙,而與造紙的原料無關。録事司在三月就申領

① 案,文書(五)中虞候司所請"料紙"並非一種特別的紙張種類,而是每月發給官員的辦公費用,可以算作是官吏的一種待遇。參看李錦繡《唐代財政史稿》上卷,1060 頁。另據《唐會要》卷九一《內外官俸料錢》上記載,在建中三年(782)中書門下釐革諸道觀察使團練使及判官料錢的奏文中提道:"其舊准令月俸、雜料、紙筆、執衣、白直,但納資課等色,并在此數內。"(1967—1968 頁) 而《唐會要》卷七五《選部下·南選》載:"貞元十二年(796)十一月敕:'嶺南、黔中選,舊例補注訖,給票放上。其俸除手力、紙筆、團除、雜給之外,餘並待奏申敕到後,據上日給付。'"(1623 頁) 可見"紙筆"本來就是官"俸"的一部分。需要特別提及的是,在日本,通常將染色或繪有花紋的紙稱爲"料紙",因其精美華貴而備受重視,參見島谷弘幸《唐紙之料紙》,《上海文博》2006 年第 2 期,110—112 頁。日本的"料紙"是從唐紙發展而來,但唐代"料紙"本身的概念是否如此,頗難遽斷,至少從《請紙案卷》(五)所云"案爲虞候司請六月料紙事"來看,"料紙"似爲按月發放,而非如日本那樣指染色或繪有花紋的紙張種類。今錄此備考。

了 400 張來推勘,而八月份兵曹爲"行下警固文牒",一次就申領了 500 張,可見"案紙"是地方官府最常使用的紙張類型。對此,我們也可以在敦煌文書中獲得佐證。P.3841 背《唐開元二三年?(735?)沙州會計曆》的第 24 行中,張寂一次就納了"陸阡壹伯玖拾伍張青案紙"①,其數目之大可見一斑。至於此處所謂"青案紙",當指這類紙張的顏色。另據《新唐書》記載,德宗時,"常州刺史裴肅鬻薪炭、案紙爲進奉,得遷浙東觀察使。刺史進奉,自肅始也"②。可見案紙的確是地方政府的主要公文用紙,且數量巨大,而常州本係唐代造紙重鎮之一(詳下),故刺史裴肅得以將變賣案紙的收入用來給皇帝進奉邀寵。

至於"次紙",也是一種應用廣泛的公文用紙類型,不過其與"案紙"的區別,我們已無從查考,若僅從字面上看,或許意味著其質量稍遜於"案紙"。李商隱《唐刑部尚書致仕白居易神道碑》曰:"武相遇盜殊絕,賊弃刀天街,日比午,長安中盡知。公以次紙爲疏,言元衡死狀,不得報,即貶江州,移忠州刺史。"③案武元衡被刺事在元和十年(815)六月,當時白居易身爲諫官,"月慚諫紙二百張,歲愧俸錢三十萬"④。所謂"諫紙",自然是因諫官之職事而得名,質量必然頗佳,在武元衡遇刺這樣的危急時刻,白居易已經無暇顧及用哪種紙張了,爲在第一時間上疏,他在忙亂中使用了質量略差的"次紙"。當然,"次紙"仍然是正式的公文用紙。

在斯坦因所獲吐魯番文書中,有一組《唐天寶二年(743)交河郡勘檢倉史氾忠敏侵佔倉物案卷》,共有 7 個殘片,其中第四片錄文如下⑤:

1 ────]可與即速對定,連狀同來者。但承前例
2 ────]人應勾紙筆,衆人供給案紙貳伯已下,次紙
3 ──]伯 張,狀伯張已來,即足糧食一兩石,亦有一升不得
4 ────]用練兩疋、三疋,不過四疋。今氾敏廣破數────

① 錄文見池田溫《中國古代籍帳研究》第 164 號,北京:中華書局,2007 年,227 頁。圖版見《法國國家圖書館藏敦煌西域文獻》第 28 册,上海古籍出版社,2004 年,331 頁,定名爲《開元間州倉粟麥紙墨軍械什物曆》。

② 《新唐書》卷五二《食貨志》二,北京:中華書局,1975 年,1358 頁。

③ 劉學鍇、余恕誠《李商隱文編年校注》,北京:中華書局,2002 年,1808 頁。

④ 白居易《醉後走筆酬劉五主簿長句之贈,兼簡張大、賈二十四先輩昆季》,《全唐詩》卷四三五,北京:中華書局,1960 年,4813 頁。關於諫紙,又見白居易《與元九書》:"是時,皇帝初即位,宰府有正人,屢降璽書,訪人急病。僕當此日,擢在翰林,身是諫官,手請諫紙。"《白居易集》卷四五,顧學頡校點,北京:中華書局,1979 年,962 頁。

⑤ 陳國燦《斯坦因所獲吐魯番文書研究》,武漢大學出版社,1995 年,218 頁,解讀見 110—122 頁。

5　論當,已于鄧方取練拾疋,楊師住 處 □□□□

6　筆當時供送,計總不損□□□□

7　請不攤徵諸□□□□□

8　貫□□□□□□

　　陳國燦先生對這組文書有詳細解說,簡言之,西州郡倉小吏氾忠敏因利用職務之便侵佔官物而被調查。其所貪污的倉物就包括了案紙 200 張、次紙數百張,還有 100 張"狀",可見,"給紙筆"之事雖由都督府(郡)的錄事司負責,但紙筆本身存放在郡倉,因此,"倉史"這類具體經辦的小吏遂有機會上下其手。另外,除"案紙""次紙"這樣的公文用紙外,當時似乎還有一類專門用來寫"狀"的紙張。

　　我們再來看"黃紙"。案黃紙是一種經過黃柏(古稱黃檗)汁浸染加工之後的紙張,黃柏中的小柏碱既是黃色植物性染料,又是殺蟲防蛀劑,故經黃柏汁染過者可以長久保存①,因此,從東晉開始,黃紙就曾被用以書寫詔敕②。唐朝時,黃紙書敕被制度化了,據《册府元龜》記載,唐高宗上元三年(676)閏三月詔曰:"制敕施行,既爲永式,比用白紙,多有蟲蠹。自今以後,尚書省頒下諸司、諸州及下縣,宜並用黃紙,其承制敕之司,量爲卷軸,以備披簡。"③顯然,黃紙的地位要遠遠高於其他類型的紙張,從此以後,紙張的顏色成爲區分用紙等級的重要標識之一,直到五代與宋代,制敕仍用黃紙書寫④。與動輒數百上千張的案紙、次紙相比,西州黃紙的使用量很小,在《請紙案卷》中,僅文書(五)中的法曹於六月申領了 15 張來"寫敕行下",可見嚴格遵守了上元詔書的規定。

　　文書行政作爲官僚制的運作基礎,勢必需要大量的紙張來保證日常政

①　參看潘吉星《中國造紙史》,上海人民出版社,2009 年,172—175 頁。

②　北宋程大昌《演繁露》卷四《詔黃》對此有專門討論,收入朱易安、傅璇琮等主編《全宋筆記》第四編第八册,鄭州:大象出版社,2008 年,191—192 頁。除了他所舉出的材料外,陳朝也有黃紙寫敕的明確記載。據《通典》卷一四《選舉》二:"陳依梁制……若有遷授,吏部先爲白牒,列數十人名,尚書與參掌者共署奏。敕或可或否。……其別發詔除者,即宣付詔局,詔局草奏聞。敕可,黃紙寫出門下。門下答詔,請付外施行。"335—336 頁。

③　《册府元龜》卷六〇《帝王部·立制度》一,北京:中華書局,1960 年,670 頁。亦見《舊唐書》卷五《高宗本紀》下,北京:中華書局,1975 年,101 頁。

④　《舊五代史》卷一〇八《李崧傳》:"崧召書吏三四人,登樓去梯,取黃紙矯寫詔書,倒使都統印發之。翌日,告諸軍,軍情稍定。"北京:中華書局,1976 年,1420 頁。《宋史》卷三一七《錢惟演傳》:"惟演嘗語人曰:'吾平生不足者,惟不得於黃紙上押字爾!'蓋未嘗歷中書故也。"北京:中華書局,1977 年,10342 頁。參看丁春梅《中國古代公文用紙等級的主要標識》,《檔案學通訊》2004 年第 2 期,43—46 頁。

務的處理。其實,除了敦煌吐魯番文書中出現的"案紙""次紙""黄紙"之外,唐代的官府還使用了許多其他不同類型的紙張。對此,我們可以先從唐代地方的土貢來考察(表8-3)①:

表8-3　唐代諸州貢紙一覽表

道/州	《唐六典》卷3《户部》,70頁	《唐六典》卷20《太府寺》;545—546頁	《通典》卷6《食貨·賦稅》下,123頁	《元和郡縣圖志》	《新唐書》卷41《地理志》五,1059—1071頁
河東道:蒲州		百日油細薄白紙			
山南東道:均州		大模紙			
江南東道:杭州		上細黄·白狀紙		開元貢:黄藤紙	藤紙
越州		同上			紙
婺州	藤紙	同上	紙六千張	開元貢:藤紙;元和貢:白藤細紙	藤紙
衢州	藤紙	上細黄·白狀紙;案紙、次紙	紙六千張	開元貢:綿紙;元和貢:紙	綿紙
常州				開元貢:紙六十張②	
江南西道:宣州		案紙、次紙			紙
歙州					紙
池州					紙
江州					紙
衡州					綿紙

①　本表是在王明《隋唐時代的造紙》(116頁)、陳濤《唐宋時期造紙業重心的地理變遷》表一(杜文玉主編《唐史論叢》第12輯,西安:三秦出版社,2010年,407頁)的基礎上,補充修訂而成。

②　此處的"六十張",頗疑爲"六千張"之誤。

續　表

道/州	《唐六典》卷3《户部》,70頁	《唐六典》卷20《太府寺》;545—546頁	《通典》卷6《食貨·賦税》下,123頁	《元和郡縣圖志》	《新唐書》卷41《地理志》五,1059、1071頁
信州				元和貢:藤紙	
劍南道:益州		大小黄·白麻紙			

　　顯然,最重要的公文用紙——案紙、次紙的主要產地是江南西道的宣州及江南東道的衢州,後者與杭、越、婺州一樣,也出產其他一些優質紙張,如上供給太府寺右藏署的"上細黄·白狀紙"等,這也説明"狀紙"的確是一類公文用紙,適可與前引《唐天寶二年(743)交河郡勘檢倉史氾忠敏侵佔倉物案卷》中的"狀伯張"相印證,而最好的"上細黄·白狀紙"都產自江南東道的杭、越、婺、衢四州①。與江南相比,北方的名紙產地要少得多,祇有進貢"百日油細薄白紙"的蒲州是個例外②。據《册府元龜》記載,後唐明宗天成元年(926)九月壬申,"河中進百司紙三萬張、詔紙二萬張,舊制也"③。可見,直到五代時,蒲州仍是北方造紙的中心。所謂"舊制",顯然是指唐代蒲州貢紙的傳統,至於"百司紙",或即前文討論的諸官府行用的"案紙""次紙"之總稱,而"詔紙"當係專用以書寫制敕的黄紙。

　　所謂"藤紙""麻紙""綿紙",主要是從造紙的原料來區分的④,與顔色無關,因此纔會有"黄藤紙""青藤紙""白藤細紙",以及"黄麻紙""白麻紙"等不同種類。從朝廷"王言之制"來看,制、敕等級不同,使用紙張的種類也不同。據《唐六典》記載:"自魏、晉已後因循,有册書、詔、敕,總名曰詔。皇

---

① 《舊唐書》卷九八《杜暹傳》:"自暹高祖至暹,五代同居,暹尤恭謹,事繼母以孝聞。初舉明經,補婺州參軍,秩滿將歸,州吏以紙萬餘張以贈之,暹惟受一百,餘悉還之。時州僚別者,見而嘆曰:'昔清吏受一大錢,復何異也!'"3075頁。州吏能以一萬多張紙贈送改官的參軍,可見婺州確爲唐代產紙的重地。

② 《唐國史補》卷下敍諸州精紙,亦包括了蒲州的"白薄、重抄"兩種,上海古籍出版社,1979年,60頁。

③ 《册府元龜》卷一六九《帝王部·納貢獻》,2036頁。

④ 潘吉星先生認爲,漢魏南北朝時期麻紙占據壟斷性地位,到了唐代,隨著新技術的出現,藤紙生產也取得了長足進步。至於"綿紙",並非由綿料所制,而是楮皮紙,因其較麻紙綿軟而得名。見氏著《中國造紙史》,182—187頁。另據學者研究,敦煌文書大多數屬於麻紙,藤紙祇佔極少數,這也反映了唐代的麻紙依然是社會上用紙的大宗。見王菊華等著《中國古代造紙工程技術史》,太原:山西教育出版社,2006年,188—193頁。值得説明的是,《請紙案卷》中的文書(五)即黄文弼35號亦屬麻紙,見王明《隋唐時代的造紙》,120頁。

朝因隋不改。天后天授元年（690），以避諱，改詔爲制。今册書用簡，制書、慰勞制書、發日敕用黄麻紙，敕旨、論事敕［書］及敕牒用黄藤紙，其赦書頒下諸州用絹。”①無論是黄麻紙還是黄藤紙，都屬於黄紙，是用來寫敕的專門紙張，祇不過前者的地位似要高於後者，故宋人葉夢得云：“紙以麻爲上，藤次之，用此爲重輕之辨。”②

從表8-3還可以看出，大唐帝國最重要的紙張産地在江南道，共有11個州生産的各種類型的優質紙張上貢給朝廷，特別是江南東道的杭、越、婺、衢四州，代表了唐代造紙術的最高水平③。而益州生産的麻紙也屬於優質産品，有黄、白二色，開元時，集賢殿書院中的四庫圖書“皆以益州麻紙寫”④。另據《唐會要》記載：“（天寶）十三載三月二十八日敕旨：授官取蜀郡大麻紙一張寫告身。”⑤可見朝廷對益州麻紙的重視。

當然，上表所列均爲能夠上供給朝廷的名紙，遠在西北邊陲的沙州、西州恐怕很難用上如此高檔的紙張。事實上，地方政府的公文用紙可能有相當一部分來自當地生産。吐魯番阿斯塔納167號墓出土的唯一一件文書曰：“▨▨當上典獄，配紙坊馲（驅）使▨▨▨”⑥而在大谷文書《唐開元十九年（731）正月西州岸頭府到來符帖目》的第17行也有“録事司帖，爲追紙匠，限三日内送事”⑦的記載，可見西州設有官府的造紙作坊。法藏敦煌文書P.4640《唐己未年—辛酉年（899—901）歸義軍衙内破用布·紙歷》第7—8行亦云：“十四日，支與紙匠造洗麻襆布壹疋。”⑧顯然，無論是沙州還是西州，當地都有造紙的工匠，祇是其工藝水平恐怕難以與江南諸州相提並論。

在中晚唐時期，又出現了一些新的公文用紙，如寫告身用的“大花異紋綾紙”“色箋花素紙”“五色箋”等⑨。另據李肇《翰林志》所載，晚唐頒行制

① 《唐六典》卷九《中書省》，274頁。
② 葉夢得《石林燕語》卷三，北京：中華書局，1984年，37頁。
③ 參看前引王明《隋唐時代的造紙》、陳濤《唐宋時期造紙業重心的地理變遷》。另參潘吉星《中國造紙史》，195—197頁，該書繪有《隋唐五代時造紙中心分佈圖》，197頁。
④ 《唐六典》卷九《中書省·集賢殿書院》，280頁。又見《舊唐書》卷四七《經籍志》下，2082頁。二書所載四庫藏書的卷數有所不同。
⑤ 《唐會要》卷七五《選部下·雜處置》，1613頁。
⑥ 《吐魯番出土文書》〔肆〕，北京：文物出版社，1996年，385頁。
⑦ 池田温《中國古代籍帳研究》第152號，214頁。
⑧ 池田温《中國古代籍帳研究》第295號，461頁。
⑨ 《唐會要》卷七五《選部下·雜處置》：“（元和）八年八月，吏部奏請差定文武官告紙軸之色物：‘五品已上，用大花異紋綾紙，紫綃裏，檀木軸。六品下朝官，裝寫大花綾紙，及小花綾裏，檀木軸。命婦邑號，許用五色箋，小花諸雜色錦標，紅牙碧牙軸。其他獨窠綾標，金銀花牋，紅牙，發鏤軸鈿等，除恩賜外，請並禁斷。’敕旨依奏。”1615—1616頁。

敕,也使用了"五色麻紙"、"金花五色綾紙"等新產品,對此學界已經有所討論①,此不贅述。

第四節　唐代公文用紙的使用

李錦繡先生曾指出:"［唐代］官府支給的紙筆衹包括料紙、寫敕行下、下警固文牒等幾項,衹有官府各曹司文案用紙纔可向勾司請紙,涉及百姓等文案,則要當事人自己納紙筆錢。"②案,百姓交納紙筆錢固然不錯,但由官府支給紙筆的卻恐怕遠不止她所説的那幾項,且數量相當巨大。

據《唐會要》記載,開元四年五月二十九日敕:"蠲符,每年令當州取緊厚紙,背上皆書某州某年及紙次第,長官句當同署印記。京兆、河南六百張,上州四百張,中州三百張,下州二百張,安南、道、廣、桂、容等五府,准下州數,管內州蠲同。此紙不別書題州名,並赴朝集使,送户部本判官掌納,依次用之。"③"蠲符"衹是政府經濟事務中的一個小的環節,每年就需如此之多的紙張,其他如租庸、和糴、丁防等事務所需要的公文用紙就更多了,爲了節省行政經費,宰相李林甫於開元二十四年(736)推行了一項改革:

> 　開元二十四年三月六日,户部尚書、同中書門下三品李林甫奏:"租庸、丁防、和糴、雜支、春綵、税草諸色旨符,承前每年一造。據州府及諸司計,紙當五十餘萬張,仍差百司抄寫,事甚勞煩。條目既多,計檢難遍,緣無定額,支税不常,亦因此涉情,兼長奸僞。臣今與採訪使、朝集使商量,有不穩便於人,非當土所出者,隨事沿革,務使允便。即望人知定準,政必有常,編成五卷,以爲常行旨符。省司每年但據應支物數,進書頒行,每州不過一兩紙,仍附驛送。"敕旨:依。④

"長行旨符"的改革是相當成功的,每年所用的紙張從50多萬張一下降到"每州不過一兩紙",這無疑是個巨大的成就。到了安史之亂中,朝廷也採取了一些措施來節省用紙的開支,如乾元三年(760)四月二十六日敕:"諸司

①　參看前引王明《隋唐時代的造紙》,123—124 頁;丁春梅《唐代官府公文用紙制度研究》,95—96 頁。

②　李錦繡《唐代財政史稿》上卷,1065 頁。

③　《唐會要》卷五九《户部員外郎》,1195 頁。

④　《唐會要》卷五九《度支員外郎》,1197—1198 頁。

使、諸州府進奏文狀,應合宣行三紙已上,皆自寫宣付四本。中書省宣過,中書省將兩本與門下省。"①一個進奏文狀要寫一式四份,似乎正是當時朝廷爲節約用紙,而將這項成本轉嫁給地方政府和使司②。

地方政府日常所需要的紙張數量之大,或許叮從法藏敦煌文獻 P.3841 背《唐開元二三年?(735?)沙州會計歷》中略窺一斑(表 8-4)③:

表 8-4　P.3841 背《唐開元二三年?(735?)沙州會計歷》的納紙情況表

文書行數	數　　量	納紙人
22 行	陸阡壹伯玖拾伍張紙	秦刀坊
24 行	陸阡壹伯玖拾伍張青案紙	張寂
28 行	叁阡伍伯柒拾五張紙	高亮
30 行	貳阡陸伯貳拾張紙	張方
45 行	壹阡壹伯柒拾伍張紙	?

僅在這件殘卷上,這 5 個人所納於沙州州倉的紙張就達到了 19765 張之多,而李錦繡先生也提到,在 P.2862 背+P.2626 背《唐天寶時代敦煌郡會計帳》上,還記錄了敦煌階亭坊、長行坊的"見在紙"數量,前者"總柒萬伍阡張",後者"壹萬伍阡伍佰拾叁張",合計近 10 萬張④,這個數量是相當驚人的。

在近年刊布的天一閣藏《天聖令》中,有一條材料也涉及公文用紙問題,即《雜令》宋 21 條云:

　　諸內外諸司所須紙、筆、墨等,及諸館閣供寫文書者,並從官給。若

---

① 《唐會要》卷五四《省號上·中書省》,1088 頁。
② 《資治通鑑》卷二三一"德宗貞元元年(785)六月"條胡注曰:"沈存中曰:'唐故事:中書舍人職掌詔誥,皆寫四本,一本爲底、一本爲宣……'"7458 頁。然則寫四本原爲舊制,衹不過本應由中書省來寫,乾元三年改爲地方政府與使司自寫。本條材料係孟憲實先生錄示,謹此致謝。
③ 文書錄文見池田温《中國古代籍帳研究》第 164 號,226—227 頁。圖版見《法國國家圖書館藏敦煌西域文獻》第 28 冊,331 頁。
④ 李錦繡《唐代財政史稿》上卷,1066 頁。文書錄文見池田温《中國古代籍帳研究》第 219 號,337—340 頁;圖版見《法國國家圖書館藏敦煌文獻》第 16 冊,上海古籍出版社,2001 年,332—342 頁。

別使推事,及大辟獄按者,聽兼用當司贓贖物充。①

本條黃正建先生"疑爲唐令",置於復原的第33條,但由於没有相應材料,未能復原。我們認爲黃先生的推論是正確的,因爲從《請紙案卷》可以看出,西州諸司在行政運作中使用的紙筆需要正式申請,録事司判定是否支給,最後由長官親自簽署。這些紙張無疑都出自州倉,正是令文中所謂的"並從官給"。

至於令文中提及的"諸館閣供寫文書者",在唐代文獻中也有所反映。據《新唐書·經籍志》記載,開元時期的集賢殿書院"太府月給蜀郡麻紙五千番,季給上谷墨三百三十六丸,歲給河間、景城、清河、博平四郡兔千五百皮爲筆材"②。然而,安史之亂後,國家每年用於圖籍書寫的紙張大幅減少。德宗貞元三年(787)八月,秘書監劉太真奏:"准貞元元年八月二日敕,當司權宜停減諸色糧外,紙數内停減四萬六千張。續准去年八月十四日敕,修寫經書,令諸道供寫書功糧錢,已有到日,見欲就功。伏請於停減四萬六千張内,卻供麻紙及書狀藤紙一萬張,添寫經籍。其紙寫書足日,即請停。"③宣宗大中四年(850)二月,集賢院奏:"大中三年正月一日以後至年終,寫完貯庫及填缺書籍三百六十五卷,計用小麻紙一萬一千七百七張。"④顯然,《雜令》宋21條中"諸館閣供寫文書者並從官給"的記載,應該也反映了唐代的制度。

李錦繡先生還曾指出,唐代官員參加考課及得告身,也要付錢以供紙筆、裝潢等費用⑤。而《天聖雜令》的另一條令文則爲告身的公文用紙問題提供了新的材料,即唐13條:

> 諸勳官及三衛諸軍校尉以下、諸蕃首領、歸化人、迓(邊?)遠人、遥授官等告身,並官紙及筆爲寫。其勳官、三衛校尉以下附朝集使立案分付;迓(邊?)遠人附便使及驛送。若欲自寫,有京官職及緦麻以上親任京官爲寫者,並聽。⑥

① 天一閣博物館、中國社會科學院歷史研究所《天一閣藏明鈔本天聖令校證(附唐令復原研究)》,北京:中華書局,2006年,430頁。
② 《新唐書》卷五七《藝文志》一,1422頁。
③ 《唐會要》卷六五《秘書省》,1329頁。
④ 《唐會要》卷三五《經籍》,753頁。
⑤ 李錦繡《唐代財政史稿》上卷,1063頁。
⑥ 《天一閣藏明鈔本天聖令校證(附唐令復原研究)》,433頁。黃正建先生將本條復原爲《雜令》第34條,見同書751頁。

對於這條令文的解讀目前爭議頗多①,本章不擬討論。但無論如何,根據令文規定,至少這些勳官、三衛等人的告身,除了在某些特殊情況可以"自寫"外,其他多數人應該是由"並官紙及筆爲寫",而不用自己納錢收贖。

　　另外值得指出的是,在敦煌文書中還保存著一件晚唐歸義軍時期的破用紙、布歷,共有 284 行,其中關於紙張支出者達 231 行,所載尤詳②。據盧向前先生研究,文書提及的紙張種類至少有大細紙、次細紙、次紙、細紙、粗紙、畫紙、錢財紙等 9 類,其使用範圍除了日常公務外,還涉及賽袄、祭神、造扇、造花樹等。他還指出,前四種即大細紙、次細紙、次紙、細紙"大都作公文案紙用"③。或許,它們的前身正是前文所論唐代官府行用的"案紙"和"次紙"吧,相比於其他類型的紙張,它們的質量顯然要精良許多。在紙張的量詞上,除了"張"之外,還使用了"帖"和"束",例如第 167 行:"廿七日,支與作坊造扇細紙壹束兩帖"。第 76 行:"又同日,亭子上道場,用錢財粗紙壹帖貳拾張。"這無疑是晚唐時期出現的新現象④。

小　　結

　　本章對吐魯番出土的唐開元十六年西州都督府的《請紙案卷》進行了重新錄文、綴合與排序,在此基礎上,我們也討論了文書所見西州行政運作的一些特點,例如,唐代對公文用紙管理非常嚴格,通常由勾官負責管理,即使是州府內部各司、甚至是負責此事的錄事司本身需紙,也需要正式申請,由長官來批示。隨後,本章對唐代公文用紙的種類及其使用做了進一步的分析。可以看到,唐代公文用紙有案紙、次紙、狀紙等分類,如果從造紙原料來看,則包括了麻紙、藤紙、綿紙等,紙張的顏色則代表了不同的公文等級。雖

---

① 參看劉後濱《唐代告身的抄寫與給付——〈天聖令·雜令〉唐 13 條釋讀》,《唐研究》第 14 卷,北京大學出版社,2008 年,465—480 頁;賴亮郡《遙授官、迂遠人與唐代的告身給付——〈天聖令·雜令〉唐 13 條再釋》,臺師大歷史系、中國法制史學會、唐律研讀會主編《新史料·新觀點·新視角:〈天聖令論集〉》,臺北:元照出版公司,2011 年,265—297 頁。

② P.4640《唐己未年—辛酉年(899—901)歸義軍衙內破用布·紙歷》,錄文見池田溫《中國古代籍帳研究》第 295 號,461—467 頁。

③ 盧向前《關於歸義軍時期一份布紙破用歷的研究——試釋伯四六四〇背面文書》,北京大學中國中古史研究中心編《敦煌吐魯番文獻研究論集》第三輯,446 頁。收入氏著《敦煌吐魯番文書論稿》,南昌:江西人民出版社,1992 年,97—170 頁。

④ 關於計算紙的量詞"帖",參看洪藝芳《敦煌社會經濟文書中之量詞研究》,臺北:文津出版社,2004 年,81—82 頁。

然唐朝質量最好的紙張産自江南諸州及益州地區,但它們屬於上貢的名紙,各地的用紙有許多應該是本地生産的,即使是西州、沙州這樣的邊陲之地也有自己的造紙業。

第九章　隋唐的鄉官與老人

在收藏於日本龍谷大學的大谷文書中,有一件並不起眼的文書殘片,即 4026 號《唐西州老人、鄉官名簿》(彩版圖 10),錄文如下①:

1　　老人　　康虔毛
2　鄉官前別將　衛虔興
3　鄉官前別將　衛吉訖
4　鄉官前別將　張元德
　　　（後缺）

雖然這件文書尺寸不過 15×8.5 釐米,文字僅存四行,但對於我們認識唐代基層組織具有重要意義。事實上,隋唐時期的基層社會特別是鄉里制度是近年來學界研究的熱點之一,取得了許多紮實的成果,其中既包括總體性考察,也有具體的討論,例如唐代"鄉"的性質、里正的職能、鄉望等地方豪族對鄉村的支配、鄉村學校等②。本章擬在此基礎上,從大谷 4026 號文書入手,結合其他敦煌吐魯番文書及石刻材料,著重討論文書中提到的"鄉官"與"老人"的含義及職能,希望能對隋唐基層社會的運作形態有進一步的理解。

---

① 小田義久責任編集《大谷文書集成》第二卷,京都:法藏館,1990 年,189 頁,圖版 39。該書原定名爲《鄉官名簿》,不確,現改擬新名。另,文書第一行的"毛"字,趙大旺認爲應該是"三"之俗寫,可備一說。見氏著《敦煌社邑文書校讀札記三則》,《中華文史論叢》2017 年第 3 期,250—255 頁。

② 最近的一篇整體性研究,見張國剛《唐代鄉村基層組織及其演變》,《北京大學學報》2009 年第 5 期,112—125 頁;收入黃寬重主編《中國史新論:基層社會分冊》,臺北:聯經出版社,2009 年,183—217 頁。此文對唐代鄉村基層組織的研究成果有所提示,但似乎忽略了鄉望、地方豪族與鄉村支配方面的研究,如石田勇作《唐・五代における村落支配の變容》,宋代史研究會研究報告第一集《宋代の社會と文化》,東京:汲古書院,1983 年。杉井一臣《唐代前半期の鄉望》,唐代史研究會編《中國の都市と農村》,東京:汲古書院,1992 年,297—304 頁。穴澤彰子《唐・五代における地域秩序の認識——鄉望的秩序から父老的秩序への變化を中心として》,《唐代史研究》第五號,2002 年,46—71 頁。

第一節 隋代"鄉官"的兩重含義

一、隋文帝"罷州縣鄉官"再討論

早在春秋戰國時期,作爲基層行政組織的"鄉"就已經出現了,秦漢以來,已形成了比較成熟的"鄉官"制度,在此後的歷史發展中,其内涵也有不少變化①。至於隋唐時期的"鄉官",直到現在仍然是一個存在争議的問題。討論主要集中在對《隋書·百官志》所載隋文帝"罷州縣鄉官"的理解上:

> 〔開皇〕三年四月,詔尚書左僕射,掌判吏部、禮部、兵部三尚書事,御史糾不當者,兼糾彈之。尚書右僕射,掌判都官、度支、工部三尚書事,又知用度。餘皆依舊。……罷郡,以州統縣,改别駕、贊務,以爲長史、司馬。舊周、齊州郡縣職,自州都、郡縣正已下,皆州郡將、縣令至而調用,理時事。至是不知時事,直謂之鄉官。别置品官,皆吏部除授,每歲考殿最。……佐官以曹爲名者,並改爲司。……十五年,罷州縣鄉官。②

對於這個問題,陳寅恪先生很早就有所討論,但大多數學者還是將"鄉官"視爲鄉里基層組織的官吏,直到 1941 年濱口重國先生提出,所謂"罷州縣鄉官",指的是罷廢了魏晉南北朝以來與"府官"相對應的"州官"系統的僚佐,而不是指鄉里政權的官吏③。濱口先生的觀點得到了之後學者的普遍認可,直到最近,羅志田先生對這個觀點提出挑戰,他認爲所謂"罷州縣鄉官"係指隋朝廢止了縣以下鄉黨閭里一類官職,而並非濱口先生認爲的廢止了州刺史自行辟用當地人爲屬官的制度④。可見,關於"鄉官"的内涵及其功

① 關於中國古代的"鄉",參看任軍《稱謂所見中國古代"鄉制"的緣起和演變》,《甘肅社會科學》2004 年第 6 期,97—99 頁。關於鄉官的通論性敍述,見張德美《古代鄉官的嬗變》,《政法論壇》2013 年第 1 期,133—143 頁。這篇文章對於所謂"鄉官的職役化"進行了考辯,值得重視。

② 《隋書》卷二八《百官志》下,北京:中華書局,1973 年,792—793 頁。

③ 濱口重國《所謂隋の鄉官廢止に就いて》,初刊於《加藤博士還曆記念東洋史集説》,東京:富山房,1941 年,收入氏著《秦漢隋唐史の研究》,東京大學出版會,1980 年,770—786 頁;黄建中譯本《所謂隋的廢止鄉官》,收入劉俊文主編《日本學者研究中國史論著選譯》第 4 卷,北京:中華書局,1992 年,315—333 頁。

④ 羅志田《隋廢鄉官再思》,《社會科學研究》2015 年第 1 期,1—9 頁。

能,尚需認真思考。

據學者研究,漢代的鄉官包括了主管民事的嗇夫,主管教化的三老,以及主管武備警務的遊徼等①,似乎並不包括"里"職。那麼,對於隋文帝開皇十五年(595)"罷州縣鄉官"究竟該如何理解? 對於此事,除了前引《隋書·百官志》的那條材料之外,核心的史料還包括以下幾條:

《隋書·李德林傳》載:

> 開皇元年,敕令與太尉任國公于翼、高熲等同修律令。事訖奏聞,別賜九環金帶一腰,駿馬一匹,賞損益之多也。格令班後,蘇威每欲改易事條。德林以爲格式已頒,義須畫一,縱令小有蹉駁,非過盡政害民者,不可數有改張。威又奏置五百家鄉正,即令理民間辭訟。<u>德林以爲本廢鄉官判事,爲其里閭親戚,剖斷不平</u>,今令鄉正專治五百家,恐爲害更甚。且今時吏部,總選人物,天下不過數百縣,於六七百萬户内,詮簡數百縣令,猶不能稱其才,乃欲於一鄉之内,選一人能治五百家者,必恐難得。又即時要荒小縣,有不至五百家者,復不可令兩縣共管一鄉。敕令内外羣官,就東宫會議。自皇太子以下,多從德林議。蘇威又言廢郡,德林語之云:"修令時,公何不論廢郡爲便。今令纔出,其可改乎?"然高熲同威之議,稱德林狠戾,多所固執。由是高祖盡依威議。
>
> ……十年,虞慶則等於關東諸道巡省使還,並奏云:"五百家鄉正,專理辭訟,不便於民。黨與愛憎,公行貨賄。"上仍令廢之。德林復奏云:"此事臣本以爲不可。然置來始爾,復即停廢,政令不一,朝成暮毁,深非帝王設法之義。臣望陛下若於律令輒欲改張,即以軍法從事。不然者,紛紜未已。"高祖遂發怒,大詬云:"爾欲將我作王莽邪?"②

《隋書·李德林傳》没有記載蘇威奏置鄉正的具體時間,而《資治通鑑》則繫此事於開皇九年(589)二月平陳之始:

> 蘇威奏請五百家置鄉正,使治民,簡辭訟。李德林以爲:"本廢鄉官

---

① 關於漢代的鄉官,參看張金光《秦鄉官制度及鄉、亭、里關係》,《歷史研究》1997 年第 6 期,22—39 頁;吳大林、尹少蘭《西漢東海郡各縣、邑、侯國及鄉官的設置》,《東南文化》1997 年第 4 期,74—76 頁;王彦輝、徐傑令《論東周秦漢時代的鄉官》,《史學集刊》2001 年第 3 期,24—31 頁;郭天祥《漢代鄉官"有秩"、"嗇夫"補論》,《唐都學刊》2009 年第 5 期,19—21 頁。

② 《隋書》卷四二《李德林傳》,1200—1207 頁。

判事,爲其里閭親識,剖斷不平,今令鄉正專治五百家,恐爲害更甚。且
要荒小縣,有不至五百家者,豈可使兩縣共管一鄉!”帝不聽。丙申,制:
“五百家爲鄉,置鄉正一人;百家爲里,置里長一人。”①

可見,在隋初並不存在鄉里制,直到開皇九年纔正式推行,從而始有鄉正、里
長之設。

關於開皇十五年罷廢鄉官一事,《唐六典》卷三〇“上州”條也有記載:
“舊周、齊州郡縣職,自州都、縣正已下皆自調用以理事,至是不知事,直謂之
鄉官,別置品官,皆吏部選除;佐官以曹爲名者,皆改爲司。十四年,改九等
州、縣爲四等。十五年,罷鄉官。”②與《隋書·百官志》的記載略同。而在
《通典》中,相關内容出現在兩處:一處是在《通典》卷三《食貨三·鄉黨》:

> 隋文帝受禪,頒新令:五家爲保,保五爲閭,閭四爲族,皆有正。畿
> 外置里正,比閭正,黨長比族正,以相檢察。蘇威奏置五百家鄉正,令理
> 人間詞訟。李德林以爲:“本廢鄉官判事,爲其里閭親識,剖斷不平,今
> 令鄉正專理五百家,恐爲害更甚。且今時吏部總選人物,天下不過數百
> 縣,於六七百萬户内銓簡數百縣令,猶不能稱才,迺欲於一鄉之内選一
> 人能理五百家者,必恐難得。又即要荒小縣有不至五百家者,復不可令
> 兩縣共管一鄉。”勅内外羣官,就東宫會議。自皇太子以下,多從德林
> 議。蘇威又言廢郡,德林語之云:“修令時,公何不論廢郡爲便。令纔
> 出,其可改乎!”然高熲同威之議,遂置之。十年,虞慶則等於關東諸道
> 巡省使還,並奏云:“五百家鄉正專理詞訟,不便於人,黨與愛憎,公行貨
> 賄。”乃廢之。③

另一處是在《通典》卷三三《鄉官》:

> 隋以周齊州郡縣職,自州都、郡正、縣正以下,皆州郡將、縣令所自
> 調,用理時事。至開皇初,不知時事,直謂之鄉官。官別置品,皆吏部除
> 授,每歲考殿最。開皇十五年,罷州縣鄉官。④

---

① 《資治通鑑》卷一七七“開皇九年二月”條,北京:中華書局,1956 年,5513 頁。
② 《唐六典》卷三〇《三府督護州縣官吏》,北京:中華書局,1992 年,745 頁。
③ 《通典》卷三《食貨三·鄉黨》,北京:中華書局,1988 年,63 頁。
④ 《通典》卷三三《職官十五·鄉官》,924 頁。

以上這些材料,我們可以按照時間順序排列如下:

開皇三年,罷郡,以州統縣,舊周、齊州郡縣職自州都、郡縣正已下,至是不知時事,直謂之鄉官。別置品官,皆吏部除授,每歲考殿最。

開皇九年,蘇威奏立五百家鄉正"理民間辭訟",同時設立里長。

開皇十年,虞慶則等奏罷鄉正。

開皇十五年,罷州縣鄉官。

可以看出,隋初的所謂"鄉官",指的是"州都、郡縣正已下"的州郡縣屬官("州都"即州的大中正,"郡縣正"可能指郡中正和縣中正①),而非縣以下的閭里之吏職。在《隋書·百官志》的敘述脈絡中,"鄉官"與"品官"相對,開皇三年的改革,是讓這些州縣屬官"不知時事",而由吏部除授的品官取而代之。這種"州郡縣職"與開皇九年蘇威奏立的五百家鄉正是兩個不同的概念,後者纔是縣以下的閭里之職。罷廢鄉正是在開皇十年,而罷廢鄉官則是在開皇十五年,顯然二者並不是一件事。《通典》將前者置於"鄉黨"條下敘述,而將後者置於"鄉官"條下敘述,顯然也有所區分。因此,我們還是傾向於認爲,濱口重國先生的觀點是合乎史實的。

二、隋代的鄉正與鄉長

當然,正如羅志田先生所説,隋代縣以下的基層組織還是存在的。從《通典》卷三《食貨三·鄉黨》的記載來看,在隋文帝登基之初,就開始在畿內建立保、閭、族體系,在畿外設立里正、黨長。這條材料的依據可能是《隋書·食貨志》:"高祖登庸,罷東京之役,除入市之税。是時尉迥、王謙、司馬消難相次叛逆,興師誅討,賞費鉅萬。及受禪,又遷都,發山東丁,毀造宮室。仍依周制,役丁爲十二番,匠則六番。及頒新令,制人五家爲保,保有長。保五爲閭,閭四爲族,皆有正。畿外置里正,比閭正,黨長比族正,以相檢察焉。"②顯然,這還是沿襲了北朝以來三長制的模式③。值得注意的是,隋初"里"的規模與後來的"百户之里"頗有不同,因爲里正"比閭正",而五家爲

---

① "正"或即"平正"的簡稱,據周紹良主編《唐代墓誌彙編》貞觀039《唐故永嘉府羽林張君墓誌銘并序》:"君諱岳,字岷嶺,南陽西鄂人,漢相文成留侯之後也。祖白駒,魏光禄大夫、平越將軍;父貳郎,隋任鄉長,後遷縣平正。"上海古籍出版社,1992年,34頁。按,誌主之父張貳郎在隋代所任的"縣平正",可能即指"郡縣正"中"縣正"。

② 《隋書》卷二四《食貨志》,680頁。

③ 關於北朝的三長制,參看侯旭東《北朝"三長制"四題》,《中國史研究》2002年第4期,收入氏著《北朝村民的生活世界——朝廷、州縣與村里》,北京:商務印書館,2005年,108—133頁;同氏《北朝鄉里制與村民的生活世界——以石刻爲中心的考察》,《歷史研究》2001年第6期,收入氏著《北朝村民的生活世界》,改題爲《北朝鄉里制與村民的空間認同》,134—171頁。

"保""保五爲閭",則一閭管25戶,"閭四爲族",即一族爲100戶。也就是說,隋初與"閭正"相當的里正僅管25戶。

到了開皇九年,在蘇威的建議下,隋文帝下詔"五百家爲鄉,置鄉正一人;百家爲里,置里長一人"。這裏管理百戶的"里長"①,相當於隋初的4個里正之和,地位與隋初的"黨長"相當。這意味著,隋初的三長制至此被鄉里制所取代,三長制下管25戶之"里"已經增長爲鄉里制下的百戶之里了。而且,在這個新制之下,不再區分畿內與畿外,這顯然也是與平陳之後重建大一統帝國的政治局面相適應的。

在這種情況下,管理五百戶的"鄉正"的地位在地方上就顯得頗爲緊要。據《隋書·盧愷傳》記載:

> 〔開皇〕八年,上親考百僚,以愷爲上。愷固讓,不敢受,高祖曰:"吏部勤幹,舊所聞悉。今者上考,僉議攸同,當仁不讓,何愧之有!皆在朕心,無勞飾讓。"歲餘,拜禮部尚書,攝吏部尚書事。會國子博士何妥與右僕射蘇威不平,奏威陰事。愷坐與相連,上以愷屬吏。憲司奏愷曰:"房恭懿者,尉遲迥之黨,不當仕進。威、愷二人曲相薦達,累轉爲海州刺史。又吏部預選者甚多,愷不即授官,皆注色而遣。威之從父弟徹、肅二人,並以鄉正徵詣吏部。徹文狀後至而先任用,肅左足攣蹇,才用無筭,愷以威故,授朝請郎。愷之朋黨,事甚明白。"上大怒曰:"愷敢將天官以爲私惠!"②

據《隋書·高祖紀》記載,蘇威、盧愷坐事除名是在開皇十二年(592)七月乙巳③。結合《隋書·蘇威傳》的記載可知,當時何妥"遂奏威與禮部尚書盧愷、吏部侍郎薛道衡、尚書右丞王弘、考功侍郎李同和等共爲朋黨……復言威以曲道任其從父弟徹、肅等罔冒爲官"④。合而觀之,可知當時權相蘇威的兩位從弟也曾擔任鄉正,而作爲鄉正,可詣吏部參加銓選,從而正式任官。無論如何,此事當發生在虞慶則奏罷鄉正之後。

在石刻材料中也可看到關於"鄉正"的一些蛛絲馬迹,如《唐代墓誌彙

---

① 在石刻材料中,也可看到隋代"里長"的蹤迹,如大業二年(606)的《大隋望亭鄉龍陽里長故人秘丹墓誌銘》,誌文稱:"年十六任縣學生,一覽無遺,三冬足用。學遵格廢,徵任長司,流芳弱冠,播美朝伍。"據葉煒分析,誌文係指隋文帝於仁壽元年(601)六月下詔廢州縣學一事(見羅新、葉煒《新出魏晉南北朝墓誌疏證[修訂本]》一八六號,北京:中華書局,2016年,479—480頁),然則秘丹任里長,是在仁壽元年至大業二年之間。
② 《隋書》卷五六《盧愷傳》,1384頁。
③ 《隋書》卷二《高祖紀》下,37頁。
④ 《隋書》卷四一《蘇威傳》,1187頁。

編》中收録有一方顯慶三年(658)《暴賢墓誌》,誌主之父在隋朝時"前任鄉正"①。類似情況還有調露元年(679)的《唐故洛州洛陽縣上騎都尉樂寶仁墓誌銘》:"父師,才高負俗,德舉敦時。隱鱗屠保之間,戢翼關肆之下。殉周人什一之潤,處洛陽才子之鄉。不質義於西河,無假色於東里。語嘿無傷於隱犯,出處無累於任農。州郡擢爲鄉正,率性非□好也。"②然則誌主之父樂師在隋代也曾被"州郡擢爲鄉正"。在西安大唐西市博物館所藏開耀元年(681)的《唐馮基及夫人宋氏張氏墓誌》中,亦稱:"祖宗,隋任鳳停鄉正。"③然則其祖父馮宗曾在隋代擔任過鄉正一職,但具體時間不詳。

開皇十一年(591)六月的《建安公等造尼寺碑》記載了隋文帝崇佛,"乃詔州縣,各立僧尼二寺",而此州刺史建安公與縣令宋景等人建立尼寺的經過。碑文在頌揚了刺史、縣令及三位縣丞的功德之後,曰:"遂仰依明敕,俯屬宿誠,乃於形勝之所,崇構尼寺。<u>縣宦七職,爰及鄉正之徒</u>,感斯福德,忻然營助。寺主道辯,等覺法紬;上坐智□,最緩稱等。咸以戒操端嚴,音儀匪忒,煩惱已棄,業行聿脩,相與經始,不日而就。"④所謂"縣宦七職",當指縣府各曹如司兵、司倉等,可見在建立這座尼寺時,縣内諸"鄉正"也與州縣長官和縣府諸曹官員一起參與其中。值得注意的是,這方碑文是開皇十一年六月的,時間在虞慶則等奏罷鄉正的開皇十年之後,這就提示我們,對所謂罷廢鄉正的實施情況不可一概而論。

無獨有偶,在日本東京書道博物館所藏《大般涅槃經》卷一七的卷尾有題記曰:"大業元年九月廿三日,龍勒鄉正趙叙,敬造《涅槃經》一部供養。"⑤從這則題記來看,敦煌龍勒鄉直到大業元年(605)仍然有"鄉正"存在,這已經是在虞慶則奏罷鄉正的15年之後了。這一點,也可與《隋書·裴蘊傳》的記載相互印證:

> 大業初,考績連最。煬帝聞其善政,徵爲太常少卿。……帝大悦,遷民部侍郎。於時猶承高祖和平之後,禁網疏闊,户口多漏。或年及成丁,猶詐爲小,未至於老,已免租賦。蘊歷爲刺史,素知其情,因是條奏,皆令貌閲。若一人不實,則官司解職,鄉正、里長皆遠流配。又許民相

---

① 《唐代墓誌彙編》顯慶084號,281頁。
② 吳鋼主編《全唐文補遺·千唐誌齋新藏專輯》,西安:三秦出版社,2006年,46頁。
③ 胡戟、榮新江主編《大唐西市博物館藏墓誌》,北京大學出版社,2012年,242—243頁。
④ 《全隋文》卷三〇,收入嚴可均輯《全上古三代秦漢三國六朝文》,北京:中華書局,1958年,4200頁。"上坐智"後疑有闕字,故補一闕字符,斷句亦略有修正。
⑤ 池田温編《中國古代寫本識語集録》448號,東京大學東洋文化研究所,1990年,170頁。

告,若糾得一丁者,令被糾之家代輸賦役。是歲大業五年也。諸郡計帳,進丁二十四萬三千,新附口六十四萬一千五百。①

顯然,在隋煬帝大業五年的大索貌閱之際,鄉正、里長和州縣官員一樣,負有核實的職責,否則會受到配流的懲處。從以上這些材料來看,虞慶則開皇十年奏罷鄉正一事的執行結果頗有疑問,或者,這次所罷廢的並不是鄉正本身,而是他們"專理辭訟"的權力。

除了"鄉正",我們還可以在文獻與石刻材料中看到一些隋代"鄉長"的資料,例如,大業九年(613)的《隨江夏縣緣果道塲塼塔下舍利記》記載:"以今大隨大業九年,昭陽之歲,江夏縣緣果鄉長劉大懿等,遵依敕旨,共三鄉仕民,奉諸佛齊興道塲七層塼塔一所,安鎮此地。"②另如大業十三年(617),李淵任太原留守,郡丞王威"恐高祖爲變,相與疑懼,請高祖祈雨於晉祠,將爲不利。晉陽鄉長劉世龍知之,以告高祖,高祖陰爲之備"③。從這兩條材料來看,大業年間的確有"鄉長"一職,且在地方上的政治、宗教生活中發揮著重要作用。當然,在唐初的墓誌中相關材料更多,列表如下(表9-1):

表9-1 唐初墓誌中的隋代鄉長表

墓誌名	時 間	內 容	出 處	備 注
《唐故永嘉府羽林張君墓誌銘并序》	貞觀八年(634)	君諱岳,字崐崘,南陽西鄂人……父貳郎,隋任鄉長,後遷縣平正。君天性慷慨,清操可觀……年卅,鄉間舉爲社平正。	《唐代墓誌彙編》貞觀039號,34頁。	以下簡稱《彙編》
《唐故霍君墓誌銘并序》	貞觀十九年(645)	祖嘉,京兆郡丞;父勝,隋鄉長;並風流當世,藉甚後塵,遺烈尚新,芳猷可習。	《彙編》貞觀109號,77頁。	
《唐故蓬州安固縣令孫君墓誌之銘》	咸亨元年(670)	君諱建,字立德,其先樂安人也。遠祖讚,侯城侯,子孫因家之矣,今隸清河縣焉。……父長遷,隋清德鄉長。	《唐代墓誌彙編續集》咸亨008號,190頁。	以下簡稱《續集》

① 《隋書》卷六七《裴蘊傳》,1574—1575頁。
② 清·張仲炘《湖北金石志》卷三,《石刻史料新編》第1輯第16册,臺北:新文豐出版公司,1977年,11987頁。
③ 《舊唐書》卷一《高祖本紀》,北京:中華書局,1975年,2頁。

墓誌名	時　間	內　容	出　處	備　注
《大唐故鄉長田君（濤）墓誌銘》	咸亨三年（673）	君諱濤……隨敕召六品以下子廿人強識聰敏者，令仕越王。入遼時，乃以公應調……及還，乃授趙王府國尉，又爲鄉長。	《大唐西市博物館藏墓誌》81 號，180—181 頁。	田濤任鄉長，疑在隋代。
《大唐故劉君（洪）墓誌》	上元二年（675）	君因心成孝，徇性則仁，逍遙道義之場，偃仰煙雲之外。人物資其誘進，僉議引爲鄉官，擢爲清德鄉長，非其所好。……以隋大業二年終於里第，時年五十五。	《彙編》上元015 號，603 頁。	
《唐故驍騎尉韓府君墓誌銘并序》	上元二年（675）	君諱昂，字孝昂，上黨襄垣人也。……父年，隋隴州汧源縣鄉長。	《彙編》上元020 號，606—607 頁。	
《馬君（珍）之墓誌》	調露元年（679）	公□隨人□□進□□節尉，並檢校善固鄉長。□弦歌於百里，政洽馴肇；贊琴理於一同，功侔來鳳。屬隨道分崩，生靈塗炭，違□徐之故里，班鄶甸之新居。	《彙編》調露020 號，665 頁。	馬珍擔任"善故鄉長"是在隋代，從殘文來看，他似乎是以縣尉的身分來檢校鄉長的。
《唐故屯留常（讓）墓誌銘》	垂拱元年（685）	君諱讓，字弘珍，河內人也。……祖成，齊任并州長史。父建，隨郡鄉長。……〔君〕永淳年中，七十五，卒於私第。	《西安碑林博物館新藏墓誌彙編》75 號，203 頁。	
《唐故處士霍君墓誌銘》	長安三年（703）	君諱方，字定方，鉅鹿人也。……祖温，隋授爲鄉長；□識仁義，踐□□□，月旦雌黄，品藻人物。	《續集》長安022 號，403 頁。	
《唐故上柱國盧君之誌》	景龍三年（709）	君諱千，字伯隴，其先河間瀛州人也。曾祖□，齊任并州司馬，因官於晉，乃卜居於榆次，故今爲晉人矣。祖光，隋任縣鄉長。	《續集》景龍015 號，437 頁。	

這些材料大多出自唐初,由於是追述,很可能是用唐初的詞彙"鄉長"來替代隋代的"鄉正"。那麼,這些"鄉正"或"鄉長"的性質如何? 我們可以從上表中唐高宗上元二年(675)十月的《大唐故劉君(洪)墓誌》得到答案,誌載:

> 君諱洪,河間樂成人也。唐侯帝嚳之胤,漢皇纂堯之緒,該備緗史,可略而言。君後漢河間孝穆王開之廿二代孫。六代祖伯陽,魏太尉公。曾祖赤,齊兗州刺史。祖溫,周任洺州博士,垂帳剖疑,重席待問。父昂,年未弱冠,辟爲郡功曹,十部挹其清猷,百城欽其操烈。夫人程氏,九族稱賢,後娉韓夫人,六姻仰德。君因心成孝,徇性則仁,逍遥道義之場,偃仰煙雲之外。人物資其誘進,僉議引爲鄉官,擢爲清德鄉長,非其所好,達時知命,處順安排。以隋大業二年終於里第,時年五十五。夫人王氏,行合母儀,合葬樂壽縣南八里,禮也。①

誌主劉洪終於隋煬帝大業二年(606),曾擔任過清德鄉長,值得注意的是"僉議引爲鄉官"一語,可見隋代的鄉長,屬於"鄉官"性質。

綜上所述,我認爲,隋代"鄉官"延續了自漢代以來的傳統,其本義是指縣以下"鄉"一級的官吏。不過,隋初的"鄉官"一度增添了新的内容。從北朝末到隋初,一個總的趨勢是地方佐官日益由中央任免,所以在州郡縣中的屬官系統漸失權柄,到了開皇三年,這部分"州都、郡縣正已下"的"州郡縣職"被正式取消了判事的權力,即所謂"至是不知時事",而"直謂之鄉官",則是指他們在失去判事的權力之後,地位一落千丈,幾乎與之前縣以下的鄉官一樣了。當然,這些被"直謂之鄉官"的州郡縣職與本來意義的鄉官也有共同之處,那就是他們都出自本地大族。

至於隋代縣以下的基層組織,隋初沿襲了三長制,畿内置族—閭—保體系,畿外則設黨—里制。如前所述,當時里正祇管 25 户,而黨長則管 100户。到了開皇九年平陳之後,蘇威建議置立管 500 户的鄉正,並以鄉—里結構取代了之前三長制下的黨—里結構,這無疑是適應大一統局面的重大變化,而里長管百户,是之前里正的四倍,鄉相當於之前的 5 個黨、20 個里。雖然文獻記載這種鄉正在次年就被廢除,但各種資料顯示,鄉正直到隋煬帝大業年間依然存在。事實上,《隋書·百官志》所謂開皇十五年"罷州縣鄉官",如濱口重國先生所言,指的正是那些失去判事之權、地位類似於"鄉

---

① 《唐代墓誌彙編》上元 015 號,603 頁。

官"的州郡縣屬官如州都、州縣正之類,而非鄉正/鄉長這樣本來意義的鄉官,後一種"鄉官"始終存在,開皇十年罷廢的,很可能衹是鄉正"專理辭訟"之權。

第二節　唐代"鄉官"及其内涵

到了唐代,早已没有了州都、郡縣正這樣特殊意義的"鄉官",但自從漢代以來作爲基層社會組織的鄉官則繼續存在。據《通典》卷三三《鄉官》記載:"大唐凡百户爲一里,里置正一人;五里爲一鄉,鄉置耆老一人。以耆年平謹者,縣補之,亦曰父老。貞觀九年,每鄉置長一人,佐二人,至十五年省。"①《舊唐書·太宗本紀》:貞觀十五年"十一月壬戌,廢鄉長"②。如果從這兩條史料來看,則唐代的"鄉"衹設"耆老"一人,而"鄉長"與"鄉佐"則僅存在於貞觀九年至十五年(635—641)之間。

正如目前學界研究成果所顯示的那樣,"鄉"在唐代地位比較特殊,雖然它介於縣與里之間,且是公文運轉如"縣符"下行的最後一級單位,但並未設立鄉的長官,實際工作如徵税、編製户籍等,都是由五位里正來執行的。這五位里正以月輪番擔任"承符里正",來承接縣衙行下的各種符、帖等公文③。不過,唐代的確存在"鄉官",這一點在判文中也有所體現,《全唐文》就收録了一篇《對鏃樹爲杯碗判》,判題是:"得甲鏃榆樹爲杯碗出賣,鄉官責其游手惰業。"④從判題來看,"鄉官"本著重本輕末、重農抑商的原則,對"甲"鏃木爲杯碗來賣的行爲提出批評,這倒是在行使教化之責。那麽,唐代的"鄉官"是專稱還是泛稱?是否僅指《通典》所載的那些"耆老"或"父老"呢?我們還需要進一步討論。

一、貞觀十五年之後的"鄉長"與"鄉録事"

在唐代墓誌中,有一些關於鄉長的材料,可能反映的正是貞觀短暫設立時的情形,如麟德元年(664)的《唐驍騎尉皇甫君墓誌銘并序》,誌主皇甫璧

---

① 《通典》卷三三《職官十五·鄉官》,924 頁。

② 《舊唐書》卷三《太宗本紀》下,53 頁。

③ 内藤乾吉《西域發見の唐代官文書の研究》,《西域文化研究》第三《敦煌吐魯番社會經濟資料》(下),京都:法藏館,1960 年,32 頁。參見李方《唐西州官吏編年考證》,北京:中國人民大學出版社,2010 年,334—335 頁。

④ 《全唐文》卷九八三《對鏃樹爲杯椀判》,北京:中華書局,1983 年,10178 頁。

就曾在唐初"任本縣洛邑鄉鄉長"①。又如垂拱三年(687)的《韓止墓誌》稱
其"父政,任衛息鄉長"②。不過,我們的確也在墓誌材料中見到一些貞觀十
五年之後的"鄉長"的材料,在此略舉幾例:

據垂拱二年(686)三月的《大唐故鄉長程君墓誌銘并序》記載,誌主程
丞"任鄉長數年,冰鏡自居,貞心潔路,求瘼恤隱,境蹕迎紛,字撫有方,俗歌
來晚"③。從他卒年31歲推算,他應當出生於高宗顯慶元年(656),因此,他
任鄉長不可能是在貞觀年間。

又如在定州《開元寺三門樓題刻》中,也有"鄉長"的相關材料:"大柱主
文林郎劉文宗……息鄉長善言……"④在正定城內花塔寺的佛座上有不少
開元年間的題名,其中北面的題名也有"鄉長房彥徵,都維那虵名立,鄉長侯
開度"⑤等,這座佛像建於開元年間,然則題名當在其後,可見當時河北地區
依然存在"鄉長"。

還不止於此,據開元二十六年(738)《鹿泉本願寺銅鐘銘》記載⑥:

> 皇唐開元十七年,此寺都維那慧仙□□厥謨,□寺衆及邑□清信士
> 等,同□□力,爲國敬造神金之鐘,以十九年二月八日鑄成,其秋七月上
> 旬鐘樓亦就,□廿六年□□景寅春三月十□日□碑方建,凡諸佈施並刊
> □□□,以爲不朽而傳來□也。 都檢校造三門樓及鑄銅鐘兼造鐘樓
> 五戒曾義慕
> 縣□(録?)事張楚珪 □(都?)鄉録事李奉珪 封龍鄉録事韓處
> 亮 豐閨鄉録事霍三良 光泉鄉録事雍伯恭 崇善鄉録事馮□□ 鄉
> 博士趙庭 鄉博士□□純 鄉博士杜□ 縣學博士田成器。

顯然,在開元二十六年時,鹿泉縣下的各鄉還有"録事"和"鄉博士",鄉博士
自然是在"鄉學"教授者,而"鄉録事"則列名於縣録事之後,其具體職能尚
不清楚。從每個鄉祇有一位録事的情況來看,似乎這些録事是作爲鄉長的
助手存在的,相當於之前文獻中提到的"鄉佐"。無論如何,我們可以確知,
在開元時期的河北地區,各鄉的確有鄉長和鄉録事的存在。

---

① 《唐代墓誌彙編》麟德015號,405頁。
② 吳鋼主編《全唐文補遺》第8卷,西安:三秦出版社,2005年,295頁。
③ 《唐代墓誌彙編》垂拱067號,777頁。
④ 《劉文宗等題名》,《八瓊室金石補正》卷四二,《石刻史料新編》第1輯第6冊,4673頁。
⑤ 《常山貞石志》卷八,《石刻史料新編》第1輯第18冊,13304頁。
⑥ 《常山貞石志》卷九,《石刻史料新編》第1輯第18冊,13315頁。

　　文獻中偶爾還有"鄉正"的記載,如杜牧在任黄州刺史時,曾撰《祭城隍神祈雨文·第二文》:"牧爲刺史,凡十六月,未嘗爲吏,不知吏道。黄境鄰蔡,治出武夫,僅五十年,令行一切,後有文吏,未盡削除。……鄉正、村長,强爲之名,豪者尸之,得縱强取,三萬户多五百人,刺史知之,亦悉除去。繭絲之租,兩耗其二銖;税穀之賦,斗耗其一升,刺史知之,亦悉除去。"①這裏的"鄉正"與"村長"聯稱,是聯繫州縣與鄉村社會的紐帶,也是上下其手刻剥百姓的奸吏。文中不提里正、坊正,而提鄉正、村長,這或許反映了晚唐基層社會的變化。

　　此外,文獻中還有"鄉將"的記載,如韋瓘《宣州南陵縣大農陂記》:"邑長李尹,久以材能宏張其化,吏民甚安之。追論大農盛績,因民之心,以成其善志,亦《春秋》之事也。鄉將石定、録事丁宗、耆壽戴誠、佐史章伶,或參其議,或督其事,洎百姓朱綸、李縱、田邱、程允等若干人,咸請予爲記云。元和八年(813)歲次癸巳六月午朔十五日丙申建。"②文中石定所任的"鄉將"究竟何指,目前不得而知。值得注意的是,這篇文章中也提到了鄉的録事。

　　要言之,從上述這些石刻材料來看,在貞觀十五年之後,一些地方依然存在著鄉長,且每鄉還有"録事"一名,還有負責教授鄉學的"鄉博士",甚至還有所謂的"鄉將",這都豐富了我們對唐代"鄉"的認識。"鄉長"屬於鄉官自無疑義,但諸鄉"録事""鄉博士"是否屬於鄉官的範疇? 他們在行政運作中的地位和作用如何? 還需繼續思考。

二、吐魯番文書中的"鄉司"

　　在一些吐魯番文書中,我們還可以看到"鄉司"的説法,例如《唐永淳元年(682)西州高昌縣下太平鄉符爲百姓按户等貯糧事》:"太平鄉主者: 得里正杜定護等牒稱:奉處分令百姓各貯一二年糧,並令鄉司檢量封署,然後官府親自檢行者下鄉。令准數速貯封署訖上,仍遣玄政巡檢者……今以狀下鄉,宜准狀,符到奉行。"③文書中的"玄政"即史玄政,他也是一位里正,可見縣衙令"鄉司"監督百姓儲糧,具體執行者是里正。

　　另一件文書《唐大曆三年(768)曹忠敏牒爲請免差充子弟事》:"手無四指(下缺)牒忠敏身是殘疾,復年老,今被鄉司不委,差充子弟……貧下交不支濟,伏望商量處分,謹牒。大曆三年正月 日百姓曹忠敏牒。"④這是"鄉

---

① 杜牧《樊川文集》卷一四,上海古籍出版社,2009 年,202—203 頁。
② 《全唐文》卷六九五,7141 頁。
③ 《吐魯番出土文書》〔叁〕,北京: 文物出版社,1996 年,487 頁。
④ 《吐魯番出土文書》〔肆〕,北京: 文物出版社,1996 年,347 頁。

司”來差配百姓曹忠敏充“子弟”,但他因年老且殘疾,故申訴免除此差役。

另外,在旅順博物館藏吐魯番文書中,也有一件涉及“鄉司”者①:

（前缺）

1 　　　　無身戶　　　　

2 明 其戶承前逃散,虛存無　　　　

3 □被里正裴俗懸頭補上件男　　　

4 □債家道責虛然大惠,仰憑此男□　　　

5 去二月內被鄉司差男充,里正爲□　　　

6 又被重差,便□向州録事　　　

7 者,永令供□禮拜,見充□　　　

（後缺）

郭富純、王振芬先生給本件文書定名爲《某僧申被里正、鄉司補差丁牒》,恐有未安之處。由於文書殘缺,內容不易確解,不過從文書中我們看不出“某僧”之依據。細審文意,似乎是某人申訴其子被“鄉司”差補入州,而他指著這個兒子生活。值得注意的是,代表“鄉司”行事者,正是里正裴俗。從以上三件文書可以看出,在西州具體執行“鄉司”職權者,還是其下諸里的里正。需要注意的是,在吐魯番文書中,我們尚未發現石刻材料中的“鄉長”“録事”等的記載,當然也就沒有他們參與管理“鄉司”的記録了。

三、吐魯番文書中的“鄉官”

回到本章開頭提到的大谷4026號《唐西州老人、鄉官名簿》文書。這件文書的第1行是“老人康虔毛”,2—4行是三位“鄉官”的名字:衛虔興、衛吉訖、張元德,值得注意的是,這三位的身分都是“鄉官前別將”,即前資官。案,“別將”是在府兵制下各折衝府中的軍官,據《唐六典》的記載,每個折衝府置折衝都尉一人,左右果毅都尉各一人,別將一人,長史一人,録事一人。別將的官品不算太低:上府正七品下,中府從七品上,下府從七品下②。別將不判府事,若無兵曹以上之官,則知折衝府事。在均田制下,“上府長史、

別將各三頃,中府、下府各二頃五十畝"①,可見別將的授田也頗爲可觀。在這件文書中,"鄉官"是作爲與"老人"並列的身分出現的,這三位鄉官都是由地位頗高的前折衝府中級軍官來充任的。至少我們可以説,"老人"似乎並不屬於"鄉官",故得以與鄉官並列;而這三位"鄉官"並没有具體的職事如里正、村正等②,"鄉官"本身就是一種具體的身分。

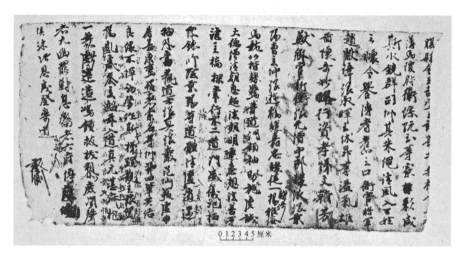

圖 9 - 1 《唐西州道俗合作梯蹬及鐘記》

我們來看另一件吐魯番文書。阿斯塔納 509 號墓出土的文書《唐西州道俗合作梯蹬及鐘記》(圖 9 - 1)爲此提供了關於"鄉官"的重要材料,在此先録文如下③:

　　　(前缺)

1　腹。縣令王□(詔?)、丞 王□ 等,□□□□□□

2　簿馬瓊、尉衛綜、阮玉等,寮彩(寀)咸

3　斯水鏡,羣司仰其朱繩。清風入百姓

4　之懷,令譽傳者舊之口。衛官將軍

5　趙獻璋、張承暉、王休昇等,溢氣雄

---

① 《唐六典》卷三《尚書户部》"户部郎中員外郎"條,76 頁。

② 張國剛《唐代鄉村基層組織及其演變》曾指出:"五里正共管鄉務,里正因而就成了實際上的鄉官。這是唐代鄉級行政的另外一個特點。"黄寬重主編《中國史新論:基層社會分册》,189 頁。不過,從這件文書來看,似乎"鄉官"另有其人,即這些曾經擔任過折衝府中級軍官的别將,很難想象,這些官品不低的前資官會去充任里正。

③ 《吐魯番出土文書》〔肆〕,335 頁。

6　圖,懷奇妙略,行資孝悌,文翰芳

7　猷。鄉官折衝張無價、中郎麴淑、張景

8　陽、曹玄仲、張遊鶴、麴嘉忠、麴從一、麴琦、楊雅俗、

9　馬龍、竹楷、麴鷔等道門領袖,助施虔誠。

10　大德僧清朝、惠超、法朗、明遠、惠想、法善等

11　法主橋樑,常行不二。道門威儀氾栖

12　霞、鍊師陰景陽等,道體清虛,逍遙

13　物外。當觀道士張真、張巖、范仙、蘇虛、申

14　屠甚、康鸞、蘇憙、索名等,仰憑四輩,共結

15　良緣,不憚劬勞,作斯梯蹬。觀主張駕

16　鶴齔歲參玄,翽年入道,真元湛寂,抱

17　一無虧,建造鴻鐘,救拔黎庶。聞聲

18　者九幽罷對,息嚮者六府停釀。

19　俱沐此恩,咸登樂道。

20　　　　　齋

榮新江先生對這件文書有深入研究,他認爲其年代當在寶應元年(762)和大曆四年(769)之間,實際造作梯蹬和鐘者是天山縣某道觀的道士們①。按照慣例,在重要的道教活動之後一般要立碑記念,而這件文書實際上就是一通碑記的鈔本。碑記列名所呈現出的權力結構如下:首先是天山縣令、縣丞、主簿、縣尉等地方行政官員;其次是 3 位衛官將軍;其次是張無價等 12 位"鄉官",他們也是所謂的"道門領袖";再次是作爲佛教界代表的清朝等 6 位大德僧人;最後是道門威儀與當觀道士,包括觀主張駕鶴。值得注意的是,這 12 位鄉官中,包括了折衝張無價、中郎麴淑,顯然也是折衝府的中高級軍官。

　　張無價的墓在吐魯番的阿斯塔納墓羣,已經於 1973 年被考古工作者發掘,編號爲 506 號,從墓誌出土的告身文書來看,他曾參加了唐軍"平石國,及破九國胡,並背叛突騎施等賊"的軍事行動,屢立戰功,因此在天寶十載(751)就被授予"遊擊將軍守左威衛同谷郡夏集府折衝都尉員外置同正員"的職位②,但"仍本道驅使"。"遊擊將軍"是從五品下的武散官,而折衝都尉

① 榮新江《唐代西州的道教》,《敦煌吐魯番研究》第四卷,北京大學出版社,1999 年,127—144 頁。李方先生認爲本件文書的時間當在永泰元年(765)六月以後、大曆七年(772)六月之前。見氏著《唐西州官吏編年考證》,216—217 頁。

② 《吐魯番出土文書》〔肆〕,392—394 頁。

即便是下府,也是正五品下。可以想見,張無價在西州具有一定的政治地位,在天山縣這座道觀作梯蹬及鐘時的 762—769 年時,他應該已經致仕在家,但與大谷 4026 號《鄉官名簿》中的三位"前別將"一樣,他仍被視作鄉官,可見"鄉官"中至少有一部分屬於前官或致仕歸鄉之官。

除了張無價與麴淑具有前官的身分之外,其他 10 位"鄉官"的具體情況不詳,我們可以結合其他吐魯番文書略作分析。先來看張遊鶴,他還出現在 509 號墓所出著名的《唐寶應元年(762)康失芬行車傷人案卷》中①:

8　　元年建未月　日,百姓曹没冒辭。
9　　　女想子八歲
10　　縣司:没冒前件女在張遊鶴店門前坐,乃
11　　被行客靳嗔奴扶車人,將車輾損,腰骨
12　　損折,恐性命不存,請乞處分。謹辭。

同件文書 20—23 行稱:"但失芬身是處蜜部落百姓,靳嗔奴雇使年作,今日將使車牛向城外般墼,卻回行至城南門口,遂輾前件人男女。"可見,張遊鶴本人應該是在天山縣城南門口附近開有一家店面,具體經營範圍雖然不清楚,但他應該是城居者,卻仍具有"鄉官"的身分。

此外,在同樣出土於 509 號墓的《唐開元二十一年(733)西州都督府案卷爲勘給過所事》中,50—68 行是"隴右別敕行官、前鎮副麴嘉琰"申請過所的記載,西州高昌縣官府專門派人去調查誰能"去後何人代承户徭",里正調查的結果,是其弟麴嘉瓚願意替兄承擔户徭②。頗疑《唐西州道俗合作梯蹬及鐘記》中的鄉官麴嘉忠與嘉琰、嘉瓚也是兄弟關係,他們應該屬於當地的土豪,祇是不知麴嘉忠到底是因何具有"鄉官"的身分的。

在這 12 位鄉官中,楊雅俗也可以找到一些蛛絲馬迹,據阿斯塔納 506 號墓出土的《唐天寶七載(748)楊雅俗與某寺互佃田地契》可知③,楊雅俗當時年僅 24 歲,他寄住在天山縣南平鄉,希望用郡城附近的口分田來與南平一座寺院交換田地來耕種,並承擔各自土地的地税和差科。從《唐西州道俗合作梯蹬及鐘記》來看,楊雅俗一直在天山縣居住,當寶應元年至大曆四年間天山縣這座道觀建立梯蹬和大鐘時,他已經具有了"鄉官"的

① 《吐魯番出土文書》〔肆〕,330 頁。
② 《吐魯番出土文書》〔肆〕,286—287 頁。
③ 《吐魯番出土文書》〔肆〕,567 頁。

身分了。

《唐西州道俗合作梯蹬及鐘記》文書中的另一位鄉官"竹楷"，全名爲"竹真楷"，又見於同墓出土的《唐某人與十郎書牘》①：

1　來日念々，不獲辭奉，夏中毒熱，伏惟
2　十郎清吉，緣鐘草々。昨縣家令竹真楷□□
3　終日共麴五啾唧。當城置城主四、城局兩人、坊
4　正、⃞里⃞正⃞、横催等在城有冊餘人，十羊九牧。其竹
5　楷所有申文狀，並不肯署名，因便語□□追入州，
6　縱不見官府，他自用貨。昨何副使巡作，縮頭⃞出⃞，
7　及使過，皆即漏㕵。必須遥動，追取必不得。□
8　須定伊誇，緣希隱名出换卻⃞袋⃞子，
9　附送行官，追即稱老。在城每恒作語⃞欸⃞
10　知

這件書牘的確切内容不易理解，其作者似乎在抱怨他所在之城"十羊九牧"——有城主4人，城局2人②，坊正、里正、横催等40餘人。竹真楷没有履行自己的職責，不肯在"申文狀"上署名，但並不清楚他究竟是城主、城局，還是坊正、里正、横催等四十餘人中的哪一位，不過從他被特别抱怨的情形來看，似乎應該比較重要，或許是四位城主之一。另外，文書中的"城"究竟何指？從509號墓所出文書絶大多數屬於天山府、天山縣的情形來分析，這個"城"可能是天山縣所屬，而據目前所知，天山縣下祇發現了一個安昌城。這樣的話，竹真楷可能就是安昌城的一位城主了。正如西村元佑先生所言，城主本就屬於鄉官③。

綜上所述，在《唐西州道俗合作梯蹬及鐘記》提到的12位鄉官中，張無價、麴淑兩位是致仕歸鄉的前官，張遊鶴是在天山縣南門附近開店者，麴嘉忠可能來自當地的傳統豪强之家——麴氏，楊雅俗是至晚從天寶七載就寄住在天山縣南平鄉者，而竹楷（竹真楷）則可能曾擔任過天山縣安昌城的城

① 《吐魯番出土文書》〔肆〕，336頁。
② 張玉興認爲，城局並非縣以下的基層行政管理人員，而是軍職人員，負責軍中的"雜供差科"。見氏著《職役抑或軍職：西域文書所見唐代的"城局"》，《西域研究》2016年第1期，13—26頁。
③ 西村元佑《通過唐代敦煌差科簿看唐代均田制時代的徭役制度》，姜鎮慶譯，收入中國敦煌吐魯番學會主編《敦煌學譯文集——敦煌吐魯番出土社會經濟文書研究》，蘭州：甘肅人民出版社，1985年，1074頁。

主。至於其他 6 位即張景陽、曹玄仲、麴從一、麴琦、馬龍、麴驚等人,我們尚未找到有價值的綫索。

第三節　唐代吐魯番文書中的"老人"

大谷 4026 號《唐西州老人、鄉官名簿》的第一行是"老人 康虔毛"。關於老人的含義,應即前引《通典》卷三三《鄉官》所載:"鄉置耆老一人,以耆年平謹者,縣補之,亦曰父老。"也就是說,官方的正式名稱是"耆老",也稱"父老",但在吐魯番文書中多稱"老人",有時亦稱"耆壽"①,其所指當爲同一種人。關於唐代的老人或父老,目前已有不少研究②,我們關心的問題是:漢代的"鄉官"中包含了負責教化的三老,但唐代的耆老或老人是否屬於鄉官? 西村元佑先生曾將"父老"視爲之前的"鄉長",並認爲這些父老是鄉官③。不過,從大谷 4026 號文書來看,"老人"是和"鄉官"並列的,似乎並不包含在鄉官的概念之中。下面我們可以結合石刻文獻與吐魯番文書來做一些討論。

在武則天天授之初,爲了宣揚改朝換代的正當性,她派出長安金臺觀觀主馬元貞到五嶽四瀆投龍做功德。在儀式完成之後,往往要立碑紀念。他在淮瀆廟的題記如下④:

> 天授二年(691)歲次辛卯四月壬寅朔一日壬寅,金臺觀主馬元貞奉敕,大周革命,爲聖神皇帝五嶽四瀆投龍作功德。於此淮瀆,爲國章醮,遂日抱重輪,祥雲顯彩,五鶴壇上縈繞徘徊,天花舞空,若素雪而飄颺。

① "耆壽"見法藏敦煌文獻 P.4660－16 張球所撰《張禄遽真讚》題記:"故前河西節度押衙銀青光禄大夫檢校太子賓客兼敦煌郡耆壽清河張府君諱禄遽真讚,從姪沙州軍事判官將仕郎兼監察御史裏行球撰。(中略)時咸通十二年季春月冀生十五葉題於真堂。"參姜伯勤、項楚、榮新江合著《敦煌遽真讚校録並研究》,臺北:新文豐出版公司,1994 年,171 頁。若從"兼敦煌郡耆壽"觀之,則"耆壽"之名似可入衘,不過,咸通時不稱郡,這件文書是歸義軍時期的作品,不能用嚴格制度來理解,祇能説張禄爲敦煌地區的耆壽而已。另外,在李華《平原公遺德頌》中,"耆壽"與"故吏""百姓"對舉,則似乎是一種比較正式的身分。見《全唐文》卷三一四,3192 頁。

② 如牟發松《從三老到民望》,《許昌學院學報》2011 年第 4 期,收入氏著《漢唐歷史變遷中的社會與國家》,上海人民出版社,2011 年,237—247 頁;焦露《賜予與回報:唐代國家與父老》,《西華師範大學學報》2014 年第 4 期,76—83 頁。

③ 西村元佑《通過唐代敦煌差科簿看唐代均田制時代的徭役制度》,1076 頁。

④ 《八瓊室金石補正》卷四〇,《石刻史料新編》第 1 輯第 6 册,4648 頁。

時官人道俗八十九人同見。

　　　弟子楊景初、郭希元（玄），内品官楊君尚、歐陽智琮，承議郎行桐柏縣令薛□，唐州録事安智滿，承議郎行桐柏縣主簿韓元嗣，將仕郎守淮漕令□禮徵，桐柏縣録事趙德本，里正樊客安、陳智興、趙文昌，佐史□懷素、向思榮、張宏節，祝史樊恩通、樊文綽、田元幹，老人何惠湛、樊武弁、樊九徵、樊貢。鐫匠董脩祖。

可見，參加儀式的除了馬元貞及其弟子、中官之外，還有唐州、桐柏縣兩級政府的官吏、管理淮河漕運的官員（淮漕令）、三位里正、淮瀆廟的三位祝史，以及四位老人。除州縣官員外，樊姓之人在里正、祝史、老人中佔有相當大的比例，顯然，樊氏肯定是當地的大族，他們的參與象徵著基層土豪勢力對於武周政權的支持。

　　雖然我們不清楚這幾位"老人"是否屬於淮瀆廟所在"鄉"的耆老，但他們在當地的政治、社會生活中發揮著重要作用則是肯定的。因此，地方官府常常需要統計老人的名單，如吐魯番阿斯塔納 20 號墓出土有《唐老人名籍》，共 4 塊殘片，録文如下①：

　　　（一）
1　　　老人□──────────────────────
2　　　老人張延大
3　　　老人索冰洗
　　　（二）
1　　　老人郭隆□
2　　　老人高海隆
3　　　老人和崇歡
4　　　老人□──
　　　（三）
1　　　老人周慶懷
2　　　老人□□廷
3　　　老人□──
　　　（四）
1　　　　老□──

①　《吐魯番出土文書》〔叁〕,481 頁。

2　　　老人陰歡[龍]

3　　　老人牛客□

4　　付司。建唯[示]。

第 20 號墓所出文書最晚者爲神龍二年(706),則這件《老人名籍》當在此之前。從内容來看,似乎是某縣在統計各鄉老人的名籍。

　　阿斯塔納 230 號墓出土的《武周天授二年(691)安昌合城老人等牒爲勘問主簿職田虛實事》①:

1　行旅之徒,亦應具悉。當城渠長,必

2　是細諳知坆(地),勳官灼然可委。問合

3　城老人、城主、渠長、知田人等,主簿

4　去垂(年)實種幾畝麥? 建進所注虛

5　實? 連署狀通者。謹審:但合城老人

6　等,去年主簿高禎元不於安昌種

7　田,建進所注並是虛妄,如後不依

關於主簿高禎是否於天山縣安昌城種田一事的調查,也反映在同墓所出《武周天授二年(691)老人王嘿子等牒爲申報主簿高元禎職田事》中②:

1　　　　重罪□□□

2　□□城

3　　主簿高元禎,東南渠職田一段四畝　^{東渠　西道　南王海　北孔定
舊佃人王嘿子}

4　　　　右主簿高禎,今見唯種職田四畝,自餘更無種處,如

5　　　　後不依今狀,連署之人,請依法受罪,今以狀上。

6　□件狀如前,謹牒。

7　　　　　而(天)稺(授)二垂(年)三⑥(月)　〇(日)老人王嘿子牒

8　　　　　　　　　　　　　　　　老人劉隆々

9　　　　　　　　　　　　　　　　[老][人]□□

①　《吐魯番出土文書》〔肆〕,75 頁。
②　同上。

在這件文書後面有三位"老人"的連署,作爲主簿高元禎職田情況的確認,這顯然正是前一件文書所謂"合城老人"意見的依據。陳國燦先生認爲,文書中的"老人"與《通典》鄉官條所載的一位員額的"耆老"似有區別,"一城有多名老人,這些老人,可能指上層分子中一般老年人"①。不過,雖然員額不止一人,但這裏的"老人"似乎正是一種身分,他們作爲"連署之人"需要承擔法律責任,似乎並不僅是一種泛稱。另外,阿斯塔納509號墓出土的《唐城南營小水田家牒稿爲舉老人董思舉檢校取水事》稱:"總緣無檢校人,致使有强欺弱。前件老人性直清平,諳識水利,望差檢校,庶得無漏。"②該墓文書最晚爲寶應元年,則這件文書的年代當在此之前。從文書內容來看,是舉薦老人董思舉來負責城南水渠的灌溉管理等事宜。

　　顯然,西州的"老人"不僅負有教化的功能,有時也發揮著實際的作用。這一點,我們也可以在中央民族大學新徵集收藏的13件吐魯番文書中得到印證。據張銘心先生研究,這組文書之間關係密切,出自開元年間的鹽城(也木什),其中好幾件都出現了"老人"。例如,第4號文書《唐開元十八年五月老人左阿鼠等牒爲修城事》上,就有左阿鼠等四位"老人"的簽署,而另兩件集中出現"老人"署名的文書,是第8a號《開元十八年(730)城主索順言牒爲失火相争事》及第8b號《配役文書》③。雖然這批文書的具體內容尚未完全公布,但仍能看出,這些"老人"的職能顯然超越了教化的角色,而在基層實際事務中發揮著重要作用④。

　　又如吐魯番阿斯塔納509號墓出土的《唐開元二十一年西州蒲昌縣定户等案卷》⑤:

11　蒲昌縣

12　　　當縣定户

---

① 關於這兩件文書所反映的史實,參看陳國燦《對唐西州都督府勘檢天山縣主簿高元禎職田案卷的考察》,收入唐長孺主編《敦煌吐魯番文書初探》,武漢大學出版社,1983年,455—485頁。

② 《吐魯番出土文書》〔肆〕,339頁。

③ 參見張銘心、凌妙丹《中央民族大學收藏吐魯番出土文書初探》,《中央民族大學學報》2013年第6期,115—121頁。特別是該文表四《民大文書重復見人名》。

④ 關於這批資料的介紹,還可參看張銘心《吐魯番學研究の新資料(抄)》,收入土肥義和所編平成22~24年度科學研究費補助金(基盤研究C)研究成果報告書《內陸アジア出土4~12世紀の漢語·胡語文獻の整理と研究》,2013年,27—29頁。值得一提的是,從文末所附第8a號文書《開元十八年城主索順言牒爲失火相争事》的圖版來看,這件牒文在城主索順言的簽署之後,還有10位"老人"的聯署,可見他們的確參與了當地各種基層事務的處理。

⑤ 《吐魯番出土文書》〔肆〕,311頁。

13　　右奉處分：今年定户，進降須平，仰父老等

14　　通狀過者。但蒲昌小縣，百姓不多，明府對

15　　鄉、城父老等定户，並無屈滯；人無怨詞，

16　　皆得均平。謹録狀上。

從文書來看，西州要求蒲昌縣在定户等時，必須有"父老"的參與，以確保公平。蒲昌縣即由縣令與"鄉、城父老"一起進行了定户工作①。在文獻中亦有反映，如宣宗大中二年（848）正月的《受尊號赦文》中，針對村民侵佔逃户田宅之事，就規定："從今已後，如有此色，勒鄉村老人與所由，並隣近等，同點檢分明，分析作狀，送縣入案。"②可見，鄉村的"老人"要同"所由"即實際辦事之吏一起，來點檢逃户的田宅。

　　"老人"是否一定是高年？漢代的確如此，《漢書·高帝紀》記二年二月詔説："舉民年五十以上，有脩行，能帥衆爲善，置以爲三老，鄉一人。"③然則選擇"鄉三老"時，年齡要求在 50 歲以上。唐代雖也要求"耆年平謹者"充任，但在實際操作時卻不一定，從文書來看，"老人"也有很年輕者，例如吐魯番阿斯塔納 380 號墓所出《唐西州高昌縣和義方等差科簿》第 10 行："劉威感。廿九。醫學助教。父老。[第]□□。"④此人年齡不到三十，是以"醫學助教"的身分充任"父老"的，可見所謂"父老"似乎與年齡没有必然聯繫。此外，從前文所引諸多吐魯番文書來看，每個鄉城的老人似乎都不止《通典》所載的一位員額。

小　　結

　　隋唐時期是中國古代基層社會發展的重要階段，隋初延續了北魏以來的三長制，在縣以下畿内置族—閭—保體系，畿外則設黨—里制。到開皇九年廢除了三長制，開始設立鄉正和里長。直到隋末，鄉正或鄉長這樣傳統意義的"鄉官"始終存在，而在開皇十五年所廢的"鄉官"，則是如濱口重國先生所云，是在開皇三年以來就失去判事之權的州郡縣長官自行辟署的僚佐，

①　劉再聰《從吐魯番文書看唐代西州縣以下行政建制》認爲，本件文書中的"鄉、城"當作"鄉城"，《西域研究》2006 年第 3 期，45 頁。

②　《全唐文》卷八二，861 頁。

③　《漢書》卷一上《高帝紀》上，北京：中華書局，1962 年，33 頁。

④　《吐魯番出土文書》〔肆〕，363 頁。

他們祇是因爲"不知事,直謂之鄉官"。

到了唐代,"鄉"本身在虛化,雖然在吐魯番文書中有"鄉司"這樣的稱呼,而且直到開元年間,石刻材料中依然有鄉長、鄉録事、鄉博士乃至鄉將的記載,但是在行政運作中,里正成爲實際事務的執行者。在這種情況下,我們在吐魯番文書中看到的"鄉官",很大一部分是前資官,以及其他一些地方豪族。在這個意義上,"鄉官"似乎是一個比較寬泛的稱呼,比較接近於唐代前期文獻中的"鄉望",其中並不包括里正、村正等。很明顯,隋唐鄉官與漢代那些有品秩、有俸禄的鄉官大爲不同。至於"老人",亦與漢代屬於鄉官的鄉"三老"不同,從大谷4026號《唐西州老人、鄉官名簿》來看,"老人"並不屬於"鄉官"。二者的區別或許在於,鄉官更多的是具有官方色彩的前資官,而老人是由"耆年平謹者"充任(雖然在實際生活中也有不滿三十歲者擔任)。二者的共同之處則在於,他們都不直接參與造籍、徵税等實際行政事務,但對於鄉里的日常生活,卻有著深刻的影響。

附録一　俄藏 Дx.06521《格式律令事類》殘卷考釋

20 世紀以來,敦煌吐魯番文書的發現對於唐史研究産生了巨大的推動作用,這已是有目共睹的事實。在法制史領域,隨著律、律疏、令、格、式及制救文書研究的不斷深入,我們對於唐代的法制體系及其演變也有了許多新的認識。令人振奮的是,上海古籍出版社推進的"敦煌吐魯番文獻集成"這一功德無量的出版工程,極大便利了學界對於敦煌吐魯番文書的利用,尤其是以前所知甚少的俄藏敦煌文書的刊布,更提供了許多寶貴的新材料。本章準備討論的就是這樣一件唐代法制文書: Дx.06521 號(彩版圖 8)。經過考察,我們認爲它很可能就是開元二十五年(737)李林甫等奏上的《格式律令事類》殘卷,此書散逸已久,因此本卷文書雖殘損嚴重,但吉光片羽,彌足珍貴。下面就對此殘卷作一初步考釋,不當之處,還請方家不吝賜教。

第一節　殘卷解説與録文

本卷文書編號爲 Дx.06521,清晰的彩版發表於《俄藏敦煌文獻》第 13 册①,該圖録將其初步擬名爲《唐律》,不確,具體考證詳下文。文書尺寸不詳,從照片上看,爲黃色麻紙,全卷以楷書精寫,每行之間有明顯的分界綫,間有雙行小注,總體感覺體例嚴整,非常正式和精緻,而且背面没有任何文字②,頗顯盛唐時官文書之風格。文書首尾俱殘,共存十四行,且下端皆失,無一行完存者。若據推補的情況來看,正文整行約在 16 字左右。今據此彩版録出,並以私意加標點。僅存殘畫文字,加"□"表示;下缺,以"▢▢▢"表示;上缺,以"▬▬▬"表示;推補文字,置於[ ]之中;原文異體字,以正字移

---

① 《俄藏敦煌文獻》第 13 册,上海古籍出版社,2000 年,彩版四,黑白版見 120 頁。

② 此係上海古籍出版社府憲展先生核查原始記録後惠告,謹此致謝。

録，以便閱讀。

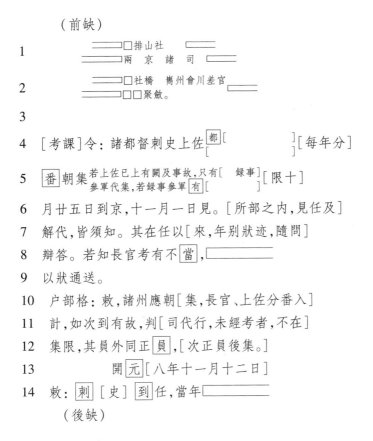

（前缺）

1 　　　　□排山社　□
　　　　兩 京 諸 司　□

2 　　　　□社橋　嶲州會川差官
　　　　□□聚斂。

3

4 [考課]令：諸都督刺史上佐都[　　　　　][每年分]

5 番朝集若上佐已上有闕及事故，只有[　録事][限十]
　　參軍代集，若録事參軍有[

6 月廿五日到京，十一月一日見。[所部之内，見任及]

7 解代，皆須知。其在任以[來，年別狀迹，隨問]

8 辯答。若知長官考有不當,

9 以狀通送。

10 户部格：敕，諸州應朝[集、長官、上佐分番入]

11 計，如次到有故，判[司代行，未經考者，不在]

12 集限，其員外同正員,[次正員後集。]

13 　　　　開元[八年十一月十二日]

14 敕：刺[史]到任，當年

（後缺）

第二節　殘卷内容之考證

總體來看，全卷似乎可分爲四部分：

（一）第 1—3 行，因僅餘兩排雙行夾注，我們不能確定它們是否爲同一内容的斷簡。按第一行中的"排山社"，又見於英藏 S.1344 號開元户部格殘卷①：

---

① 山本達郎、池田温、岡野誠合編 *Tunhuang and Turfan Documents concerning Social and Economic History*. Ⅰ *Legal Texts*（A）Introduction and Texts, the Toyo Bunko, 1980, p.36.（B）Plates. 1978, p.72. 劉俊文《敦煌吐魯番唐代法制文書考釋》，北京：中華書局，1989年，276—294 頁。該卷圖版與録文又見唐耕耦、陸宏基編《敦煌社會經濟文獻真蹟釋録》第二輯，北京：全國圖書館文獻縮微複製中心，1990 年，570—573 頁。更爲清晰的圖版見《英藏敦煌文獻》第二卷，成都：四川人民出版社，1990 年，269—270 頁。

21　敕：如聞諸州百姓結構朋黨，作排山社，宜令州

22　縣嚴加禁斷。

23　景龍元年十月廿日

　　這是景龍元年（707）十月的一道敕文，被編入開元三年（715）奏上的
《開元格》（又稱《開元前格》）中。至於排山社的性質，目前還不十分清楚。
土肥義和先生認爲排即盾牌之意，排山社是農民們結成的具有武裝性質的
私社，故政府要加以禁斷①。考慮到同卷文書 42—48 行所載天授二年
（691）七月廿七日敕文中關於嶺南風俗的描寫："所有忿爭，不經州縣。結
集朋黨，假作刀排，以相攻擊，名爲打戾。"②則土肥先生的推測是有一定道
理的。本卷中再次出現"排山社"一詞，或者正是重申這個禁令。

　　第 2 行中的"巂州"，係中都督府，位於劍南道南部，北距成都一千二百
九十里，爲蠻、獠等少數民族聚居之地。《元和郡縣圖志》卷三二記載："本
漢南外夷獠，秦漢爲邛都國，秦嘗攻之，通五尺道，改置吏焉。……周武帝天
和三年，開越巂地，於巂城置嚴州。隋開皇六年，改爲西寧州，十八年改爲巂
州。皇朝因之。至德二年没吐蕃，貞元十三年節度使韋皋收復。"③據嚴耕
望先生研究，巂州地當唐與南詔交通之要道，爲控制清溪道之戰略要點，唐
與南詔之通使與用兵多從此道④。方國瑜先生則指出，唐失巂州在至德元
載（756），當時吐蕃與南詔聯兵，共陷巂州，南詔得南部，吐蕃據北部。至貞
元十年（794）南詔與吐蕃決裂，獨佔巂州，其勢力遂伸張至大渡河岸⑤。至
於同一行的"會川"，乃是巂州之一屬縣，高宗上元二年（675）置，因戰略位
置重要，"天寶初又於縣側立會同軍，在今州南三百七十里是也"⑥。咸通以
後，會川陷於南詔，成爲其兩個都督府之一⑦。尋本行內容，估計是因爲巂
州蠻漢雜居，朝廷爲戒諭地方官不得聚斂而下的禁令。當然，這僅是推測，

①　土肥義和《唐·北宋間の"社"の組織形態に関する一考察——敦煌の場合を中心に》，
　《堀敏一先生古稀記念·中國古代の國家と民眾》，東京：汲古書院，1995 年，702 頁。

②　*Tunhuang and Turfan Documents concerning Social and Economic History.* Ⅰ *Legal Texts*（A）
　Introduction and Texts，p.37.（B）Plates．p.73. 劉俊文前揭書，279 頁。又見《敦煌社會經濟
　文獻真蹟釋録》第二輯，572 頁。

③　李吉甫《元和郡縣圖志》卷三二《劍南道》中，北京：中華書局，1983 年，822 頁。

④　嚴耕望《唐代交通圖考》第四卷山劍滇黔區，篇三一《川滇西道——成都清溪通南詔驛道》，
　史語所專刊之八十三，1986 年，1179—1210 頁。

⑤　方國瑜《唐代後期雲南安撫司（南詔）地理考説》，《歷史研究》1983 年第 2 期，131 頁。

⑥　《元和郡縣圖志》卷三二，825 頁。

⑦　《新唐書》卷二二二上《南蠻傳》上，北京：中華書局，1975 年，6269 頁。又參方國瑜前揭
　文，136 頁。

實際的情形還有待進一步的考證。

　　總之,由於這部分殘缺太甚,目前尚無法對其作出合理的全盤解説。

　　(二) 第4—9行。這一部分存字較多,在傳世文獻中也有可資比較的記載,其内容是關於朝集使制度的。按《唐六典》卷三户部郎中員外郎條曰:"凡天下朝集使皆令都督、刺史及上佐更爲之;若邊要州都督、刺史及諸州水旱成分,則佗官代焉。皆以十月二十五日至于京都,十一月一日户部引見訖,於尚書省與羣官禮見,然後集于考堂,應考績之事。元日,陳其貢籍於殿庭。"①這是對盛唐時期朝集制度的總體概括,但其定型卻是一個漸進的過程,例如,朝集時間是在開元八年(720)十月的一道敕文確定的;嶺南與僻遠小州可以參軍、縣官代行朝集早在聖曆元年(698)正月就開始了②;而邊要州的都督、刺史不在朝集之限的規定則到開元十八年(730)纔最終確定下來③。不難看出,本卷文書的4—9行正是關於朝集時間的規定,因此我們先來分析與之相關的敕文。《唐會要》卷二四的記載比較明確:"開元八年十月敕:諸[都]督刺史上佐,每年分蕃朝集,限一月二十五日到京,十一月一日見。"④今以殘卷内容與此敕對照,檢其同異如下(殘卷在上,《唐會要》敕在下行):

　　4　[考課]令:諸都督刺史上佐 都[　　　　　　　]　[□□□□]
　　　　　　　　　　　　　　　　 [　　　　　　　]
　　　　(開元八年)敕:諸[都]督刺史上佐每年分

　　5　 番 朝集 若上佐已上有闕及事故,只有[録事]　[□□□□]
　　　　　　　　 參軍代集,若録事參軍 有[　　　]
　　　　　蕃朝集,限一

　　6　月廿五日到京,十一月一日見。[□□□□]
　　　　　月二十五日到京,十一月一日見。

　　兩相比較,文書所載與《唐會要》敕之内容基本相合,同出一源,恐無疑義。可注意者有三:第一,《唐律疏議》卷十的一條疏議明確記載,朝集時間是由"令"來規定的:"'及事有期會',謂若朝集使及計帳使之類,依令各有

　　① 《唐六典》卷三《尚書户部》,北京:中華書局,1992 年,79 頁。
　　② 此條亦見前引英藏 S.1344 開元户部格殘卷,67—69 行。*Tunhuang and Turfan Documents concerning Social and Economic History.* Ⅰ *Legal Texts* (A) Introduction and Texts, p.37. (B) Plates, p.74.
　　③ 《唐會要》卷二四《諸侯入朝》,上海古籍出版社,1991 年,536—537 頁。
　　④ 《唐會要》卷二四《諸侯入朝》,536 頁。

期會,而違不到者:一日笞三十,三日加一等,過杖一百,十日加一等,罪止徒一年半。"①據劉俊文先生研究,所依之"令"是《考課令》②。因此,文書本條係唐令無疑,其來源正是這道敕文。從文書抄寫形式上來觀察,以雙行夾注對正文進行補充説明和具體解釋,這是唐令的一般體例,如爲學界熟知的《永徽東宮諸府職員令》殘卷,其編排就是正文與小注相間③。而以"某某令:諸……"起首,更是一道完整唐令的典型格式,對此,衹須翻看仁井田陞先生的《唐令拾遺》即可瞭然④。第二,殘卷内容遠比《唐會要》敕文所載豐富,它不僅規定了諸州都督、刺史及上佐分番朝集的時間,而且以雙行夾注的形式對録事參軍等代替長官上佐朝集的制度作出補充規定⑤,第三,從殘卷的記載,我們也可糾正今本《唐會要》在流傳過程中產生的某些傳抄錯誤。例如,敕文開始的"諸督","督"前顯然脱一"都"字;到京時間的"一月",顯係"十月"之誤。順便指出,《會要》所載"分蕃",當作"番"字。

更重要的是7—9行。其内容我們在中國存世文獻中尚未找到相關的文字,但非常幸運的是,我們在日本《養老令》的《考課令》中發現了可資對照的材料。如上所述,這部分内容是關於朝集制度的,而其核心内容則是外官的考課問題。《養老考課令》對此有如下規定:"凡大貳以下及國司(原注:謂目以上),每年分番朝集。所部之内,見任及解代,皆須知。其在任以來,年別狀迹,隨問辨答。"⑥試將殘卷内容與之依行比較如下(殘卷在上行,《養老令》在下行):

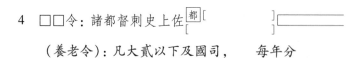

4　□□令:諸都督刺史上佐

(養老令):凡大貳以下及國司,　　每年分

---

① 《唐律疏議》卷一〇《職制律》"公事應行稽留"條,北京:中華書局,1983年,213頁。

② 劉俊文《唐律疏議箋解》卷一〇,北京:中華書局,1996年,838頁。

③ 此卷文書之斷片分藏於倫敦與巴黎,編號爲:P.4634、P.4634C1、P.4634C2;S.1880、S.3375、S.11446。王國維、仁井田陞等前輩學者對其研究用力良多,此據劉俊文《敦煌吐魯番唐代法制文書考釋》,180—220頁。另如P.2819開元公式令殘卷亦爲正文與雙行夾注相間,同書,221—245頁。

④ 仁井田陞《唐令拾遺》,栗勁、霍存福等譯,長春出版社,1989年。又參仁井田陞著、池田温編集代表《唐令拾遺補》,東京大學出版會,1997年。

⑤ 第4行小字注釋中,僅餘一"都"字,我們推測以下可能是對正文都督、刺史,特別是對上佐之具體解釋。

⑥ 《令集解》卷二二《考課令》五,新訂增補國史大系本,東京:吉川弘文館,1981年,627—628頁;又見同書卷十八考課令第2條注。本條又見《令義解》卷四,新訂增補國史大系本,東京:吉川弘文館,1983年,162頁。參看《唐令拾遺補》第三部分《唐日兩令對照一覽》:《考課令》第一四,1103頁。

5　□朝集 若上佐已上有闕及事故,只有[　　　　錄事]　　　　
　　　　　參軍代集,若錄事參軍 有 [　　　　　　　　]

　　　番朝集,

6　月廿五日到京,十一月一日見。　　　　　　　

　　　　　　　　　　　　　　　　　所部之内,見任及

7　解代,皆須知。其在任以□　　　　　
　　　解代,皆須知。其在任以來,年別狀迹,隨問

8　辯答。若知長官考有不 當 ,□　　　　　
　　　辨答。

9　隨狀通送。

　　　不難看出,殘卷所存相關字句(如 7 行)與上述《養老考課令》完全相合,二者顯然同出一源,我們可依據後者復原前者。至於其中含義,是説朝集使入京,對於所部内之官員,無論是現任,還是解代者,都應熟知他們一年來的功過行能,這樣纔能在應付外官考課的問題時對答如流。按唐前期考課之制:"每年別敕定京官位望高者二人,其一人校京官考,一人校外官考;又定給事中、中書舍人各一人,其一人監京官考,一人監外官考;(考功)郎中判京官考,員外郎判外官考。其檢覆同者,皆以功過上使。京官則集應考之人對讀注定,外官對朝集使注定訖,各以奏聞。"①也就是前引《唐六典》所云朝集使必須"以十月二十五日至于京都,十一月一日戶部引見訖,於尚書省與羣官禮見,然後集于考堂,應考績之事"。

　　　通過二者的比較,我們可以得到如下認識:第一,可以肯定,殘卷的這一部分(即 4—9 行)正是唐《考課令》之一條,"令"前殘缺之二字,確信爲"考課"二字無疑。第二,關於這條《考課令》的年代。案,《養老令》撰集於日本元正天皇養老二年(718,相當於唐玄宗開元六年),學界一般認爲其藍本是唐《永徽令》,也就是説,這條《養老考課令》所依據的唐令可能是《永徽令》。另外,由以上分析可知,朝集使赴京時間的規定是由開元八年十月的一道敕文確立的,因此,本卷所載的這條唐《考課令》就不會是開元七年的令,而祗能是李林甫等人於開元二十五年新定之令。在這條令中,既包括了此前的部分令文(殘卷 7—9 行,或即永徽令原文),又將新頒制敕編入其中,可見,開元二十五年的這次定新令,是實實在在的"删輯""改修"。第三,殘卷也提供了不少朝集制度的新信息,例如,第 8—9 行曰:"若知長官考有不

---

① 《唐六典》卷二《尚書吏部》"考功郎中員外郎"條,42 頁。

當……以狀通送。"是對朝集制之核心内容——外官考課進行規定：對地方
長官在考課過程中可能出現的不當現象，朝集使應當主動彙報。因爲朝集
使是由都督、刺史、上佐(別駕、長史、司馬)輪流擔任的，很多情況下，入京朝
集的不是長官，而是上佐，從而出現了殘卷所云"若知長官考有不當……以
狀通送"的規定。對此，我們還可從日本《令集解》的記載中得到旁證。按
該書卷十八考課令規定：

> 凡官人景迹功過應附考者，皆須實録，其前任有犯私罪，斷在今任
> 者，亦同見任法。即改任，應計前任日爲考者，功過並附。注考官人，唯
> 得述其實事，不得妄加臧不。若注狀乖舛、褒貶不當(原注：謂景迹功
> 狀高而考第下，或考第優而景迹劣之類)，及隱其功過以致升降者，各准
> 所失輕重，降所由官人考。即朝集使褒貶進退失實者，亦如之。

對於最後這一規定，《令集解》注釋引《古記》曰：

> 問："即朝集使褒貶進退失實者亦如之。若爲？"答："朝集使不在
> 所褒貶，唯長官所褒貶有不當者，必正諫合改正。今齎不當考文來，所
> 以降朝集使考耳。何以知者？下條云：'大貳以下及國司，每年分番朝
> 集。所部之内，見任及解代，皆須知。其在任以來，年別狀迹，隨問辨
> 答。'依此文，朝集使一事以上合知也。"①

《古記》是大寶令的注釋書，成書於天平十年(開元二十六年，738)正月至天
平十二年(開元二十八年，740)八月間②。此書徵引了大量的唐令格式，成
爲仁井田陞先生復原唐令的一個重要來源，本條所載恐亦出自唐制。我們
可參照其規定推知殘卷"若知長官考有不當……以狀通送"的含義：因爲朝
集使入京時帶著地方各級官員的考簿，在考堂上，他必須回答負責外官考課
的官員提出的各種問題，如果他知道長官在考課本地官員時有不當之處，必
須主動向中央彙報，"以狀通送"，否則自己會受到降考的處罰。

　　(三) 第10—13行。與第二部分的《考課令》一樣，這一部分也是關於朝
集制度的，而且非常明確地標明它是一道《户部格》。《唐會要》的記載與之相
較，更是契若符節："其年(開元八年)十一月十二日敕：諸州朝集使，長官、上

---

① 《令集解》卷一八《考課令》一，542—553 頁。
② 參看仁井田陞《〈唐令拾遺〉序論》，875—876 頁。

佐,分蕃入計,如次到有故,判司代行。未經考者,不在禁限。其員外同正員,次正官後集。"①我們依前例對照如下(殘卷在上行,《會要》敕文在下行):

10　户部格:敕,諸州應朝 □□□□□□
　　(開元八年)敕,諸州　朝集使,長官、上佐,分蕃入

11　計,如次到有故,判□□□□□□
　　計,如次到有故,判司代行。未經考者,不在

12　集限,其員外同正|員|,□□□□□□
　　禁限。其員外同正員,次正官後集。

　　顯而易見,文書中殘餘文句與《唐會要》所載開元八年十一月十二日的這道敕文幾乎完全相同,我們可以斷定二者同出一源,也就是說,這道敕文被編入格中,因此,對於文書殘缺部分據此加以推補,如上節錄文所示。需要説明的是,《會要》敕中的"禁限",當誤。殘卷作"集限",文意無疑更加通達,《會要》可能是在傳抄中出現了錯誤。

　　下面我們來分析這條《户部格》的一些相關問題。如所周知,唐代前期的法典體系由律、令、格、式四部分構成,其中又以格爲最權威、最活躍的因素,作爲律、令、式的追加法,它可以修改、補充、變通它們的規定,甚至能以格破律,如《唐律疏議》卷四"諸彼此俱罪之贓"條疏議曰:"其鑄錢見有别格,從格斷。餘條有别格見行破律者,並準此。"②毫無疑問,唐格的研究對於整體理解唐代法制有著非常重要的意義,不過由於唐格亡佚已久,現存文獻中祇能找到極少片段,所幸敦煌吐魯番遺書中保存著幾件唐格寫本殘卷,成爲唐格研究最爲寶貴的原始材料,在對其進行解讀研究方面,前輩學者做了大量的工作③,特别是劉俊文先生的大作《論唐格——敦煌本唐格殘卷研究》,更使我們對於唐格有了較爲清晰的理解④。目前彙集敦煌吐魯番中唐

① 《唐會要》卷二四《諸侯入朝》,536 頁。
② 《唐律疏議》卷四《名例律》"諸彼此俱罪之贓"條,87 頁。
③ 董康《敦煌发见散頒格研究》,附載仁井田陞《唐令の復舊について》,1934 年。同氏《殘本龍朔散頒格與唐律之對照》,《司法公報》九、十,1938 年。唐長孺《敦煌所出唐代法律文書兩種跋》,《中華文史論叢》五,1964 年。大谷胜真《敦煌遺文所見録(二)敦煌出土散頒刑部格殘卷について》,《青丘學叢》17,1934 年。那波利貞《敦鈔本唐格の一斷簡》,《神田博士還曆記念書志學論集》,1957 年。仁井田陞《唐の律令および格の新資料——スタィン敦煌文獻》,《東洋文化研究所紀要》13,1957 年。川北靖之《敦煌发见神龍散頒刑部格と令集解》,《産大法學》16—4,461—472 頁。
④ 劉俊文《論唐格——敦煌本唐格殘卷研究》,中國敦煌吐魯番學會編《敦煌吐魯番學研究論文集》,上海:漢語大詞典出版社,1990 年,524—560 頁。此據氏著《唐代法制研（轉下頁）

格文書(及已判定爲唐格的文書)的著作有如下幾種:(1)山本達郎、岡野誠、池田温合編《敦煌吐魯番社會經濟資料》第Ⅰ卷《法制文獻》(下表簡稱"山本等")①;(2)劉俊文《敦煌吐魯番唐代法制文書考釋》(下表簡稱"劉")②;(3)唐耕耦、陸宏基編《敦煌社會經濟文獻真蹟釋録》第二輯(下表簡稱"唐")③;這三種著作對於唐格的研究工作有很大的推進作用。之後池田温先生又發現了一件新的唐格文書,即北京圖書館藏周字六十九號殘卷,據他考訂爲開元新格卷三户部斷卷,他並據此研究了開元後期的土地政策問題④。我們先將目前已經判定的敦煌吐魯番本唐格殘卷列表如下,作爲我們研究本條格文的對照材料(附表1):

附表 1　敦煌吐魯番本唐格殘卷表

名　稱	編　號	特　徵	録文與研究	備　注
神龍散頒刑部格	P.3078+S.4673	首全尾殘,共餘 120 行,明確題名:散頒刑部格,下列刑部四司名稱。每條格文起首用"一"標示,無"敕"字,亦無每格所據敕之年月。	山本等/32—35;劉/246—269;唐/563—569	

(接上頁)究》第二章第三節《唐格初探》,臺北:文津出版社,1999 年,120—163 頁,在收入此書時,作者作了某些修改,如對 TⅡT 的定名,見注釋101,161 頁。

① *Tunhuang and Turfan Documents concerning Social and Economic History*. Ⅰ *Legal Texts* (A) Introduction and Texts, pp.32–39.(B) Plates, pp.63–78.其中 P.4745 號殘卷定名爲"吏部格或式斷片",唐耕耦《真蹟釋録》第二輯擬名爲"唐年代未詳(貞觀或永徽)吏部格或式斷片",然劉俊文《考釋》定名爲"貞觀吏部式斷片",因此不列入下表。

② 劉俊文《敦煌吐魯番唐代法制文書考釋》,收録五件唐格之録文,並有詳細的考釋,246—306 頁。不過,該書將北京圖書館藏周字 51 號文書擬名爲"開元職方格",但榮新江先生據原卷研究的結果表明,本件文書没有唐代格文每條起首處的"一"字綫或"敕"字,而且,文字有不少塗抹改正之處,與現存格文原本書寫謹嚴的風格截然有別,從外觀上看,不像是格,而從內容上看,可能是地方官府對所屬鎮戍守捉烽堠下達的牒文。見氏著《唐寫本中の〈唐律〉〈唐禮〉及びその他》,森部豐譯,《東洋學報》第 85 卷第 2 號,2003 年;中文增訂本《唐寫本〈唐律〉〈唐禮〉及其他》,《文獻》2009 年第 4 期,3—10、2 頁。

③ 《敦煌社會經濟文獻真蹟釋録》第二輯收録了四件唐格之圖版與録文,在擬名與解讀上與劉著頗有出入,563—576 頁。

④ 池田温《北京圖書館藏開元户部格殘卷簡介》,北京圖書館敦煌吐魯番學資料中心、臺北《南海》雜志社合編《敦煌吐魯番學研究論集》,北京:書目文獻出版社,1996 年,159—175 頁。同氏《唐朝開元後期土地政策の一考察》,《堀敏一先生古稀記念·中國古代の國家と民衆》,391—408 頁。此卷之圖版刊布於中國國家圖書館善本特藏部、上海龍華古寺《藏外佛教文獻》編輯部合編《中國國家圖書館藏敦煌遺書精品選》第 21 號,2000 年,14—15 頁。

續　表

名　稱	编　號	特　徵	錄文與研究	備　注
神龍吏部留司格	Ch3841（TIIT）	首尾俱殘，餘 16 行，每條格文以"敕"字起首，每條下有小字注釋之年月日，而格文不一定另起一行，如第 5 行下部即開始另一條格文。	山本等/38；劉/270—275；唐/574	吐魯番出土，劉氏原擬題：垂拱後常行格，不確，其後已更正，參看注釋27。
開元户部格	S.1344	首尾俱殘，餘 69 行，每條格文以"敕"字起首，且另起一行，下列年月日，除第 50 行外，年代也另起一行。	山本等/36—37；劉/276—294；唐/570—573	即開元三年三月頒行的開元前格。
開元户部新格	北圖周字六九號	首尾俱殘，餘 45 行，每條格文以"敕"字起首，且另起一行，年代也另起一行。	池田/159—175	池田先生考證爲開元二十五年九月頒行的户部新格。
開元兵部選格	P.4978	首尾俱殘，餘 18 行，每條以"一"起首，曰"准兵部格後敕""准兵部格""准開元七年十月廿六日"。	山本等/39；劉/301—306；唐/576	唐氏擬題：唐天寶年代兵部選格，但劉氏考定其當在開元十九年到二十五年之間。

可以看出，不同年代的唐格文書在抄寫格式上頗有差異，但沒有一件文書直接標明爲"某某格：敕……"的形式，這透露出一個信息，即這條格文是作爲一道完整的唐格，爲本件文書所引，但整件文書的性質卻不是唐格文書，我們從其他文獻引用唐格時的體例也可得到旁證。例如，《唐會要》卷八一《用蔭》所引："《户部格》：敕，應用五品以上官蔭者，須相銜告身三道。若歷任官少，據所歷任勘（下略）。"①

從前文分析可知，這道格文採自開元八年之敕，而《唐六典》卷六曰："（格）蓋編録當時制敕，永爲法則，以爲故事。"②因此本《户部格》的編纂當

---

① 《唐會要》卷八一《用蔭》，1774—1775 頁。
② 《唐六典》卷六《尚書刑部》"刑部郎中員外郎"條注，184 頁。

在玄宗之時。這一時期删撰格文的情況,據《唐會要》卷三九《定律令》載:

> 開元三年正月,又敕删定格式令,上之,名爲《開元格》,六卷。……
> 至七年三月十九日,修令格,仍舊名曰《開元後格》。……十九年,侍中
> 裴光庭、中書令蕭嵩又以格後制敕行用之後,與格文相違,於事非便,奏
> 令所司删撰《格後長行敕》六卷,頒於天下。二十五年九月一日,復删輯
> 舊格式律令,中書[令]李林甫、侍中牛仙客、中丞王敬從、前左武衛胄曹
> 參軍崔冕、衛州司户參軍直中書陳承信、酸棗縣尉直刑部俞元杞等,共
> 加删輯舊格式律令及敕……總成律十二卷,律疏三十卷,令三十卷,式
> 二十卷,《開元新格》十卷。又撰《格式律令事類》四十卷,以類相從,便
> 於省覽,奉敕於尚書都省寫五十本,頒於天下。①

《新唐書》卷五六《刑法志》又載:"至二十五年,中書令李林甫又著新
格,凡所損益數千條……天寶四載(745),又詔刑部尚書蕭炅稍復增損
之。"②爲便於省覽,我們根據上文,並參考劉俊文先生的研究,將玄宗在位
期間格的編纂活動列表如下(見附表2):

附表2　唐玄宗時期格的編纂活動表

法典名稱與卷數	奏上或頒行時間	主　持　人
開元(前)格十卷	開元三年正月(三月?)	盧懷慎、李乂等
開元後格十卷	開元七年三月	宋璟、蘇頲等
開元格後長行敕六卷	開元十九年	裴光庭、蕭嵩
開元新格十卷	開元二十五年九月	李林甫、牛仙客
天寶新定開元新格十卷	天寶四載	蕭炅

玄宗時,格凡四修,開元三次,天寶一次,中間還有一次格後敕的編定。
因本道格文採自開元八年之十一月十二日敕,它顯然不可能是《開元前格》
或《開元後格》。又因明載爲《户部格》,則亦非《格後長行敕》。因此,它祇
可能指後兩者之一。據劉俊文先生的研究,《天寶新定開元新格》對《開元

---

① 《唐會要》卷三九《定格令》,821—822頁。
② 《新唐書》卷五六《刑法志》,1413頁。此段"天寶四載"之前原有"明年,吏部尚書宋璟又著
後格,皆以開元名書"。然璟卒於開元二十五年,此處明顯有訛誤。見本卷之校勘記。

新格》的損益很少,其依據衹是開元二十五年到天寶四載間新發布的制敕,即《新唐書·刑法志》所云"稍復曾損之"而已。我們初步判定,本條《户部格》出自開元二十五年的《開元新格》。

(四)第14行。從殘畫可以推斷,第四個字爲"到"字,第二字據殘餘的立刀偏旁可推補爲"刺"字,第三字可意補爲"史"字。此行文字可推補爲"敕:刺史到任,當年",我們推測此敕很可能也是關於朝集制度的,即刺史赴任後,是否可以當年入考的問題。由於朝集使入京後,升遷的機會很多,因此許多刺史到任未久,即忙著入京朝集,朝廷曾屢加禁止,史載:"先是,朝集使往往齎貨入京,及春將還,多遷官;(開元七年)宋璟奏一切勒還以革其弊。"①開元二十一年(733)四月一日的《處分朝集使敕》也指出:"聲績未著,黎庶未康,牧守來朝而輒遷,參佐逾年而競入,此獨爲人之資地耳,豈是責成之意耶?"②到次年八月更明確下詔:"刺史到任,不得當年入考。縣令闕,不得差使。"③對此詔書,《册府元龜》所載更詳:"朕憂於理人,委在牧宰,雖已分命,仍未盡誠。如聞刺史新除,所蒞不過數月,即營入計,無心在州,政教闕如,朝寄安在?自今已後,刺史到任,皆不得當年入考。"④我們推測,本行所載之敕很可能就是開元二十二年八月的這道敕文,"當年"之下或即"不得入考"四字。

第三節　殘卷性質與擬名

殘卷内容考察既竟,下面我們就來探討其性質。總的看來,本卷文書中包含有一條開元二十五年的《考課令》、一條同年的《户部格》以及一條可能是開元二十二年八月的敕,而且,所有内容都是關於朝集制度的,從不同方面對朝集製作出規定。那麽,這樣的一件文書究竟是什麽性質呢?我們認爲,它可能就是開元二十五年删定律令格式的同時編纂的那部《格式律令事類》之斷簡。

從前引《唐會要》卷三九《定律令》的記載可知,開元二十五年九月李林甫等人在删定律令格式的同時,"又撰《格式律令事類》四十卷,以類相從,便於省覽"。對此,《舊唐書·刑法志》《册府元龜》卷六一二《刑法部·定律

① 《資治通鑑》卷二一二"玄宗開元七年十一月"條,北京:中華書局,1956年,6738頁。
② 《文苑英華》卷四六〇《翰林制誥》,北京:中華書局,1966年,2341頁。
③ 《唐會要》卷六八《刺史》上,1420頁。
④ 《册府元龜》卷六三五《銓選部·考課》一,北京:中華書局,1960年,7623頁。

令》四的記載略同。值得注意的是,本件文書的抄寫體例與文獻所載《格式律令事類》"以類相從,便於省覽"的特徵完全相合。此書逸失已久,而目前所能見到的相關材料更是少得可憐,長期以來,人們並不清楚此書的内容,對其在法制史上的地位也未加注意。錢大羣先生曾指出:"開元二十五年的《格式律令事類》未得傳於今世,但是有兩點可以確定:一是撰寫的目的是'以類相從,便於省覽',這是與官署有關的條文的分類編抄,並不是各法皆與刑律合體。二是這部'事類'是開元二十五年的事,而不是今傳唐律——永徽四年的《律疏》。"①錢先生的主旨是想説明,唐代並不是眾法合一於刑律,這自是不錯,但開元年間確實有一種爲使用方便而將律令格式編在一起的風尚。例如,《新唐書》卷五八《藝文志》二除了著録《格式律令事類》四十卷外,同類著作還有裴光庭《唐開元格令科要》一卷②。另外,在《宋史·藝文志》中著録了蕭嵩《開元禮律格令要訣》一卷③,從書名推測大致也屬同類,不過更將禮的内容也納入其中了。

那麼,本卷文書會不會是這兩部書中的一部呢? 我們認爲這種可能性不大。首先,這兩部書都是私家著述,而本卷文書紙質精細,書法頗佳,體例嚴整,無不顯示其官方鈔本之性質,遠非私家著述可比。這一點,與《格式律令事類》的性質與流傳情況相當。因爲此書是李林甫等中央高級官員主持編纂的官方著述,且史書明言其編成之後,"奉敕於尚書都省寫五十本,頒於天下"。可見,此書確曾在中央精抄並頒行天下,其實用性非常明顯。由於祇抄了五十本,似乎沙州還分不到一本,則此卷寫本或爲涼州抄送本,或爲沙州録副本④,當然也可能祇是從書中摘抄的與地方官府有關的部分,無論如何,其爲官府文書殆無疑義。其次,從内容分析,本卷也不可能是這兩部書之一。先看裴光庭的《唐開元格令科要》,此書今亦不存,從名稱可推知其編纂特色大略也是將格、令之精要排列於一起。《通志·藝文略》在著録此

① 錢大羣《唐代法制與典籍考辨七題》,韓延龍主編《法律史論集》第 2 卷,北京:法律出版社,1999 年,487 頁。
② 《新唐書》卷五八《藝文志》二,1497 頁。
③ 《宋史》卷二〇四《藝文志》三,北京:中華書局,1977 年,5138 頁。
④ 按涼州爲沙州所屬之河西道採訪使駐地,唐朝法令文書例由涼州頒下,例如著名的永徽東宫諸府職員令殘卷尾部即有"沙州寫律令典趙元簡初校,典田懷悟再校,涼州法曹參軍王羲"的簽名,騎紙縫處且鈐有多方"涼州都督府之印",説明是沙州從涼州都督府抄寫的官方寫本,見前引山本達郎、池田温、岡野誠合編 Tunhuang and Turfan Documents concerning Social and Economic History. I Legal Texts (A) Introduction and Texts, p.28. 此外,甚至沙州、西州的官頒道經,也是經過涼州頒下的,參看榮新江《唐代西州的道教》,《敦煌吐魯番研究》第四卷,北京大學出版社,1999 年,139 頁。

書時説："裴光庭撰,記律令科目。"①恐不全面,因爲書中當還包含著格的内容。又,裴光庭曾於開元十九年主持删撰《格後長行敕》六卷,所以沈家本在談到此書時,曾推測道:"《格後長行敕》,裴光庭與修,此或其時所纂録者。"②即他認爲此書可能是與《格後長行敕》同時編成的,這一推測有一定道理。更重要的是,裴光庭卒於開元二十一年(733)三月乙巳③,這樣,載有開元二十五年新定《考課令》與《户部格》條文的本卷文書就不可能是這部書了。至於《開元禮律格令要訣》一書,頗疑作者蕭昂即天寶四載主持修定新格的刑部尚書蕭炅(見《新唐書·刑法志》),《宋史·藝文志》所載乃是傳抄中出現的訛誤。若然,則此書在時間上是可能的,但要以一卷的篇幅記載禮、律、格、令,肯定不會很詳細,而應如其書名所示僅爲"要訣"而已,反觀本殘卷,所載《考課令》與《户部格》都非常詳盡,決非"要訣"可比。總之,本卷不可能是這兩部書中的一部,而很可能是開元二十五年成書並頒行天下的《格式律令事類》之斷簡。因此,我們初步將其擬名爲"唐開元二十五年格式律令事類殘卷"。

那麽,該書在中國古代法制史上有何意義呢?這要從其編纂形式上進行探討。如史書所載,它的突出特點是將格、式、律、令的相關規定"以類相從,便於省覽",這在本殘卷中得到了充分驗證,即無論是《考課令》,還是《户部格》,抑或是敕書,凡是關於朝集制度的内容,都被編在一處,可見,所謂的"以類相從"的分類原則,應該是以事爲綱,如同書名所反映的那樣,即"事類"。這種編纂形式的淵源何在?

從隋代以來,律令格式並行,構成一個比較完備的法典體系。在《唐律疏議》中,曾徵引許多令、格、式,計約一百三十條左右,其中有些是對律文的具體解釋,還有一些則是對律文的變更與調整,如前所述,當律文與現行格文衝突時,處理原則是"以格破律"。這個特點已爲學界所注意,有些學者就此提出唐代刑法的特徵是諸法合一,錢大羣先生反對此説。無論如何,唐代確實出現了一些彙集律令格式的書籍,如唐初裴寂所撰《令律》十二卷④,到開元年間就更多了,如上文所舉,同類書籍,私修者有裴光庭的《唐開元格令科要》、蕭昂的《開元禮律格令要訣》等,最終出現了中央政府官修的《格式律令事類》四十卷這樣一部集大成的法典彙編。

---

① 《通志》卷六五《藝文略》三"刑法·總類"條,此據《通志二十略》,北京:中華書局,1995年,1556頁。
② 沈家本《歷代刑法考》第二册《律令》四,北京:中華書局,1985年,939頁。
③ 《舊唐書》卷八《玄宗本紀》上,199頁。
④ 《舊唐書》卷四六《經籍志》上,2010頁。

此外,前輩學者研究表明,在唐宋法制史上有一個最爲突出的變化,就是法典體系由唐代的律令格式向宋代敕令格式的轉變①。無疑,這一轉變是以敕的地位不斷上升來完成的,其先導正是編敕而成的格與格後敕地位的上升。《格式律令事類》的書名對這四種法典的排序,決非隨意,當反映了開元時期各種法典地位的高下。這種排序方式當然也是淵源有自,如《舊唐書·刑法志》載:"景雲初,睿宗又敕户部尚書岑羲、中書侍郎陸象先、右散騎常侍徐堅、右司郎中唐紹、刑部員外郎邵知與、删定官大理寺丞陳義海、右衛長史張處斌、大理評事張名播、左衛率府倉曹參軍羅思貞、刑部主事閻義顒凡十人,删定格式律令。太極元年(712)二月奏上,名爲《太極格》。"②值得注意的是,這裏已經是格式律令的排序了。而且,開元二十五年之後,唐王朝不再删修律令,祇是删定格和格後敕。而敕的地位又逐漸超過了格,成爲在法律效力和適用範圍上的最終依據。如穆宗長慶三年(823)十二月二十三日敕節文:"御史臺奏,伏緣後敕,合破前格,自今以後,兩司檢詳文法,一切取最向後敕爲定。"③在這個演變過程中,《格式律令事類》以正式的法律文件形式使格日益提高的地位得到鞏固,並因此成爲從律令格式向敕令格式轉變過程中的一個重要過渡,值得重視。

開元以後,《格式律令事類》開始的"以類相從"的編纂方式得到繼續推廣,比較突出者爲《大中刑法統類》,據載,宣宗大中七年(853)五月,"左衛率府倉曹張戣集律令格式條件相類一千二百五十條,分一百二十一門,號曰《刑法統類》,上之"④。《新唐書·刑法志》則記此書"以刑律分類爲門,而附以格敕"⑤。可見也是將格式律令分類編纂而成的,不過,其内容顯然偏重於刑法。到宋代,這種分類編集的形式更加受到重視。南宋孝宗淳熙年間,曾下詔"將見行敕令格式、申明,體仿吏部七司條法總類,隨事分門修纂,別爲一書。若數事共條,即隨門釐入。仍冠以《淳熙條法事類》爲名"⑥。後來的《慶元條法事類》《淳祐條法事類》等,皆準此體例編成⑦。《慶元條法事類》今存殘本,它是以事分爲十六門,每門下又分爲若干類,每類載敕、令、

①　曾我部静雄《中國律令史の研究》第一章第一節《律令格式から敕令格式へ》,東京:吉川弘文館,1971年,1—82頁。另參梅原郁《唐宋時代の法典編纂——律令格式と敕令格式》,《中國近世の法制と社會》,京都大學人文科學研究所,1993年,111—171頁。

②　《舊唐書》卷五〇《刑法志》,2149—2150頁。

③　《宋刑統》卷三〇,北京:中華書局,1984年,486頁。

④　《舊唐書》卷一八下《宣宗本紀》下,631頁。

⑤　《新唐書》卷五六《刑法志》,1414頁。

⑥　《宋會要輯稿·刑法》一之五二至五三,北京:中華書局,1957年。

⑦　關於宋代法典的編纂,參看郭東旭《宋代法制研究》第一章《宋代立法總論》,保定:河北大學出版社,1997年,14—69頁。

格、式、申明等,可以看出,這與本章研究的唐開元二十五年《格式律令事類》殘卷的編寫體例頗爲相近,二者因襲之迹昭然若揭,這正是《格式律令事類》在中國古代法制史上的意義所在,也體現了本卷敦煌文書之價值。

最後,我們來談談這部書的流傳與著錄情況。元和十年(815)十月刑部尚書權德輿奏:"自開元二十五年修《格式律令事類》三十卷、《處分長行敕》等,自大曆十四年(779)六月、元和二年(807)正月,兩度制删之,並施行。伏以諸司所奏,苟便一時,事非經久,或舊章既具,徒更煩文,獄理重輕,繫人性命。其元和二年准制删定,至元和五年(810)删定畢,所奏三十卷,歲月最近,伏望且送臣本司。"①這裏不說開元二十五年新定律令格式,而徑以《事類》爲代表,並作爲編格後敕的起點,可見此書曾長期行用。從後唐天成元年(926)十月二十一日御史臺、刑部、大理寺的奏文可知,此書在後唐明宗時仍爲完璧②,宋代所編《崇文總目》卷四刑法類有此書著錄,但標一"闕"字,似乎已逸失③。《玉海》著錄此書,云:"《崇文目》有之。"④再往後,《通志·藝文略》中著錄此書:"唐《格式律令事類》四十卷,李林甫纂,律令格式長行敕,附尚書省二十四司,總爲篇目。"⑤則似乎鄭樵曾目睹此書。在此之後的各種目錄書中,我們已見不到此書的踪迹了。

小　結

通過以上分析,我們可以得到以下結論:俄藏 Дx.06521 文書中包含著一道開元二十五年的《考課令》、一條同年的《户部格》以及一條可能是開元二十二年八月的敕,而且,其中的內容都是關於朝集制度的,是從不同方面對朝集制作出規定。我們初步判斷,它可能就是開元二十五年删定律令格式的同時編纂的那部《格式律令事類》之斷簡。由於該書散逸已久,長期以來被學界遺忘,但在中國古代法律史上具有獨特的地位,它不僅是唐代律令

---

① 《唐會要》卷三九《定格令》,822—823 頁,按,此處所云"三十卷"當爲"四十卷"之誤。《資治通鑑》卷二三九所記與《唐會要》略異,憲宗元和十年十月條載:刑部侍郎權德輿奏:"自開元二十五年修《格式律令事類》後,至今長行敕,近删定爲三十卷,請施行。"從之。可見所謂"三十卷"當是元和年間删定的格後敕之卷數。另,《通鑑》此節"侍郎"當作"尚書",見嚴耕望《唐僕尚丞郎表》卷四《通表》下,北京:中華書局,1986 年,280 頁。
② 《五代會要》卷九《定格令》,上海古籍出版社,1978 年,147 頁。《册府元龜》卷六一三《刑法部·定律令》五所載略同,7357—7358 頁。
③ 《崇文總目》卷四,見《景印文淵閣四庫全書》第 674 册,臺北:臺灣商務印書館,43 頁。
④ 《合璧本玉海》卷六六《詔令·律令》下,東京:中文出版社,1977 年,1304 頁。
⑤ 《通志》卷六五《藝文略》三"刑法·總類"條,此據《通志二十略》,1556 頁。

格式體系向宋代敕令格式體系轉變的一個重要過渡，而且在體例上，開啓了宋代法典編纂形式的先河，因此具有非常重要的意義，而本件敦煌文書的發現，爲我們認識此書提供了極爲寶貴的第一手材料。

附録二 吐魯番新出土唐開元《禮部式》殘卷考釋

2002年，新疆吐魯番博物館在位於交河故城大佛寺北側的一處唐代寺院遺址（編號：E－15號）發掘出土了一些文書殘片，經工作人員精心拼合與復原，一件珍貴的唐代法制文書的斷片呈現在我們眼前（彩版圖11a，11b），經過初步研究，我們推斷它很可能是唐開元二十五年（737）的《禮部式》殘卷。如所周知，在唐代律、令、格、式等各種法制文書中，尤以"式"的原件存留最少，這件文書雖存字不多，但仍爲我們提供了許多重要的研究信息，吉光片羽，彌足珍貴。下面，我們就對這件文書及其相關的問題進行初步考釋。

第一節 殘卷解説與録文

本件文書編號爲2002TJI：042，紙質爲黄色麻紙，首尾俱殘，高15釐米，長16.5釐米，上部皆殘，下部完整，在每行文字結尾處都留有大約3釐米的紙邊。文書全卷存留文字8行，以楷書精寫，文字存留最多的是第7行，有8個字。每行之間有烏絲欄分隔，總體感覺體例嚴整，相當精緻，呈現出盛唐時期官文書之風格。

殘卷的背面（彩版圖11b），以墨綫縱向勾勒著一幅佛或高僧的白描圖像，目前僅存半個頭部與其左肩。從圖像來看，眼睛細長，耳朵的比例不大，遠未達到佛像雙耳垂肩的常規，且耳前的一道墨書似爲頭髮，我們推測這幅圖很可能是弟子（或即阿難）的圖像。由於是正面描繪，頭部向右略偏，按照比例分析，目前殘存者當爲原件寬度的一半略少，也就是説，殘卷復原後的完整高度當在30釐米多一點，正面滿行文字當在十六、十七字左右，這也正是唐代官文書的一般規格。顯而易見，這份殘卷原本是唐代的官文書，待其廢棄之後，因官文書的用紙一般比較講究，西州的某個寺院就將其收集起來,用其背面來抄寫佛經,或如本件文書這樣來繪製佛畫。關於這一點,我們在敦煌文書中也可見到許多類似的例子①。

　　通過研究,我們對於殘卷的部分内容進行了推補,先録文如下。僅存殘畫文字,加"□"表示;下缺,以"□□□□"表示;上缺,以"□□□□"表示。推補文字置於[　]之中,原文異體字則以正字移録,以便閲讀。

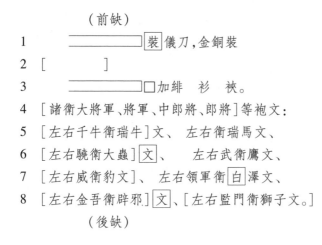

```
　　　　　　　　（前缺）
1　　　□□□□□□□装 儀刀,金銅装
2　[　　　　　　]
3　　　□□□□□□□□加緋　衫　袂。
4　[諸衛大將軍、將軍、中郎將、郎將]等袍文:
5　[左右千牛衛瑞牛]文、　左右衛瑞馬文、
6　[左右驍衛大蟲]文、　　左右武衛鷹文、
7　[左右威衛豹文]、　左右領軍衛白澤文、
8　[左右金吾衛辟邪]文、[左右監門衛獅子文。]
　　　　　　　（後缺）
```

第二節　殘卷内容與文字推補

　　從内容來看,文書大致可分爲三部分:

　　(一)第1—2行,第1行清晰可辨者唯"儀刀,金銅装"五個字,第一個字根據殘畫,可補作"装"字,第2行下部無字,從第1行文字來看,文意似乎未完,然則第2行的上半部分應當還有文字,惜已無從查考。

　　案,所謂"儀刀",或稱"容刀",是中國古代王朝在舉行朝會或皇帝、高官出行時,儀衛所持的象徵性的佩刀。據漢代劉熙《釋名·釋兵》云:"佩刀,在佩旁之刀也,或曰容刀。有刀形而無刃,備儀容而已。"②另據《唐六典》卷一六《衛尉寺·武庫令》記載:"刀之制有四:一曰儀刀,二曰鄣刀,三曰横刀,四曰陌刀。(原注:《釋名》曰:'刀末曰鋒,其本曰環。'今儀刀蓋古班劍之類,晉、宋已來謂之御刀,後魏曰長刀,皆施龍鳳環。至隋,謂之儀刀,

①　例如法藏敦煌文書 P.3593《開元名例律疏》殘卷的背面即抄寫《佛說相好經》,而 P.2507 《開元水部式》殘卷的背面則爲《陀羅尼》鈔本。
②　王先謙《釋名疏證補》,上海古籍出版社,1984 年,342 頁。

裝以金銀,羽儀所執。)"①可見,"儀刀"之名起自隋代,當時是"裝以金銀"。唐承隋制,在新發現的寧波天一閣所藏《天聖令》卷二八《營繕令》中,其附抄《唐令》的第 1 條即云:"諸軍器供宿衛者,每年二時,衛尉卿巡檢,其甲番別與少府監相知,令匠共金吾就仗鋪同檢,指授縫連訖,仍令御史臺重覆。餘有不調及損破,隨即料理。…… 其金銀裝刀,若有非理損失者,追服用人;研耗者,官爲修理。"②可見,由於這些金銀裝刀比較珍貴,在《唐令》中對其管理有專門規定。

儀刀的應用範圍頗廣,首先,在從皇帝到四品以上官員出行的鹵簿中,都有數量不等的儀刀隊列。據《新唐書·儀衛志》上記載,在皇帝的"大駕鹵簿"中,諸衛府分十二行排列,前四行執"金銅裝班劍",中間四行執"金銅裝儀刀",後面四行則執"銀裝儀刀"③。皇太子的鹵簿中,亦由親、勳、翊衛軍將率領儀刀六行,其中親衛所執爲金銅裝,勳衛所執爲銀裝,而翊衛所執則爲鍮石裝④。皇太子以下至四品官,鹵簿中執儀刀者的數量各有等差⑤。

其次,儀刀大量應用於朝會和一些官府司衛的"立仗"。朝會自不必説,至於一般官衙,據《唐會要》卷七二記載:開成元年(836)三月,"皇城留守奏:'城内諸司衛所管羽儀法物數内,有陌刀利器等。伏以臣所管地,俯近官闕,兼有倉庫,法駕羽儀,分投務繁,守捉人少,前件司衛,皆有刀槍防虞,所管將健,並無寸刃。其諸司衛所有陌刀利器等,伏請納在軍器使。如本司要立仗行事,請給儀刀,庶無他患。'敕旨:'宜令送納軍器使,令别造儀刀等充替'"⑥。顯然,儀刀正是陌刀等利器的替代品,也用以諸司衛的"立仗行事"。此外,在金吾衛率領侲子進行年終大儺儀式時,也要佩帶儀刀⑦。

(二)第 3 行,由於殘缺過甚,衹剩下"加緋衫袂"四個字,我們目前尚未在文獻中找到相關綫索。案,《新唐書》卷二三上《儀衛志》上:"凡朝會之仗,三衛番上,分爲五仗,號衛内五衛。一曰供奉仗,以左右衛爲之。二曰親

---

① 《唐六典》卷一六《衛尉寺·武庫令》,北京:中華書局,1992 年,461 頁。

② 在牛來穎先生復原的唐《營繕令》中,此條被復原爲第 17 條。見天一閣博物館、中國社會科學院歷史研究所《天一閣藏明鈔本天聖令校證(附唐令復原研究)》,北京:中華書局,2006 年,673 頁。

③ 《新唐書》卷二三上《儀衛志》上,北京:中華書局,1975 年,492 頁。案今本《大唐開元禮》卷二《序例中》"大駕鹵簿"條缺少這十二行班劍、儀刀的組成之記載,疑有脱漏。東京:古典研究會刊行,1972 年,21 頁。

④ 《新唐書》卷二三下《儀衛志》下,501 頁。《大唐開元禮》卷二《序例中》"皇太子鹵簿"條略同,24 頁。

⑤ 《大唐開元禮》卷二《序例中》,26—27 頁。

⑥ 《唐會要》卷七二《軍雜録》,上海古籍出版社,1991 年,1541 頁。

⑦ 參看《唐會要》卷七一《十二衛》所載元和十三年十二月左右金吾奏文,1520 頁。

仗,以親衛爲之。三曰勳仗,以勳衛爲之。四曰翊仗,以翊衛爲之。皆服鶡
冠、緋衫襖。五曰散手仗,以親、勳、翊衛爲之,服緋絁裲襠,繡野馬。皆帶刀
捉仗,列坐於東西廊下。"①可見,除了散手仗之外,"衙内五衛"的前四仗皆
服"緋衫襖",然則本行文書似乎也是朝會儀仗的相關規定,而所謂"帶刀捉
仗",其所帶之刀應即本件文書第1行出現的"儀刀"。

　　(三)第4—8行,則與玄宗時的一道敕文密切相關,據《唐會要》卷三二
記載:"開元十一年(723)六月,敕諸衛大將軍、中軍郎將袍文:千牛衛瑞牛
文,左右衛瑞馬文,驍衛虎文,武衛鷹文,威衛豹文,領軍衛白澤文,金吾衛辟
邪文,監門衛獅子文。每正冬陳設,朝日著甲,會日著袍。"②《通典》卷六一
對此也有記載,但文字略異:"(開元)十一年六月,敕諸衛大將軍、中軍中
郎、郎將袍文:千牛衛瑞牛文,左右衛瑞馬文,驍衛大蟲文,武衛鷹文,威衛
豹文,領軍衛白澤文,金吾衛辟邪文,監門衛師子文。每正冬陳設,朝日著
甲,會日著袍。"③顯然,本件文書的主體部分正是建立在這條敕書的基礎
上,不過,《唐會要》《通典》所記似皆爲敕書的節文,故除了左右衛之外,其
他衛府的"左右"二字全部被省略了,本件文書則要正式得多,第6行的"左
右武衛"、第7行的"左右領軍衛"都是全稱。

　　值得提及的是,《大唐開元禮》卷二《序例中》對此制的記載比較完整:
"其新製苣文旗、雲旗、刀旗、肆神幢、長壽幢,及左右千牛將軍衣瑞牛文、左
右衛瑞馬文、左右驍衛大蟲文、左右武衛瑞鷹文、左右威衛豹文、左右領軍白
澤文、左右金吾辟邪文、左右監門師子文,並繡爲袍文,將軍、中郎、郎將皆
同。竝冬、正大會通服之。"④與本件文書略同。可見,在《開元禮》中,由於
距離開元十一年敕文的時間較近,關於十六衛軍將袍服圖案的制度仍被稱
爲"新制"。因此,我們可以在開元十一年這道敕文的基礎上對殘卷的這部
分進行復原,需要説明的是以下兩點:

　　其一,第4行上部關於服袍的對象,《唐會要》卷三二記載是"敕諸衛大
將軍、中軍郎將袍文",《通典》卷六一作"敕諸衛大將軍、中軍中郎、郎將袍
文",而《大唐開元禮》卷二則云"將軍、中郎、郎將皆同",此外,《新唐書》卷
二四《車服志》所載則是"諸衛大將軍、中郎將以下給袍者"⑤。諸書所記各

---

① 《新唐書》卷二三上《儀衛志》上,481—482頁。
② 《唐會要》卷三二《異文袍》,680—681頁。
③ 《通典》卷六一《君臣服章制度(袍附)》,北京:中華書局,1988年,1726頁。
④ 《大唐開元禮》卷二《序例中》"大駕鹵簿"條,23頁。《通典》卷一〇七《大駕鹵簿》略同,
　　2783頁。
⑤ 《新唐書》卷二四《車服志》,530頁。

有差異,需合而觀之。案,諸衛府中並無"中軍郎將""中軍中郎"之設,十六衛設置有大將軍和將軍,而勳、親、翊諸府則設置中郎將和左、右郎將①。因此,我們推測文書第4行上部所闕的文字當爲:"諸衛大將軍、將軍、中郎將、郎將"。

其二,第6行推補文字中的"左右驍衛大蟲文",係據前引《大唐開元禮》卷二《序例中》(《通典》卷一〇七《大駕鹵簿》同)的記載復原。《唐會要》卷三二對此記載是"驍衛虎文",而《通典》卷六一則作"驍衛大蟲文",無"左右"二字。唐代避李虎之諱,虎或避作"武",或寫作"大蟲",甚至避作"豹"②,由於本件文書是正式的法制文書,不僅應有"左右"二字,避諱亦必相當嚴格,因此,我們據《大唐開元禮》和《通典》的記載,將本行闕字復原爲"左右驍衛大蟲文"。

第三節　殘卷性質的推論

從上節討論不難看出,本件文書的主體部分是關於十六衛的袍服制度的規定。這種繡有各種動物圖案的袍服在唐代被稱作"異文袍",它們最早出現在武則天時期,《新唐書·車服志》即云:"武后擅政,多賜羣臣巾子、繡袍,勒以回文之銘,皆無法度,不足紀。"③具體而言,天授三年(692)正月二十二日,"内出繡袍,賜新除都督、刺史。其袍皆刺繡作山形,繞山勒回文銘曰:'德政惟明,職令思平。清慎忠勤,榮進躬親。'自此每新除都督、刺史,必以此袍賜之"④。這大概是最早的異文袍了。此後,異文袍又經歷了兩次比較重要的發展:

第一次是在武則天延載元年(694),"五月二十二日,出繡袍以賜文武官三品已上,其袍文仍各有訓誡。諸王則飾以盤龍及鹿,宰相飾以鳳池,尚書飾以對雁。左右衛將軍飾以對麒麟,左右武衛飾以對虎,左右鷹揚衛飾以對鷹,左右千牛衛飾以對牛,左右豹韜衛飾以對豹,左右玉鈐衛飾以對鶻,左右監門

---

① 參看《唐六典》卷二四、二五《諸衛》,610—653頁。
② 《隋書》卷五二《韓擒虎傳》曰:"擒本名豹。"北京:中華書局,1973年,1341頁。錢大昕《廿二史考異》卷三四指出:"唐人諱'虎',史多改爲'武',或爲'獸',或爲'彪'。此獨更爲'豹',欲應'黄斑'之文也。"《嘉定錢大昕全集》第2冊,南京:江蘇古籍出版社,1997年,744頁。
③ 《新唐書》卷二四《車服志》,529頁。
④ 《唐會要》卷三二《異文袍》,680頁。案,《舊唐書》卷四五《輿服志》記載此事在天授二年二月,時間有所不同(1953頁)。

衛飾以對獅子,左右金吾衛飾以對豸。文銘皆各爲八字回文,其辭曰：'忠貞正直,崇慶榮職。文昌翊政,勳彰慶陟。懿沖順彰,義忠愼光。廉正躬奉,謙感忠勇'"①。這是將異文袍的賞賜範圍擴大到中央的三品以上高級官員。

　　第二次發展是在玄宗時期,即本件文書所反映的開元十一年敕文的規定,用黃正建先生的説法就是"將這種繡有動物圖案的袍的服用擴大到諸衛郎將"②。當然,在十六衛軍將的袍服紋飾上也有了一些變化,如左右衛由延載元年的"對麒麟"變爲"瑞馬文",左右領軍衛由"對鶻"變成了"白澤文",左右金吾衛由"對豸"變成了"辟邪文"等。

　　需要指出的是,在池田温先生主持編集的《唐令拾遺補》中,將《大唐開元禮》卷二《序例中》"大駕鹵簿"的内容全部復原爲一條唐開元七年(719)的《鹵簿令》條文(一丙),其中包含了上文所引有關異文袍的文字③。不過,我們對此復原頗爲懷疑,因爲關於異文袍的内容是開元十一年六月敕文的新規定,《開元禮》亦明確説是"新制",因此不可能是開元七年的《鹵簿令》。的確,《大唐開元禮》卷二都是關於各種鹵簿的規定,然而作爲"序例",不可能祇是照抄《鹵簿令》而已,"異文袍"之例即爲明證。此外,《大唐開元禮》卷二在"大駕鹵簿"條的後半部分有云："準《式》：'若法駕,減大駕……諸隊仗及鼓吹三分減一,餘同大駕。縣令以後,御史大夫以前,威儀亦四分減一。小駕又減法駕。'"④顯然,"準《式》"之下爲有關"法駕""小駕"鹵簿的規定(頗疑這裏所準之《式》當爲《禮部式》),可見,在唐代對鹵簿構成進行規範的並非祇有《鹵簿令》。

　　隨著學界對於唐代服飾制度研究的深化,我們對"異文袍"的認識也逐步清晰。唐代的服飾分爲冠服(包括朝服、公服、祭服等)和常服兩種,孫機、黃正建等先生已從不同角度對此進行了相當深入的研究⑤。對於異文袍的性質,黃先生指出："其實異文袍也是常服,不過是在普通常服上增加了一些圖案而已,但它似也有走向制度化的趨勢。"⑥在一篇研究文宗大和六年(832)宰相王涯奏文所反映的晚唐車服制度變化的文章中,他又明確指出：

---

① 《唐會要》卷三二《異文袍》,680 頁。又見《通典》卷六一《君臣服章制度(袍附)》,1725 頁；《舊唐書》卷四五《輿服志》,1953 頁。三者文字略有不同。

② 黃正建《唐代衣食住行研究》第二章《衣生活》,北京：首都師範大學出版社,1998 年,60 頁。

③ 池田温編輯代表《唐令拾遺補》,東京大學出版會,1997 年,669—675 頁。

④ 《大唐開元禮》卷二《序例中》,23 頁。

⑤ 參看孫機《中國古輿服論叢》(增訂本)下編《兩唐書輿(車)服志校釋稿》卷三,北京：文物出版社,2001 年,457—463 頁。黃正建《唐代衣食住行研究》第二章《衣生活》,52—106 頁。

⑥ 黃正建《唐代衣食住行研究》,59 頁。

"在唐代,規定冠服制度的基本是《衣服令》,而規定常服制度的主要是《禮部式》。"①這個判斷非常準確,據此,關於異文袍的制度也當爲《禮部式》所規定。事實上,本件文書第一部分關於儀刀的規定與諸衛儀仗有關,然尚無法確定是朝會還是出行鹵簿的内容。文書第 3 行關於諸衛服"緋衫夾"的内容則與朝會儀仗有關,至於異文袍,亦是在冬至、元正等大朝會上所服,即前引《唐會要》與《通典》所謂"每正冬陳設,朝日著甲,會日著袍",均與鹵簿無涉。綜上所述,我們初步判斷,這件同時包含著"儀刀""緋衫夾""異文袍"等内容的文書當爲《禮部式》的殘卷。

由於殘卷第二部分關於十六衛異文袍的規定是從開元十一年的那道敕文發展而來,則其具體的時間自然在其後。關於開元時期的立法活動,《唐會要》卷三九《定格令》條記載:

> 開元三年正月,又敕刪定格式令,上之,名爲《開元格》,六卷。……至七年三月十九日,修令格,仍舊名曰《開元後格》。……十九年,侍中裴光庭、中書令蕭嵩又以格後制敕行用之後,與格文相違,於事非便,奏令所司刪撰《格後長行敕》六卷,頒於天下。二十五年九月一日,復刪輯舊格式律令,中書[令]李林甫、侍中牛仙客、中丞王敬從、前左武衛冑曹參軍崔冕、衛州司戶參軍直中書陳承信、酸棗縣尉直刑部俞元杞等,共加刪緝舊格式律令及敕,總七千二十六條。其一千三百二十四條於事非要,並刪除之,二千一百八十條隨事損益,三千五百九十四條仍舊不改。總成律十二卷,律疏三十卷,令三十卷,式二十卷,《開元新格》十卷。又撰《格式律令事類》四十卷,以類相從,便於省覽,奉敕於尚書都省寫五十本,頒於天下。二十五年九月三日,兵部尚書李林甫奏:"今年五月三十日前敕,不入新格式者,並望不任(在)行用限。"②

顯然,有可能收入殘卷中開元十一年敕文内容的,有開元十九年(731)刪撰的《格後長行敕》以及開元二十五年新定之《式》。

我們先來看開元十九年由裴光庭、蕭嵩主持刪撰的《格後長行敕》。值得注意的是,自從開元十八年十二月張説去世之後,主持修定《大唐開元禮》的宰相也是蕭嵩。吴麗娛先生指出,開元十九年六月朝廷曾進行了一些衣

---

① 黄正建《王涯奏與唐後期車服制度的變化》,榮新江主編《唐研究》第十卷,北京大學出版社,2004 年,299 頁。
② 《唐會要》卷三九《定格令》,821—822 頁。

服制度的改革,這些敕文則很可能被編入《格後長行敕》中,並爲次年成書的《開元禮》所吸納①。事實上,開元十一年關於十六衛軍將袍服的敕文也可能被編入《格後長行敕》中,這也正是《開元禮》卷二所謂的"新制"之由來。

不過,本件文書卻不太可能是《格後長行敕》。該書編纂的主要目的是避免新出敕文與"格"相違背,而"格"本身一般還保留著敕文的形式,如前有"敕"字起首,後有原敕發布的年月②,《格後長行敕》的體例自然更應如此。從本件文書來看,第一部分關於"儀刀"條與第3行關於"緋衫夾"條之間、"緋衫夾"條與其後"異文袍"條之間均無可以書寫發敕年月的空間,顯非編敕的形式,因此不會是《格後長行敕》。至於"式"的體例,從 P.2507《開元水部式》殘卷來看,則非編敕形式,因此每條式文均無"敕"字起首,亦無發敕年月③,與本件文書相合。

事實上,在前引《大唐開元禮》卷二《序例中》"大駕鹵簿"條中,在引《式》所載敘述了法駕、小駕的遞減規定之後,又將"新制"的旗幟與十六衛軍將袍服制度列於其後,可見,這一新制此時尚未入《式》。我們推測,關於"異文袍"的新制先是在開元十九年被編入《格後長行敕》,並在次年成書的《開元禮》中有所體現,到開元二十五年刪定律令格式時,這一制度纔被正式整理入《式》,考慮到當時正是唐玄宗制禮作樂、建定制度的高峰時期,諸衛軍將"異文袍"的新制入《式》完全是順理成章之事。因此,我們推測本件文書當爲開元二十五年刪定的《禮部式》殘卷。

與律、令、格等法律形式相比,唐《式》的研究還很不充分,這主要是因爲其久已散佚,而無論是傳世文獻還是敦煌吐魯番文書,所能提供的資料都寥寥無幾④,因此,這件開元二十五年《禮部式》的殘卷無疑爲我們增添了相當寶貴的新材料。

---

① 吳麗娛《新制入禮:大唐開元禮的最後修訂》,《燕京學報》新十九期,2005 年,45—66 頁,特別是 52—55 頁。

② 例如,S.1344 開元《户部格》、北圖周字 69 號開元《户部新格》均以"敕"字起首,尾列發敕時間,且另起一行。德藏 Ch3841《神龍吏部留司格》亦然,唯發敕時間以小字注釋的方式標注,且未另起一行。衹有 P.3078+S.4673《神龍散頒刑部格》的每條格文起首以"一"字纔標識,無"敕"字,亦無格文所據敕文的時間。參看劉俊文《敦煌吐魯番唐代法制文書考釋》,北京:中華書局,1989 年,246—294 頁。池田温《北京圖書館藏開元户部格殘卷簡介》,北京圖書館敦煌吐魯番學資料中心、臺北《南海》雜志社合編《敦煌吐魯番學研究論集》,北京:書目文獻出版社,1996 年,159—175 頁。

③ 參看劉俊文《敦煌吐魯番唐代法制文書考釋》,326—354 頁。

④ 參看劉俊文《敦煌吐魯番唐代法制文書考釋》,307—354 頁。韓國磐《傳世文獻中所見唐式輯存》,《廈門大學學報》1994 年第 1 期,33—40 頁。黃正建《唐式撫遺》,《'98 法門寺唐文化國際學術討論會論文集》,西安:陝西人民出版社,2000 年,451—456 頁。

參 考 文 獻

一、史料

《漢書》,北京:中華書局,1962 年。

《後漢書》,北京:中華書局,1965 年。

《三國志》,北京:中華書局,1959 年。

《晉書》,北京:中華書局,1974 年。

《隋書》,北京:中華書局,1973 年。

《舊唐書》,北京:中華書局,1975 年。

《新唐書》,北京:中華書局,1975 年。

《舊五代史》,北京:中華書局,1976 年。

《宋史》,北京:中華書局,1977 年。

《資治通鑑》,北京:中華書局,1956 年。

《唐律疏議》,北京:中華書局,1983 年。

《大唐開元禮(附大唐郊祀錄)》,池田温解説,東京:汲古書院,1972 年。

《唐六典》,北京:中華書局,1992 年。

《通典》,北京:中華書局,1988 年。

《唐會要》,上海古籍出版社,1991 年。

《唐大詔令集》,北京:商務印書館,1959 年。

《貞觀政要》,上海古籍出版社,1978 年。

《册府元龜》,北京:中華書局,1960 年。

《宋本册府元龜》,北京:中華書局,1989 年。

《唐令拾遺》,仁井田陞著,東京:東方文化學院東方研究所,1933 年。栗勁
　　　等中譯本,長春出版社,1989 年。

《唐令拾遺補》,池田温編集代表,東京大學出版會,1997 年。

《天一閣藏明鈔本天聖令校證:附唐令復原研究》,天一閣博物館、中國社會

科學院歷史研究所天聖令整理課題組校證,北京:中華書局,2006 年。

《五代會要》,上海古籍出版社,1978 年。

《續資治通鑑長編》,北京:中華書局,2004 年。

《宋會要輯稿》,北京:中華書局,1957 年。

《宋刑統》,北京:中華書局,1984 年。

《慶元條法事類》,戴建國點校,見楊一凡、田濤主編《中國珍稀法律典籍續
    編》第一冊,哈爾濱:黑龍江人民出版社,2002 年。

《文獻通考》,上海師範大學古籍研究所、華東師範大學古籍研究所點校,北
    京:中華書局,2011 年。

《令集解》,新訂增補國史大系本,東京:吉川弘文館,1981 年。

《令義解》,新訂增補國史大系本,東京:吉川弘文館,1985 年。

《全上古三代秦漢三國六朝文》,嚴可均輯,北京:中華書局,1958 年。

《文苑英華》,北京:中華書局,1966 年。

《全唐文》,北京:中華書局,1983 年。

《全唐文補遺》1—9 輯,陝西省古籍整理辦公室編,西安:三秦出版社,
    1994—2007 年。

《全唐文補遺·千唐誌齋新藏專輯》,西安:三秦出版社,2006 年。

《全唐文補編》,陳尚君輯校,北京:中華書局,2005 年。

《張九齡集校注》,張九齡撰,熊飛校注,北京:中華書局,2008 年。

《韓昌黎文集校注》,韓愈撰,馬其昶校注,馬茂元整理,上海古籍出版社,
    1986 年。

《韓愈全集校注》,韓愈撰,屈守元、常思春主編,成都:四川大學出版社,
    1996 年。

《白居易集》,白居易著,顧學頡校點,北京:中華書局,1979 年。

《李德裕文集校箋》,李德裕撰,傅璇琮、周建國校箋,北京:中華書局,
    2018 年。

《李商隱文編年校注》,劉學鍇、余恕誠著,北京:中華書局,2002 年。

《樊川文集》,杜牧著,陳允吉校點,上海古籍出版社,2009 年。

《孟郊詩集校注》,孟郊著,華忱之、喻學才校注,北京:人民文學出版社,
    1995 年。

《太平廣記》,北京:中華書局,1961 年。

《入唐求法巡禮行記校注》,圓仁著,小野勝年校注,白化文等修訂校注,石家

莊：花山文藝出版社,1992 年。

《安禄山事迹》,姚汝能撰,曾貽芬點校,收入《開元天寶遺事 安禄山事迹》,
　　北京：中華書局,2006 年。

《唐國史補 因話録》,上海古籍出版社,1979 年。

《封氏聞見記校注》,封演撰,趙貞信校注,北京：中華書局,2005 年。

《奉天録(外三種)》,夏婧點校,北京：中華書局,2014 年。

《大唐新語》,劉肅撰,許德楠、李鼎霞點校,北京：中華書局,1984 年。

《隋唐嘉話》,劉餗撰,程毅中點校,收入《隋唐嘉話 朝野僉載》,北京：中華
　　書局,1979 年。

《劉賓客嘉話録》,韋絢撰,陶敏、陶紅雨校注,北京：中華書局,2019 年。

《東觀奏記》,裴庭裕撰,田廷柱點校,收入《明皇雜録 東觀奏記》,北京：中
　　華書局,1994 年。

《玄怪録》,牛僧孺編,程毅中點校,收入《玄怪録 續玄怪録》,北京：中華書
　　局,1982 年。

《酉陽雜俎》,段成式撰,方南生點校,北京：中華書局,1981 年。

《北夢瑣言》,孫光憲撰,賈二強點校,北京：中華書局,2002 年。

《南部新書》,錢易撰,黃壽成點校,北京：中華書局,2002 年。

《南部新書溯源箋證》,錢易著,梁太濟箋證,上海：中西書局,2013 年。

《唐語林校證》,王讜撰,周勛初校證,北京：中華書局,1987 年。

《春明退朝録》,宋敏求撰,誠剛點校,北京：中華書局,1980 年。

《司馬氏書儀》,司馬光撰,《叢書集成初編》本,上海：商務印書館,1936 年。

《新校正夢溪筆談》,沈括撰,胡道靜校正,北京：中華書局,1957 年。

《朝野類要》,趙升編,王瑞來點校,北京：中華書局,2007 年。

《卻掃編》,徐度撰,收入朱易安、傅璇琮等主編《全宋筆記》第三編第十册,
　　鄭州：大象出版社,2008 年。

《演繁露》,程大昌撰,收入朱易安、傅璇琮等主編《全宋筆記》第四編第八
　　册,鄭州：大象出版社,2008 年。

《鐵圍山叢談》,蔡絛撰,馮惠民、沈錫麟點校,北京：中華書局,1983 年。

《建炎以來朝野雜記》,李心傳撰,徐規點校,北京：中華書局,2000 年。

《武經總要》,收入《中國兵書集成》第三册,北京：解放軍出版社、瀋陽：遼
　　瀋書社,1988 年。

《翰苑羣書》,洪遵編,《叢書集成初編》本,北京：中華書局,1991 年。

《郡齋讀書志校證》,晁公武撰,孫猛校證,上海古籍出版社,1990 年。

《直齋書録解題》,陳振孫著,徐小蠻、顧美華點校,上海古籍出版社,1987 年。

《石刻史料新編》第 1—3 輯,臺北:新文豐出版公司,1977—1986 年。

《唐代墓誌彙編》,周紹良主編、趙超副主編,上海古籍出版社,1992 年。

《唐代墓誌彙編續集》,周紹良、趙超主編,上海古籍出版社,2001 年。

《大谷文書集成》第 1—3 卷,龍谷大學佛教文化研究所編,小田義久責任編集,京都:法藏館,1984—2003 年。

《吐魯番出土文書》〔壹〕,中國文物研究所、新疆維吾爾自治區博物館、武漢大學歷史系編,唐長孺主編,北京:文物出版社,1992 年。

《吐魯番出土文書》〔貳〕,中國文物研究所、新疆維吾爾自治區博物館、武漢大學歷史系編,唐長孺主編,北京:文物出版社,1994 年。

《吐魯番出土文書》〔叁〕,中國文物研究所、新疆維吾爾自治區博物館、武漢大學歷史系編,唐長孺主編,北京:文物出版社,1996 年。

《吐魯番出土文書》〔肆〕,中國文物研究所、新疆維吾爾自治區博物館、武漢大學歷史系編,唐長孺主編,北京:文物出版社,1996 年。

《日本寧樂美術館藏吐魯番文書》,陳國燦、劉永增編,北京:文物出版社,1997 年。

《新獲吐魯番出土文獻》,榮新江、李肖、孟憲實主編,北京:中華書局,2008 年。

《吐魯番出土文獻散錄》,榮新江、史睿主編,北京:中華書局,2021 年。

山本達郎、池田温、岡野誠合編 *Tunhuang and Turfan Documents concerning Social and Economic History.* Ⅰ *Legal Texts*(A)Introduction and Texts, Tokyo:The Toyo Bunko,1980.

《敦煌社會經濟文獻真蹟釋録》,唐耕耦、陸宏基編,第 1 輯,北京:書目文獻出版社,1986 年;第 2—5 輯,北京:全國圖書館文獻縮微複製中心,1990 年。

《上海博物館藏敦煌吐魯番文獻》,上海古籍出版社、上海博物館合編,上海古籍出版社,1993 年。

《英藏敦煌文獻(漢文佛經以外部分)》第 12 册,成都:四川人民出版社,1995 年。

《法國國家圖書館藏敦煌西域文獻》第 18 册,上海古籍出版社,2001 年。

《法國國家圖書館藏敦煌西域文獻》第 28 册,上海古籍出版社,2004 年。

《中國國家圖書館藏敦煌遺書》第 109 册,北京圖書館出版社,2009 年。

《中國國家圖書館藏敦煌遺書》第 143 册,北京圖書館出版社,2012 年。

《中國歷史博物館藏法書大觀》第 11 卷《晉唐寫經·晉唐文書》,楊文和主編,柳原書店、上海教育出版社,1999 年。

《旅順博物館藏新疆出土文物研究文集》(龍谷大學西域研究叢書 2),京都:龍谷大學佛教文化研究所·西域研究會,1993 年。

《旅順博物館藏新疆出土漢文佛經選粹》,京都:法藏館,2006 年。

《旅順博物館藏西域文書研究》,郭富純、王振芬,瀋陽:萬卷出版公司,2007 年。

《台東区立書道博物館所藏中村不折舊藏禹域墨書集成》,磯部彰編集,東京:文部科學省科學研究費特定領域研究〈東アジア出版文化の研究〉總括班,2005 年。

《敦煌秘笈·影片册》一,武田科學振興財團 杏雨書屋編,大阪:武田科學振興財團,2009 年。

《敦煌社邑文書輯校》,寧可、郝春文輯校,南京:江蘇古籍出版社,1997 年。

《敦煌契約文書輯校》,沙知録校,南京:江蘇古籍出版社,1998 年。

《敦煌表狀箋啓書儀輯校》,趙和平輯校,南京:江蘇古籍出版社,1997 年。

《吐魯番出土磚誌集注》,侯燦、吳美琳著,成都:巴蜀書社,2003 年。

《尹灣漢墓簡牘》,連雲港市博物館、東海縣博物館、中國社會科學院簡帛研究中心、中國文物研究所編,北京:中華書局,1997 年。

《二年律令與奏讞書——張家山二四七號漢墓出土法律文獻釋讀》,彭浩、陳偉、工藤元男主編,上海古籍出版社,2007 年。

二、近人論著

A

安家瑶《唐永泰元年(765)—大曆元年(766)河西巡撫使判集(伯二九四二)研究》,收入北京大學中國中古史研究中心編《敦煌吐魯番文獻研究論集》,北京:中華書局,1982 年,232—264 頁。

安忠義《漢簡中的官文書補考》,西北師範大學文學院歷史系、甘肅省文物考古研究所編《簡牘學研究》第四輯,蘭州:甘肅人民出版社,2004 年,171—181 頁。

B

白鋼《二十世紀的中國政治制度史研究》,《歷史研究》1996 年第 6 期,157—171 頁。

白化文、倪平《唐代的告身》,《文物》1977 年第 11 期,77—80 頁。

白須浄真《麴氏高昌國における上奏文書試釋——民部・兵部・都官・屯田等諸官司上奏文書の檢討》,《東洋史苑》第 23 號,1984 年,13—66 頁。

——《麴氏高昌國における王令とその傳達——下行文書"符"とその書式を中心として》,《東洋史研究》第 56 卷第 3 號,1997 年,573—602 頁。

坂尻彰宏《敦煌牓文書考》,《東方學》第 102 輯,2001 年,49—62 頁。

——《歸義軍時代のチベット文牧畜関係文書》,《史學雜誌》111 編第 11 號,2002 年,57—84 頁。

坂上康俊《詔書・敕旨と天皇》,池田温編《中國禮法と日本律令制》,東京: 東方書店,1992 年,333—363 頁。

——《發日敕・奏抄事項と論奏事項》,《史淵》第 138 號,2001 年,1—17 頁。

——《符・官符・政務處理》,池田温編《日中律令制の諸相》,東京: 東方書店,2002 年,145—164 頁。

——《敕命下達文書の比較研究——日本と中國の場合》,《東アジアと日本——交流と變容》1,2004 年,33—73 頁。

包偉民、鄭嘉勵(編)《武義南宋徐謂禮文書》,北京: 中華書局,2012 年。

包曉悦《唐代使牒考》,郝春文主編《敦煌吐魯番研究》第二十卷,上海古籍出版社,2021 年,161—182 頁。

——《論唐代官文書鈐印制度——以敦煌西域出土印歷爲中心》,提交中國社會科學院古代史研究所、中國政法大學主辦的"敦煌文獻整理與研究的新視野"學術研討會,2021 年 10 月 16—17 日。

——《唐代牒式再研究》,葉煒主編《唐研究》第二十七卷,北京大學出版社,2022 年,299—333 頁。

本間寛之《麴氏高昌國の文書行政——主として辭をめぐって》,早稻田大學東洋史懇話會編《史滴》第 19 號,1997 年,2—13 頁。

——《麴氏高昌國の地方支配について——文書よりみた一試論》,早稻田大學東洋史懇話會編《史滴》第 29 號,2007 年,44—63 頁。

濱口重國《所謂隋の鄉官廢止に就いて》,氏著《秦漢隋唐史の研究》,東京大學出版會,1980 年,770—786 頁;黃正建中譯本《所謂隋的廢止鄉官》,收入劉俊文主編《日本學者研究中國史論著選譯》第四卷,北京: 中華書局,1992 年,315—333 頁。

卜憲羣《秦漢公文文書與官僚行政管理》,《歷史研究》1997 年第 4 期,36—52 頁。

C

陳國燦《對唐西州都督府勘檢天山縣主簿高元禎職田案卷的考察》,收入唐長孺主編《敦煌吐魯番文書初探》,武漢大學出版社,1983 年,455—485 頁。

——《吐魯番出土漢文文書與唐史研究》,黃約瑟主編《隋唐史論集》,香港大學亞洲研究中心,1993 年,295—296 頁。收入氏著《論吐魯番學》,上海古籍出版社,2010 年,104—112 頁。

——《斯坦因所獲吐魯番文書研究》,武漢大學出版社,1995 年。

——《關於〈唐建中五年(784)安西大都護府孔目司帖〉釋讀中的幾個問題》,《敦煌學輯刊》1999 年第 2 期,6—13 頁。

——《莫高窟北區第 47 窟新出唐告身文書研究》,《敦煌研究》2001 年第 3 期,83—89 頁。

陳國燦、劉安志(主編)《吐魯番文書總目·日本收藏卷》,武漢大學出版社,2005 年。

陳俊強《皇恩浩蕩——皇帝統治的另一面》,臺北:五南圖書出版公司,2005 年。

陳松長《岳麓秦簡中的對、請、奏文書及相關問題探論》,《文物》2020 年第 3 期,69—73 頁。

陳濤《唐宋時期造紙業重心的地理變遷》,杜文玉主編《唐史論叢》第十二輯,西安:三秦出版社,2010 年,403—419 頁。

——《唐宋時期造紙業重心南移補論》,杜文玉主編《唐史論叢》第十八輯,西安:三秦出版社,2014 年,87—100 頁。

陳英英《敦煌寫本諷諫今上破鮮于叔明令狐峘等請試僧尼及不許交易書考釋》,北京大學中國中古史研究中心編《敦煌吐魯番文獻研究論集》,北京:中華書局,1982 年,509—527 頁。

陳仲安《唐代的使職差遣制》,《武漢大學學報》1963 年第 1 期,87—103 頁。

陳仲安、王素《漢唐職官制度研究》,北京:中華書局,1993 年。

陳祖言《張説年譜》,香港中文大學出版社,1984 年。

陳祚龍《看了周作"敦煌寫本書儀考(之一)"以後》,《敦煌學》第六輯,1983 年,31—68 頁。

赤木崇敏《曹氏歸義軍時代の外交關係文書》,森安孝夫主編《シルクロードと世界史》,大阪大學,2003 年,131—157 頁。

——《歸義軍時代敦煌オアシスの税草徵發と文書行政》,《待兼山論叢》(史學篇)第 41 號,2007 年,27—53 頁。

——《唐代前半期の地方文書行政——トゥルファン文書の檢討を通じて》,《史學雜誌》第 117 編第 11 號,2008 年,75—102 頁。中文本《唐代前半期的地方公文體制——以吐魯番文書爲中心》,收入鄧小南、曹家齊、平田茂樹主編《文書・政令・信息溝通:以唐宋時期爲主》,北京大學出版社,2012 年,119—165 頁。

——《唐代敦煌縣勘印簿 羽 061、BD11177、BD11178、BD11180 小考》,《敦煌寫本研究年報》第 5 號,2011 年,95—108 頁。

——《唐代官文書体系とその變遷——牒・帖・狀を中心に》,收入平田茂樹、遠藤隆俊編《外交史料から十~十四世紀を探る》,東京:汲古書院,2013 年,31—75 頁。周東平、王威馴中譯本《唐代官文書體系及其變遷——以牒帖狀爲中心》,收入周東平、朱騰主編《法律史譯評(2014年卷)》,北京:中國政法大學出版社,2015 年,176—206 頁。

池田温《沙州圖經略考》,《榎博士還曆紀念東洋史論叢》,東京:山川出版社,1975 年,38—39 頁。

——《採訪使考》,《第一屆國際唐代學術會議論文集》,臺北:唐代研究學者聯誼會,1989 年,875—902 頁。

——《中國古代寫本識語集録》,東京大學東洋文化研究所,1990 年。

——《北京圖書館藏開元户部格殘卷簡介》,北京圖書館敦煌吐魯番學資料中心、臺北《南海》雜志社合編《敦煌吐魯番學研究論集》,北京:書目文獻出版社,1996 年,159—175 頁。

——《中國古代籍帳研究》,龔澤銑譯,北京:中華書局,2007 年。

D

大津透《唐律令國家の予算について:儀鳳三年度支奏抄・四年金部旨符試釈》,《史學雜誌》第 95 編第 12 號,1986 年,1—50 頁。宋金文、馬雷中譯本《唐律令制國家的預算——儀鳳三年度支奏抄、四年金部旨符試釋》,收入劉俊文主編《日本中青年學者論中國史・六朝隋唐卷》,上海古籍出版社,1995 年,430—484 頁。

——《大谷・吐魯番文書復原二題》,唐代史研究會編《東アジア古文書の史的研究》,東京:刀水書房,1990 年,90—104 頁。

——《唐儀鳳三年度支奏抄・四年金部旨符補考——唐朝の軍事と財

政》,《東洋史研究》第 49 卷第 2 號,1990 年,225—248 頁。

大津透、榎本淳一《大谷探險隊吐魯番將來アンペラ文書羣の復原: 儀鳳三
年度支奏抄・四年金部旨符》,《東洋史苑》第 28 號,1987 年,47—
78 頁。

大庭脩《建中元年朱巨川奏授告身と唐の考課》,《史泉》第 11、12、18 號,
1958、1960 年。修訂稿收入氏著《唐告身と日本古代の位階制》,伊勢:
皇學館出版部,2003 年,251—313 頁。

——《唐告身の古文書學的研究》,《西域文化研究》第三《敦煌吐魯番社
會經濟資料(下)》,京都: 法藏館,1960 年,279—374 頁。

代國璽《漢代公文形態新探》,《中國史研究》2015 年第 2 期,23—49 頁。

戴建國《宋代法律制定、公布的信息渠道》,鄧小南主編《政績考察與信息渠
道——以宋代爲中心》,北京大學出版社,2008 年,329—340 頁。

島谷弘幸《唐紙之料紙》,《上海文博》2006 年第 2 期,110—112 頁。

鄧小南《走向"活"的制度史——以宋代官僚政治制度史研究爲例的點滴思
考》,《浙江學刊》2003 年第 3 期,99—103 頁;收入包偉民主編《宋代制
度史研究百年(1900—2000)》,北京: 商務印書館,2004 年,10—19 頁。

——《掩映之間——宋代尚書內省管窺》,《漢學研究》第 27 卷第 2 期,
2009 年,5—42 頁。

——《南宋地方行政中的文書勾追——從"匣"談起》,收入《張廣達先生
八十華誕祝壽論文集》,臺北: 新文豐出版公司,2010 年,469—502 頁。

——《書畫材料與宋代政治史研究》,《美術研究》2012 年第 3 期,12—
21 頁。

——《再談宋代的印紙歷子》,《國學研究》第三十二卷,北京大學出版社,
2014 年,1—32 頁。

——《宋代史料整理二題》,包偉民、劉後濱主編《唐宋歷史評論》第二輯,
北京: 社會科學文獻出版社,2016 年,14—23 頁。

——《再談走向"活"的制度史》,《史學月刊》2022 年第 1 期,103—
111 頁。

鄧小南(主編)《政績考察與信息渠道: 以宋代爲重心》,北京大學出版社,
2008 年。

——(主編)《過程・空間——宋代政治史再探研》,北京大學出版社,
2017 年。

鄧小南、曹家齊、平田茂樹(主編)《文書・政令・信息溝通: 以唐宋時期爲
主》,北京大學出版社,2012 年。

鄧小南、張褘《書法作品與政令文書：宋人傳世墨迹舉例》，《故宫學術季刊》
　　第 29 卷第 1 期，2011 年，81—100 頁。

丁春梅《中國古代公文用紙等級的主要標識》，《檔案學通訊》2004 年第 2
　　期，43—46 頁。

　　——《唐代官府公文用紙制度研究》，《檔案學通訊》2005 年第 4 期，94—
　　96 頁。

丁俊《慰諭公卿與誡約臣下——以玄宗朝的論事敕書爲中心》，葉煒主編
　　《唐研究》第二十五卷，北京大學出版社，2020 年，361—379 頁。

丁義珏《論北宋仁宗朝的"内降"——制度、政治與敍事》，《漢學研究》第 30
　　卷第 4 期，2012 年，65—92 頁。

凍國棟《旅順博物館藏〈唐建中五年（784）孔目司帖〉管見》，武漢大學三至
　　九世紀研究所編《魏晉南北朝隋唐史資料》第十四輯，1996 年，120—
　　139 頁。

渡邊寬《"移"について——公式樣文書の一考察》，《皇學館論叢》第 21 卷
　　第 3 號，1988 年，1—26 頁。

渡邊信一郎《天空の玉座：中國古代帝國の朝政と儀禮》，東京：柏書房，
　　1996 年。

F

樊文禮、史秀蓮《唐代公牘文"帖"研究》，《中國典籍與文化》2007 年第 4
　　期，8—12 頁。

方誠峰《御筆、御筆手詔與北宋徽宗朝的統治方式》，《漢學研究》第 31 卷第
　　3 期，2013 年，31—67 頁。

　　——《敦煌吐魯番所出事目文書再探》，《中國史研究》2018 年第 2 期，
　　117—134 頁。

馮培紅《歸義軍鎮制考》，《敦煌吐魯番研究》第九卷，北京：中華書局，2006
　　年，245—294 頁。

冨谷至《文書行政的漢帝國》，劉恒武、孔李波譯，南京：江蘇人民出版社，
　　2013 年。

G

高恒《漢代上計制度論考——兼評尹灣漢墓木牘〈集簿〉》，《東南文化》1999
　　年第 1 期，76—83 頁。

高柯立《宋代粉壁考述——以官府詔令的傳布爲中心》，《文史》2004 年第 1

輯,126—135 頁。

——《宋代州縣官府的榜諭》,《國學研究》第 17 卷,北京大學出版社,2006 年,77—108 頁。

——《宋代的粉壁與榜諭:以州縣官府的政令傳布爲中心》,收入鄧小南主編《政績考察與信息渠道:以宋代爲中心》,北京大學出版社,2008 年,411—460 頁。

——《宋代地方的官民信息溝通與治理秩序》,北京:國家圖書館出版社,2021 年。

高敏《〈集簿〉的釋讀、質疑與意義探討——讀尹灣漢簡劄記之二》,《史學月刊》1997 年第 5 期,14—18 頁。

高橋繼男《唐代後半期的巡院地方行政監察事務》,張韶岩、馬雷譯,收入劉俊文主編《日本中青年學者論中國史·六朝隋唐卷》,上海古籍出版社,1995 年,276—295 頁。

古瀬奈津子《敦煌書儀と"上表"文——日唐の表の比較をまじえて》,土肥義和編《敦煌·吐魯番出土漢文文書の新研究》,東京:東洋文庫,2009 年,67—82 頁。

顧成瑞《唐代蠲免事務管理探微——基於對〈新安文獻志〉所録唐户部蠲牒的考釋》,《中國經濟史研究》2015 年第 3 期,85—91 頁。

關尾史郎《高昌國上奏文書管窺》,池田温編《日中律令制の諸相》,東京:東方書店,2002 年,407—428 頁。

——《高昌郡時代の上行文書とその行方》,藤田勝久、松原弘宣編《古代東アジアの情報傳達》,東京:汲古書院,2008 年,75—89 頁。

——《"五胡"時代高昌郡文書の基礎的考察——兵曹關係文書羣の檢討を中心として》,土肥義和編《敦煌·吐魯番出土漢文文書の新研究》(修訂版),東京:東洋文庫,2013 年,183—200 頁。

管俊瑋《唐代尚書省"諸司符"初探——以俄藏 Дx02160Vb 文書爲綫索》,《史林》2021 年第 3 期,1—10 頁。

——《從國圖藏 BD11178 等文書看唐代公文鈐印流程》,《文獻》2022 年第 1 期,139—154 頁。

郭鋒《唐尚書都省簡論》,《中國史研究》1989 年第 3 期,31—40 頁。

郭桂坤《唐代奏敕研究》,北京大學歷史系博士論文,2016 年。

——《唐代前期的奏事文書與奏事制度》,榮新江主編《唐研究》第二十二卷,北京大學出版社,2016 年,157—179 頁。

——《唐代前期的奏抄與發日敕書》,《文史》2018 年第 1 輯,133—

158 頁。

——《中晚唐宦官專權的文書學解讀》,《史林》2018 年第 3 期,58—
67 頁。

——《"五花判事"、"六押"與唐代的政務運作》,余欣主編《中古中國研
究》第二卷,上海:中西書局,2018 年,123—145 頁。

——《唐代帖式文書的基本性質——以敦煌吐魯番出土文書爲中心》,朱玉
麒主編《西域文史》第十三輯,北京:科學出版社,2019 年,153—166 頁。

H

韓國磐《傳世文獻中所見唐式輯存》,《廈門大學學報》1994 年第 1 期,33—
40 頁。

韓昇《空海入唐與日本國書初探》,紀宗安、湯開建主編《暨南史學》第一輯,
廣州:暨南大學出版社,2002 年,38—51 頁。

韓旭《魏晉南北朝公文與文書行政研究述評》,收入《中國魏晉南北朝史學
會會刊》第二卷,桂林:廣西師範大學出版社,2021 年,77—102 頁。

郝春文《唐後期五代宋初敦煌僧尼的社會生活》,北京:中國社會科學出版
社,1998 年。

何汝泉《武則天時期的使職與唐代官制的變化》,中國唐史學會編《中國唐
史學會論文集》,西安:三秦出版社,1989 年,237—248 頁。

侯旭東《北朝"三長制"四題》,《中國史研究》2002 年第 4 期,收入氏著《北
朝村民的生活世界——朝廷、州縣與村里》,北京:商務印書館,2005
年,108—133 頁。

——《北朝鄉里制與村民的生活世界——以石刻爲中心的考察》,《歷史
研究》2001 年第 6 期,收入氏著《北朝村民的生活世界》,改題爲《北朝
鄉里制與村民的空間認同》,134—171 頁。

胡寶華《唐代朝集制度初探》,《河北學刊》1986 年第 3 期,73—75 頁。

——《唐代"進狀""關白"考》,《中國史研究》2003 年第 1 期,69—74 頁。

胡坤《宋代薦舉改官文書中的照牒和奏檢》,《中國史研究》2014 年第 2 期,
117—131 頁。

——《宋代基層文官的初仕履歷——以〈武義南宋徐謂禮文書〉爲中心》,
《史學月刊》2014 年第 11 期,29—37 頁。

荒川正晴《クチャ出土〈孔目司文書〉考》,《古代文化》第 49 卷第 3 號,1997
年,145—162 頁。

——《唐代中央アジアにおける帖式文書の性格をめぐって》,土肥義和

編《敦煌·吐魯番出土漢文文書の新研究》,東京:東洋文庫,2009 年,
　　271—291 頁。

黃京《唐代的告身文書與敦煌的僧官授予——以〈洪䎖碑〉及 P.3720 文獻爲
　　中心》,《敦煌研究》2019 年第 2 期,55—63 頁。

黃樓《唐代的更簿與直簿———以吐魯番所出〈唐某年二月西州高昌縣更
　　簿〉爲中心》,《吐魯番學研究》2015 年第 1 期,46—64 頁。

——《吐魯番文書所見北凉解文的復原及相關問題研究》,《敦煌研究》
　　2016 年第 3 期,66—73 頁。收入劉安志主編《吐魯番出土文書新探》,
　　武漢大學出版社,2019 年,24—34 頁。

——《吐魯番出土官府帳簿文書研究》,北京:社會科學文獻出版社,
　　2020 年。

黃文弼《吐魯番考古記》,北京:中國科學院出版社,1954 年。

黃正建《唐式摭遺》,《’98 法門寺唐文化國際學術討論會論文集》,西安:陝
　　西人民出版社,2000 年,451—456 頁。

——《王涯奏文與唐後期車服制度的變化》,榮新江主編《唐研究》第十
　　卷,北京大學出版社,2004 年,297—327 頁。

——《唐代法律用語中的“款”和“辯”——以天聖令與吐魯番出土文書爲
　　中心》,《文史》2013 年第 1 輯,255—272 頁。

——《唐代訴訟文書格式初探——以吐魯番文書爲中心》,《敦煌吐魯番
　　研究》第十四卷,上海古籍出版社,2014 年,289—317 頁。

——《中國古文書學的歷史與現狀》,《史學理論研究》2015 年第 3 期,
　　135—139 頁。

——《唐代“官文書”辨析——以〈唐律疏議〉爲基礎》,武漢大學三至九世
　　紀研究所編《魏晉南北朝隋唐史資料》第三十三輯,上海古籍出版社,
　　2016 年,31—39 頁。

——《中國古文書中的公文書樣式研究綜述——以中國大陸研究成果爲
　　中心》,雷聞、張國旺主編《隋唐遼宋金元史論叢》第九輯,上海古籍出
　　版社,2019 年,418—437 頁。

黃正建(主編)《中國古文書學研究初編》,上海古籍出版社,2019 年。

J

加藤麻子《日唐の“牒”とその多樣化の背景》,栄原永遠男、西山良平、吉川
　　真司編《律令國家史論集》,東京:塙書房,2010 年,313—330 頁。

姜伯勤《唐西州寺院家人奴婢的放良》,《中國古代史論叢》第三輯,福州:福

建人民出版社,1982 年,286—303 頁;收入何茲全主編《五十年來漢唐佛教寺院經濟研究(1934—1984)》,北京師範大學出版社,1986 年,202—219 頁。

金子修一《南朝期の上奏文の一形態について:〈宋書〉禮儀志を史料として》,《東洋文化》第 60 號,1980 年,43—59 頁。

久保田和男《宋朝における地方への赦書の傳達について》,早稻田大學東洋史懇話會編《史滴》第 33 號,2011 年,25—44 頁。

L

賴亮郡《遥授官、迂遠人與唐代的告身給付——〈天聖令·雜令〉唐 13 條再釋》,臺師大歷史系、中國法制史學會、唐律研讀會主編《新史料·新觀點·新視角:〈天聖令論集〉》,臺北:元照出版公司,2011 年,265—297 頁。

賴青壽《唐後期方鎮(道)建置研究》,《歷史地理》第十七輯,上海人民出版社,2001 年,98—123 頁。

雷家驥《隋唐中央權力結構及其演進》,臺北:東大圖書公司,1995 年。

李方《唐西州行政體制考論》,哈爾濱:黑龍江教育出版社,2002 年。

——《關於唐西州都督府是否有"土曹"問題》,《敦煌吐魯番研究》第八卷,北京:中華書局,2005 年,115—125 頁。

——《唐西州官吏編年考證》,北京:中國人民大學出版社,2010 年。

——《新疆出土唐代官府文書整理與研究芻議》,收入《敦煌吐魯番文書與中古史研究:朱雷先生八秩榮誕祝壽集》,上海古籍出版社,2016 年,89—92 頁。

李錦繡《唐"王言之制"初探——讀〈唐六典〉札記之一》,《季羨林教授八十華誕紀念論文集》,南昌:江西人民出版社,1991 年,273—290 頁。

——《唐代財政史稿》上卷,北京大學出版社,1995 年。

李均明《秦漢簡牘文書分類輯解》,北京:文物出版社,2009 年。

李均明、劉軍《簡牘文書學》,南寧:廣西教育出版社,1999 年。

李全德《通進銀臺司與宋代的文書運行》,《中國史研究》2008 年第 2 期,119—134 頁。

——《文書運行體制中的宋代通進銀臺司》,鄧小南主編《政績考察與信息渠道:以宋代爲中心》,北京大學出版社,2008 年,291—328 頁。

——《從堂帖到省劄——略論唐宋時期宰相處理政務的文書之演變》,《北京大學學報》2012 年第 2 期,106—116 頁。

——《從〈武義南宋徐謂禮文書〉看南宋時的給舍封駁——兼論録白告身第八道的復原》,《中國史研究》2015 年第 1 期,53—70 頁。

——《宋代文書行政中的"備申"》,包偉民、劉後濱主編《唐宋歷史評論》第七輯,北京:社會科學文獻出版社,2020 年,154—163 頁。

——《宋代的信息溝通與文書行政研究述評》,收入鄧小南主編、方誠峰執行主編《宋史研究諸層面》,北京大學出版社,2020 年,20—83 頁。

李雪梅《唐開元十六年〈少林寺碑〉新探》,包偉民、劉後濱主編《唐宋歷史評論》第六輯,北京:社會科學文獻出版社,2019 年,27—63 頁。

李兆宇《吐魯番所出〈唐開元二十一年(733)唐益謙、薛光泚、康大之請過所案卷〉殘文書考釋》,《吐魯番學研究》2019 年第 2 期,74—79 頁。

礪波護《唐の三省六部》,日本唐代研究會編《隋唐帝國と東アジア世界》,東京:汲古書院,1979 年,收入氏著《唐代政治社會史研究》,京都:同朋舍,1986 年,197—222 頁。

淩文超《走馬樓吳簡中的簽署、省校和勾畫符號舉隅》,《中華文史論叢》2017 年第 1 期,137—177 頁。

劉安志《對吐魯番所出唐天寶間西北逃兵文書的探討》,《魏晉南北朝隋唐史資料》第十五輯,武漢大學出版社,1997 年,118—132 頁。

——《唐代西州的突厥人》,武漢大學中國三至九世紀研究所編《魏晉南北朝隋唐史資料》第十七輯,武漢大學出版社,2000 年,112—122 頁。

——《跋吐魯番新出〈唐顯慶五年(656)西州宋武歡移文〉》,《魏晉南北朝隋唐史資料》第二十三輯,2006 年,198—208 頁。

——《關於唐代鍾紹京五通告身的初步研究》,收入嚴耀中主編《唐代國家與地域社會研究:中國唐史學會第十屆年會論文集》,上海古籍出版社,2008 年,99—120 頁。收入氏著《新資料與中古文史研究論稿》,上海古籍出版社,2014 年,193—210 頁。

——《吐魯番出土唐代解文についての雜考》,收入荒川正晴、柴田幹夫編《シルクロードと近代日本の邂逅:西域古代資料と日本近代佛教》,東京:勉誠出版,2016 年,71—100 頁。中文本《吐魯番出土文書所見唐代解文雜考》,《吐魯番學研究》2018 年第 1 期,1—14 頁。中文修訂本收入劉安志主編《吐魯番出土文書新探》,武漢大學出版社,2019 年,186—199 頁。

——《唐代解文初探——敦煌吐魯番文書を中心に》,收入土肥義和、氣賀澤保規編《敦煌·吐魯番文書の世界とその時代》,東京:東洋文庫,2017 年,123—156 頁;中文本《唐代解文初探——以敦煌吐魯番文書爲中心》,《西域研究》2018 年第 4 期,51—79 頁。中文修訂本收入劉安志主編《吐魯番出土文書新探》,武漢大學出版社,2019 年,155—185 頁。

——《關於吐魯番新出唐永徽五、六年(654—655)安西都護府案卷整理研究的若干問題》,《文史哲》2018 年第 3 期,89—105 頁;修訂本收入劉安志主編《吐魯番出土文書新探》,武漢大學出版社,2019 年,232—253 頁。

——《唐代解文續探——以折衝府申州解爲中心》,《西域研究》2021 年第 4 期,40—45 頁。

劉後濱《唐代中書門下體制研究——公文形態・政務運行與制度變遷》,濟南:齊魯書社,2004 年。

——《唐代告身的抄寫與給付——〈天聖令・雜令〉唐 13 條釋讀》,榮新江主編《唐研究》第十四卷,北京大學出版社,2008 年,465—480 頁。

——《唐宋間選官文書及其裁決機制的變化》,《歷史研究》2008 年第 3 期,124—128 頁。

——《唐代行政職權的程式保障與行政責任的連帶分擔——唐代政務運行機制研究之一》,收入孫家洲、劉後濱主編《漢唐盛世的歷史解讀——漢唐盛世學術研討會論文集》,北京:中國人民大學出版社,2009 年,207—219 頁。

——《任官文書的頒給與唐代地方政務運行機制》,《文史》2010 年第 3 輯,收入劉後濱主編《日常秩序中的漢唐政治與社會》,北京:社會科學文獻出版社,2012 年,96—115 頁。

——《唐宋間三省在政務運行中角色與地位的演變》,《中國人民大學學報》2011 年第 1 期,9—14 頁。

——《漢唐政治制度史中政務運行機制研究述評》,《史學月刊》2012 年第 8 期,97—107 頁。

——《古文書學與唐宋政治史研究》,《歷史研究》2014 年第 6 期,56—59 頁。

——《分化與重組:制度史視野下的唐宋單元》,包偉民、劉後濱主編《唐宋歷史評論》第一輯,北京:社會科學文獻出版社,2015 年,13—17 頁。

——《唐代選官政務研究》,北京:社會科學文獻出版社,2016 年。

——《文書、信息與權力:唐代中樞政務運行機制研究反思》,收入包偉民、劉後濱主編《唐宋歷史評論》第三輯,北京:社會科學文獻出版社,2017 年,265—287 頁。

劉後濱、顧成瑞《政務文書的環節性形態與唐代地方官府政務運行——以開元二年西州蒲昌府文書爲中心》,包偉民、劉後濱主編《唐宋歷史評論》第二輯,北京:社會科學文獻出版社,2016 年,109—141 頁。

劉江《北宋公文形態考述——以地方公文及其運作爲中心》,北京大學歷史系博士論文,2012 年。

——《帖與宋代地方政務運作》,收入鄧小南主編、方誠峰執行主編《宋史研究諸層面》,北京大學出版社,2020 年,303—324 頁。

劉進寶《從敦煌吐魯番文書看唐代地方官文書的處理程式》,《圖書與情報》2004 年第 5 期,28—32 頁。

劉俊文《敦煌吐魯番唐代法制文書考釋》,北京:中華書局,1989 年。

——《論唐格——敦煌寫本唐格殘卷研究》,中國敦煌吐魯番學會編《敦煌吐魯番學研究論文集》,上海:漢語大辭典出版社,1990 年,524—560 頁。

——《唐律疏議箋解》,北京:中華書局,1996 年。

——《唐代法制研究》,臺北:文津出版社,1999 年。

劉淑芬《唐、宋時期僧人、國家和醫療的關係:從藥方洞到惠民局》,收入李建民主編《從醫療看中國史》,臺北:聯經出版事業公司,2008 年,145—202 頁。

劉釗《漢簡所見官文書研究》,吉林大學博士學位論文,2015 年。

劉子凡《法藏敦煌 P.2754 文書爲西州都督府長史袁公瑜判集考》,《敦煌研究》2015 年第 5 期,72—80 頁。

——《北庭西海縣新考》,《新疆大學學報》2020 年第 1 期,81—87 頁。

柳洪亮《高昌郡官府文書所見十六國時期郡府官僚機構的運行機制》,《文史》1997 年第 2 輯,73—104 頁;後改題《吐魯番文書中所見高昌郡官僚機構的運行機制——高昌郡府公文研究》,收入氏著《新出吐魯番文書及其研究》,烏魯木齊:新疆人民出版社,1997 年,267—329 頁。

樓勁《伯 2819 號殘卷所載公式令對於研究唐代政制的價值》,《敦煌學輯刊》1987 年第 2 期,79—85 頁。

——《唐代的尚書省—寺監體制及其行政機制》,《蘭州大學學報》1988 年第 2 期,65—70 頁。

盧向前《牒式及其處理程式的探討——唐公式文研究》,北京大學中國中古史研究中心編《敦煌吐魯番文獻研究論集》第三輯,北京大學出版社,1986 年,335—393 頁。

——《關於歸義軍時期一份布紙破用歷的研究——試釋伯四六四〇背面文書》,《敦煌吐魯番文獻研究論集》第三輯;收入氏著《敦煌吐魯番文書論稿》,南昌:江西人民出版社,1992 年,97—170 頁。

羅慕鴻《談隋唐官印之鑒別》,《博物館研究》1984 年第 1 期,108—135 頁。

羅志田《隋廢鄉官再思》,《社會科學研究》2015 年第 1 期,1—9 頁。

吕博《唐代露布的兩期形態及其行政、禮儀運作——以〈太白陰經·露布篇〉爲中心》,武漢大學中國三至九世紀研究所編《魏晉南北朝隋唐史資料》第二十八輯,2012 年,144—165 頁。修訂本收入權家玉主編《中國中古史集刊》第一輯,北京:商務印書館,2015 年,435—467 頁。

M

馬世長《地志中的"本"和唐代公廨本錢——敦博第五八號卷子研究之二》,北京大學中國中古史研究中心編《敦煌吐魯番文獻研究論集》,北京:中華書局,1982 年,429—476 頁。

馬怡《扁書試探》,《簡帛》第一輯,上海古籍出版社,2006 年,415—428 頁;收入孫家洲主編《額濟納漢簡釋文校本》,北京:文物出版社,2007 年,170—183 頁。

——《"始建國二年詔書"册所見詔書之下行》,《歷史研究》2006 年第 5 期,166—171 頁。

馬志立《從三至五品官帶勳者蔭子孫看唐前期勳官制度的演變:讀〈唐天寶年代國忌、諸令式等表〉之後》,《魏晉南北朝隋唐史資料》第二十三輯,2006 年,209—216 頁。

毛漢光《論唐代制書程式上的官職》,《第二屆國際華學研究會議論文集》,臺北:中國文化大學人文學院,1992 年,335—380 頁。

梅原郁《唐宋時代の法典編纂——律令格式と敕令格式》,《中國近世の法制と社會》,京都大學人文科學研究所,1993 年,111—171 頁。

孟憲實《略論高昌上奏文書》,《西域研究》2003 年第 4 期,26—37 頁。

——《論高昌國的下行文書——符》,《西域研究》2004 年第 2 期,17—26 頁。

——《安史之亂後四鎮管理體制問題——從〈建中四年孔目司帖〉談起》,王振芬、榮新江主編《絲綢之路與新疆出土文獻——旅順博物館百年紀念國際學術研討會論文集》,北京:中華書局,2019 年,552—568 頁。

——《從"詔書"到"制書"》,《文獻》2019 年第 5 期,106—119 頁。

——《唐代册禮及其改革》,《歷史研究》2021 年第 3 期,195—203 頁。

孟彦弘《旅順博物館所藏新疆出土孔目司帖及其所反映的唐代賦役制度》,雷聞、張國旺主編《隋唐遼宋金元史論叢》第九輯,上海古籍出版社,

2019 年,109—121 頁。

苗潤博《再論宋太宗即位大赦詔——詔令文書流傳變異的文獻學考察》,《中國史研究》2014 年第 2 期,105—116 頁。

牟發松《從三老到民望》,《許昌學院學報》2011 年第 4 期 1—6 頁;收入氏著《漢唐歷史變遷中的社會與國家》,上海人民出版社,2011 年,237—247 頁。

N

内藤乾吉《西域發見唐代官文書の研究》,《西域文化研究》第三《敦煌吐魯番社會經濟資料(下)》,京都:法藏館,1960 年,9—130 頁。

籾山明《日本居延漢簡研究的回顧與展望——以古文書學研究爲中心》,顧其莎譯,《中國古代法律文獻研究》第九輯,北京:社會科學文獻出版社,2015 年,156—172 頁。

牛來穎《唐宋の贓贖錢物と國家地方財政——〈天聖令〉を中心に》,江川式部譯,《東方學》第 125 期,2013 年,123—139 頁。

P

潘吉星《敦煌石室寫經紙的研究》,《文物》1966 年第 3 期,39—47 頁。

——《中國造紙史》,上海人民出版社,2009 年。

裴成國《從高昌國到唐西州量制的變遷》,《敦煌吐魯番研究》第十卷,上海古籍出版社,2007 年,95—114 頁。

朴鎔辰《応之の〈五杉練若新学備用〉編纂とその仏教史的意義》,《印度學佛教學研究》第 57 卷第 2 號,2009 年,51—57 頁。

平田茂樹《宋代地方政治管見——以劄子、帖、牒、申狀爲綫索》,收入戴建國主編《唐宋法律史論集》,上海辭書出版社,2007 年,232—246 頁。

——《宋代文書制度研究的一個嘗試——以"牒"、"關"、"諮報"爲綫索》,《漢學研究》第 27 卷第 2 期,2009 年,43—65 頁。

Q

齊會君《円仁"狀"文書の機能的分類と書式分析——円珍文書・敦煌文獻との比較を通じて》,早稻田大學史學會編《史觀》第 176 册,2017 年,37—55 頁。

錢伯泉《〈唐建中伍年孔目司文書〉研究》,《新疆大學學報》1993 年第 3 期,44—50 頁。

錢大羣《唐代法制與典籍考辨七題》,韓延龍主編《法律史論集》第 2 卷,北京:法律出版社,1999 年,463—519 頁。

R

日比野丈夫《新獲の唐代蒲昌府文書について》,《東方學報》第 45 卷,1973年,363—376 頁。

榮新江《關於唐宋時期中原文化對于闐影響的幾個問題》,《國學研究》第一卷,北京大學出版社,1993 年,401—424 頁。

——《英國圖書館藏敦煌漢文非佛教文獻殘卷目録(S.6981—13624)》,臺北:新文豐出版公司,1994 年。

——《柏林印度藝術博物館藏吐魯番漢文佛典札記》,饒宗頤主編《華學》第二輯,1996 年,314—317 頁。

——《海外敦煌吐魯番文獻知見録》,南昌:江西人民出版社,1996 年。

——《德國"吐魯番收集品"中的漢文典籍與文書》,饒宗頤主編《華學》第三輯,北京:紫禁城出版社,1998 年,309—325 頁。

——《唐代西州的道教》,《敦煌吐魯番研究》第四卷,北京大學出版社,1999 年,133—134 頁。

——《唐寫本中の〈唐律〉〈唐禮〉及びその他》,森部豐譯,《東洋學報》第85 卷第 2 號,2003 年;中文增訂本《唐寫本〈唐律〉〈唐禮〉及其他》,《文獻》2009 年第 4 期,3—10、2 頁。

Rong Xinjiang, "Official Life at Dunhuang in the Tenth Century: The Case of Cao Yuanzhong", in *The Silk Road: Trade, Travel, War and Faith*, ed. by Susan Whitfield, London: The British Library, 2004, pp.57‑62, fig.3.

S

山本孝子《應之〈五杉練若新學備用〉卷中所收書儀文獻初探——以其與敦煌寫本書儀比較爲中心》,《敦煌學輯刊》2012 年第 4 期,50—59 頁。

——《書儀に見られる"牓子"》,《敦煌寫本研究年報》第十三號,京都大學人文科學研究所中國中世寫本研究班,2019 年,277—288 頁。

杉井一臣《唐代前半期の郷望》,唐代史研究會編《中國の都市と農村》,東京:汲古書院,1992 年,297—304 頁。

陝西省文管會、昭陵博物館《唐臨川公主墓出土的墓誌和詔書》,《文物》1977 年第 10 期,50—59 頁。

石洋《鷹取祐司〈《秦漢官文書的基礎研究》介評》,《中國古代法律文獻研究》第十輯,北京:社會科學文獻出版社,2016年,421—435頁。

史睿《唐調露二年東都尚書省吏部符考釋》,《敦煌吐魯番研究》第十卷,上
　　海古籍出版社,2007年,115—130頁。

——《唐代前期銓選制度的演進》,《歷史研究》2007年第2期,32—
　　42頁。

——《再論銓選中的功狀》,《中國古代法律文獻研究》第六輯,北京:社會
　　科學文獻出版社,2013年,238—250頁。

史葦湘《河西節度使覆滅的前夕——敦煌遺書伯2942號殘卷的研究》,《敦
　　煌研究》創刊號,蘭州:甘肅人民出版社,1983年,119—130頁。

矢野主稅《狀の研究》,《史學雜誌》第76編第2號,1967年,30—66頁。

松本保宣《唐王朝の宮城と御前會議——唐代听政制度の展開》,京都:晃
　　洋書房,2006年。

——《唐代の閤門の樣相について——唐代宮城における情報伝達の一
　　齣 その二》,《立命館文學》第608號,2008年,149—168頁。

蘇俊林《秦漢時期的"狀"類司法文書》,武漢大學簡帛研究中心編《簡帛》第
　　九輯,上海古籍出版社,2014年,301—310頁。

孫國棟《唐代中書舍人遷官途徑考釋》,收入氏著《唐宋史論叢》,香港:龍門
　　書店,1980年。

——《唐代三省制之發展研究》,氏著《唐宋史論叢》,香港:龍門書店,
　　1980年。

——《唐二十六司郎中員外郎地位高低及遷轉途徑考釋》,《新亞書院學
　　術年刊》第17期,1985年,67—142頁。

孫機《中國古輿服論叢》(增訂本),北京:文物出版社,2001年。

孫繼民《敦煌吐魯番所出唐代軍事文書初探》,北京:中國社會科學出版社,
　　2000年。

孫永如《唐穆敬文武宣五朝中樞政局與懿安皇后郭氏》,史念海主編《唐史
　　論叢》第六輯,西安:陝西人民出版社,1995年,110—133頁。

孫正軍《何爲制度——中國古代政治制度研究的三種理路》,《中國社會科
　　學評價》2019年第4期,54—67頁。

孫梓辛《漢代詔書研究述評》,《中國中古史研究》第六卷,上海:中西書局,
　　2018年,262—306頁。

T

唐雯《蓋棺論未定:唐代官員身後的形象製作》,《復旦學報》2012年第1

期,85—94 頁。

唐長孺《吐魯番文書中所見高昌郡縣行政制度》,原刊《文物》1978 年第 6
　　期,15—21 頁;收入氏著《山居存稿》,北京:中華書局,1989 年,344—
　　361 頁。

——《唐肅代期間的伊西北庭節度使及留後》,原刊《中國史研究》1980 年
　　第 3 期,3—11 頁;收入氏著《山居存稿》,411—428 頁。

——《〈木蘭詩〉補證》,《唐長孺社會文化史論叢》,武漢大學出版社,2001
　　年,243—250 頁。

——《敦煌所出郿縣尉判集中所見的唐代防丁》,收入氏著《山居存稿》,
　　399—410 頁。

土肥義和《唐·北宋間の"社"の組織形態に関する一考察——敦煌の場合
　　を中心に》,《堀敏一先生古稀記念·中國古代の國家と民衆》,東京:
　　汲古書院,1995 年,691—764 頁。

W

丸山裕美子《慰勞詔書·論事敕書の受容について》,《延喜式研究》第 10
　　號,1995 年,49—70 頁。

——《唐代之告身與日本之位記——古文書學視角的比較研究》,黃正建
　　主編《中國古文書學研究初編》,上海古籍出版社,2019 年,175—
　　195 頁。

汪桂海《漢代官文書制度》,南寧:廣西教育出版社,1999 年。

王彬《吳簡許迪割米案相關文書所見孫吳臨湘侯國的司法運作》,《文史》
　　2014 年第 2 輯,73—91 頁。

——《長沙走馬樓吳簡"許迪割米案"相關文書的集成研究:三國時期基
　　層司法制度管窺之一》,收入《姜伯勤教授八秩華誕頌壽史學論文集》,
　　廣州:廣東人民出版社,2019 年,63—83 頁。

王化雨《北宋宮廷的建築佈局與君臣之間的溝通渠道:以内東門爲中心》,
　　《國學研究》第二十一卷,北京大學出版社,2008 年,351—378 頁。

——《宋朝宦官與章奏通進》,《歷史研究》2008 年第 3 期,143—146 頁。

——《宋代君主與宰輔的政務信息處理過程:以章奏爲例》,收入鄧小南、
　　曹家齊、平田茂樹主編《文書·政令·信息溝通:以唐宋時期爲主》,北
　　京大學出版社,2012 年,307—367 頁。

——《申狀與宋代中樞政務運行》,收入鄧小南主編、方誠峰執行主編《宋
　　史研究諸層面》,北京大學出版社,2020 年,271—302 頁。

王静、沈睿文《唐墓埋葬告身的等級問題》,《北京大學學報》2013 年第 4 期,
　　35—41 頁。

王明《隋唐時代的造紙》,《考古學報》1956 年第 1 期,115—126 頁。

王三慶《中國佛教古佚書〈五杉練若新學備用〉研究》上下册,臺北:新文豐
　　出版股份有限公司,2018 年。

王素《三省制略論》,濟南:齊魯書社,1986 年。

──《麴氏高昌中央行政體制考論》,《文物》1989 年第 11 期,39—52 頁。

──《吐魯番出土沮渠氏北涼真興年間"畫可"文書初探》,《華學》第四
　　輯,北京:紫禁城出版社,2000 年,127—130 頁。

──《"畫諾"問題縱横談──以長沙漢吳簡牘爲中心》,《中華文史論叢》
　　2017 年第 1 期,121—136 頁。

──《高昌王令形式總論》,收入土肥義和、氣賀澤保規編《敦煌·吐魯番
　　文書の世界とその時代》,東京:東洋文庫,2017 年,59—100 頁;中文
　　本《高昌王令形制綜論》,《西域研究》2019 年第 1 期,68—97 頁。最後
　　的增訂本,收入劉安志主編《吐魯番出土文書新探》,武漢大學出版社,
　　2019 年,50—82 頁。

王孫盈政《商量狀的應用與唐代行政運行體制的轉型》,《西南交通大學學
　　報》2011 年第 6 期,124—129 頁。

──《天下政本──從公文運行考察尚書省在唐代中書門下體制下的地
　　位》,《歷史教學(下半月刊)》2012 年第 24 期,35—39 頁。

──《唐代"敕牒"考》,《中國史研究》2013 年第 1 期,89—110 頁。

──《官文書與唐代中書門下體制下的尚書省》,《魏晉南北朝隋唐史資
　　料》第三十九輯,2019 年,130—145 頁。

王天泉《魏晉官文書以紙代簡及其啓示》,《檔案學研究》2009 年第 4 期,
　　18—20 頁。

王興振《北魏王言制度研究》,蘭州:甘肅人民美術出版社,2018 年。

王楊梅《徐謂禮告身的類型與文書形式──浙江武義新出土南宋文書研
　　究》,《浙江社會科學》2013 年第 11 期,121—126 頁。

──《南宋中後期告身文書形式再析》,包偉民、劉後濱主編《唐宋歷史評
　　論》第二輯,北京:社會科學文獻出版社,2016 年,178—211 頁。

王永興《唐勾檢制研究》,上海古籍出版社,1991 年。

──《介紹敦煌文書西魏大統十三年(五四七)計帳户籍殘卷(斯〇六一
　　三背)》,氏著《陳門問學叢稿》,南昌:江西人民出版社,1993 年,256—
　　281 頁。

──《論敦煌吐魯番出土唐代官府文書中"者"字的性質和作用》，收入氏著《唐代前期西北軍事研究》，北京：中國社會科學出版社，1994 年，423—442 頁。

──《吐魯番出土唐西州某縣事目文書研究》，收入氏著《唐代前期西北軍事研究》，353—422 頁。

王永興、李志生《吐魯番出土"氾德達告身"考釋》，北京大學中國中古史研究中心編《敦煌吐魯番文獻研究論集》第二輯，北京大學出版社，1983 年，502—524 頁。

王宇《〈武義南宋徐謂禮文書〉與南宋地方官員管理制度的再認識──以知州的薦舉和考課爲例》，《文史》2013 年第 4 輯，199—216 頁。

王珍仁《對旅順博物館藏〈唐建中五年孔目司公牘〉的再研究》，《敦煌學輯刊》1998 年第 1 期，39—46 頁。

魏斌《"伏准赦文"與晚唐行政運作》，《中國史研究》2006 年第 1 期，95—106 頁。

──《唐代赦書內容的擴展與大赦職能的變化》，《歷史研究》2006 年第 4 期，21—35 頁。

魏峰《宋代印紙批書試論──以新發現"徐謂禮文書"爲例》，《文史》2013 年第 4 輯，181—198 頁。

吳麗娛《唐禮摭遺──中古書儀研究》，北京：商務印書館，2002 年。

──《新制入禮：大唐開元禮的最後修訂》，《燕京學報》新十九期，2005 年，45—66 頁。

──《晚唐五代中央地方的禮儀交接──以節度刺史的拜官中謝、上事爲中心》，收入盧向前主編《唐宋變革論》，合肥：黃山書社，2006 年，250—282 頁。

──《試論"狀"在唐朝中央行政體系中的應用與傳遞》，《文史》2008 年第 1 輯，119—148 頁。收入鄧小南、曹家齊、平田茂樹主編《文書·政令·信息溝通：以唐宋時期爲主》，北京大學出版社，2012 年，3—46 頁。

──《下情上達：兩種"狀"的應用與唐朝的信息傳遞》，杜文玉主編《唐史論叢》第十一輯，2009 年，65—70 頁。

──《從敦煌吐魯番文書看唐代地方機構行用的狀》，《中華文史論叢》2010 年第 2 期，53—113 頁。

──《敦煌書儀與禮法》，蘭州：甘肅教育出版社，2013 年。

──《唐代信息研究的特色與展望──以信息傳遞的介質、功能爲重點》，收入包偉民、劉後濱主編《唐宋歷史評論》第四輯,北京:社會科學文獻出版社,2018 年,174—195 頁。

吳曉豐《唐代的奏彈及其運作》,《中華文史論叢》2020 年第 4 期,175—218 頁。

吳震《從吐魯番出土"氾德达告身"談唐碎叶鎮城》,《文物》1975 年第 8 期,13—17 頁。

——《唐庭州西海縣之置建與相關問題》,《新疆社會科學》1989 年第 2 期,95—106 頁。

吳宗國《唐貞觀廿二年敕旨中有關三衛的幾個問題——兼論唐代門蔭制度》,北京大學中國中古史研究中心編《敦煌吐魯番文獻研究論集》第三輯,北京大學出版社,1986 年,148—175 頁。

——《唐朝的特性》,中國唐史學會編《中國唐史學會論文集》,西安:三秦出版社,1989 年,1—10 頁。

——(主編)《盛唐政治制度研究》,上海辭書出版社,2003 年。

武井紀子《唐日律令財政における牓示について——賦役令の税額周知規定を中心に》,大津透編《日本古代律令制と中國文明》,東京:山川出版社,2020 年,83—106 頁。

X

向羣《敦煌吐魯番文書中所見唐官文書"行判"的几個問題》,《敦煌研究》1995 年第 3 期,137—146 頁。

小島浩之《唐代公文書体系試論——中國古文書學に関する覚書(下)》,東京大學經濟學部資料室編《東アジア古文書學の構築:現狀と課題》,2018 年,37—62 頁。聞惟中譯本《唐代公文書體系試論——中國古文書學研究札記(下)》,收入張雨主編《中國古代法律文獻研究》第 15 輯,上海:中西書局,2021 年,105—141 頁。

小田義久《大谷文書と吐魯番文書について》,《龍谷大學仏教文化研究所所報》第 11 號,1988 年,1—3 頁。

——《唐代告身的一個考察:以大谷探險隊所獲李慈藝及張懷寂告身爲中心》,武漢大學三至九世紀研究所編《魏晉南北朝隋唐史資料》第二十一輯,2004 年,161—177 頁。

小野達哉《唐代後半における宣と制勅の関係》,《史林》第 90 卷第 4 號,2007 年,34—58 頁。

謝桂華《尹灣漢墓新出〈集簿〉考述》,《中國史研究》1997 年第 2 期,29—

37 頁。

謝元魯《唐代中央政權決策研究》,臺北:文津出版社,1992 年。

邢義田《漢代簡牘公文書的正本、副本、草稿和簽署問題》,《"中研院"史語
　　所集刊》第 82 本第 4 分,2011 年,601—678 頁。

徐暢《敦煌吐魯番出土文獻所見唐代城主新議》,《西域研究》2008 年第 1
　　期,84—98 頁。

——《存世唐代告身及其相關研究述略》,《中國史研究動態》2012 年第 3
　　期,33—43 頁。

——《走馬樓吳簡竹木牘的刊布及相關研究述評》,《魏晉南北朝隋唐史
　　資料》第三十一輯,上海古籍出版社,2015 年,25—74 頁。

——《走馬樓簡牘公文書中諸曹性質的判定——重論長沙吳簡所屬官府
　　級別》,《中華文史論叢》2017 年第 1 期,179—218 頁。

——《長沙走馬樓三國孫吳簡牘官文書整理與研究》,北京:中國社會科
　　學出版社,2021 年。

徐燕斌《漢簡扁書輯考——兼論漢代法律傳播的路徑》,《華東政法大學學
　　報》2013 年第 2 期,50—62 頁。

薛英羣《漢簡官文書考略》,收入甘肅省文物工作隊、甘肅省博物館編《漢簡
　　研究文集》,蘭州:甘肅人民出版社,1984 年,258—297 頁。

穴沢彰子《唐·五代における地域秩序の認識——鄉望的秩序から父老的
　　秩序への變化を中心として》,《唐代史研究》第 5 號,2002 年,46—
　　71 頁。

Y

嚴耕望《論唐代尚書省之職權與地位》,初刊《歷史語言研究所集刊》第 24
　　本,1953 年,1—68 頁;再刊於氏著《唐史研究叢稿》,1969 年,香港:新
　　亞研究所,1—101 頁;三刊於《嚴耕望史學論文選集》,臺北:聯經出版
　　事業公司,1991 年,431—507 頁。

——《中國地方行政制度史》甲部《秦漢地方行政制度》,臺北:"中研院"
　　史語所專刊之四十五,1961 年;1974 年再版。

——《唐僕尚丞郎表》,北京:中華書局,1986 年。

楊倩描《印刷術在宋代的發展及其對宋朝政治的影響》,收入孫小淳、曾雄生
　　主編《宋代國家文化中的科學》,北京:中國科學技術出版社,2007 年,
　　203—214 頁。

葉秋菊《秦漢詔書與中央集權研究》,北京:中國社會科學出版社,2016 年。

葉煒《唐代"批答"述論——以地方官所獲"批答"爲中心》,《北京大學學報》2010 年第 2 期,87—95 頁;收入鄧小南、曹家齊、平田茂樹主編《文書·政令·信息溝通:以唐宋時期爲主》,北京大學出版社,2012 年,84—100 頁。

——《信息與權力:從陸宣公奏議看唐後期皇帝、宰相與翰林學士的政治角色》,《中國史研究》2014 年第 1 期,49—67 頁。

——《唐後期同時上呈皇帝、宰相類文書考》,鄧小南主編《田餘慶先生九十華誕頌壽論文集》,北京大學中國古代研究中心編,北京:中華書局,2014 年,533—544 頁。

——《唐代集議述論》,收入王晴佳、李隆國主編《斷裂與轉型:帝國之後的歐亞歷史與史學》,上海古籍出版社,2017 年,166—190 頁。

——《論唐代皇帝與高級官員政務溝通方式的制度性調整》,包偉民、劉後濱主編《唐宋歷史評論》第三輯,北京:社會科學文獻出版社,2017 年,49—72 頁。

——《釋唐後期上行公文中的兼申現象》,《史學月刊》2020 年第 5 期,16—25 頁。

鷹取祐司《秦漢官文書の基礎研究》,東京:汲古書院,2015 年。

游自勇《墨詔、墨敕與唐五代的政務運行》,《歷史研究》2005 年第 5 期,32—46 頁。

俞鋼《唐後期宰相結構研究——專論六部侍郎平等事職權的變化》,《上海師範大學學報》1993 年第 3 期,101—106、85 頁。

禹成旻《試論唐代赦文的變化及其意義》,《北京理工大學學報》2004 年第 3 期,83—87 頁。

——《唐代德音考》,《中國史研究》2006 年第 2 期,101—109 頁。

——《唐代赦文頒布的演變》,杜文玉主編《唐史論叢》第八輯,西安:三秦出版社,2006 年,114—132 頁。

郁賢皓《唐刺史考全編》,合肥:安徽大學出版社,2000 年。

Z

曾我部静雄《中國律令史の研究》,東京:吉川弘文館,1971 年。

——《中國社會經濟史の研究》,東京:吉川弘文館,1976 年。

張達志《唐代後期藩鎮與州之關係研究》,北京:中國社會科學出版社,2011 年。

張弓《南北朝隋唐寺觀户階層述略——兼論賤口依附制的演變》,《中國史研究》1984 年第 2 期,39—52 頁;收入何兹全主編《五十年來漢唐佛教寺院經濟研究》,北京師範大學出版社,1986 年,299—322 頁。

張國剛《唐代進奏院考略》,《文史》第 18 輯,1983 年,83—91 頁。

——《唐代鄉村基層組織及其演變》,《北京大學學報》2009 年第 5 期,112—125 頁。收入黃寬重主編《中國史新論:基層社會分册》,臺北:聯經出版社,2009 年,183—217 頁。

張慧芬《唐代〈入鄉巡貌事〉文書的性質及貌閱百姓之族屬問題研究》,《中央民族大學學報》2018 年第 2 期,101—105 頁。

——《〈唐開元年間西州交河縣帖鹽城爲令入鄉巡貌事〉文書貌閱律令用語研究》,《西域研究》2020 年第 1 期,59—69 頁。

張金光《秦鄉官制度及鄉、亭、里關係》,《歷史研究》1997 年第 6 期,22—39 頁。

張榮强《中國古代書寫載體與户籍制度的演變》,《武漢大學學報》2019 年第 3 期,92—106 頁。

——《簡紙更替與中國古代基層統治重心的上移》,《中國社會科學》2019 年第 9 期,180—203 頁。

張榮强、張慧芬《新疆吐魯番新出唐代貌閱文書》,《文物》2016 年第 6 期,80—89 頁。

張小豔《敦煌書儀語言研究》,北京:商務印書館,2007 年。

張禕《制詔敕札與北宋的政令頒行》,北京大學歷史系博士論文,2009 年。

——《麻制草擬與宋代宰相任免——重在文書運行環節的探討》,《漢學研究》第 27 卷第 2 期,2009 年,101—132 頁。

——《中書、尚書省劄子與宋代皇權運作》,《歷史研究》2013 年第 5 期,50—66 頁。

——《徐謂禮〈淳祐七年十月四日轉朝請郎告〉釋讀》,《中國史研究》2015 年第 1 期,71—81 頁。

——《〈唐六典〉"王言之制"選釋》,包偉民、劉後濱主編《唐宋歷史評論》第五輯,北京:社會科學文獻出版社,2018 年,161—186 頁。

——《關於"'活'的制度史"》,收入鄧小南主編、方誠峰執行主編《宋史研究諸層面》,北京大學出版社,2020 年,84—105 頁。

張雨《吐魯番文書所見唐代里正的上直》,朱玉麒主編《西域文史》第二輯,北京:科學出版社,2007 年,75—88 頁。

——《南朝宋皇太子監國有司儀注的文書學與制度史考察》,《中華文史論叢》2015 年第 2 期,31—50 頁。

——《司法，還是政務？——唐代司法政務運行機制研究相關問題述評》，包偉民、劉後濱主編《唐宋歷史評論》第六輯，北京：社會科學文獻出版社，2019 年，141—159 頁。

——《御史臺、奏彈式與唐前期中央司法政務運行》，趙晶主編《中國古代法律文獻研究》第 13 輯，北京：社會科學文獻出版社，2019 年，157—174 頁。

——《公文書與唐前期司法政務運行——以奏抄和發日敕爲中心》，包偉民、劉後濱主編《唐宋歷史評論》第七輯，北京：社會科學文獻出版社，2020 年，59—74 頁。

張玉興《職役抑或軍職：西域文書所見唐代的“城局”》，《西域研究》2016 年第 1 期，13—26 頁。

趙大旺《敦煌社邑文書校讀札記三則》，《中華文史論叢》2017 年第 3 期，250—255 頁。

趙冬梅《試論通進視角中的唐宋閤門司》，《歷史研究》2008 年第 3 期，128—131 頁。

趙和平《敦煌寫本書儀研究》，臺北：新文豐出版公司，1993 年。

——《後唐時代刺史專用書儀——P.3449+P.3864 的初步研究》，收入周一良、趙和平《唐五代書儀研究》，北京：中國社會科學出版社，1995 年，222—230 頁。

趙晶《論日本中國古文書學研究之演進——以唐代告身研究爲例》，《早期中國史研究》第 6 卷第 1 期，2014 年，113—141 頁。

趙立新《漢魏兩晉南朝官僚選用文書的演變及其意義——以狀、行狀、簿狀和簿閥爲主的考察》，《早期中國史研究》第 10 卷第 2 期，2018 年，1—58 頁。

趙璐璐《唐代縣級政務運行機制研究》，北京：社會科學文獻出版社，2017 年。

中村圭爾《魏晉南北朝における公文書と文書行政の研究》（研究成果報告書），大阪：共榮印刷所，2001 年。

中村裕一《唐代官文書研究》，京都：中文出版社，1991 年。

——《唐代制敕研究》，東京：汲古書院，1991 年。

——《唐代公文書研究》，東京：汲古書院，1996 年。

——《隋唐王言の研究》，東京：汲古書院，2003 年。

鐘江宏之《公式令における“案”の保管について》，池田温編《日中律令制の諸相》，東京：東方書店，2002 年，165—186 頁。

周佳《南宋基層文官履歷文書考釋——以浙江武義縣南宋徐謂禮墓出土文書爲例》,《文史》2013 年第 4 期,163—180 頁。

——《北宋中央日常政務運行研究》,北京:中華書局,2015 年。

周文俊《〈文心雕龍〉"啓"體論的文體譜系考察——以公文制度爲中心》,《中山大學學報》2018 年第 4 期,12—20 頁。

周一良《敦煌寫本書儀考(之一)》,原刊北京大學中國中古史研究中心編《敦煌吐魯番文獻研究論集》,北京:中華書局,1982 年,17—62 頁;收入周一良、趙和平《唐五代書儀研究》,北京:中國社會科學出版社,1995 年,53—70 頁。

朱瑞熙《宋朝"敕命"的書行與書讀》,《中華文史論叢》2008 年第 1 期,101—122 頁。

祝總斌《高昌官府文書雜考》,北京大學中國中古史研究中心編《敦煌吐魯番文獻研究論集》第二輯,北京大學出版社,1983 年,465—501 頁。

——《兩漢魏晉南北朝宰相制度研究》,北京:中國社會科學出版社,1990 年。

本書諸章初刊一覽(按時間順序):

1.《從 S.11287 看唐代論事敕書的成立過程》,榮新江主編《唐研究》第一卷,北京大學出版社,1995 年,323—335 頁。

2.《俄藏敦煌 Дх.06521 殘卷考釋》,《敦煌學輯刊》2001 年第 1 期,1—13 頁。

3.《隋唐朝集制度研究——兼論其與兩漢上計制之異同》,榮新江主編《唐研究》第七卷,北京大學出版社,2001 年,289—310 頁。

4.《隋與唐前期的尚書省》,吳宗國主編《盛唐政治制度研究》第三章,上海辭書出版社,2003 年,68—118 頁。

5.《吐魯番新出土唐開元〈禮部式〉殘卷考釋》,《文物》2007 年第 2 期,56—61 頁。原稿收入榮新江、李肖、孟憲實主編《新獲吐魯番出土文獻研究論集》,北京:中國人民大學出版社,2010 年,293—302 頁。

6.《關文與唐代地方政府内部的行政運作——以新獲吐魯番文書爲中心》,《中華文史論叢》2007 年第 4 期,123—154 頁。

7.《唐代帖文的形態與運作》,《中國史研究》2010 年第 3 期,89—115 頁。

8.《吐魯番出土〈唐開元十六年西州都督府請紙案卷〉與唐代的公文用紙》,收入樊錦詩、榮新江、林世田主編《敦煌文獻·考古·藝術綜合研究:紀念向達先生誕辰 110 周年國際學術研討會論文集》,北京:中華書局,2011 年,423—444 頁。

9. 《牓文與唐代政令的傳布》,榮新江主編《唐研究》第十九卷,北京大學出版社,2013 年,41—78 頁。

10. 《隋唐的鄉官與老人　從大谷文書 4026〈唐西州老人、鄉官名簿〉説起》,榮新江主編《唐研究》第二十二卷,北京大學出版社,2016 年,131—156 頁。

11. 《唐宋牓子的類型及其功能——從敦煌文書 P.3449+P.3864〈刺史書儀〉説起》,陳俊強主編《中國歷史文化新論——高明士教授八秩嵩壽文集》,臺北:元華文創股份有限公司,2020 年,175—199 頁。

索　引

A

安西都護府　25,41,44—51,54,57,58,
　61,63,73
岸頭府　75—77,79,94,242
案紙　224,226,230,237—241,244,246

B

八座　156—158,162,163,167—169,198
白居易　78,79,92,97—99,238
坂尻彰宏　17,65,93,96,102,103,
　125,128
版牓　106,107,115,129
牓文(榜文)　16,17,25,26,65,93,96—
　98,101—109,111—125,128—130
牓諭(榜諭)　11,108,130
牓子(榜子)　5,23,25,26,131—152
包曉悦　19,20,80,82,119
北庭　87,122,124
比部符　175,176,212,213
扁書　6,96,105,117,129

C

曹仁貴　72
曹元忠　93,96,102,125,128
册書　4,14,15,100,241,242
朝集使　25,26,200—217,219—221,243,
　245,275,277—279,283

朝見牓子　133,144,147,148
陳國燦　16,48,55,56,73,77,78,82,84,
　86,116,122,175,212,238,239,269
池田温　24,75,76,82,109,112,173,175,
　202,203,205,208,212,215,238,242,
　244,246,254,273,276,280,284,
　294,296
赤木崇敏　19,22,23,65,70,77,78,80,
　82,89,119,131
敕牓　97—102,118,120,124,130
敕牒　4,14,15,17,37,64,68,69,91,99,
　113,131,193,242
敕旨　4,14,15,35,38,91,111,132,133,
　215,242,243,255,291
辭牓子　133,144
次紙　224,226,237—241,246
《刺史書儀》　25,131—135,143—145,
　147,151

D

大津透　54,56,111,176
鄧小南　1,10—12,20,23,24,41,92,96,
　102,131,135,146,150
狄仁傑　119,177,178
牒文　19,63,93,112,119,129,222,223,
　230,231,235,269,280
東上閣門　132,133,143—145,151
都督衙帖　75—77,79,80,90

都省 3,19,25,33,37,38,52,60,61,63,
　88,155—158,163,165,169—173,175—
　180,182,185—188,191—193,195,198,
　199,217,282,284,295
杜悰 140,141
杜牧 82,139,140,260

F

發日敕 4,14,15,17,25,32,38,39,242
樊文禮 16,65,70,78,83,93
粉壁 11,96,105,107,129
覆奏 25,34—38,40,102,137,151,
　178,183

G

高柯立 11,96,105,107
告身 4,12—15,25,36,69,173,185,186,
　212,242,245,246,263,281
格後敕 14,281,282,286,287
格式律令事類 25,26,205,206,210,272,
　282—287,295
《公式令》 4,16,19,21,23,25,35,53,60,
　88,92,97,100,111,131,173—176,179
勾檢 21,23,57,60,61,170,172,175,
　178,179,192,193,199
勾檢官 163,172,198,199
古文書學 5,13,21,22,24,36
官文書 1—10,12—16,19—26,29,39,
　41,64,80,82,119,131,133—135,142,
　150,230,258,272,289
關文 7,21,25,26,41,46—61,63,75,81,
　222,234
管俊瑋 16,22
歸義軍 65,70—73,89,91—93,96,97,
　102,120,125,128,242,246,266
郭桂坤 15—18

H

賀表 17,18,33
荒川正晴 16,19,24,65,73,75,87,93
黃樓 9,20
黃正建 1,2,13,18,21,24,110,245,249,
　294,296
黃紙 102,106,107,226—228,234,237,
　239—242
"活"的制度史 3(序一),1,10,12,24,41

J

監臨 171,179,199
交河縣 17,44,45,48,51,52,55,62,63,
　79,80,83,90,92
解文 9,19
軍牓 103,104,129
軍帖 25,65,85,86,89—91,94

K

《考課令》 26,206,210,276—278,283,
　285,287
考使 176,186,201,204,207,209,211—
　213,215,221
《孔目司帖》 16,73,92

L

老人 26,248,261,262,266—271
李翱 106,107,113
李德裕 66,67,73,103,104,117,118
李方 13,22,41,46,48,53,59,61,62,78,
　222,223,233,258,263
李錦繡 14,35,36,38,39,52,62,111,
　123,177,184,187,188,190,222,233,
　237,243—245
李林甫 213,243,272,277,282—284,

287,295

李全德　10—12,17,67,70,145

《禮部式》　26,289,294—296

劉安志　9,18,19,21,45,47,55,56,59,
77,81,82,84,223

劉後濱　3,6,12,13,15—18,21—24,36,
41,64,66,68,131,137,193,245

盧向前　19,82,89,93,144,222,246

陸象先　31,40,286

陸贄　29,101,135—139,143,146,150,
151

露布　4,20

吕博　20

論事敕書　4,14,15,25,26,29,30,32,
34—40

M

馬懷素　31,32,40

孟憲實　8,9,14,16,42,44,46,48,50,57,
79,86,244

墨敕　15,33

墨詔　14,15

N

内牓子　5,140—142,151

内藤乾吉　13,64,222,231,258

能昌仁　29,30,32,33,39

P

批答　15,16,23,39,66,120

平田茂樹　10,11,19,23,94,131,135,146

蒲昌府　21,22,77—79,86

蒲昌縣　55,62,83—85,90,92,269,270

Q

起請　18,23

麴善積（麴積）　42,46—48

麴仕達　42,44,48,60

麴仕悦　48

R

榮新江　15—17,21,29,30,42,44,46,48,
50,51,54,55,57,72,79,84,86,87,110,
123,125,128,163,164,222,223,254,
263,266,280,284,294

S

三省制　15,20,22,24,36,41,155,165,
167,170,197,198,219

沙州　16,29,30,33,36,39,58,73,82,
124,125,128,203,204,238,242,244,
247,266,284

商量狀　18,23,176,213

敕書　14,25,101,102,109,129,138,242

敕文　14,23,74,79,101,102,113,119,
124,270

申狀　11,17,19,23,94,145,146

《神龍散頒刑部格》　98,296

省符　16,95,175—177,189,199,216

史睿　16,18,21,84,164,223,234

使帖　25,70,71,73—75,83,87,89—92,
94,95,103

四等官　157,158,163,165,170,171,173,
179,188,198,199

T

唐昌觀　121,123,124

唐長孺　45,65,113,121,122,269,279

堂案　64,66,67

堂帖　10,16,17,25,64—70,73,75,87—
89,91,92,94,95,103,131,145

天山府　64,85,86,90,92,124,265

《天聖令》 23,26,51,111,208,211,220,244,291

庭州 122,124

頭司 147,176,182—187,199

W

王起 138—140,151

王潛 116,134

王沙安(沙安) 45,233,235

王孫盈政 15,18,21,22,131

王言 1,3,4,8,13—16,25,29,35,36,38,39,91,100,130,241

王永興 21,47,54,63,172,178,220

韋安石 30,31,40

慰勞制書 4,14,15,242

文書行政 1,5,7—13,23,41,65,70,77,78,89,131,239

吳麗娛 13,17,19,135,144,145,295,296

X

西海縣 121,122,124

西州 17,19—22,26,41,45,46,48—51,53—64,75—81,83,84,86,90—93,102,116,120—125,177,202—205,222,223,232—235,237,239,242,245—248,258,260—266,269—271,284,289

縣帖 16,25,65,78—85,87,89—92,94,95

鄉官 26,248—252,256—258,260—266,269—271

鄉司 260,261,271

謝恩牓子 132,133,135,144,145

謝上表 18,145

杏雨書屋 80,119,123

徐暢 7,8,13,81

徐謂禮文書 12

Y

延英殿(延英) 67,111,139,141,143,151

楊志烈 110,121,123,124

《養老令》 51,276,277

姚崇 68,172

葉煒 14,16,18,20,23,131,144,145,163,253

移文 21

儀刀 290—292,295,296

異文袍 292—296

元積 82,113

圓仁 64,73,74,82,83,90,93

Z

贓贖 43,51,52,184,211,221,244

劄子 11,12,64,69,70,94,116,135,145,146,148,152

張承奉 73

張九齡 29,30

張說 31,66,68,167,197,295

張無價 263—265

張褘 10—12,15,36,145

張遊鶴 263—265

張雨 8,17,20,24

長官 7,15,18,33,53,78,83,90,92,100,105,109,115,119,123,157,158,161—163,165,166,170—176,178—180,182—186,189,191,198—201,205,206,209—211,214,215,220,222,223,230,232,234,235,243,245,246,254,258,270,273,276—279

詔書 6,14,29,36,37,96,98,100,109,119,136,137,149,185,186,200,212,213,239,283

趙冬梅 11,150

政事堂 34,66—69,143,166,169,183,

198

制書　2,4,14,15,23,34—36,38—40,91,
　100,182,242

中村裕一　1,4,13—16,24,25,29,35—
　37,41,53,59,64,65,72,88,90,93,96,
　131,173,222

中書門下　6,15,17,18,20—22,24,25,
　31,33,34,41,64,66—70,91,92,94,95,
　113—115, 118, 119, 131, 137—139,
　142—145,149,151,165—167,170,177,

191,193,198,213,215,237,243

中書省之印　30,35—37,40

州帖　16,25,65,75—80,84,86,87,89—
　91,93 95

奏抄　4, 15, 17, 23, 25, 39, 54, 56, 137,
　176—178

奏彈　4,20

奏狀　17,23,25,33,117,131,134,135,
　137—140,142,143,145,146,150—152

後　記

　　這是一部遲到太久的書,作爲2017年立項的國家社科基金後期資助項目,原計劃在2019年結項,但直到2021年11月底我纔提交結項報告,最終拿到正式的結項書已經是2022年6月了。遲到的原因是多方面的,一是我的拖拉,二是因爲疫情,前者當然是主要原因。其實還有一個潛在的原因,就是2016年我老來得子,照顧、陪伴小朋友佔據了我相當大一部分精力和時間,這個自然不是抱怨,畢竟再好的文章也比不了孩子的笑臉。在我現在這個年紀,好像書早一年或晚一年出版,並没有太大的區別。當然也還會有些麻煩,晚出版一年,就得面對不少相關的新刊論著,如何對這些新成果做出回應,有時不免讓人有些躊躇。從另一個角度來看,這也是這個領域研究繁榮的標誌,令人欣喜。

　　除了"導言"之外,本書的各個章節之前都已發表,時間跨度近三十年。由於初刊的各種書刊要求不一,體例頗顯混亂,這次整合成書,遂對引用古籍和注釋體例等都盡量做了統一。第一章關於"論事敕書"的文章,是我碩士一年級時在吴宗國、榮新江兩位老師指導下寫的習作,發表在榮老師主編的《唐研究》創刊號上(1995年)。這篇文章對我來説有特殊意義,一方面使我稍窺敦煌吐魯番文書研究的基本方法和學術寫作的門徑,另一方面,則開啓了我持續多年的對官文書研究的興趣,即便從博士階段開始我的主要關注點轉向了唐代禮制與宗教史的研究,但官文書領域的新進展仍不時吸引我的目光。發表時間最晚的一篇,是第五章關於唐宋"牓子"的文章,在2015年完成初稿之後,曾先後提交給幾次學術研討會,聽取同行的意見,但後來一直没時間修改,直到2020年初纔有緣發表在臺灣大學高明士先生的慶壽文集上,希望能藉此表達我對這位多年來一直關心愛護我的前輩長者的崇敬與謝意。

　　另一篇寫作比較早的文章,是第六章《隋與唐前期的尚書省》,這原是我1997年完成的碩士論文,後來經過大幅修改發表在吴先生主編的《盛唐政治制度研究》(上海辭書出版社,2003年)一書中。雖然關於隋唐三省六部制研究的成果浩如煙海，但這篇多年前的文章所重點討論的六部從尚書省內部的權力架構中逐步走向獨立的過程，現在看來依然有其價值。當時我發現了一些有意思的現象：比如南北朝文獻常見的“六尚書”在隋代被“六部”或“六曹”取代，機構名開始逐步代替長官的名稱；又比如，北齊左、右丞的業務分工是以郎曹爲單位，致使同一位尚書屬下的郎曹被分歸左、右丞掌管，殿中四曹、祠部五曹、五兵五曹、都官五曹、度支六曹莫不如此。但從隋初開始，左、右丞的業務分工開始以部爲單位，從以“司”分職發展爲以“部”分職。對這類現象的分析，成爲我探討隋與唐前期尚書省體制的起點。通過對 P.2819《唐開元公式令》殘卷及告身、奏抄等敦煌吐魯番文書的分析，使我對唐前期尚書省與六部的權力結構、政務運行的變化有更直觀的認識。

手撫校樣，我不禁想念起我的導師吴宗國先生。吴先生雖然自己很少做出土文書的研究（那篇《唐貞觀廿二年敕旨中有關三衛的幾個問題》可能是唯一的例外），但他向來重視出土文書對唐代制度史研究的推進作用。事實上，我幾位同門的師兄弟劉後賓、孟憲實、葉煒等，雖側重點不同，但大都涉及唐代官文書的研究且成績斐然，這自然也與吴先生的引導密不可分。令人心痛的是，吴先生已經於 2022 年 8 月駕鶴西去，這本遲到的書已無從請他批評了。

還有一篇文章必須提到，就是附録一那篇關於俄藏《格式律令事類》殘卷的考釋。這篇文章的寫作，可能是我所有文章裏最激情澎湃的一次。那應該是在 2000 年我讀博士一年級時，適逢《俄藏敦煌文書》最後幾册陸續出版，榮老師要求我們都過一遍，記得當時中古史中心還在理科樓過渡，我們一幫博士、碩士生經常晚上在那裏看書，有天蘇航兄抱著他正在翻閲的第 13 册，將前面彩版指給我看，他知道我當時正對法制文書感興趣。這件 Дx. 06521 文書立即吸引了我，在接下來的一個星期裏我很快就完成了初稿，但寫作過程並不輕鬆，連續幾個通宵的奮戰自不必説，中間還經歷了一次自我否定。開始我想當然地以爲這是一件唐格殘卷，但隨著研讀的深入，我發現這肯定不是格，因爲上面還有令，還有敕，而同時容納這幾種法律形式的書，會是什麼呢？如電光火石一般，我的頭腦裏閃現了《格式律令事類》這個名字，我突然意識到，這可能是史上首次發現的一件《格式律令事類》殘卷，雖然之前在《舊唐書》《唐會要》等典籍裏曾零星提到，但學界從未獲睹其真容。這個發現在當時算得上是史無前例，以至素來謹慎的吴先生還特別建議我在正式發表時把原文題目中的“格式律令事類”一詞删掉，意思是推測之論，先不必砸死。後來，隨著其他幾件相關文書的發現，這個結論應該是確定無疑的了。回想二十多年的寫作經歷，不禁感慨：年輕真好！

在這本小書出版之際,我要特別感謝引導我走上敦煌學道路的榮新江老師,是他手把手教會我寫出了人生第一篇學術論文,也是他使我在畢業之後,還有緣參與他與李肖、孟憲實老師一起主持的新獲吐魯番出土文獻的整理工作。本書第二章利用永徽年間安西都護府戶曹安門案卷來討論唐代"帖文"的研究,以及附錄二關於開元《禮部式》殘卷的研究,都是這次整理工作的産物。整理工作從 2005 年 10 月開始,每周六榮老師都會召集大家在中古史中心進行文書研讀,討論的細節早已模糊,祇記得每次到了午餐時間,北招最下飯的魚香肉絲總是成爲大家爭搶的對象。

當然,印象最深的還是次年春夏之交榮老師帶領整理小組在吐魯番博物館工作的一個月,那是我人生中最難忘的經歷之一。原來,親自上手觸摸千年前的文書原件,與僅看圖版的感受是那麽不同。至今我還能回憶起當時火州晚風的熾熱,以及被博物館大院裏那兩隻雄壯的大狼狗突然舔在小腿上的清涼和驚嚇。時任吐魯番博物館館長的李肖老師跟我開玩笑説,這説明它倆没把我當外人,畢竟天天去食堂的路上,它們早就熟悉了整理小組每個成員的氣息。

鄧小南老師是我的學術偶像,這不僅是因爲她倡導的"'活'的制度史"觀念深得我心,更因爲她是真正將理論與史料完美結合的典範,雖不能至,心嚮往之。鄧老師還讓我參加了她主持的兩個課題,本書第三章關於"帖文"及第五章關於"牓子"的文章,都曾在她舉辦的學術討論會或工作坊上宣讀,接受嚴厲批判的同時,也受到與會同行極大的啓發,這當然是難得的機緣。學恩浩蕩,永銘於心。

必須説明的是,這個後期資助項目還是我在中國社會科學院古代史研究所工作時申請的,其雛形是之前我提交給院創新工程的結項成果。從2003 年到 2021 年,我在社科院供職了十八年,也從一個博士剛畢業的年輕人變成了兩鬢微霜的大叔。在這些年裏,卜憲羣所長始終關心著我的成長,爲我的工作和研究提供了諸多方便。對我影響最大的,則是吳麗娛和黃正建兩位老師,在學術與人生的道路上有他們的扶助,是何等之幸。無論是吳老師的禮制研究,還是黃老師的法制史研究,都是我默默學習的榜樣,而官文書更是我們共同關心的話題。在性格上,吳老師心直口快,黃老師温厚樸實,但都平易近人,能與年輕人打成一片,吳老師甚至被研究室後輩們親切地稱爲"老太太"。這次小書出版,兩位老師均以嘉序見賜,回顧我們近二十年的情誼,又指示未來的研究方向,諄諄教誨,情深義重。

本書的順利出版,也得到了許多師友的幫助。李肖老師提供了好幾幅新獲吐魯番出土文書的高分辨率照片,作爲書前的彩色圖版。王博兄幫我校正了日文參考文獻。我在社科院的博士後沈國光，博士生汪馨如、李紅揚，以及在北師大新招的碩士生陳楠峰、葉清磊協助我核對了全部引文。此外，國家社科辦在立項與結項時邀請的幾位審讀專家給出了非常專業的意見，對書稿的最後修訂極具價值。而無論是在早期立項還是最後的結項環節，古代史所科研處的博明妹老師都提供了極大方便，在她身上，體現了一位始終爲研究人員著想的科研服務工作者的所有美德。還要感謝本書的責任編輯曾曉紅女史，她在當初申報後期資助項目時就付出了許多心血，在最後的出版環節更是傾情投入，那些最令人頭疼的雙行小注的排版，最終在她這位敦煌學出身的行家之手得以完美解決。

最後，我要衷心感謝我的家人。我的父母雖年事已高，但仍關注著我發表的每一篇新論文。姐姐、姐夫在老家盡心照顧父母，免除了我的後顧之憂。隨著揚揚的出生，家裏每個人的生活都發生了翻天覆地的變化。姥姥每天都在爲如何花樣翻新地爲小朋友做飯而焦慮，她持續多年的在東單體育館的羽毛球運動也被迫完全終止；姥爺經常帶小朋友出去遛彎兒、上朗誦班，他好像總能在參加完活動回家時，爲小朋友變出一些小甜食或小玩具。我的太太陳亮爲這個家庭付出了很多，她的幹練使我在很多方面格外省心，而日常總是高强度工作的她在面對小朋友時表現出的愛心和耐心，也時常讓人贊嘆。當然還必須感謝揚揚，每天看到他的點滴進步，是初爲人父者的最大喜悦。在游泳池裏，他會很認真地跟我説："爸爸，你自由泳換氣的方法完全不對！"而爲了教他背唐詩，我也不得不跟他一起重新學習，這種感覺無比奇妙。

人生總是充滿著不確定性，在本書出版之際，我調入北京師範大學歷史學院不覺已近兩年。在學院領導和同事們的幫助下，教學與研究工作很快走上了正軌，尤其是在給那些朝氣蓬勃的本科同學上"漢唐出土文獻與歷史研究"課程時，有時會突然感覺自己依舊年輕，或許這正是在高校工作的好處吧。也希望今後我還能繼續從事唐代官文書的研究，使本書不致成爲"爲了告别的紀念"。

雷聞

2023 年 4 月 20 日於北京慶唐齋

圖書在版編目（CIP）數據

官文書與唐代政務運行研究／雷聞著. —上海：
上海古籍出版社，2023.5
ISBN 978-7-5732-0654-1

Ⅰ.①官… Ⅱ.①雷… Ⅲ.①文書—研究—中國—唐
代②行政管理—研究—中國—唐代 Ⅳ.①K242.065
②D691.22

中國國家版本館 CIP 數據核字（2023）第 054161 號

國家社科基金後期資助項目

官文書與唐代政務運行研究
雷　聞　著
上海古籍出版社出版發行
（上海市閔行區號景路 159 弄 1-5 號 A 座 5F　郵政編碼 201101）
（1）網址：www.guji.com.cn
（2）E-mail：guji1@guji.com.cn
（3）易文網網址：www.ewen.co
上海商務聯西印刷有限公司印刷
開本 700×1000　1/16　印張 22.5　插頁 6　字數 392,000
2023 年 5 月第 1 版　2023 年 5 月第 1 次印刷
ISBN 978-7-5732-0654-1
K·3347　定價：98.00 元
如有質量問題,請與承印公司聯繫